Le Mac pour LES NULLES

2e édition

Françoise Otwaschkau

FIRST
Interactive

Le Mac Pour les Nulles, 2e édition

Pour les Nuls est une marque déposée de Wiley Publishing, Inc
For Dummies est une marque déposée de Wiley Publishing, Inc

Collection dirigée par Jean-Pierre Cano
Maquette et illustration : MADmac

Edition française publiée en accord avec Wiley Publishing, Inc.

Éditions First
60 rue Mazarine
75006 Paris
Tél. : 01 45 49 60 00
Fax : 01 45 49 60 01
e-mail : firstinfo@efirst.com
ISBN : 978-2-7540-3636-8
Dépôt légal : 1er trimestre 2012
Imprimé en France

Sommaire

Introduction

À propos de cet ouvrage

L'informatique.

Il faut quand même admettre que c'est plutôt un univers d'hommes.

De Pascal à Leibniz, de Babbage à Turing, d'Eckert à Steve Jobs ou à Bill Gates : rien que des mecs ! Et pas que des féministes !

La seule femme de l'affaire fut la fille du poète Byron, Ada Lovelace, à qui on accorde la *maternité* du premier programme informatique de l'histoire, en 1842. C'est dire si ça date !

Mais, sœurs humaines qui après nous cliquez, ne soyons pas intimidées : on représente quand même la moitié de l'humanité !

Et même s'ils se sont demandé si nous avions une âme, et même si nous avons dû galérer jusqu'en 1944 pour le droit de vote et jusqu'en 1967 pour la pilule, les blondes ne le sont pas tant que ça sous leurs tresses ou leur chignon. Les brunes ne comptent pas pour des prunes. Et les rousses n'ont pas la frousse.

Fini le temps où les souris nous faisaient grimper sur les tables. On ne va quand même pas se laisser impressionner par un tas de ferraille. Et cette machine, c'est décidé, va faire comme l'homme de notre vie : ce qu'on lui dit !

Non mais !

Plan de bataille

Nous nous proposons, tout au long de cet ouvrage, de vous apprendre à maîtriser cette machine rétive qu'est votre ordinateur en tentant, dans toute la mesure du possible, d'éviter le jargon indigeste inhérent à ce genre de publication.

Nous laissons volontairement de côté certains aspects du Mac que nous n'estimons pas prioritaires (comme l'utilisation en réseau) pour en favoriser d'autres, à nos yeux plus immédiats et plus incontournables (comme la messagerie électronique ou la navigation sur Internet).

Quand plusieurs techniques cohabitent, nous privilégions systématiquement la plus simple et cherchons à éviter, dans tous les cas de figure, de vous abandonner au milieu du gué.

Un pari fou ? Nous relevons le défi.

Pour parvenir à nos fins, nous divisons cet ouvrage en six parties. Lisez-les successivement, à moins que vous n'ayez les connaissances suffisantes pour les aborder dans le désordre.

- **Première partie : Je m'équipe.** Commençons par le commencement. De deux choses l'une : soit vous n'avez pas encore acheté votre Macintosh et cette première partie vous file quelques tuyaux non dénués d'intérêt, soit votre Mac trône déjà sur votre bureau et les dés sont jetés.

  Pourtant, même dans ce cas, cette entame pourrait vous intéresser puisqu'elle explique, dans les grandes lignes, ce qu'est un ordinateur et quels sont les éléments qui le composent.

- **Deuxième partie : Je découvre Mac OS X Lion.** Pour *tourner*, un ordinateur a besoin de *programmes*. Et, avant tout, d'un programme de base, capable de gérer l'environnement et de communiquer avec la femme que vous êtes. Ce programme incontournable s'appelle *système d'exploitation*.

  Celui qui permet au Mac de tourner s'appelle *Mac OS* (*Mac Operating System*). Actuellement, ce programme en est à sa dixième version ; on parle donc de *Mac OS X*.

  Ce système a dix ans. Depuis sa sortie en 2001, différentes moutures se sont succédé au rythme d'une version majeure tous les deux ans, ponctuée à intervalles réguliers par des mises à jour dites mineures. Toutes ont été affublées d'un numéro d'ordre et, dans le but sans doute d'en faciliter l'identification, d'un nom de félin. Ont ainsi successivement fait leur entrée en piste Cheetah (Guépard), Puma, Jaguar, Panther (Panthère), Tiger (Tigre), Leopard (Léopard), Snow Leopard et, enfin, Lion (prononcez à l'anglaise), dont l'intention avouée est de réinventer complètement votre relation avec le Mac, ni plus ni moins.

  À l'heure où nous écrivons ces lignes, c'est la mouture 10.7 du roi de la jungle qui est la dernière en date. La deuxième partie du présent ouvrage se propose de vous faire faire le tour du propriétaire : découvrir ce fauve, apprivoiser son interface et dompter ses fonctionnalités.

- **Troisième partie : Je m'occupe dans mon coin.** Une fois que vous aurez appris à maîtriser votre environnement, vous pourrez passer aux choses sérieuses, c'est-à-dire utiliser des programmes pour faire ce que vous avez envie de faire. Ce sont essentiellement ceux qui composent les deux suites logicielles iLife version '11 et iWork version '09 (suite de productivité bureautique d'Apple) qui seront à l'honneur.

  La première, suite logicielle fournie en standard, est destinée à vous permettre de gérer votre « vie numérique » dans un monde résolument multimédia. Elle vous aidera à faire vos premiers pas dans l'univers de la musique, de la photo et de la vidéo numériques.

  La seconde est la suite de productivité bureautique développée par Apple ; elle vous permettra de vous initier à un traitement de texte (Pages) et de vous familiariser avec un tableur (Numbers).

  Que de découvertes en perspective !

- **Quatrième partie : Je surfe sur le Web !** Loin de nous l'idée de vous confiner à l'univers aseptisé de votre bureau. Nous vous encouragerons, au contraire, à partir à la découverte du grand large.

  Dans cette quatrième partie, vous apprendrez donc à *surfer*. À vous le Web, les sites, les pages, les liens… Certes, vous devrez, au préalable, établir une connexion Internet et vous familiariser avec *Safari,* le programme qui vous permettra de *naviguer*. (Ce n'est pas pour rien qu'on parle de *navigateur*, comme quoi les choses sont parfois logiques !) Mais une fois ces prérequis assimilés, vous n'aurez plus qu'à nous emboîter le pas pour partir de concert surfer avec intérêt sur une escouade de sites qui valent vraiment le détour.

- **Cinquième partie : J'exploite d'autres services Internet.** Internet, ce n'est pas que le Web. D'autres services existent et nous serons ravies de vous les présenter ici. Emails, forums et téléchargements, ça vous dit quelque chose ? Vous serez incollable quand vous aurez lu les trois chapitres de cette cinquième partie.

- **Sixième partie : Les dix commandements.** C'est devenu une tradition ; nous n'y dérogerons pas. Nous vous fournirons, dans cette sixième et dernière partie, des infos sur des utilitaires bien pratiques et clôturerons sur quelques recommandations de dernière minute.

Avant de démarrer, sachez que, de-ci, de-là, différents pictos placés dans la marge attireront votre attention sur les paragraphes en regard. Apprenez dès à présent à les identifier :

Astuce en vue ! Pour celles qui veulent se la jouer fine.

Considération technique dont vous n'êtes pas obligée de prendre connaissance. Intéressée ? Lisez. Pas intéressée ? Passez votre chemin.

Danger ! À lire absolument si vous souhaitez que votre avenir informatique ne soit pas compromis !

À présent, Mesdames, attachez vos ceintures, mettez le contact, passez la première et… en route !

Première partie

Je m'équipe

« Quand je l'ai acheté, il me paraissait pourtant très solide. »

Dans cette partie...

Vous trépignez d'impatience ? Votre empressement est bien légitime !

Sachez toutefois que vous n'irez nulle part tant que vous n'aurez pas acheté votre Mac et que vous ne l'aurez pas correctement branché dans ce petit coin rien qu'à vous auquel, jalousement, vous le destinez.

Les deux chapitres de cette première partie vous mettent le pied à l'étrier. Le premier traite de l'achat de l'ordinateur ; le second se concentre sur son raccordement.

Si vous avez la chance d'être déjà équipée, votre sort est d'emblée scellé. Sautez alors allègrement cette première partie pour vous jeter sans délai dans la cage au Lion.

Chapitre 1

J'achète mon Mac

Dans ce chapitre :

- Anatomie d'un Macintosh.
- L'heure du choix.

L'ordinateur, c'est comme un orchestre symphonique : il faut du matériel (les musiciens et leurs instruments) et du logiciel (la partition). Occupons-nous ici de l'aspect matériel ou *hardware ;* nous traiterons, dans les parties suivantes, du versant logiciel ou *software*.

Anatomie d'un Macintosh

Dans le monde Mac comme ailleurs, l'ordinateur personnel (*Personal Computer*, en abrégé *PC*) se compose d'un élément principal logé dans un boîtier (ou *tour*) et appelé *unité centrale*, auquel se connectent d'autres dispositifs dénommés *périphériques* (Figure 1.1).

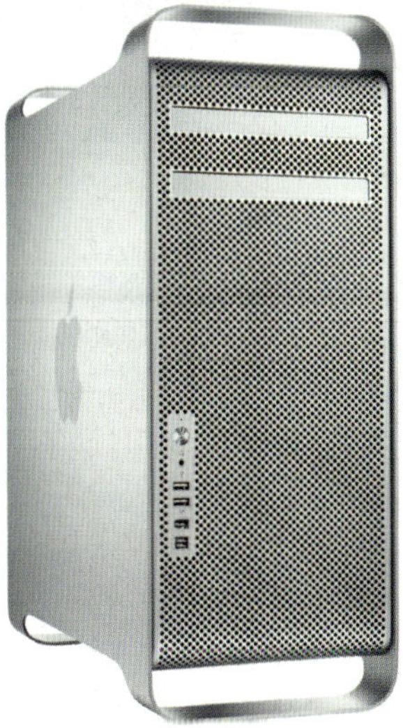

Figure 1.1 : Exemple d'unité centrale, le Mac Pro.

L'avenir est au tout-en-un

Sachez déjà, à ce stade, que cette unité centrale qui encombre votre bureau n'est pas une fatalité. Si elle vous dérange, optez pour un des modèles iMac d'Apple. Ces « tout-en-un » carrossés aluminium anodisé dissimulent, en effet, dans un moniteur incroyablement fin et élancé, tous les composants qui, habituellement, trouvent place dans la tour. Webcam iSight et micro y sont même à ce point habilement intégrés que vous en remarquerez à peine la présence. Un vrai petit bijou de technologie !

L'unité centrale

L'unité centrale représente toute l'électronique de la bête. Elle se compose de quatre éléments principaux :

- le CPU ;
- la carte graphique ;
- la RAM ;
- le disque dur.

Les trois premiers sont ancrés sur la carte mère (Figure 1.2) qui voisine avec le disque dur. CPU et carte graphique servent au traitement des données ; RAM et disque dur sont destinés, pour leur part, à leur stockage.

Figure 1.2 : La carte mère d'un Mac Pro.

Traiter les données : CPU et carte graphique

Un ordinateur sert, avant tout, à traiter les données. Comme nous venons de le voir, c'est un composant électronique caché sous le capot qui s'en charge. Appelé *CPU* (*Central Processing Unit*), *microprocesseur* ou encore *puce*, ce composant est le cœur de la machine (Figure 1.3).

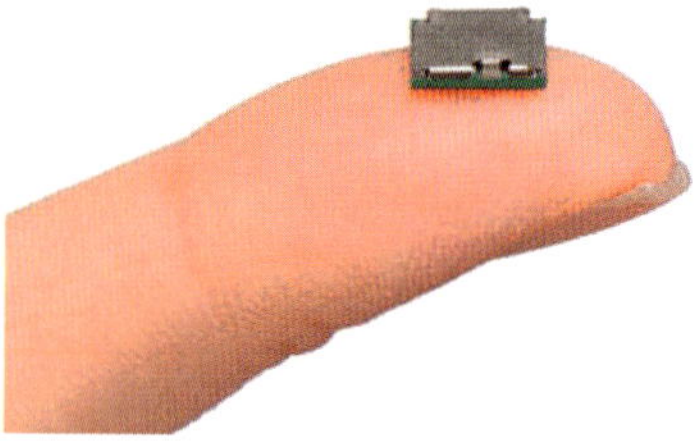

Figure 1.3 : Le cerveau de votre ordinateur tient en quelques millimètres de circuit intégré.

N'en déduisez pas pour autant que ce composant traite les infos tout seul comme un grand, car ce n'est pas le cas. À vrai dire, il serait plutôt embarrassé par toutes ces données si des logiciels ne lui indiquaient pas ce qu'il doit en faire. En effet, si le microprocesseur bat au centre de l'ordinateur, ce n'est pas lui qui en est le cerveau. C'est logique : ce n'est, après tout, que du matériel. La matière grise, ce sont les programmes, qui lui dictent ce qu'il doit faire.

Et il le fait très bien, même si toutes ces activités lui donnent chaud. Ce n'est pas pour rien qu'il est équipé de petits ventilateurs destinés à dissiper la chaleur. Soyez gentilles : n'obturez pas les orifices de ces ventilos : vous provoqueriez une surchauffe extrêmement dommageable !

Le microprocesseur est jugé sur deux critères : sa *puissance* de calcul et sa *cadence*, souvent appelée improprement *vitesse*.

- **Puissance** : Elle se mesure au nombre de bits que le CPU est capable de traiter. Comparez ce nombre aux bandes de circulation d'une autoroute : plus les bandes sont nombreuses, plus le trafic est fluide. La plupart des Mac d'aujourd'hui travaillent sur des données de 64 bits.
- **Cadence** : Elle s'évalue en gigahertz, c'est-à-dire en milliards de cycles par seconde. Les microprocesseurs les plus rapides actuellement sur le marché sont cadencés à 3 GHz, voire davantage.

Notez que la gamme Macintosh propose des processeurs hébergeant plusieurs unités de calcul, qui fonctionnent en parallèle afin d'en augmenter les performances. On parle alors de *processeur à double, triple, voire quadruple cœur* (Dual Core ou bicœurs, quadricœurs…).

Nous nous en voudrions de passer à la section suivante sans évoquer la carte graphique (Figure 1.4), partie active du système d'affichage dont le moniteur représente la partie passive.

Figure 1.4 : La carte graphique fait sa part de boulot.

L'écran, en effet, se contente d'afficher les données, le travail que cet affichage sous-entend étant pris en charge par cette carte particulière qui, logée sur la carte mère de l'unité centrale, indique au périphérique ce qu'il doit afficher et comment, dans combien de couleurs et avec quelle résolution. C'est de cet important composant que dépendent les capacités graphiques de votre machine. Plus la quantité de mémoire de cette carte est élevée (on parle ici de *VRAM* ou *mémoire vidéo*), plus les couleurs sont riches et la résolution élevée.

Stocker les données : RAM et disque dur

Il faut bien stocker les données quelque part ! Deux endroits sont prévus à cet effet : une zone temporaire, la RAM, et une zone à long terme, le disque dur.

Module présenté sous la forme de cartes ou de barrettes enfichables sur la carte mère (Figure 1.5), la *RAM* (*Random Access Memory*) est le lieu provisoire de traitement des données ; c'est l'endroit où les actions se déroulent et où le travail se fait. C'est là que les programmes sont exécutés quand vous les utilisez. Plus la RAM est importante, mieux la besogne s'effectue. En effet, plus vous avez de RAM, plus la machine

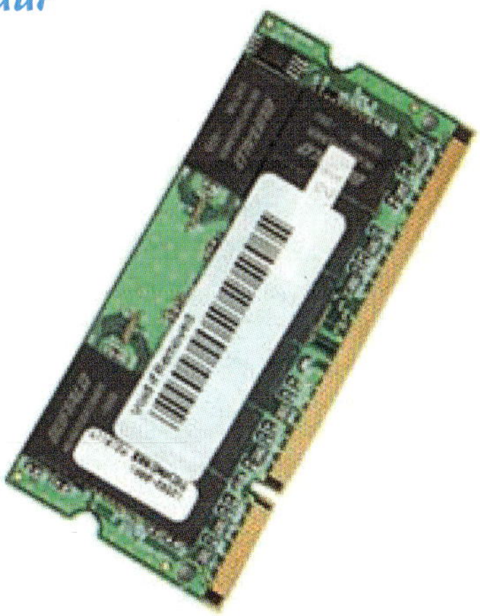

Figure 1.5 : Une carte mémoire Intel pour iMac Dual Core.

est capable d'exécuter de lourdes tâches. Seul inconvénient de cette mémoire : elle est volatile. Éteignez la machine et pfttt ! Elle se vide !

Le disque dur, lui, est une mémoire non volatile – dite *mémoire de masse* – dans laquelle vous stockez toutes vos données (Figure 1.6). C'est, en quelque sorte, un vaste placard où vous rangez toutes vos petites affaires : les programmes que vous installez et les documents que vous générez par leur entremise. Les disques se distinguent le plus souvent les uns des autres par leur capacité. Voyez large, même si on finit toujours par être à l'étroit (500 Go paraissant une bonne moyenne).

Figure 1.6 : Un disque interne de marque Hitachi.

NOTE TECHNIQUE

Certaines unités centrales peuvent accueillir plusieurs disques internes. Si ça ne vous suffit pas (!), il vous reste toujours la possibilité de connecter un disque externe. Et là, les modèles ne manquent pas. Pour preuve, ces deux unités développées par LaCie qui, version ludique ou version portable, égaieront votre environnement informatique (Figure 1.7).

Figure 1.7 : Le Brick version Lego ou le Rugget et sa coque caoutchouc orange antichoc, des disques haute capacité qui ont tout pour plaire.

Kilo, méga, giga et téraoctets

Bon à savoir : la mémoire se mesure en *octets* (en anglais *bytes*), un octet étant un regroupement de 8 bits (*binary digits*), c'est-à-dire de 8 chiffres binaires, la quantité nécessaire pour représenter un caractère alphanumérique.

Pour les multiples, on fait précéder le mot *octet* des préfixes *kilo, méga, giga, téra*… Ainsi, un kilooctet (Ko) vaut 10^3 octets, soit 1 000 octets, un mégaoctet (Mo) vaut 10^6, soit 1 000 000 octets, un gigaoctet (Go) vaut 10^9, soit 1 000 000 000 octets, et ainsi de suite.

La capacité des disques durs ne cesse d'augmenter à mesure que leur encombrement se réduit. Des 5 Mo des premiers disques apparus en 1956 sous label IBM, elle franchit aujourd'hui allègrement la barre du téraoctet. Elle a donc été, en moins de 50 ans, multipliée par 200 000 sous un volume incomparablement moindre.

La mémoire vive n'est pas en reste, suivant elle aussi une courbe ascensionnelle assez vertigineuse. Des quelques Ko du début, elle flirte désormais avec les Go, les derniers modèles en date de Mac Pro pouvant atteindre jusqu'à 32 Go de RAM ! Et Dieu seul sait où tout ça s'arrêtera puisque, en vertu des extrapolations empiriques de la loi de Moore, les avancées technologiques constantes permettent une augmentation exponentielle des capacités.

Pour boucler le sujet, signalons encore que le panneau arrière de l'unité centrale regroupe les différents connecteurs ou *ports* disponibles, c'est-à-dire les prises par lesquelles les données parviennent à l'ordinateur ou en sortent.

La plupart des périphériques utilisent le standard de connexion *USB* (*Universal Serial Bus*) dans sa version 2.0, facile à reconnaître à son symbole en forme de fourche. Ces connecteurs se subdivisent en deux catégories : le type A, rectangulaire, sert le plus souvent à brancher des périphériques peu gourmands en bande passante (clavier, souris, webcam), tandis que le type B, carré, est réservé aux périphériques à haut débit (comme les disques durs externes).

Avantages majeurs du port USB

Le port USB est avantageux à plus d'un titre.

Tout d'abord, il est intelligent. Ainsi, la plupart du temps, il est instantanément reconnu par Lion qui établit alors, sans votre intervention, la procédure d'installation. Ce n'est que dans quelques cas, plus rares, qu'il vous faudra installer un logiciel avant de brancher le matériel USB.

Ensuite, beaucoup de dispositifs à la norme USB ne requièrent aucune alimentation externe, car le courant électrique fourni par le port USB suffit à les alimenter. Ces périphériques, dits pour la circonstance *autoalimentés*, sont bien pratiques.

Enfin, les matériels USB peuvent, le plus souvent, à l'instar d'ailleurs de leurs homologues FireWire, être branchés *à chaud*, c'est-à-dire sans éteindre le reste du système. Appréciable aussi.

Autre standard : le fameux FireWire, port haut débit dont la vitesse de transmission élevée (comparable à celle de l'USB 2.0) le destine tout naturellement aux périphériques multimédias. C'est donc le port de prédilection de la vidéo numérique. USB et FireWire sont, à l'heure actuelle, les deux grands standards en matière de connectique (Figure 1.8).

Figure 1.8 : À gauche, un connecteur USB ; à droite, un connecteur FireWire.

Une nouvelle guerre des standards aura-t-elle lieu ?

Dans le souci légitime d'accélérer les vitesses de transfert, les fabricants n'ont de cesse de commercialiser des technologies toujours plus performantes. C'est ainsi que l'UBS 3 a vu le jour il y a peu. Rétrocompatible avec l'USB 2, il est évidemment plus rapide puisque son taux de transfert théorique s'élève à environ 600 Mo/s contre les 60 Mo/s théoriques de l'USB 2. Mais la norme tarde à s'imposer. Peut-être parce que, pour l'instant, il n'existe pas de prise en charge native ; il est donc toujours nécessaire d'ajouter des composants complémentaires, puces, voire cartes tierces.

Peut-être aussi parce qu'un autre bus haut débit a fait son apparition entre-temps, soutenu par Apple à qui Sony a, depuis, emboîté le pas. Il s'agit du très médiatisé Thunderbolt, basé sur la technologie Light Peak d'Intel et qui équipe désormais plusieurs appareils de la Pomme.

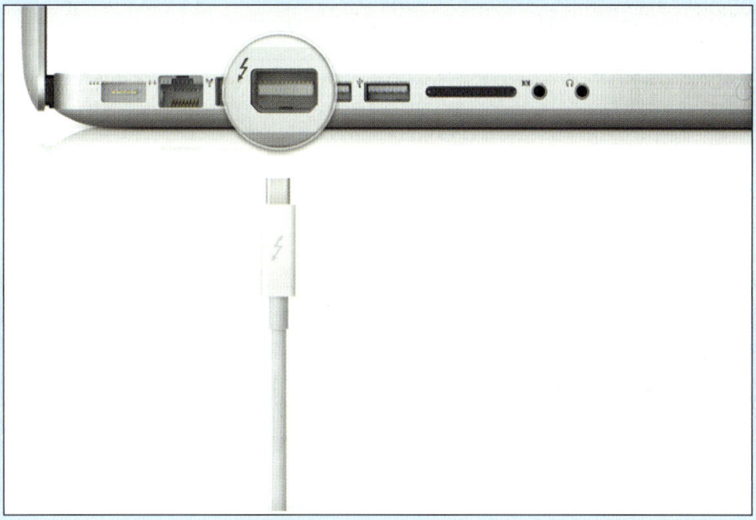

La vitesse a de quoi faire tourner la tête puisque Thunderbolt autorise un flux de données de 10 Gbits par seconde, soit 12 fois le FireWire 800 et 20 fois l'USB 2. Dans ces conditions, copier un film d'un giga ne prend plus que quelques secondes !

Autre point fort : Thunderbolt se consacre simultanément aux périphériques d'affichage et aux périphériques de stockage par le biais d'un connecteur unique.

D'autres cordes à son arc : connexion simultanée de plusieurs périphériques, transfert bidirectionnel et branchement à chaud.

Tels sont les atouts majeurs de ce format de connexion. Si on ajoute le fait que Thunderbolt est multiprotocole (c'est-à-dire capable, sur un même câble, de remplacer FireWire, USB, Ethernet et autres), on comprend que cette connectique avoue franchement son ambition universelle.

Les périphériques

Voilà un terme bien vague, utilisé de manière générique pour désigner tous les appareils susceptibles d'être connectés d'une manière ou d'une autre à l'unité centrale de votre ordi.

Certains sont pratiquement incontournables : c'est le cas de l'écran, du clavier et de la souris ; d'autres sont accessoires, même si très utiles : trackpads, imprimantes, scanners, caméscopes...

En fait, on répartit traditionnellement les périphériques en trois catégories, selon qu'ils sont dévolus aux entrées ou aux sorties :

- **Les périphériques d'entrée** : Ils servent à envoyer des données vers l'ordinateur. Exemples classiques : le clavier et la souris.
- **Les périphériques de sortie** : Ils sont utilisés pour présenter les données ; écrans et imprimantes sont les exemples les plus courants.
- **Les périphériques d'entrée-sortie** : Ils permettent des communications bidirectionnelles. Cas typique : le lecteur/graveur DVD.

Voyons d'un peu plus près de quoi il retourne.

Le clavier

Le clavier est assurément le principal moyen de communication avec l'ordinateur.

Préférez les modèles bien pensés, filaires ou sans fil (Figure 1.9), qui facilitent la recherche d'une bonne posture de travail. Tâchez que soient respectées les normes ergonomiques suivantes :

- Le clavier doit être le moins épais possible.
- Il doit aussi être le plus silencieux possible.
- Idéalement, l'arrière ne doit pas être plus haut que l'avant, ce qui est malheureusement souvent le cas, même si les modèles ultraplats commencent à s'imposer.
- Enfin, la force d'activation des touches doit rester dans une fourchette raisonnable. 50 grammes sont généralement considérés comme une limite à ne pas dépasser.

Et comme on n'arrête pas le progrès, d'autres modèles sont à l'étude, chez Apple et ailleurs, comme cette version tout en verre, fruit de l'imagination du designer Kong Fanwen (Figure 1.10).

Figure 1.9 : Le très beau modèle sans fil d'Apple.

Figure 1.10 : Un concept novateur : en verre et sans touches.

Notez qu'il y a quelques années, sous l'impulsion des ergonomistes qui dénonçaient la déviation cubitale des poignets et la rotation interne des avant-bras qu'imposaient les claviers standard, les constructeurs se sont mis à fabriquer des claviers dits *ergonomiques*. La recherche les a poussés à imaginer des dispositifs originaux (Figure 1.11) adoptant, notamment, la séparation en deux parties de la zone alphanumérique et l'angulation pour favoriser une position neutre des poignets.

Figure 1.11 : Le modèle Maxim de Kinesis.

Sans qu'on sache trop pourquoi, ces claviers se sont par la suite faits rares dans les gammes des constructeurs, peut-être parce leur conception révolutionnaire désarçonnait et imposait un temps d'adaptation trop long. Seules Logitech et Microsoft (Figure 1.12) en commercialisent encore quelques modèles, mais pour combien de temps ?

Figure 1.12 : Courbe de soulagement pour ce modèle d'excellente facture de chez Microsoft.

Dernière piste : les claviers souples en silicone, style moule à gâteau flexible (Figure 1.13).

Figure 1.13 : Mou, pliable et lavable. Étanchéité garantie pour ce modèle d'Amarina.

La souris

C'est le dispositif de pointage et de sélection par excellence. Il est mécanique ou optique :

- **Souris mécanique** : Son élément principal est une bille qui roule selon le mouvement que vous imprimez à la souris. En contact avec cette bille, deux rouleaux perpendiculaires transmettent le mouvement à des disques crantés et ajourés. Des diodes électroluminescentes détectent alors la rotation des disques et la convertissent en données que l'ordinateur interprète (Figure 1.14).
- **Souris optique** : Il n'y a ici aucune partie mobile. Ce sont des diodes luminescentes qui détectent le déplacement de la souris sur la surface où elle évolue.

La mode étant résolument au sans fil, la souris n'a pas échappé à ce courant moderniste qui lui a coûté sa queue. Optique ou laser, elle est alors alimentée par piles (Figure 1.15).

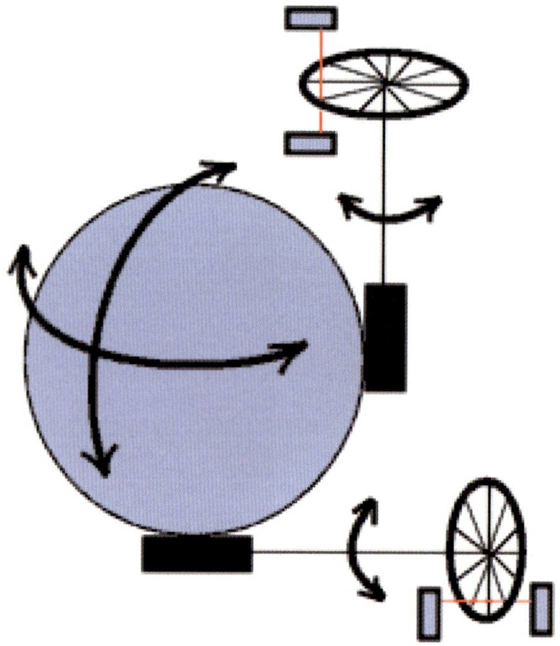

Figure 1.14 : Principe de la souris mécanique.

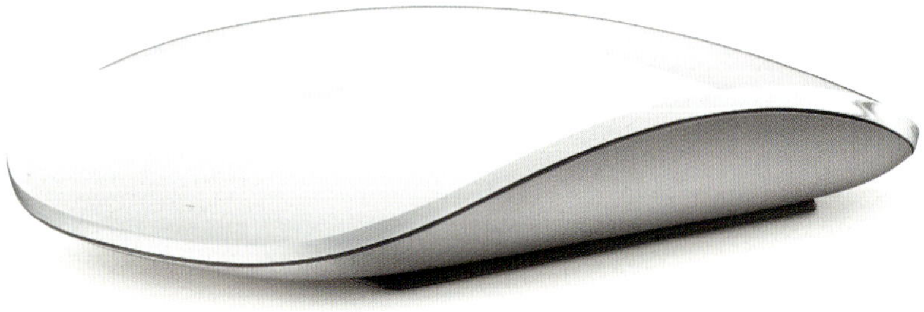

Figure 1.15 : La Magic Mouse d'Apple.

Vous trouverez sur le marché des modèles ergonomiques conçus pour épouser parfaitement la forme de la main et éviter ainsi les troubles musculo-squelettiques qui vous guettent (Figure 1.16).

Figure 1.16 : La Horse Mouse de la firme Hippus qui, selon nous, tient plus de la raie manta que du cheval de selle.

Sans chercher trop loin, vous découvrirez des tas de variantes de ce périphérique éminemment polymorphe : à boutons programmables, à customiser, en pâte à modeler (si, si, ça existe) ! Ci-après, quelques modèles parmi tant d'autres (Figure 1.17).

Figure 1.17 : À bouton lumineux, avec couvercle transparent pour y glisser une photo, en habit de bête à bon Dieu, carrossée par Stark, ou encore avec ventilateur intégré pour effet anti-mains moites.

TRUC

La Magic Mouse d'Apple est vraiment « magique » puisqu'elle est « Multi-Touch », entendez par là que sa coque peut être sollicitée de diverses manières pour mener à bien certaines tâches, les nouvelles *gestures* de Lion, comme naviguer entre les pages en faisant un doigt latéralement sur la coque. Nous y reviendrons dans le chapitre suivant.

Le trackpad

Le trackpad (ou *pavé tactile*) est une surface plane grâce à laquelle on contrôle le pointeur de la souris en faisant glisser les doigts, un peu à la façon des tablettes graphiques.

Ce pavé tactile était autrefois réservé presque exclusivement aux ordinateurs portables, où, par la force de choses, il remplaçait vaille que vaille la souris dans cet univers nomade (Figure 1.18).

Figure 1.18 : Un trackpad sur un portable.

TRUC

Rien, toutefois, ne vous empêchait de connecter à votre portable, *via* son port USB ou par connexion Bluetooth, une souris externe, si vous trouviez ça plus pratique.

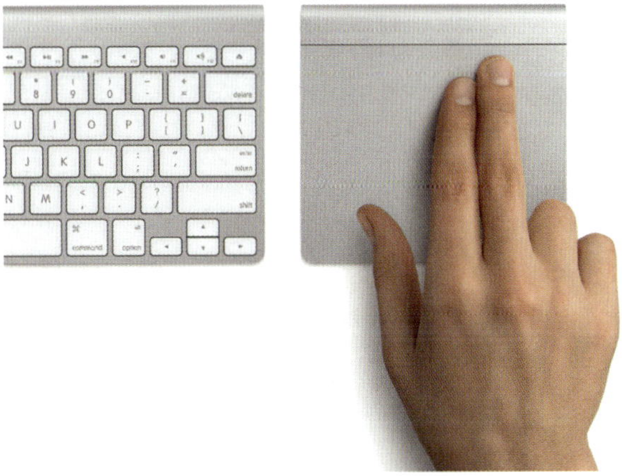

Figure 1.19 : Le Magic Trackpad d'Apple prend du galon.

Mais le succès des portables d'une part, et les nouvelles *gestures* introduites par Lion d'autre part ont contribué à donner à ce périphérique d'entrée ses lettres de noblesse. Désormais, il est le bienvenu pour équiper les modèles de bureau (Figure 1.19) où il vous permet, grâce à un ensemble complet de gestes, de contrôler tout ce qui se passe sur votre écran avec la même sensation que sur un iPhone ou un iPad.

Comme pour la souris, nous aurons l'occasion de vous en dire plus sur la manière de le piloter dans le chapitre suivant.

L'écran

C'est la seule interface graphique entre l'ordinateur et vous. Autant dire qu'il s'agit là d'un composant de toute première importance. Votre acuité visuelle est un capital qu'il vous faut impérativement préserver ; n'hésitez donc pas à investir dans un moniteur de qualité, d'autant que c'est l'élément de la chaîne qui se déprécie le moins vite.

Les modèles du marché se distinguent principalement par les facteurs suivants :

- **Technologie g** Les moniteurs sont de deux types : à tube cathodique (CRT pour *Cathodic Ray Tube*) ou à cristaux liquides (LCD pour *Liquid Crystal Display*). Même s'ils étaient imbattables pour le rendu des couleurs et l'amplitude de l'angle de vision, les CRT, lourds et encombrants, n'ont plus la cote. D'ailleurs, Apple n'en propose plus et a recentré sa gamme sur les écrans plats LCD exclusivement.
- **Taille** : Les dimensions usuelles sont : 17, 20, 21 et 24 pouces, mesures de la diagonale de l'écran (Figure 1.20). En centimètres, ça donne, respectivement : 43, 51, 53 et 61.

Figure 1.20 : Le LED Cinema Display 27 pouces d'Apple.

- **Résolution** : Si les moniteurs CRT en offraient plusieurs, les LCD n'en proposent qu'une puisque leurs pixels sont fixes. Le modèle 27 pouces affiche une résolution de 2 560 x 1 440, une valeur idéale pour toutes les applications.

- **Temps de réponse** : Exprimé en ms (millisecondes), il renseigne sur le temps qu'il faut à une cellule à cristaux liquides pour passer de l'état actif à l'état inactif et retour. Ce facteur est déterminant. En effet, plus le temps de réponse est court, moins vous subirez de rémanence et d'effets fantômes. Idéalement, cette valeur ne doit pas être supérieure à 16 ms.

- **Finition** : La mode est résolument aux écrans brillants. Dommage, car ces surfaces qui scintillent comme des sous neufs sont moins confortables que les mates en raison des reflets, cause de gêne visuelle dans les pièces bien éclairées. Évidemment, les écrans brillants proposent des couleurs plus éclatantes. Comme quoi on peut difficilement avoir le beurre et l'argent du beurre !

Résolution, définition, pixel, ppp, dpi et quoi encore !

Avant d'aller plus loin, clarifions un tant soit peu ces notions abstruses auxquelles nous allons plusieurs fois faire référence dans les sections suivantes.

Toutes les images numériques sont constituées d'une série de points appelés *pixels*. Un *pixel* est donc le plus petit élément constitutif d'une image numérique. L'ensemble de ces pixels est contenu dans un tableau à deux dimensions qui correspond à l'image.

On appelle *définition* le nombre de pixels qui composent l'image. On l'obtient en multipliant le nombre de colonnes (pixels horizontaux) par le nombre de lignes (pixels verticaux). Ainsi, une image qui possède 640 pixels en largeur et 480 pixels en hauteur aura une définition de 640 sur 480, qu'on notera de la manière suivante *640 x 480*.

On appelle *résolution* le nombre de points par unité de longueur qu'un dispositif d'affichage ou d'impression est capable de reproduire ; on l'exprime en *points par pouce* (ppp) ou, pour ceux qui préfèrent la terminologie anglo-saxonne, en *dots per inch* (dpi) (un pouce équivalant à 2,54 cm). La résolution permet donc d'établir un rapport entre le nombre de pixels d'une image (sa définition) et la taille réelle de sa représentation sur support physique.

Si vous planifiez des activités de graphisme ou de mise en page, envisagez aussi une diagonale supérieure (24, 27, voire 30 pouces) et pensez aussi aux sociétés tierces qui proposent des écrans spécialement destinés aux pros du graphisme et qui, à ce titre, facilitent l'épreuvage à l'écran, la retouche photo et autres travaux de création (Figure 1.21).

Figure 1.21 : Le modèle LCD 526 de LaCie, destiné aux métiers de l'image.

Enfin, faites peser dans la balance la présence d'éléments intégrés : webcam, micro, haut-parleurs stéréo ou encore – dernière nouveauté en date – présence d'un port pour baladeur iPod intégré dans le pied de l'écran.

L'avenir nous paraît en outre très prometteur. Pour preuve, ce modèle iView (Figure 1.22), nouveau prototype d'ordinateur « tout-en-un » (c'est-à-dire sans tour) d'Apple. Indubitablement inspiré des écrans de cinéma, ce modèle panoramique immersif devrait être parfaitement adapté au champ de vision des humains que nous sommes. On l'imagine entièrement tactile, embarquant toutes les technologies Multi-Touch d'Apple. Et ce n'est pas tout : un deuxième écran LCD est prévu sur la face arrière. La webcam sera elle aussi dédoublée (une sur chaque face), l'idéal pour les démos, formations ou séances plus intimes, en tête à tête avec l'élu de votre cœur. Innovation technologique époustouflante, il ne manquera vraiment, à cet iView, que la parole !

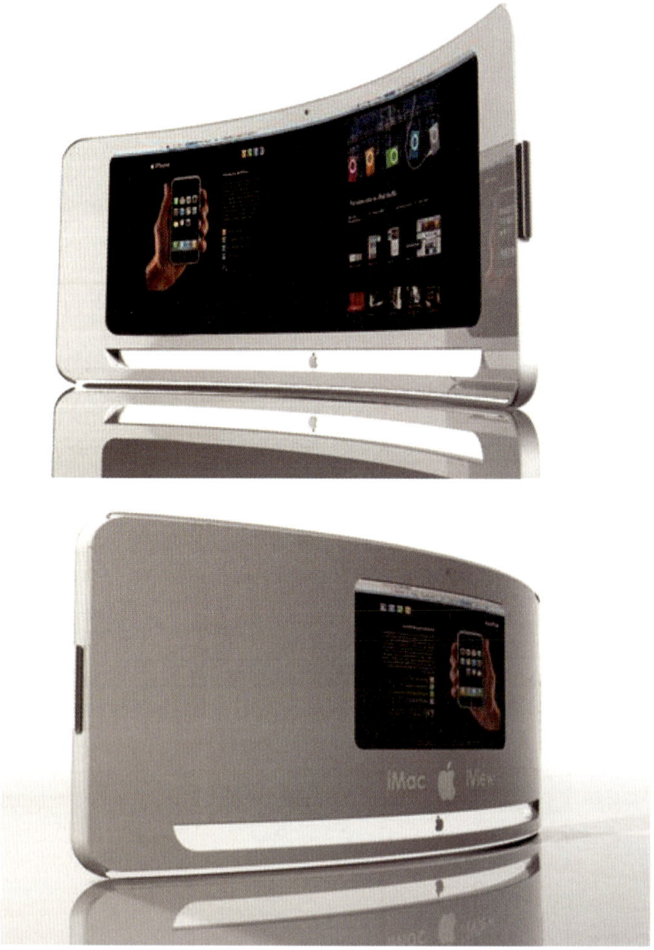

Figure 1.22 : Immersion totale pour ce prototype révolutionnaire, tout en courbes.

L'imprimante

De toute évidence, le glas des imprimantes monofonctions a sonné. Ces modèles classiques A4 sont en effet en chute libre. Leurs ventes s'effondrent : alors qu'elles représentaient quasiment 100 % du marché il y encore quelques années seulement, elles sont tombées aujourd'hui à des chiffres dérisoires.

La faute à qui ? Aux tout-en-un, ces appareils *combinés* ou *multifonctions*, capables tout à la fois d'imprimer, de scanner, de faxer et de photocopier. Il est un fait que ces matériels hybrides ont le vent en poupe : véritables outils à tout faire, ils trustent près de 60 % des ventes. D'autant que, si les premiers modèles offraient des prestations très moyennes, la qualité est désormais comparable à celles des périphériques dédiés. Trois ou quatre appareils pour à peine plus que le prix d'un, c'est imbattable !

NOTE TECHNIQUE

Les combinés à fonction fax intégrée ne pourront envoyer des télécopies ordinateur éteint que s'ils disposent de leur propre modem.

TRUC

Les imprimantes photo 10 x 15 ont elles aussi hérité d'une partie de ces parts perdues, avec une croissance en pleine expansion. Nous les décrivons plus en détail à l'occasion du Chapitre 22.

À avoir à l'œil au moment de l'achat :

- **Technologie** : Jet d'encre ou laser ?

  Les premières (Figure 1.23) utilisent des cartouches d'encre que des buses projettent sur le papier en microscopiques gouttelettes. Normalement, les cartouches sont au nombre de 4 : noir, cyan, jaune et magenta, selon le principe bien connu de la quadrichromie. C'est pratique puisque, quand une teinte vient à manquer, il suffit de remplacer la cartouche correspondante.

Figure 1.23 : L'imprimante jet d'encre Pixma MP970 de Canon.

Certains modèles bas de gamme font l'économie du noir, qu'ils produisent alors par mélange des trois autres primaires. Le résultat n'est guère probant puisqu'il produit un brun noirâtre du plus mauvais effet.

Les secondes (Figure 1.24) emploient un pigment pulvérulent appelé *toner*, lui aussi conditionné en cartouche. Un laser trace l'image de la page sur un tambour dont la surface est ensuite mise en contact avec ce toner ; les particules de poudre sont alors attirées de manière électrostatique par les points du tambour où le laser a écrit l'image latente.

Figure 1.24 : L'imprimante laser couleur Phaser 6125 de Xerox.

Les modèles les plus démocratiques sont assurément ceux à jet d'encre. Ce mode d'impression autorise en outre une plus grande polyvalence, puisqu'il est capable d'imprimer n'importe quel type de document (texte, image, photo...). Le laser, en revanche, conviendra mieux pour l'impression noir et blanc de documents bureautiques. Les versions couleur existent, certes, mais restent relativement chères.

- **Vitesse d'impression** : Elle s'exprime en nombre de pages par minute. Et, contrairement à une idée reçue, ce ne sont pas les modèles qui impriment le plus lentement qui impriment le mieux.

- **Qualité d'impression** : Elle dépend d'énormément de facteurs et est, à ce titre, difficile à cerner. Parmi ceux-ci : technologie matérielle, cartouches séparées pour des rendus supérieurs, cartouches spéciales photo pour des résultats sans comparaison avec ceux des cartouches classiques, *etc.*
- **Coût des consommables** : Évaluez au plus près le budget cartouches si vous comptez faire de votre imprimante un usage régulier. Un bon conseil : gardez la référence sous la main pour un prochain achat.

  TRUC

  Si vous vous ruinez en cartouches d'encre, sachez qu'il est possible de réduire la note en vous procurant un kit de remplissage, même si l'utilisation de ce type de dispositif n'est pas aussi simple qu'on veut bien le croire, et le résultat pas forcément probant.
- **Ergonomie** : Il est primordial que l'appareil soit facile à manipuler : pilote performant et panneau de contrôle facile à exploiter.
- **Options** : Chargeur de feuilles style avaleuse, connexion sans fil WiFi ou Bluetooth, impression recto verso, commandes tactiles, lecteur de cartes mémoire sont autant de petits plus qui pourraient bien faire pencher la balance en faveur d'un appareil plutôt que d'un autre.

  TRUC

  Ces lecteurs de cartes mémoire accueillent la carte mémoire de votre appareil photo numérique et vous permettent de la sorte d'imprimer directement vos clichés sans vous contraindre à transiter par le Mac.

Il en va de l'imprimante comme de l'écran : c'est l'usage que vous comptez en faire qui dictera le choix d'un modèle plutôt que d'un autre. Certains appareils, en effet, sont plutôt réservés à un usage occasionnel, tandis que d'autres se destinent à un emploi régulier et multifonctionnel, voire à une utilisation intensive (qualité supérieure, cartouches séparées grande capacité, *etc.*).

Si votre environnement de production documentaire l'exige, sachez qu'il existe sur le marché des imprimantes grand format (Figure 1.25), capables de prendre en charge un large éventail de supports (A2, A1, A0…) sans jamais freiner vos flux de production.

TRUC

Envie de personnaliser vos T-shirts, sacs en toile, tapis de souris ? C'est possible si vous disposez d'une laser couleur. Procurez-vous des feuilles de papier transfert textile, imprimez ce qui vous chante, puis transférez l'image sur le tissu à l'aide d'un fer à repasser. Original, non ? D'autres imprimantes sont capables d'imprimer des objets en 3D, ou encore, de par leur forme cylindrique, de permettre l'impression sur une longueur quelconque puisqu'un cutter intégré coupe le papier à l'endroit souhaité (Figure 1.26).

Figure 1.25 : La Stylus Pro 4900 d'Epson.

Figure 1.26 : Tout en rondeurs, le modèle designé par Jin Woo Han.

Il en existe même une sans fil qu'on peut accrocher au mur comme un cadre (Figure 1.27) !

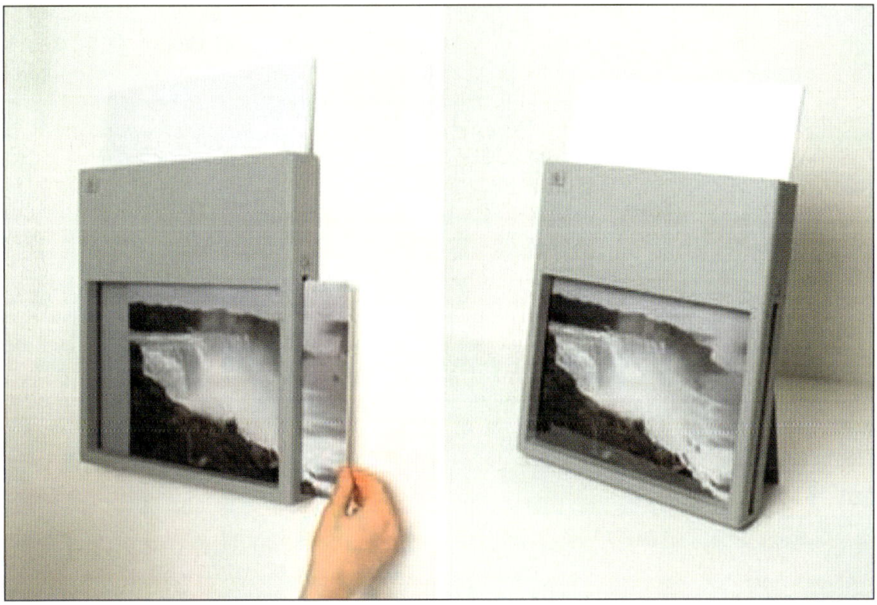

Figure 1.27 : L'étonnant modèle de Ransmeier & Floyd.

Le lecteur/graveur DVD

Voilà bien un périphérique d'entrée-sortie incontournable.

Plus coûteuse que le graveur CD, la version DVD offre une capacité de stockage bien plus étendue : 700 Mo dans le premier cas contre près de 5 Go dans le second ! Une solution bien plus avantageuse d'autant que, selon le principe du « Qui peut le plus peut le moins », un graveur DVD peut, bien entendu, graver des CD.

Préférez les modèles qui supportent des DVD+/- RW pour une compatibilité maximale.

TRUC

Pour en savoir plus sur les différents formats de CD et de DVD, reportez-vous à la section « Graver » du Chapitre 7.

Quant à la vitesse, elle doit être d'au moins 4 x en DVD+/- RW et 8 x en DVD+/-R.

Exigez enfin le support *Dual Layer* (Double Couche) ; grâce à lui, vous pourrez employer des DVD d'une capacité de 8,5 Go, par opposition aux 4,7 Go des DVD simple couche.

Le portable ou les joies de la transhumance

De tout temps, les utilisateurs d'ordinateurs personnels ont recherché la mobilité.

Les portables sont certes moins puissants, moins extensibles et moins démocratiques que les appareils de bureau, mais il est inutile d'argumenter si, pour vous, la portabilité est déterminante.

Grâce au portable, vous pourrez délocaliser votre travail : affranchissez-vous de la sédentarité en emportant votre Mac avec vous, partout où vous allez. Si vous trouvez une prise de courant à proximité, n'hésitez pas à y raccorder l'appareil afin de soulager la batterie. Et si vous avez besoin d'une connexion Internet, pensez aux points WiFi, ces fameuses bornes d'accès sans fil au Net qui, depuis quelques années, se développent un peu partout (gares, aéroports, hôtels...) ou aux clés 3G (ces petits dongles USB qui permettent la connexion à Internet *via* le réseau 3G GSM).

On se demande d'ailleurs pourquoi on se refuserait l'informatique nomade quand Apple commercialise des appareils irrésistibles, comme son magnifique MacBook Air. Épaisseur : 1,7 cm ! Poids : 1 kg ! En matière de portabilité, on fait difficilement mieux ! Et mon Dieu qu'il est beau !

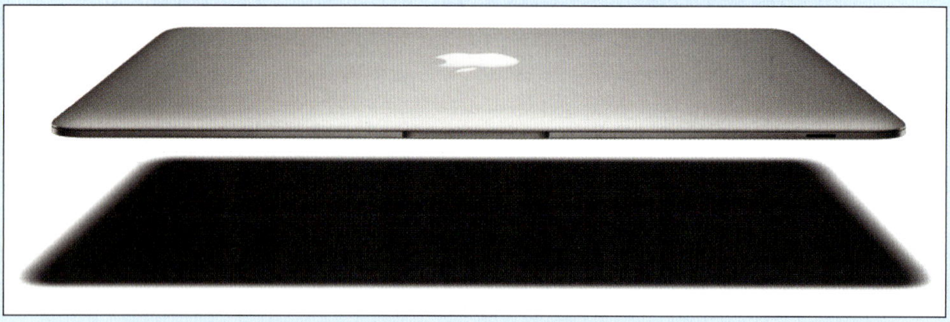

Les critères à prendre en compte au moment de passer à l'acte sont donc, vous l'aurez deviné, le poids, la taille, l'affichage (privilégiez les grands écrans pour le confort d'utilisation avec, comme corollaire, une augmentation de la taille et du poids) et, talon d'Achille de ces matériels, l'autonomie. Celle-ci est évidemment fonction de la durée pendant laquelle vous utilisez la machine, mais aussi du type de batterie dont elle est équipée. Préférez les Lithium-Ion aux Nickel-Cadmium : elles ont une durée de vie plus longue, conservent leur charge plus longtemps et peuvent être rechargées à tout instant.

C'est vraisemblablement la pile à combustible qui sera la batterie du futur. D'une autonomie qui s'exprime en semaines alors que jusqu'à présent on ne parle que d'heures, ces piles sont attendues à des prix abordables pour la fin de la décennie. Encore un peu de patience !

L'heure du choix

Contrairement au monde PC, la famille Apple est relativement réduite. Énumérons rapidement les membres qui la composent à l'heure où nous écrivons ces lignes.

En toute logique, les données fournies plus haut devraient vous permettre de trouver le modèle le plus en adéquation avec vos besoins. N'hésitez pas à aller tenir la jambe à un vendeur pour obtenir d'autres infos déterminantes et pour vous guider dans votre choix.

Résistez, bien entendu, à la pression consumériste mais, dans le même temps, n'hésitez pas à vous faire plaisir si vos moyens vous le permettent. Comme disait ma belle-mère, « on n'a jamais vu un coffre-fort suivre un corbillard » !

Les modèles de bureau

Vous aurez à choisir parmi les trois modèles de la firme à la pomme : l'iMac, le Mac Mini ou le Mac Pro.

- **iMac** (Figure 1.28)

  C'est le modèle « tout-en-un » d'Apple. Reconnaissez qu'on fait difficilement plus design et plus compact ! L'appareil est proposé en deux versions : 21,5 ou 27 pouces.

  – Processeur : Quadricœur Intel Core i5 ou i7 cadencé jusqu'à 3,1 GHz.

  – RAM : 4 Go, avec possibilité d'extension jusqu'à 8 Go.

  – Disque dur : 500 Go ou 1 To.

  – Écran : 21,5 ou 27 pouces, d'une résolution de 1 920 x 1 080 dans le premier cas et de 2 560 x 1 440 dans le second.

Figure 1.28 : iMac.

- **Mac Mini** (Figure 1.29)

  Ultracompact, Mac Mini porte bien son nom, apportant une puissance sans précédent dans un boîtier extrêmement réduit. Il est évidemment BYOKDM (*Bring your own monitor, keyboard and mouse*). Comprenez : ajoutez-lui un écran, un clavier et une souris. (Récupérez, à cette fin, des périphériques que vous possédez déjà ou achetez-en de nouveaux.)

  – Processeur : Bicœur Intel Core i5 cadencé jusqu'à 2,5 GHz.

  – RAM : 2 Go, avec possibilité d'extension à 4 ou à 8 Go.

  – Disque dur : 500 ou 750 Go.

  – Taille : 19,7 cm de côté sur 3,6 cm de haut.

  – Poids : 1,22 kg.

Figure 1.29 : Mac Mini.

- **Mac Pro** (Figure 1.30)

  Là, c'est la grosse artillerie ! Équipée en standard des tout nouveaux processeurs quadricœurs d'Intel, cette tour est le Mac le plus rapide jamais conçu.

– Processeurs : 2 Quad-Core Intel Xeon cadencé à 2,4 GHz.

– RAM : jusqu'à 32 Go.

– Disque dur : jusqu'à 8 To.

Figure 1.30 : Mac Pro.

Les portables

Apple commercialise, à ce jour, 2 modèles de portables.

- **MacBook Air** (Figure 1.31)

  – Processeur : Bicœur Intel Core i5 cadencé jusqu'à 1,7 GHz.

  – RAM : 2 ou 4 Go pour la version 11 pouces ; 4 Go pour la version 13 pouces.

  – Stockage flash : jusqu'à 128 Go pour la version 11 pouces ; jusqu'à 256 Go pour la version 13 pouces.

  – Écran : 11 ou 13 pouces avec rétroéclairage par diodes LED, d'une résolution native de 1 366 x 768 pour la version 11 pouces et de 1 440 x 900 pour la version 13 pouces.

  – Épaisseur : 1,7 cm.

– Poids : 1,08 kg pour la version 11 pouces et 1,35 kg pour la version 13 pouces.

Figure 1.31 : MacBook Air.

- **MacBook Pro** (Figure 1.32)

Figure 1.32 : MacBook Pro.

Apple propose 3 modèles de MacBook Pro, version 13, 15 ou 17 pouces.

– Processeur : Bicœur Intel Core i5 cadencé à 2,3 GHz (13 pouces) ; quadricœur Intel Core i7 cadencé jusqu'à 2,2 GHz (15 et 17 pouces).

– RAM : 4 Go jusqu'à 8 Go.

– Disque dur : 500 à 750 Go.

– Écran : 13, 15 ou 17 pouces avec rétroéclairage par diodes LED anti-reflet d'une résolution native de 1 280 x 800 (13 pouces), 1 440 x 900 (15 pouces) et 1 920 x 1 200 (17 pouces).

– Épaisseur : 2,41 cm (13 et 15 pouces) ; 2,50 cm (17 pouces).

– Poids : 2,04 (13 et 15 pouces) ; 2,99 kg (17 pouces).

Bonne réflexion ! Une perfidie de l'auteur vu que, comme disait Kierkegaard, l'angoisse naît du choix !

Motorisation indispensable

Lion ne tourne pas sur n'importe quel Mac ; il a des exigences :

- processeur Intel de type Core 2 Duo minimum, Core i3, Core i5, Core i7 ou Xeon ;
- mémoire RAM de 2 Go minimum ;
- architecture 64 bits ;

Comme vous le voyez, le fauve requiert une configuration matérielle aussi musclée que récente. Qu'on se le dise !

Chapitre 2

Je déballe, je branche, et en avant toute !

Dans ce chapitre :

- Déballer.
- Examiner.
- Connecter.
- Régler votre position.
- Envoyez le jus !

Inspirez profondément et fermez les yeux. Vous avez les mains moites et la gorge serrée ? Dites-vous que le plus dur est fait. Bon, ce n'est pas tout à fait le cas, mais un petit encouragement n'a jamais fait de mal à personne !

Déballer

Défoulez-vous : déballez tout !

Ne laissez rien dans les boîtes. Passez tous les fonds au peigne fin : souvent, les fabricants placent des éléments importants sous la mousse du fond ou entre les cales.

Ne jetez pas le conteneur : il est plus facile, en cas de problème, de ramener la machine dans son carton d'origine.

Examiner

Reprenez votre souffle. Installez-vous confortablement et prenez le temps d'examiner les composants de votre future installation.

L'unité centrale

Si votre choix s'est porté sur le modèle MacPro, vous avez une unité centrale ! Commencez donc par elle.

Elle propose, en façade, un bouton marche/arrêt, deux ports FireWire 800, deux ports USB 2.0 ainsi qu'une prise casque minijack. Elle inclut en outre un lecteur/graveur DVD SuperDrive et une baie de lecteur optique libre pour l'ajout d'un second SuperDrive optionnel. Sur son panneau arrière sont regroupés d'autres connecteurs auxquels vous brancherez les périphériques que vous n'aurez pas connectés sur la face avant.

Quant au Mac Mini, il regroupe tous ses connecteurs sur sa face arrière.

Mac Pro ou Mac Mini, l'appareil doit être correctement ventilé : ne le coincez donc pas dans un endroit confiné ni dans une armoire où l'air ne circule pas.

D'autant que, en raison de la présence de connecteurs à l'arrière, il est judicieux de ménager, derrière le boîtier, un espace suffisant pour établir les connexions. Prévoyez en outre suffisamment de place entre l'unité et le mur pour ne pas coincer les câbles.

Évitez aussi les emplacements trop chauds ou trop froids : c'est un ordinateur, pas un four ni un frigo. Sachez enfin que l'humidité ne lui réussit pas non plus. En fait, il aime les climats tempérés, où la température oscille entre 10 et 35 °C ; ça vous laisse de la marge !

L'écran

Qu'il s'agisse juste d'un écran ou de l'iMac tout-en-un, une règle d'or : déballez avec délicatesse. Au besoin, faites-vous aider par votre conjoint : il sera ravi de prêter main-forte à la faible femme que vous êtes. Distribuez les rôles : il soulève le moniteur pendant que vous maintenez la boîte. Ensuite, déposez votre écran sur une surface solide et de niveau, le temps de réfléchir posément à la suite des opérations.

Car, avant de lui attribuer un emplacement définitif, pensez d'abord que votre unité d'affichage doit, pour des raisons évidentes de câblage, se trouver à proximité de l'éventuelle unité centrale et d'une prise de courant.

Par ailleurs, considérez avec attention l'emplacement des fenêtres : toute lumière du soleil se reflétant sur la surface de l'écran rend son utilisation très inconfortable. C'est d'autant plus vrai avec les écrans brillants. Personnellement, nous préférons les écrans mats, mais bon...

Le clavier

Le clavier mérite aussi qu'on s'attarde sur sa composition. Ainsi, les modèles standard comptent 105 touches, réparties en 4 zones principales :

- **Les touches alphanumériques** : Identiques à celles des machines à écrire, elles comprennent les lettres, les nombres et les signes de ponctuation.
- **Les touches de fonction** : Occupant la rangée du haut, elles assurent un accès immédiat à différentes fonctionnalités du Mac, comme le réglage du son et de la luminosité (voir le Chapitre 9).
- **Le pavé directionnel** : Réunissant les touches dites *de déplacement du curseur*, ce pavé est divisé en deux groupes : en bas, les touchés fléchées déplacent le pointeur dans le sens de la flèche ; en haut, elles lui font gagner des positions variées. Quant à la touche Suppression, son nom est sans appel : elle supprime tout élément sélectionné avant son activation.
- **Le pavé numérique** : Semblable à une calculette, il trône dans la partie droite du clavier et facilite la saisie des chiffres.

NOTE TECHNIQUE

Le clavier sans fil d'Apple est dépourvu de pavé numérique. C'est aussi le cas des portables. Si cette absence vous handicape, équipez-vous d'un pavé externe, avec ou sans fil. Assurez-vous, au moment de l'achat, que l'appareil est compatible Macintosh.

À ces quatre zones majeures vient s'ajouter une série de touches dites *modificatrices* :

- **Maj (Majuscule)** : Elle met les lettres en capitales, permet d'utiliser les chiffres du clavier alphanumérique et assure l'accès à certains signes de ponctuation et caractères spéciaux.
- **Cmd (Commande)** : Dite *morte* parce que ne produisant aucun effet si vous l'utilisez seule, la touche Commande – identifiée par une pomme – ne s'emploie qu'en combinaison avec d'autres touches pour exécuter des commandes.
- **Option (Alt)** : Il en va de la touche Option comme de la touche Commande : elle ne s'utilise que conjointement à d'autres touches du clavier pour donner des ordres.

- **Ctrl (Contrôle)** : C'est la troisième de la série. Elle fonctionne comme les deux autres !

On dénombre encore deux touches dites *de verrouillage* :

- **Verrouillage Majuscules** : Sa fonction est de bloquer la partie alphanumérique du clavier en position Majuscules. Pratique quand vous avez plusieurs capitales ou chiffres à taper à la suite ! Sur la plupart des claviers, le verrouillage majuscules est signalé par un voyant lumineux.

  TRUC

  Quand les majuscules sont verrouillées, la touche Maj produit… des minuscules !

- **Verrouillage Numérique** : C'est elle qui permet de permuter entre la fonction chiffres et la fonction déplacement assurée par le pavé numérique dans certains programmes.

Enfin, clôturons notre revue de détail par 5 touches que vous serez constamment amenée à utiliser :

- **Entrée** : C'est la touche de validation par excellence. Dans les boîtes de dialogue, elle équivaut au bouton OK. Dans les traitements de texte, elle provoque la création d'un nouveau paragraphe. Dans les tableurs, elle valide la saisie des données dans les cellules, *etc.*
- **Retour** : Elle équivaut à Entrée.
- **Tabulation** : Dans les boîtes de dialogue, elle déplace le pointeur de zone en zone. Dans un traitement de texte, elle lui fait gagner le taquet de tabulation suivant. Dans un tableur, elle l'amène à la cellule de droite. Dans tous les cas donc, elle est associée à un déplacement vers la droite, tandis qu'en combinaison avec la touche Majuscule, elle agit dans l'autre sens.
- **Retour arrière** : Elle permet d'effacer à reculons (contrairement à Suppression, qui efface en avançant).
- **Esc (Échappement)** : Associée au bouton Annuler, elle permet de faire marche arrière ou de mettre fin à une action.

Vous avez fait le tour de la question ? Parfait.

La souris

De la taille d'une savonnette, la souris se niche au creux de votre main, les doigts reposant de manière décontractée sur la coque. Ne vous crispez pas : elle ne va pas s'enfuir !

La guerre des boutons

Depuis toujours, les souris PC possèdent deux boutons : le gauche, qui sert au clic classique et le droit, qui garantit l'accès à un menu particulier qui se déroule sous le pointeur. Ce menu est dit *contextuel* parce que son contenu varie en fonction de l'élément depuis lequel vous l'invoquez ainsi que des conditions dans lesquelles ce clic droit se passe.

Par le passé, les souris Mac ne possédaient qu'un seul bouton, le gauche, et remplaçaient le droit par la combinaison Ctrl + clic. Mais les choses ont changé et les rongeurs d'Apple sont devenus des petits animaux très futés. Dernier modèle en date fourni en standard avec tout nouvel iMac, la Magic Mouse optimise l'interaction et intègre la technologie Multi-Touch (Chapitre 9).

Les techniques de souris de base sont incontournables ; autant vous acclimater tout de suite :

- **Pointer** : Déplacer le curseur sur l'écran pour le positionner sur un élément en faisant glisser la souris sur une surface plane (icône, menu, commande...). Le pointage sert à désigner.
- **Cliquer** : Enfoncer la partie supérieure gauche de la coque de la souris. Le clic sert à sélectionner.
- **Double-cliquer** : Enfoncer rapidement deux fois de suite la partie supérieure gauche de la coque la souris. Le double-clic sert à ouvrir. Son effet varie selon l'élément sélectionné :
    - **Un dossier** : Le double-clic ouvre le dossier et vous dévoile son contenu.

- **Un programme** : Le double-clic lance le programme, une opération qui va souvent de pair avec la création d'un nouveau document vide, généralement appelé « Sans titre ».
- **Un document** : Le double-clic lance le programme qui a servi à créer le document et vous propose le document en fenêtre active.

- **Faire un clic secondaire** : Enfoncer la partie supérieure droite de la coque de la souris ou cliquer tout en maintenant enfoncée la touche Ctrl (c'est le Ctrl + clic). Le clic secondaire déroule un menu contextuel qui regroupe des commandes en rapport avec la tâche en cours.
- **Faire défiler** : Déplacer un doigt sur le dos de la souris dans le sens du défilement souhaité.
- **Faire glisser** : Cliquer sur l'élément et maintenir enfoncé, puis faire glisser ; relâcher quand vous avez atteint la destination. Le cliquer-glisser sert à déplacer des éléments.

La technologie Multi-Touch autorise d'autres actions que vous découvrirez dans la section « Apprivoiser la souris » du Chapitre 9.

Le trackpad

Mis à l'honneur par Lion et ses nouvelles *gestures*, le trackpad fait un tabac grâce à cette manière si naturelle qu'il a de vous rapprocher de votre contenu.

TRUC

Le trackpad peut s'employer seul ou conjointement à une souris.

Les manips de base :

- **Pointer** : Déplacer le curseur sur l'écran pour le positionner sur un élément en faisant glisser un doigt sur le pavé (icône, menu, commande…). Le pointage sert à désigner.
- **Cliquer** : Presser une fois avec un doigt. Le clic sert à sélectionner.
- **Double-cliquer** : Presser rapidement deux fois de suite avec un doigt. Le double-clic sert à ouvrir. Son effet varie selon l'élément sélectionné :
  - **Un dossier** : Le double-clic ouvre le dossier et vous dévoile son contenu.
  - **Un programme** : Le double-clic lance le programme, une opération qui va souvent de pair avec la création d'un nouveau document vide, généralement appelé « Sans titre ».
  - **Un document** : Le double-clic lance le programme qui a servi à créer le document et vous propose le document en fenêtre active.

- **Faire un clic secondaire** : Presser avec deux doigts. Le clic secondaire déroule un menu contextuel qui regroupe des commandes en rapport avec la tâche en cours.
- **Faire défiler** : Déplacer deux doits dans le sens du défilement souhaité.
- **Faire glisser** : Cliquer sur l'élément et maintenir appuyé, puis faire glisser avec un doigt ; relâcher quand vous avez atteint la destination. Le cliquer-glisser sert à déplacer des éléments.

La technologie Multi-Touch autorise d'autres actions que vous découvrirez dans la section « Maîtriser le trackpad » du Chapitre 9.

Connecter

La première étape consiste à connecter tous les composants de l'installation les uns aux autres. Pendant que vous opérez, ne raccordez rien à la prise électrique.

D'ailleurs, d'une manière générale, commencez par éteindre la machine avant de lui ajouter tout périphérique. Certes, la plupart des équipements (qu'ils soient USB ou FireWire) peuvent être connectés à l'ordinateur pendant qu'il tourne (on parle, comme nous l'avons vu, de *branchement à chaud*). Mais soyez prudente, car il y a des exceptions. Ce serait dommage de prendre un mauvais départ.

Les périphériques sont reliés à l'éventuelle unité centrale :

- **Dans les connexions filaires** : Par des câbles. En général, leurs deux extrémités sont différentes de manière à éviter toute erreur de branchement. C'est le cas des câbles USB (Figure 2.1) : ils ont deux extrémités distinctes : à un bout, un connecteur plat assure la connexion avec l'ordinateur ; à l'autre, un connecteur trapézoïdal se branche au périphérique.

Figure 2.1 : Impossible de se tromper.

- **Dans les connexions sans fil** : La connexion s'établit par liaison Bluetooth ou WiFi (voir encadré).

La plupart des périphériques sont aujourd'hui *plug-and-play*, ce qui signifie qu'ils sont automatiquement reconnus et en mesure de fonctionner dès qu'ils sont branchés. C'est notamment le cas des disques durs externes et des appareils photo numériques. Et même si quelques manipulations sont requises (comme l'installation d'un pilote pour les imprimantes), la procédure est désormais réduite à sa plus simple expression. Donc, pas de panique.

Bluetooth, à la gloire de Harald Ier

Tout au long de cet ouvrage (et principalement dans les sections consacrées aux périphériques), le terme *Bluetooth* risque de revenir à intervalles réguliers. Sachez donc, une fois pour toutes, de quoi il retourne.

Le nom d'abord : il est directement inspiré du roi Harald Ier, surnommé *Harald à la dent bleue* parce qu'il raffolait des airelles, lequel a réussi, au Xe siècle, à unifier sous une seule couronne les États du Danemark, de la Suède et de la Finlande. Ce surnom a plu aux inventeurs de Bluetooth, la firme suédoise Ericsson, puisque ce protocole se voulait, notamment, un standard unificateur.

Le principe ensuite : Bluetooth est une technologie de liaison radio à faible portée. À ce titre, elle permet à des appareils et périphériques situés à quelques mètres l'un de l'autre de communiquer sans fil. Elle a d'ailleurs été spécialement conçue pour remplacer les câbles qui reliaient les ordinateurs aux souris, claviers, imprimantes, scanners, PDA, téléphones portables et appareils photo numériques.

Même s'il existe des similitudes, ne confondez pas Bluetooth et WiFi (*Wireless Fidelity*), qui, lui, est une technique de réseau informatique sans fil, créée au départ pour les réseaux locaux mais qui, depuis, a évolué vers une technique d'accès Internet à haut débit. En effet, le ASFI (Accès Sans Fil à Internet) est aujourd'hui l'utilisation la plus courante du WiFi.

D'autres types de réseaux existent. Si tous établissent la liaison en utilisant des ondes radioélectriques (radio et infrarouge), les technologies diffèrent selon la fréquence d'émission et, surtout, le débit et la portée des transmissions (zone de couverture). Sur ces bases, les catégories se charpentent : réseaux personnels, locaux, métropolitains ou étendus.

Bluetooth n'est donc pas la seule technologie sans fil. Elle constitue malgré tout une piste intéressante qui fera sans doute, dans les prochaines années, l'objet de développements innovants dans le secteur du sans fil domestique.

Branchez tous vos bazars :

- **Écran** : Branchez son câble au connecteur graphique PCI, placé à l'arrière de l'unité centrale (sauf sur les modèles tout-en-un, bien sûr).
- **Clavier, souris et trackpad** : Au standard USB, ces trois périphériques se connectent… à des ports USB de l'ordi, unité centrale ou tout-en-un

selon le cas. Pas de connexion physique, évidemment, pour les modèles Bluetooth, mais un processus automatique dit de *pairing* (jumelage) qui permet aux deux intervenants (en l'occurrence le Mac d'une part et le périphérique d'entrée d'autre part) de se reconnaître et d'accorder leurs violons. Si jamais votre intervention était requise, elle se limiterait à entrer un code et/ou à confirmer à la sollicitation de la machine.

- **Imprimante** : Soit la connexion est de type USB ou Ethernet (physique), soit elle est de type Bluetooth ou WiFi (sans fil). Dans le premier cas, il suffit de raccorder l'imprimante au port du Mac (USB ou Internet). Dans le second, tout dépend de l'imprimante ; consultez sa doc pour savoir comment vous y prendre.

TRUC

Si vous comptez surfer sur le Web par ADSL, câble ou satellite, il vous faudra en outre installer et connecter un modem à haut débit. Suivez les instructions du manuel et reportez-vous également à la section « Modem et FAI, les partenaires indispensables » du Chapitre 15. Si vous ne vous en sortez pas, faites appel à une âme charitable pour vous tirer de ce pétrin.

Quand tous les composants de l'installation sont correctement connectés les uns aux autres, vous pouvez envisager le raccordement à l'alimentation électrique. Dans la plupart des cas, il vous faudra prévoir un bloc ou *barrette multiprise* (de préférence avec interrupteur) vu qu'il y a souvent plus d'équipements à brancher que de prises dans le mur !

Tant que vous y êtes, privilégiez les modèles à régulateur et parasurtenseur intégrés (Figure 2.2) afin vous prémunir des surtensions, pics et autres parasites. Si un bloc ne suffit pas, prévoyez-en un second que vous brancherez à une autre prise. Évitez dans tous les cas de chaîner les blocs : risque d'incendie garanti !

Figure 2.2 : Mieux vaut prévenir que guérir.

Régler votre position

Il ne vous reste plus, avant de vous lancer, qu'à vous installer confortablement dans votre fauteuil.

Pour vous éviter des problèmes de santé, comme maux de dos, raideur de la nuque ou syndrome du canal carpien, adoptez une position correcte.

Commencez par choisir un siège de qualité et installez-vous au fond de l'assise. Gardez toujours le dos en contact avec le dossier pour un bon soutien lombaire et posez vos pieds bien à plat, sur le sol ou sur un support.

Faites surtout en sorte que vos coudes et vos genoux forment un angle de 90°. Pour ce faire, asseyez-vous dans votre fauteuil et commencez par régler la hauteur de l'assise afin que vos cuisses forment un angle droit avec vos mollets. Les premières doivent être parallèles au sol, les seconds perpendiculaires.

Ensuite, relevez les avant-bras jusqu'à ce qu'ils forment eux aussi un angle de 90° avec vos bras : c'est à cette hauteur que doit se trouver votre clavier, les poignets quasiment au même niveau que les coudes. Pour obtenir le bon réglage, l'idéal, c'est que le bureau soit équipé d'une tablette supplémentaire, placée plus bas que le plan principal et réglable en hauteur.

Enfin, tenez-vous à une distance respectable de votre moniteur (minimum 50 cm). Réglez-en aussi la hauteur : vous devez regarder légèrement vers le bas (Figure 2.3), mais votre tête ne doit pas pour autant s'incliner ; elle doit au contraire rester droite sous peine de générer de douloureuses tensions au niveau de la nuque.

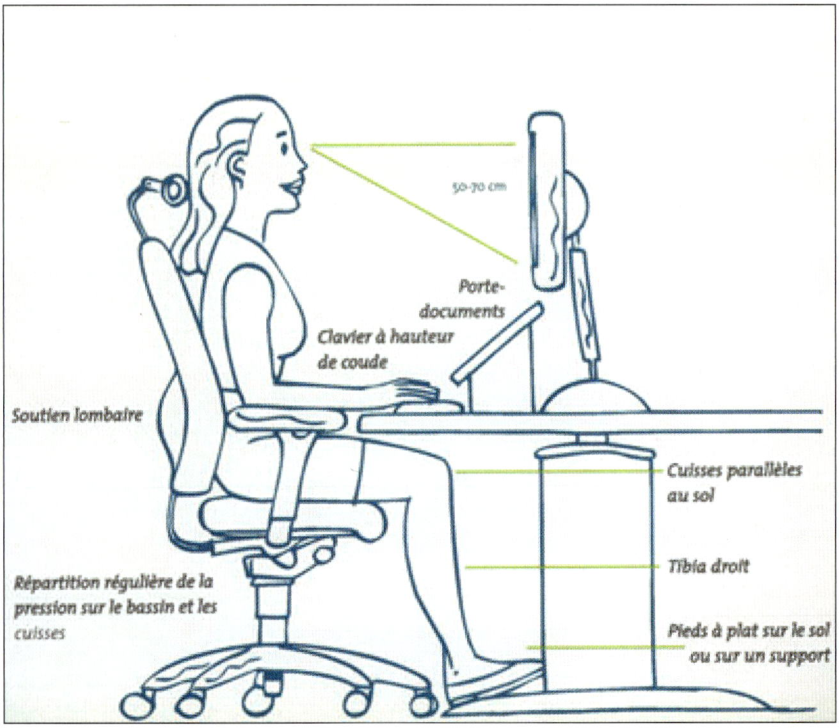

Figure 2.3 : La position idéale !

Ça y est ? Vous êtes confortablement installée ? Il ne vous reste plus qu'à mettre tout ce petit monde sous tension.

Envoyez le jus !

Le grand moment est arrivé, celui où vous allez enfin pouvoir allumer le feu !

TRUC

Raccordez tous vos appareils.

N'allumez pas l'imprimante si vous ne comptez pas vous en servir dans l'immédiat.

TRUC

Si tout votre équipement est branché à un bloc multiprise, il vous suffit d'appuyer sur son interrupteur.

Ensuite, allumez tout. Commencez par les périphériques et terminez par l'unité centrale. En agissant de la sorte, vous laissez aux premiers le temps d'effectuer leur initialisation matérielle, qui sera ensuite validée par une initialisation logicielle émanant de l'unité centrale lorsque vous gagnerez Lion.

En ce qui concerne le Mac, localisez, puis enfoncez le bouton de mise sous tension. Sur les iMac, vous le trouverez sur la face arrière, en bas à gauche. Sur les portables, il occupe l'angle supérieur droit du clavier.

Figure 2.4 : Facile à identifier, non ?

NOTE TECHNIQUE

La plupart des périphériques possèdent un bouton marche/arrêt. Seuls en sont dépourvus quelques appareils USB qui s'alimentent directement depuis l'unité centrale *via* le câble qui les y relie.

Tout se passe comme prévu. Alors… go !!!!!!!!

Deuxième partie

Je découvre Mac OS X Lion

« Je ne comprends pas ce qui se passe, j'ai juste ouvert la fenêtre. »

Dans cette partie…

Votre Mac trône à présent sur votre bureau, avec toutes ses petites connexions bien en place. Il vous fixe, obstinément. Vous êtes au pied du mur !

La deuxième partie de cet ouvrage se propose de vous faire faire le tour du propriétaire. Impossible, en effet, de vous mettre au travail tant que vous ignorez tout de l'environnement. Lisez donc attentivement les différents chapitres de cette partie : ils vous apprendront tout ce qu'il est impératif de savoir pour dompter la bête. Allez ! Courage ! Un pas en avant ! Génial ! Vous voilà dans la cage aux fauves !

Chapitre 3

L'environnement – J'examine

Dans ce chapitre :

- Entrer dans la cage au Lion.
- Premiers contacts : le Bureau.
- Une structure arborescente.
- Au secours ! À l'aide !
- On fait une pause.

First things first, comme disent les anglophones. Et nous acquiesçons. En effet, comment voulez-vous communiquer avec la bête – entendez le Mac – tant que vous ne maîtrisez pas son interface, c'est-à-dire l'ensemble des éléments qui permettent à la machine de communiquer avec l'homme… euh… la femme ?!

Entrer dans la cage au Lion

Tout de suite après le démarrage de l'ordinateur, le système d'exploitation – en l'occurrence Lion – prend la main. Impossible, désormais, de lui échapper !

Nous avons déjà, dans l'introduction, levé un coin du voile. De fait, nous y avons expliqué que, pour *tourner*, un ordinateur a besoin de ce programme de base appelé *système d'exploitation*. Et ce système d'exploitation a intérêt à être balèze, car il a fort à faire. C'est à lui, en effet, qu'il incombe de :

- contrôler tous les matériels (*hardwares)* ;
- gérer tous les logiciels (*softwares*) ;

- organiser tous les fichiers, c'est-à-dire tout ce que vous, utilisatrice du Mac, produisez avec votre ordinateur ;
- et, *last but not least*, assurer l'*interface* avec l'être humain que vous êtes, en d'autres termes faire en sorte que la machine et la femme parviennent à s'entendre, ce qui n'est pas une mince affaire !

Premiers contacts : le Bureau

Vous avez allumé votre ordinateur ; vous avez donc, sans le savoir, mis Lion en service. Et vous voilà propulsée malgré vous au cœur de la tourmente !

En effet, aussitôt après le démarrage, vous échouez immanquablement à un endroit appelé *Bureau* (Figure 3.1) où règne en maître le programme de base de Mac OS X, le *Finder*.

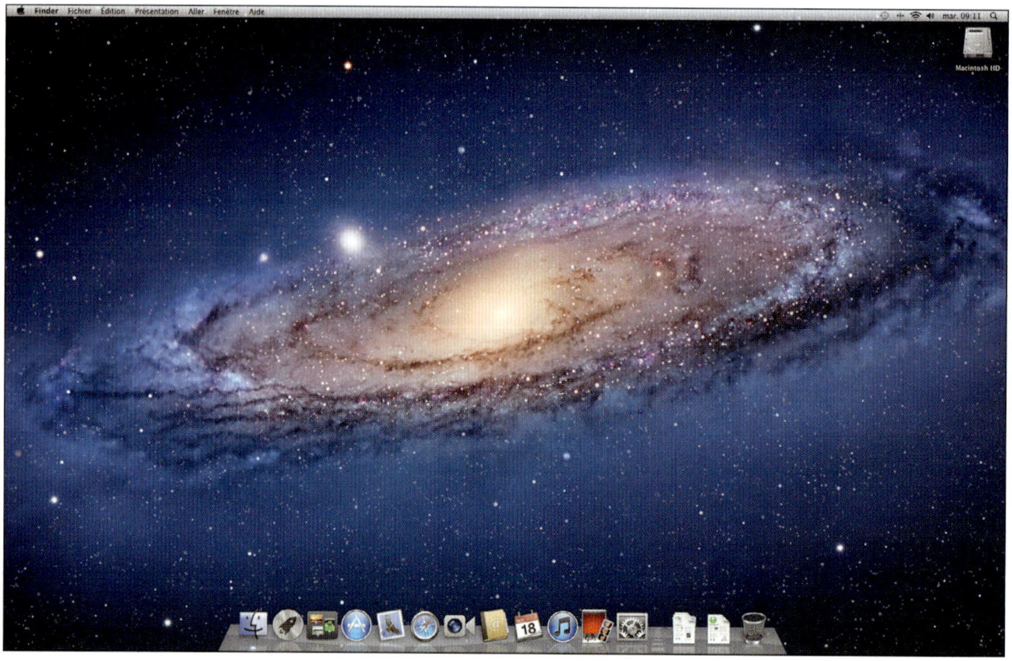

Figure 3.1 : Atterrissez – en douceur ! – sur le Bureau.

Vos papiers, s'il vous plaît !

Dans cet ouvrage qui tente d'aller droit au but, nous partons du principe que Mac OS X est installé sur votre ordinateur, que vous en êtes la seule utilisatrice référencée – et dotée des pleins pouvoirs (on parle d'*administrateur*) – et que vous n'avez pas défini de mot de passe.

Toutefois, il est possible que :

- vous soyez seule maître à bord, mais ayez malgré tout défini un mot de passe (pour éviter les intrusions !) ;
- que plusieurs utilisateurs aient été prévus, le système d'exploitation permettant en effet à différentes personnes d'utiliser le même ordinateur sans que les affaires des unes se mêlent à celles des autres.

Si c'est le cas sur votre Mac, il vous faudra commencer par *ouvrir une session*, c'est-à-dire fournir votre clé d'accès avant d'entamer une séance de travail à votre nom.

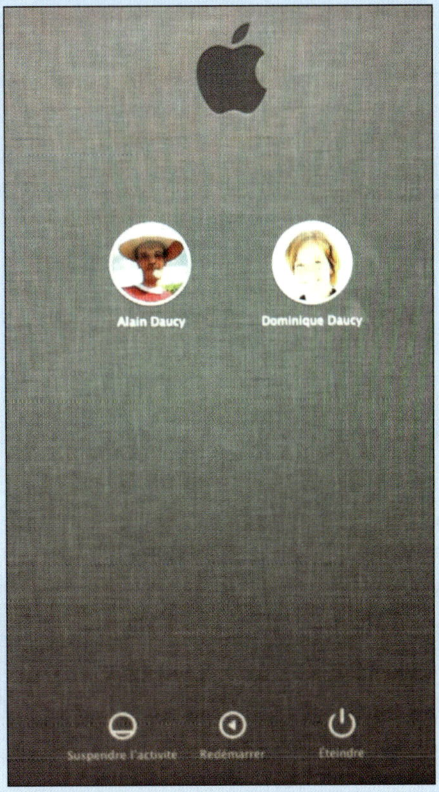

Métaphore électronique du bureau traditionnel, le Bureau de Lion compte trois composants principaux :

- en haut, la barre des menus ;
- en bas, le Dock ;
- partout ailleurs, le Bureau lui-même avec, en haut à droite, l'icône du disque dur, généralement baptisé « Macintosh HD ».

Détaillons ces trois éléments.

TRUC

Si le disque dur n'est pas visible, forcez-le à se manifester : choisissez Préférences dans le menu Finder, puis, dans l'onglet Général, cochez Disques durs dans la rubrique Afficher ces éléments sur le Bureau. Ensuite, fermez la fenêtre en cliquant dans sa case de fermeture. Si vous ne vous en sortez pas, lisez les sections suivantes avant d'agir.

ATTENTION

Si votre Mac est équipé de plusieurs disques durs ou si vous lui avez connecté différents périphériques, normalement leurs icônes s'affichent aussi à cet endroit.

La barre des menus

Systématiquement disponible, la barre des menus regroupe, rangées par catégories, les commandes qui vont vous permettre de mener votre tâche à bien.

Elle se compose de trois parties :

- **À l'extrémité gauche, le menu Pomme**. Il présente toujours les mêmes commandes (Figure 3.2), des articles qui vous permettent de gérer le Mac et non l'application active, et est, à ce titre, accessible dans tous les contextes.

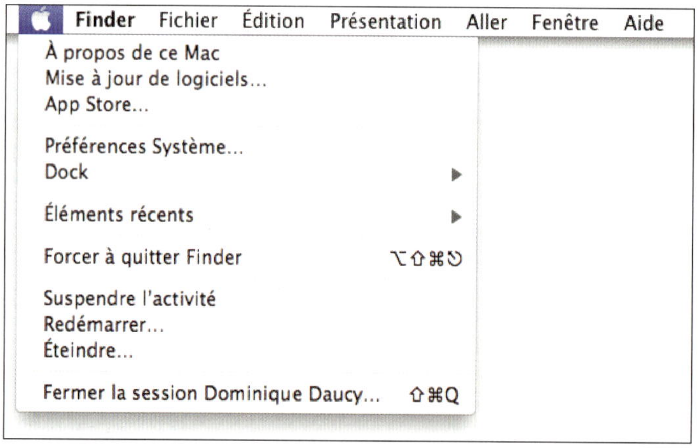

Figure 3.2 : Un menu bien Apple.

- **À gauche (mais à droite du menu Pomme), les menus du programme dans lequel vous vous trouvez**, avec, en tête de peloton, un menu qui, systématiquement, porte le nom de ce programme, pour l'instant le Finder (Figure 3.3).

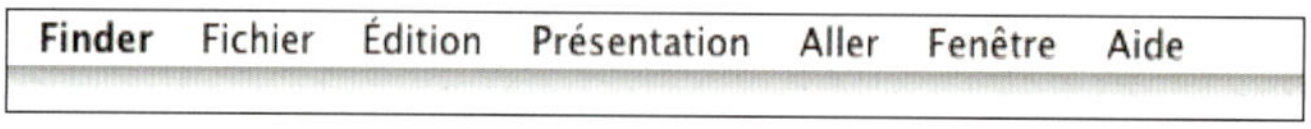

Figure 3.3 : Les menus du programme actif.

Ces menus du Finder s'éclipsent dès que vous lancez un programme pour laisser place aux menus propres au programme en question. Car chaque application possède ses propres menus (même si certains menus et certaines commandes sont universels).

Comme vous pouvez faire tourner plusieurs programmes en même temps et passer aisément de l'un à l'autre en activant sa fenêtre, ce premier menu est très pratique puisqu'il identifie le programme actif. Facile donc de toujours savoir où vous vous trouvez : il vous suffit de jeter un coup d'œil sur ce menu de tête.

- **À droite, une série d'icônes** qui, elles, ne varient pas selon le programme en cours (Figure 3.4). Les trois icônes de base sont : le réglage du son, l'horloge et le menu Spotlight (section « Retrouver » du Chapitre 7). D'autres s'ajoutent, selon les matériels que vous installez ou les personnalisations que vous effectuez.

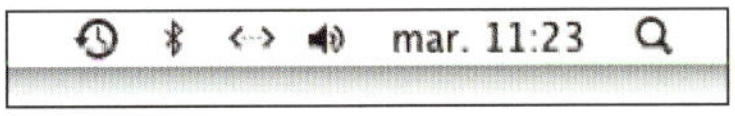

Figure 3.4 : De l'autre, une série d'icônes.

À ce stade, vous vous demandez sans doute comment exploiter ces listes de commandes. C'est élémentaire : cliquez sur le nom d'un menu pour le dérouler ; cliquez ensuite sur le nom d'une commande pour l'exécuter.

Désormais, nous nous exprimerons de la manière suivante pour vous engager à valider une commande dans un menu : *Choisissez Édition/Tout sélectionner*, ce qui voudra dire *Déroulez le menu Édition et validez-y la commande Tout sélectionner.*

Trois particularités :

- **Commandes suivies de points de suspension** : Certains articles sont suivis de trois points de suspension. Ce sont ceux qui ont besoin d'informations complémentaires avant de s'exécuter ; ils réclameront ces infos *via* une fenêtre particulière appelée *boîte de dialogue* (voir la dernière section du Chapitre 4).
- **Commandes suivies d'un triangle** : D'autres sont suivis d'un triangle, ce qui signifie qu'ils vous proposent une liste de sous-articles. Cliquez sur le triangle qui symbolise cette sous-liste pour la dérouler (Figure 3.5), puis opérez-y votre choix.
- **Commandes grisées** : Il arrive souvent que des commandes soient grisées. C'est tout simplement que, pour une raison ou pour une autre, elles ne sont pas accessibles dans le contexte actuel. Ainsi, la commande Coller est grisée si vous n'avez rien coupé ou copié qui soit susceptible d'être collé. C'est logique, après tout !

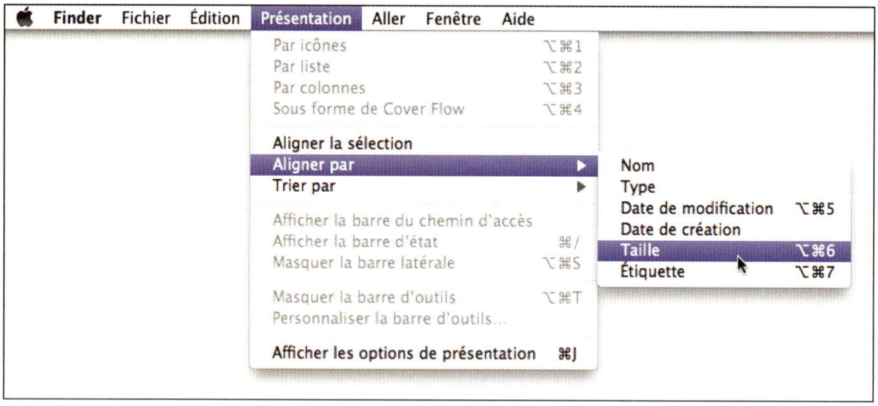

Figure 3.5 : Choisir un article dans un sous-menu.

Et pas d'angoisse si vous êtes descendue en rappel dans un menu pour vous rendre subitement compte que la commande sélectionnée n'est pas la bonne. Il suffit d'éloigner la souris du menu en question : il se referme sans autre forme de procès.

Speedées, prenez les raccourcis

Peut-être avez-vous remarqué que des caractères bizarres s'affichent à droite de certaines commandes. Ce sont les *équivalents* ou *raccourcis clavier*. En d'autres termes, ces commandes sont dédoublées, c'est-à-dire que vous pouvez les activer :

- **Par souris :** C'est la technique classique que nous venons de décrire.
- **Par clavier :** Vous ne déroulez aucun menu ; vous vous contentez d'enfoncer les touches qui constituent l'équivalent clavier de la commande à valider. Si ces touches sont mentionnées dans les menus, c'est juste pour vous rafraîchir la mémoire.

Ces équivalents sont, en général, des combinaisons de touches dans lesquelles interviennent une ou deux touches dites *modificatrices* (voir la section « Le clavier » du Chapitre 2). Il s'agit en général de la touche Commande (Pomme) et/ou de la touche Option (Alt). Ainsi, la commande Tout sélectionner a pour équivalent clavier la combinaison Commande + A. Comment vous en servir ? C'est simple :

1. **Enfoncez la touche Commande et maintenez-la dans cette position.**
2. **Enfoncez ensuite la touche A.**
3. **Relâchez les deux touches.**

Il n'est pas nécessaire, en effet, d'enfoncer les deux touches simultanément. Commencez par la touche modificatrice, puis occupez-vous de l'autre. Vous avez tout votre temps. Le principal est qu'à un moment donné les deux touches soient enfoncées en même temps.

Le Dock

Logé a priori le long du bord inférieur de l'écran, le Dock est avant tout un outil de lancement (Figure 3.6).

Figure 3.6 : Un Dock basique.

- **À gauche, des icônes de programmes**. C'est simple : pour lancer un programme affiché dans le Dock, il suffit de cliquer sur son icône.
- **À droite, deux piles** : Intitulées Documents et Téléchargements, elles constituent des raccourcis vers les dossiers du même nom (voir Chapitre 8). Figure également à cet endroit l'icône de la corbeille (que nous commenterons également en temps voulu).

TRUC

Pointez sur les icônes que vous ne connaissez pas : une info-bulle s'affiche aussitôt, qui en indique le nom.

L'icône du disque dur

Le disque dur, c'est l'endroit où sont stockés tous les éléments du système et aussi toutes vos petites affaires (Figure 3.7) : les programmes que vous avez installés, les dossiers que vous avez créés, les documents que vous avez enregistrés…

Figure 3.7 : Une icône incontournable.

NOTE TECHNIQUE

Chaque Mac comporte au moins un disque dur interne. Certains modèles autorisent l'installation d'un second disque en interne ; tous vous autorisent à leur connecter, si nécessaire, un ou plusieurs disques externes.

NOTE TECHNIQUE

Vous verrez que vous pouvez entreposer des tas de choses sur le Bureau lui-même mais, en règle générale, vous vous astreindrez à ranger votre fourbi dans le dossier Documents, spécialement prévu à cet effet. Nous reviendrons, bien sûr, sur la question.

Lancez-vous : cliquez deux fois sur l'icône de votre disque dur pour l'ouvrir en fenêtre.

Une structure arborescente

Toute l'organisation de votre environnement de travail repose sur une structure arborescente dont nous vous résumons ci-après le principe. OK, ça vous barbe, mais *sorry :* il est indispensable de comprendre cette organisation si vous entendez, par la suite, vous y retrouver dans votre barda.

Pour que vous ayez sous la main tous les éléments dont nous allons parler ici, commencez par choisir Finder/Préférences, puis activez l'onglet Barre latérale ; dans la rubrique Favoris, cochez votre dossier Départ (il porte normalement votre nom) ; cochez aussi iMac de *[votre nom]* et Disques durs dans la rubrique Appareils. Validez en cliquant dans la case de fermeture de la fenêtre.

Détaillons :

- **Niveau 1** : Le niveau 1 (niveau supérieur ou *racine*) s'appelle *Ordinateur* et symbolise votre poste de travail.

  Pour ouvrir sa fenêtre, choisissez le nom de votre ordinateur dans la rubrique Appareils du volet gauche de la fenêtre que vous avez ouverte, comme nous vous avons engagée à le faire précédemment. *Good girl* !

  Vous découvrez à tout le moins deux icônes : une icône de réseau et l'icône qui représente votre disque dur interne (Figure 3.8).

  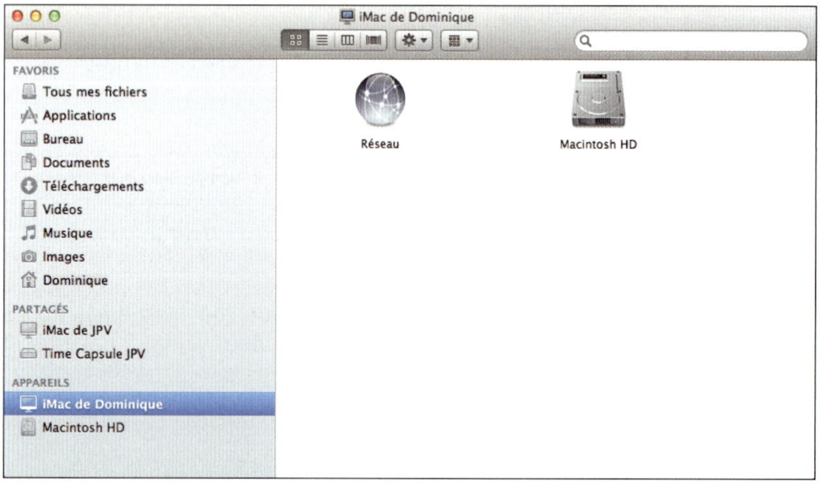

  Figure 3.8 : Le niveau 1.

- **Niveau 2** : Le niveau 2 correspond à ce disque dur interne.

Pour ouvrir sa fenêtre (et donc voir ce qui s'y trouve), cliquez une fois sur Macintosh HD dans la rubrique Appareils du volet gauche ou cliquez deux fois sur Macintosh HD dans le volet droit. Vous découvrez, à cet endroit, quatre dossiers (Figure 3.9).

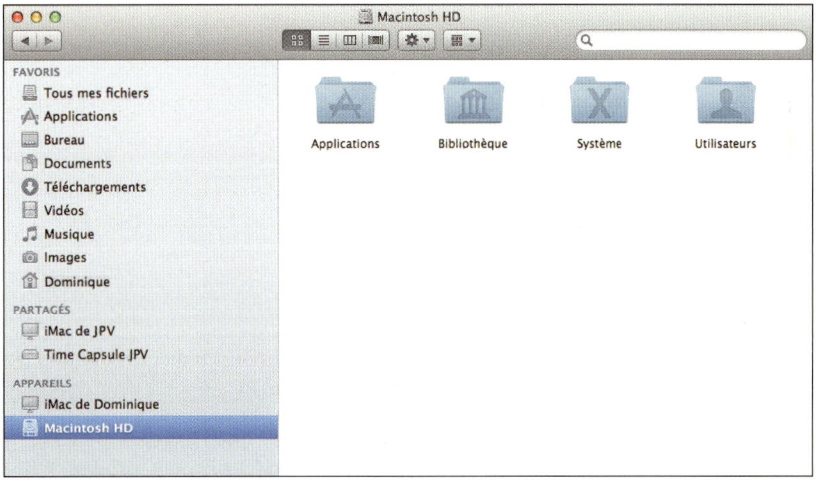

Figure 3.9 : Le niveau 2.

- **Applications** : Regroupe tous vos programmes (ceux qui font partie intégrante de Lion et les autres éventuels programmes que vous avez installés).
- **Bibliothèque** et **Système** : Réunissent tous les éléments dont Mac OS X a besoin pour tourner.
- **Utilisateurs** : Renferme autant de dossiers personnels – appelés *dossiers Départ* – que le Mac compte d'utilisateurs référencés ; abrite en outre un dossier partagé.

Comme nous l'avons déjà signalé, le Mac est, par essence, multiutilisateur. Tout est donc prévu pour que plusieurs personnes puissent employer la machine sans interférer les unes avec les autres.

- **Niveau 3** : Le niveau 3 est précisément ce dossier Utilisateurs, qui regroupe tous les dossiers Départ, identifié par une icône en forme de petite maison.

Pour ouvrir sa fenêtre, cliquez deux fois sur Utilisateurs dans le volet droit.

Dans cet exemple, un seul utilisateur a été créé ; il répond au nom de Dominique (Figure 3.10).

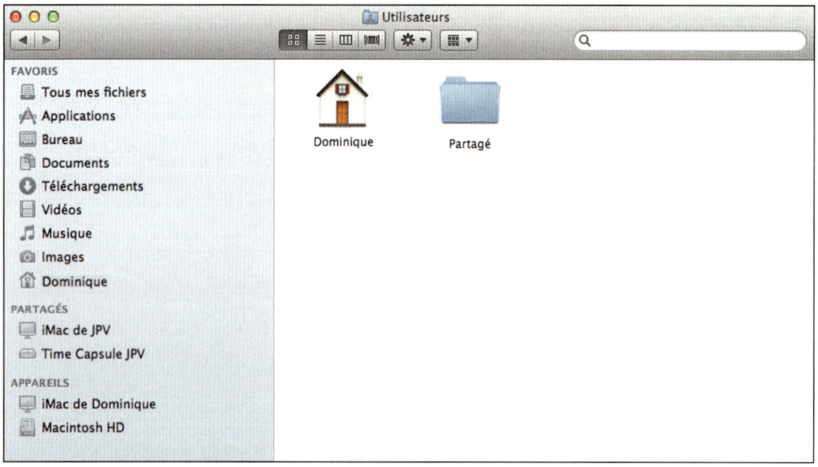

Figure 3.10 : Le niveau 3.

- **Niveau 4** : Le niveau 4 est le dossier Départ d'un utilisateur, celui qui regroupe toute sa vie numérique.

  Pour ouvrir sa fenêtre, cliquez une fois sur *[Nom de votre dossier Départ]* (dans notre exemple, « Dominique ») dans la rubrique Favoris du volet gauche ou cliquez deux fois sur *[Nom de votre dossier Départ]* depuis le volet droit.

  Ce dossier est préconfiguré. Entendez par là qu'il comporte différents *dossiers prédéfinis* (Figure 3.11) et que les applications sont programmées pour y archiver leurs fichiers.

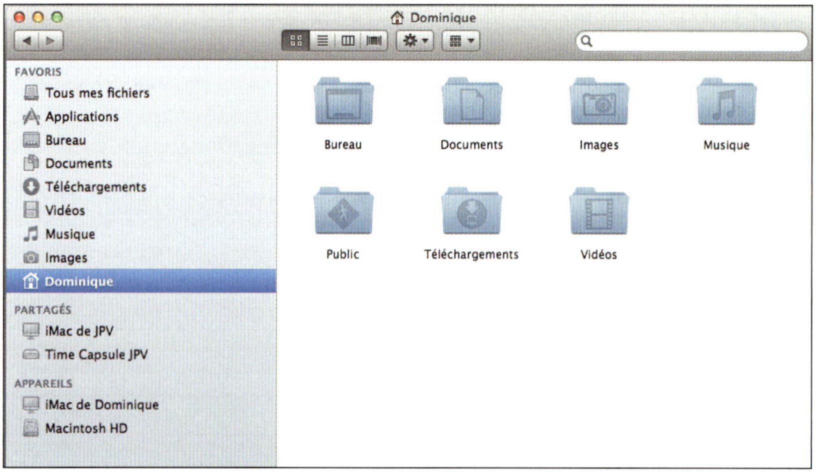

Figure 3.11 : Le niveau 4.

En tête de liste, le dossier Documents. C'est, de loin, le plus sollicité : la plupart des programmes vous proposent spontanément d'y enregistrer vos fichiers. Suivez leurs conseils. Regrouper toutes vos petites affaires dans ce dossier est une excellente habitude à prendre.

Il y en a d'autres : les programmes graphiques rangent automatiquement leurs documents dans le dossier Images. Les programmes audio préfèrent le dossier Musique, et les programmes vidéo le dossier Vidéos. Quant à Téléchargements, il accueille spontanément tout ce que vous téléchargez *via* Safari. Lui aussi est repris dans le Dock, à droite du dossier Documents.

Rien, toutefois, ne vous empêche d'ajouter, de préférence au sein de ce dossier Documents, des dossiers personnels qui vous permettront d'organiser votre rangement comme bon vous semble. (Consultez le Chapitre 8 pour savoir comment vous y prendre.)

Au secours ! À l'aide !

Ne nous dites pas que vous êtes larguée ! Pas déjà ! Mais bon, il se peut que ça vous arrive, malgré nos conseils avisés. Dans ce cas-là, n'hésitez pas à appeler à la rescousse le programme d'assistance à femmes en danger.

Vous avez déjà repéré le menu Aide dans la barre des menus ? Tant mieux. Déroulez-le et vous verrez qu'il compte deux articles : Recherche et Centre d'aide.

- **La zone Recherche** : Tapez-y ce que vous recherchez. Aussitôt, le résultat s'affiche dans le menu, éclaté, pour l'occasion, en deux sections (Figure 3.12).

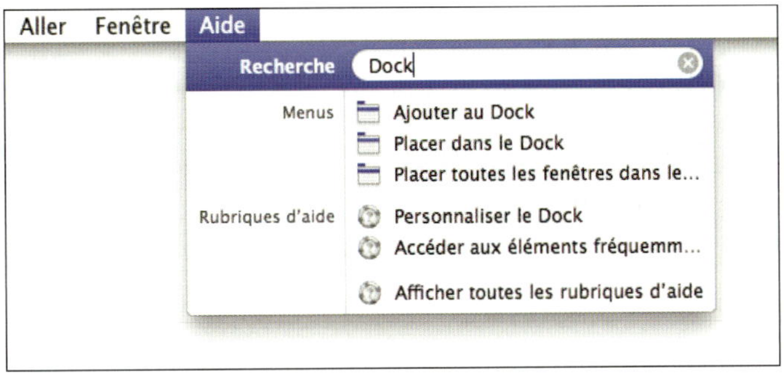

Figure 3.12 : Le résultat de la recherche.

La première, Menus, répertorie les commandes en rapport avec l'élément recherché et se borne à vous montrer où elles se trouvent (Figure 3.13).

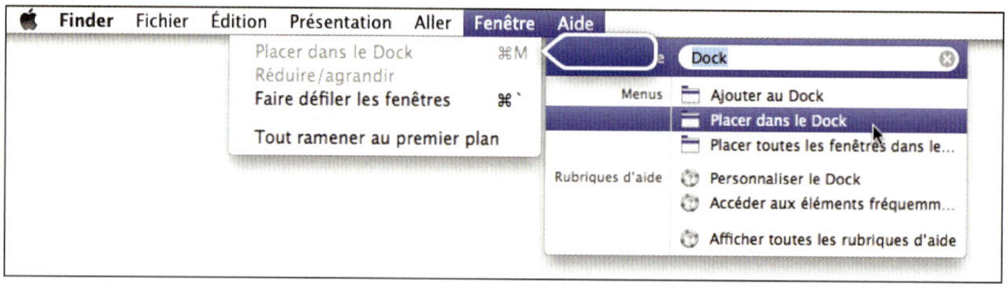

Figure 3.13 : Au cas où vous ne l'auriez pas trouvée toute seule.

La seconde, Rubriques d'aide, regroupe des liens vers le fichier d'aide. Faites-y votre choix pour gagner directement le sujet correspondant à votre recherche (Figure 3.14).

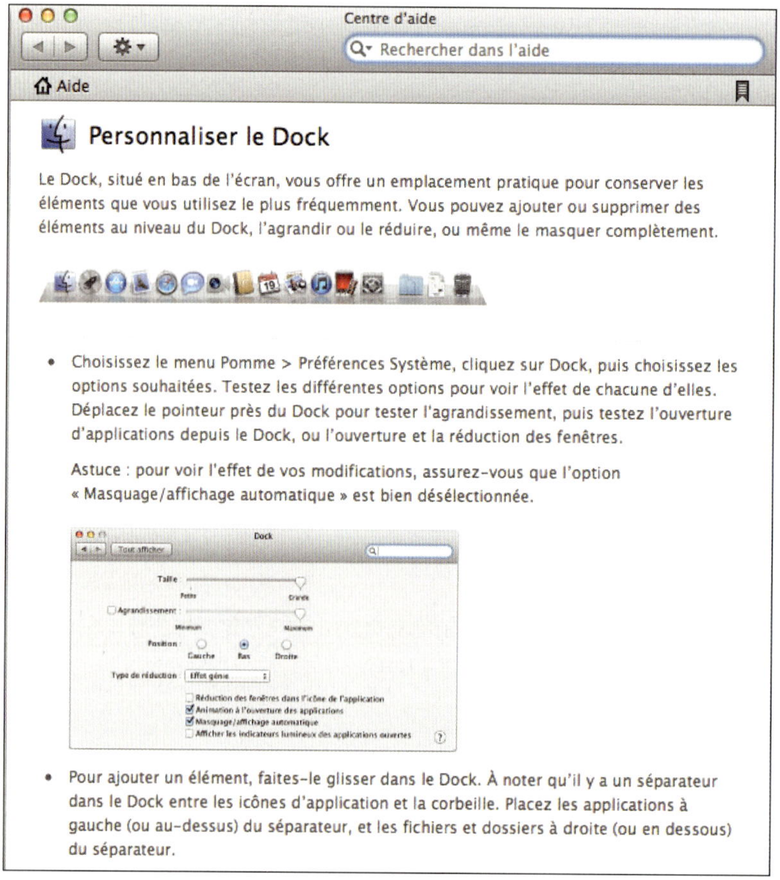

Figure 3.14 : Dock, quand tu nous tiens !

- **La commande Aide** : Quand un programme est en activité, la commande Aide se complète généralement du nom de ce programme. Ainsi, dans le traitement de texte TextEdit, elle s'intitule Aide TextEdit (Figure 3.15).

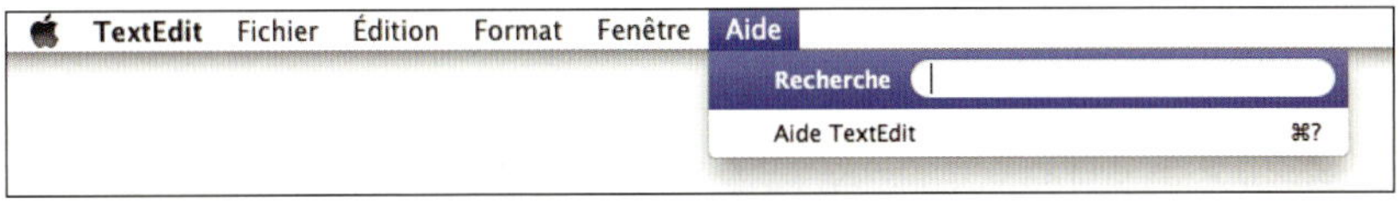

Figure 3.15 : Pour accéder à l'aide du programme actif.

Si vous choisissez cette commande, vous avez accès au fichier d'aide du programme correspondant (Figure 3.16).

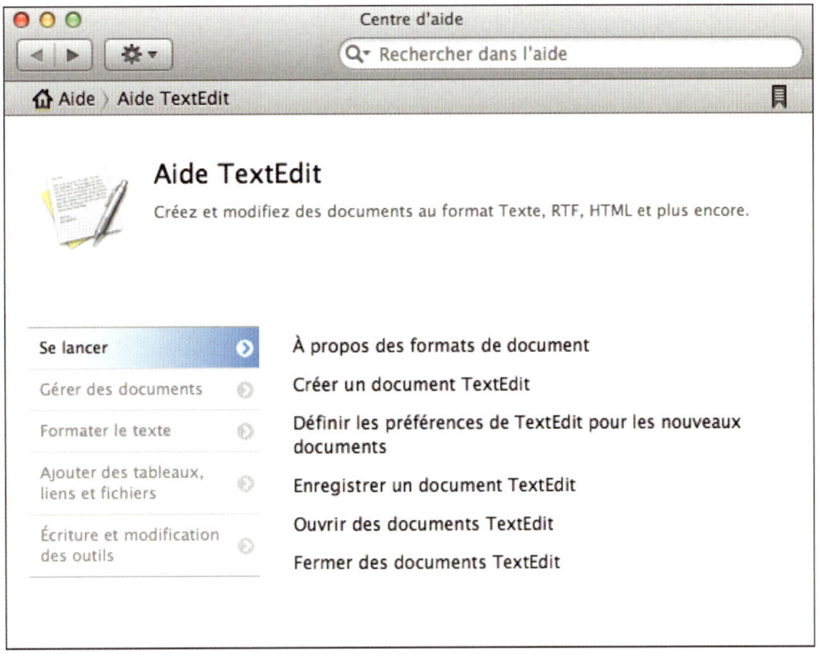

Figure 3.16 : Vous allez en apprendre, des choses !

Dans cette fenêtre d'aide, sachez que tous les éléments qui apparaissent soulignés quand vous les pointez sont des liens qui, par simple clic, vous amènent aux sections correspondantes du fichier d'assistance. Sinon, exploitez la case Rechercher dans l'aide pour trouver l'info qu'il vous faut.

NOTE TECHNIQUE

N'hésitez pas à solliciter les boutons Précédent et Suivant pour voyager parmi les sujets que vous avez consultés.

Quand vous en avez terminé, licenciez la fenêtre en cliquant dans sa case de fermeture. Case de fermeture… le bouton rouge en haut à gauche. À ce propos, lisez le chapitre suivant : il fait la part belle aux fenêtres.

TRUC

Pour en savoir un peu plus concernant un élément affiché à l'écran, comme une icône, un bouton ou encore une option, faites appel, si elle est disponible, à l'aide contextuelle. Comment ? C'est simple : positionnez votre pointeur sur l'élément en question. Si une aide contextuelle y est associée, une info-bulle jaune s'affiche, vous proposant une explication succincte de l'élément en question (Figure 3.17).

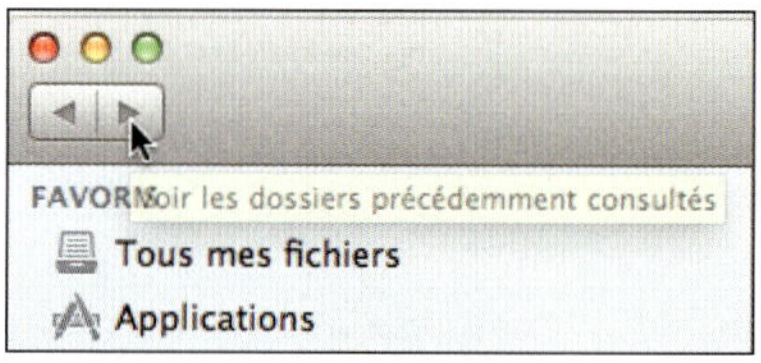

Figure 3.17 : Une info-bulle.

Toujours dans la mouise ?

Si vous ne trouvez pas, dans cette fonction d'aide, les réponses que vous cherchez aux questions que vous vous posez, tentez votre chance sur Internet, notamment :

- **le site Web d'Apple** (www.apple.com/support/) ;
- **le site Web de la société** qui développe le logiciel qui vous donne du fil à retordre ;
- **des sites de dépannage,** comme MacFixit (www.macfixit.com) ou MacInTouch (www.macintouch.com).

(La quatrième partie vous explique comment utiliser Safari pour explorer la toile.)

On fait une pause

Vous en avez ras la casquette de Lion ? Vous avez besoin d'aller prendre l'air ? Mettez donc un terme à votre séance de travail en activant la mise en veille. C'est simple : il suffit de choisir Pomme/Suspendre l'activité (Figure 3.18).

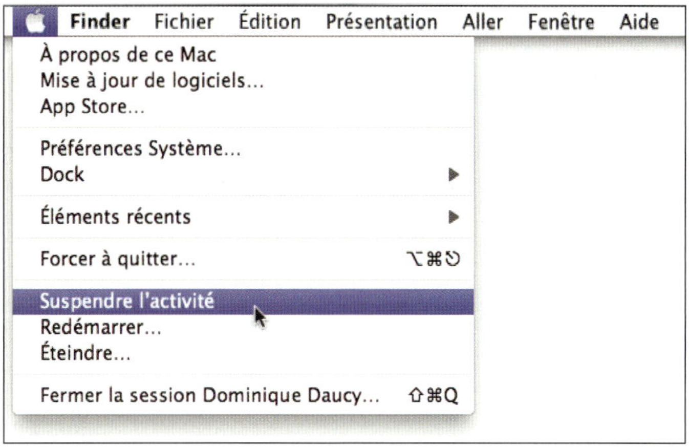

Figure 3.18 : Lion, couché !

L'écran passe au noir ; le disque dur arrête de tourner ; le système d'exploitation met toutes les fonctions du Mac en hibernation, ce qui lui permet de bénéficier d'un état de moindre consommation électrique.

Sur portable, la mise en veille s'enclenche automatiquement dès que vous fermez le clapet de l'ordinateur.

Ne paniquez pas si cet écran noir s'affiche subitement alors que vous n'avez rien fait pour. C'est que votre ordi suspend spontanément son activité après une période d'inactivité dont la durée est fixée par défaut à 20 minutes.

Votre petit bol d'air vous a fait du bien ? Vous avez repris du poil de la bête et vous ne demandez qu'à vous y remettre ? Pas difficile : appuyez sur n'importe quelle touche du clavier ou contentez-vous de cliquer ; en moins d'une seconde, votre machine est de nouveau à pied d'œuvre.

Vous ne serez amenée qu'en de rares occasions à utiliser la commande Redémarrer du même menu : après avoir installé de nouveaux programmes et après un plantage. Un plantage, c'est quand tout se bloque sans que vous ne sachiez trop pourquoi. Ça arrive, même aux meilleures !

Économiser l'écran : une notion obsolète

Par le passé, aux temps héroïques des écrans cathodiques vieille génération, le fait de laisser le Mac seul pendant une période d'inactivité plus ou moins prolongée provoquait une dégradation progressive du phosphore du moniteur, soumis à rude épreuve du fait que la même image restait affichée longtemps au même endroit. Apparaissait alors une image fantôme qui mettait du temps à disparaître.

La solution qu'on avait trouvée à l'époque était de recourir aux services d'un logiciel appelé *économiseur d'écran* dont le but était d'afficher une image en perpétuel mouvement afin d'éviter de solliciter trop longtemps les mêmes pixels.

Les écrans LCD d'aujourd'hui ne souffrent plus de ce problème. Les économiseurs ont donc perdu beaucoup de leur légitimité. Mais les vieilles habitudes ont la vie dure, n'est-ce pas ?

Si ça vous tarabuste, sachez que Lion est livré avec plusieurs économiseurs d'écran, sans compter que vous pouvez y ajouter les vôtres, la photo de ce magnifique coucher de soleil sur l'île de Noirmoutier, par exemple. Pour cela, il vous suffit d'aller voir du côté de la préférence Système Bureau et économiseur d'écran. À ce stade, vous êtes sans doute capable de faire le trajet toute seule ! Si ce n'est pas cas, allez, donnez-nous la main !

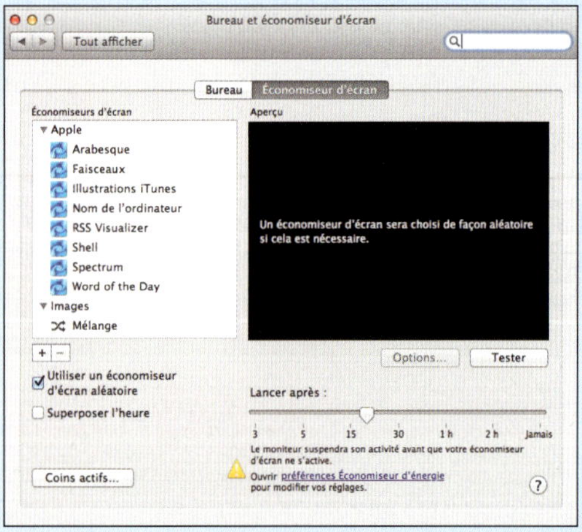

1. **Choisissez Pomme/Préférences Système.**

   La fenêtre Préférences Système s'ouvre.

2. **Dans la rubrique Personnel, cliquez sur Bureau et éco. d'écran.**

   La fenêtre Bureau et économiseur d'écran s'ouvre.

3. **Si son onglet Économiseur d'écran n'est pas affiché, activez-le en cliquant sur son intitulé.**

   L'onglet Économiseur d'écran s'ouvre. Par défaut, l'option Utiliser un économiseur d'écran aléatoire et validée.

4. **Si cette solution ne vous agrée pas, choisissez un économiseur dans le volet gauche.**

   Pensez à faire défiler la liste si nécessaire en faisant le doigt sur la coque de votre souris ou sur votre trackpad.

5. **Le cas échéant, superposez l'heure en cochant l'option correspondante.**
6. **Pour apprécier l'effet de votre sélection, cliquez sur Tester.**
7. **Grâce au curseur *ad hoc*, définissez le délai au terme duquel l'économiseur entrera spontanément en action.**
8. **Fermez la fenêtre en cliquant dans sa case de fermeture.**

Éteindre ou ne pas éteindre : telle est la question !

Pour arrêter le Mac, c'est-à-dire pour le mettre hors tension, plutôt que de le mettre simplement en veille, c'est la commande Éteindre (du menu Pomme toujours) qu'il faut invoquer. Mais ce n'est franchement pas nécessaire.

Un ordinateur peut en effet fonctionner de manière continue pendant des jours, des mois, voire des années. D'autant que ces machines n'apprécient guère les changements brusques de température. Le fait de les laisser tourner en permanence, même en mode veille, permet de les maintenir à température constante et les dispense des sautes de courant que ne manquent pas de provoquer les extinctions et les allumages.

Laissez donc tourner votre Macintosh. Ne l'éteignez que quand les circonstances l'imposent, quand vous partez en vacances pour quinze jours ou quand un orage menace.

Chapitre 4

Tout passe par les fenêtres… enfin presque tout

Dans ce chapitre :

- Ouvrez les fenêtres : on étouffe !
- Anatomie d'une fenêtre.
- Faisons les présentations !
- Manipuler les fenêtres.
- Cas particulier : les boîtes de dialogue.

Tout, ici, se passe dans des fenêtres, des fenêtres qui, comme dans la vraie vie, vous permettent de voir des tas de choses. Vous rangez vos documents dans un dossier ? Une fenêtre. Vous paramétrez votre environnement ? Une fenêtre. Vous lancez votre programme de traitement de texte pour rédiger un courrier ? Une fenêtre.

Vous l'avez compris : vous n'échapperez pas aux fenêtres, qu'elles soient de dossiers, de programmes ou de documents. Autant vous y faire tout de suite !

Ouvrez les fenêtres : on étouffe !

Au stade où nous en sommes, ce sont les fenêtres Finder qui nous intéressent, celles donc qui s'ouvrent sur le Bureau de Lion.

Ouvrir une fenêtre, c'est simple : il suffit de cliquer deux fois sur son icône. Vous l'avez déjà fait ; ça ne vous intimide donc plus.

Mais vous venez de vous rendre compte qu'une fenêtre, c'est plus complexe qu'il n'y paraît. Pas de panique ! Nous allons, tout à notre aise, disséquer une fenêtre standard. Aucun élément n'échappera à notre sagacité. Ni à la vôtre par la force des choses.

Anatomie d'une fenêtre

Vous en êtes désormais convaincue : vous n'irez pas bien loin dans Lion si vous ne maîtrisez pas à la perfection la notion de *fenêtre*.

Nous nous proposons, dans cette section, de dépiauter celle de votre dossier Documents. Vous savez déjà comment faire pour l'ouvrir si vous avez lu le chapitre précédent. Dans le cas contraire, c'est simple : positionnez votre pointeur sur l'icône de votre disque dur – généralement baptisée Macintosh HD –, puis cliquez deux fois ; la fenêtre s'ouvre comme par enchantement ; il ne vous reste qu'à sélectionner Documents dans le volet gauche (Figure 4.1).

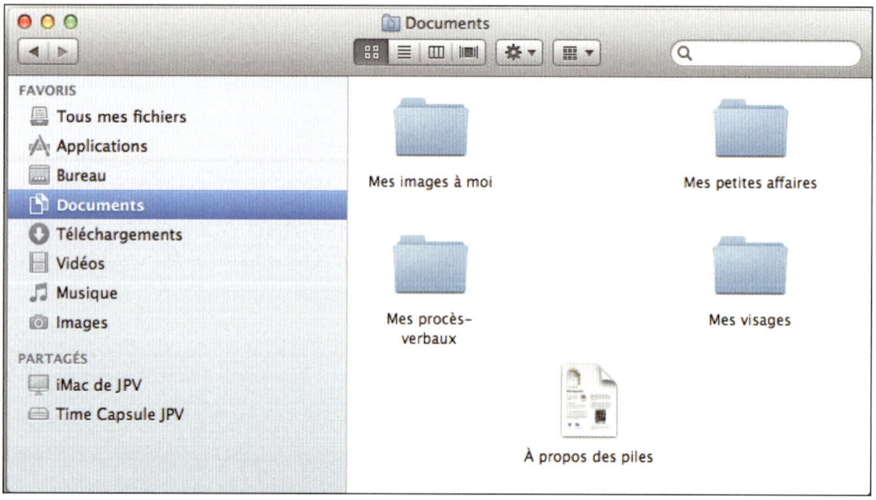

Figure 4.1 : Que d'éléments à commenter !

Le volet de visualisation

Élément principal de la fenêtre, ce volet affiche le contenu de l'élément sélectionné dans la partie gauche, votre dossier Documents en l'occurrence.

Le volet de navigation ou « barre latérale »

Ancré à gauche, un autre volet appelé *barre latérale* vous assure un accès direct à différents endroits de stockages :

- **Favoris** recense tous les dossiers prédéfinis de Mac OS X (que nous avons déjà abordés et que nous commenterons plus longuement à l'occasion du Chapitre 8) ainsi que quelques endroits que vous serez amenée à fréquenter régulièrement.
- **Partagés** répertorie, si réseau il y a, les autres Mac auxquels vous avez accès sur ce réseau, comme un disque partagé ou un Time Capsule.
- **Appareils** s'affiche lorsque vous branchez à votre Mac des supports physiques comme un disque dur externe, une clé USB, un iPod, un appareil photo numérique…

  Pour atteindre un de ces endroits, il vous suffit de cliquer dessus.

La largeur du volet est réglable : positionnez votre pointeur sur son bord droit ; il prend la forme d'une double flèche horizontale. Cliquez-glissez vers la gauche (pour rétrécir) ou vers la droite (pour élargir) jusqu'à obtention de la largeur souhaitée.

Et qu'en est-il de son contenu ? Vous pouvez :

- **Déplacer une rubrique** : Cliquez sur la rubrique à déplacer tout en maintenant enfoncé, puis faites glisser vers le haut ou vers le bas ; quand le trait noir qui symbolise le futur emplacement se trouve au bon endroit, relâchez.
- **Réduire une rubrique** : Cliquez sur la mention Masquer qui s'affiche à droite de son intitulé quand vous y laissez stationner votre pointeur (Figure 4.2).

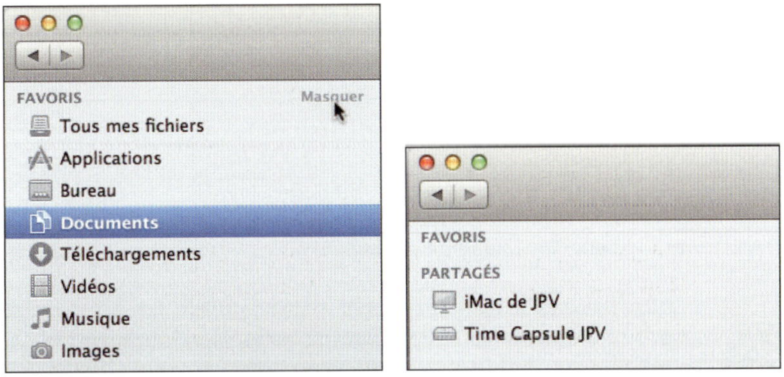

Figure 4.2 : Masquage en cours et résultat.

- **Développer une rubrique** : Quand la rubrique est réduite, cliquez au même endroit sur Afficher pour la développer de nouveau (Figure 4.3).

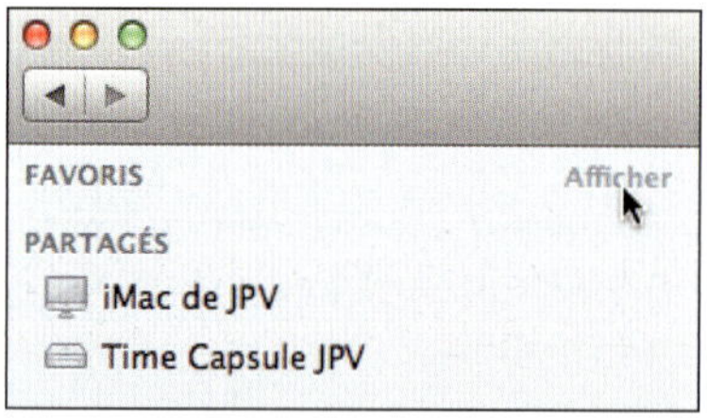

Figure 4.3 : Développement en cours.

- **Contrôler le contenu :** Choisissez Finder/Préférences, puis activez l'onglet Barre latérale (Figure 4.4). Cochez ou décochez selon vos envies avant de valider en fermant la fenêtre.

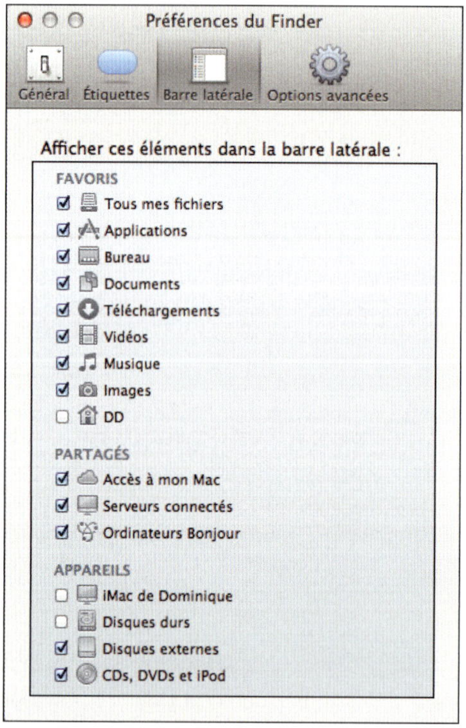

Figure 4.4 : Une liste bien fournie.

TRUC

Enfin, la commande Masquer la barre latérale du menu Présentation vous permet d'escamoter carrément ce volet. Personnellement, nous n'en voyons vraiment pas l'utilité, mais si, après tout, ça vous chante…

Navigation originale avec l'article Tous mes fichiers

Sans doute avez-vous remarqué l'article Tous mes fichiers qui trône en tête de la rubrique Favoris de la barre latérale de vos fenêtres Finder ?

Il regroupe tous les documents que vous avez manipulés en les répartissant par types. Si c'est la présentation Par icônes qui est active et que la fenêtre n'est pas assez large pour afficher tous les fichiers d'un même type, la navigation se fait alors à l'horizontale (un doigt sur la souris, deux doigts sur le trackpad).

Il s'agit là d'un mode de navigation original puisque vous n'avez pas à vous soucier de l'endroit où vos fichiers se trouvent sur votre disque dur.

Notez qu'au lieu de les ranger par types (catégories), vous pouvez sélectionner d'autres critères dans le sous-menu Rangement du menu Présentation.

La barre de titre

Elle compte deux séries d'éléments :

- **À gauche**, trois boutons colorés : un rouge, un jaune et un vert. (Pour en savoir plus à leur sujet, lisez plus loin dans ce chapitre la section « Manipuler les fenêtres ».)
- **Au centre**, l'icône et le nom du dossier visité.

Comme vous ne tarderez pas à l'apprendre, la barre de titre n'est pas purement décorative ; elle a en effet plusieurs usages (voir « Déplacer » et « Zoomer » dans la section « Manipuler les fenêtres »).

La barre d'outils

Logée directement sous la barre de titre, la barre d'outils comporte… des outils (Figure 4.5) !

Figure 4.5 : Les outils de la barre… d'outils !

- **Les boutons Précédent et Suivant** : Vous espériez, sur votre Mac, passer de dossier en dossier incognito ? C'est loupé, car ces boutons vous suivent à la trace. Ne leur en veuillez pas : ils ne le font pas pour vous espionner, mais pour vous permettre à tout moment de revenir à un dossier visité précédemment (Précédent) ou de vous en ramener (Suivant).
- **Les boutons de présentation** : Placés à droite des précédents, ils contrôlent la présentation des fenêtres (voir la section suivante « Faisons les présentations »).
- **Le menu Action** assure un accès direct à quelques fonctions du Finder, comme la création de nouveaux dossiers ou l'ouverture de documents.
- **Le menu Rangement** propose une série de critères selon lesquels organiser le contenu de la fenêtre.
- **La zone Rechercher** permet de mener une recherche sur le contenu du dossier visité (Chapitre 7, section « Retrouver »).

La commande Masquer la barre d'outils du menu Présentation fait plus que ce qu'elle annonce puisqu'elle escamote non seulement cette barre, mais aussi le volet gauche. Ni utile, ni pratique. Mais bon… c'est là !

La barre du chemin d'accès

A priori masquée, cette barre s'impose dès que vous validez la commande Afficher la barre du chemin d'accès du menu Présentation (Figure 4.6).

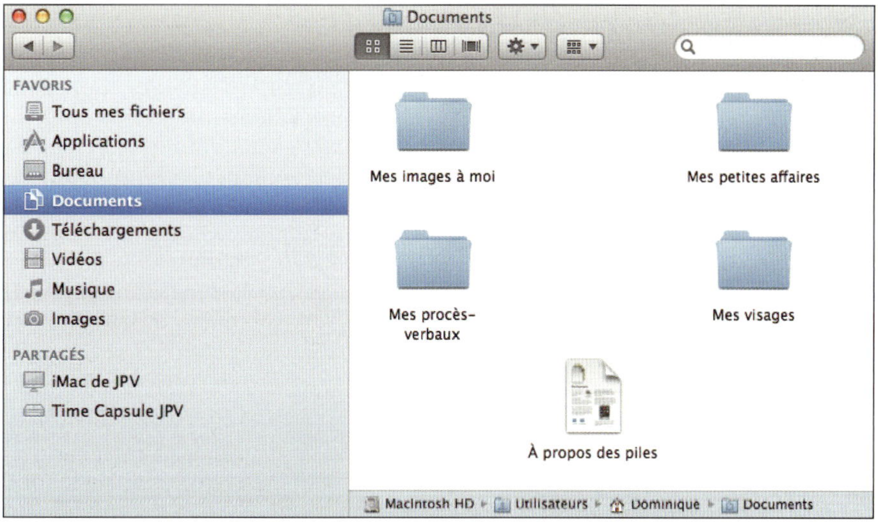

Figure 4.6 : Vous voyez d'emblée que vous êtes au niveau 4 de l'arborescence : Ordinateur -> Macintosh HD -> Utilisateurs -> Documents.

Courant sous le volet de visualisation, elle assume deux missions :

- **Outil d'information** : Elle vous permet de visualiser le chemin parcouru dans l'arborescence du disque dur jusqu'à l'élément sélectionné.

  Ainsi, dans notre exemple (Figure 4.7), elle nous apprend que le fichier Excel « Ventes 2012 » se trouve dans le dossier « Mes ventes » du dossier « Mes classeurs Excel » du dossier « Mes petites affaires » du dossier « Documents » du dossier personnel « Dominique » du dossier « Utilisateurs » du disque dur. Ouf !

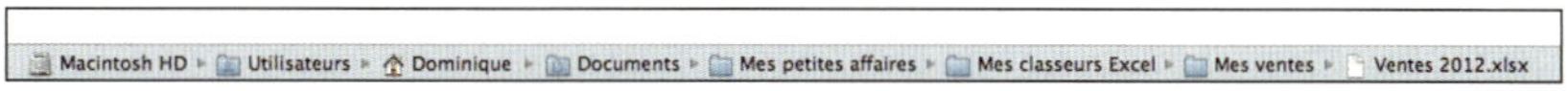

Figure 4.7 : Hercule Poirot, enterré !

- **Outil de navigation** : Ctrl + cliquez sur une des infos de la liste et choisissez Ouvrir pour gagner directement l'endroit concerné (Figure 4.8).

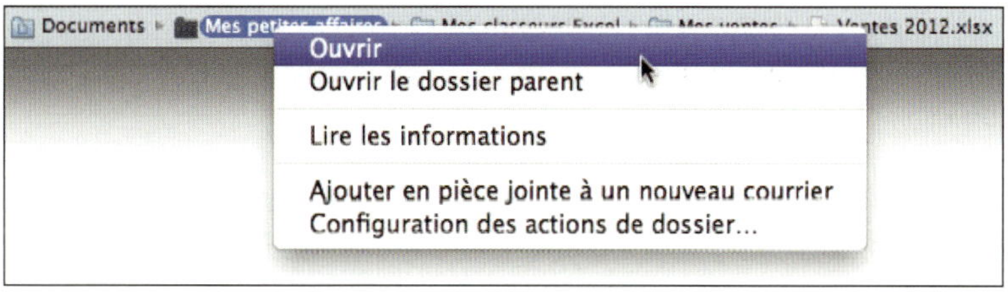

Figure 4.8 : On navigue.

La barre d'état

Dernière barre de la fenêtre dont elle occupe d'ailleurs la partie inférieure, la barre d'état vous indique le nombre d'éléments que compte la fenêtre ouverte (ainsi que le nombre d'éléments sélectionnés s'il y en a) ; elle signale en outre l'espace disponible sur le disque. Enfin, elle propose un curseur qui contrôle la taille des icônes en présentation Par icônes (voir ci-après).

Elle n'est pas affichée ? Contraignez-l'y, la coquine (Figure 4.9) !

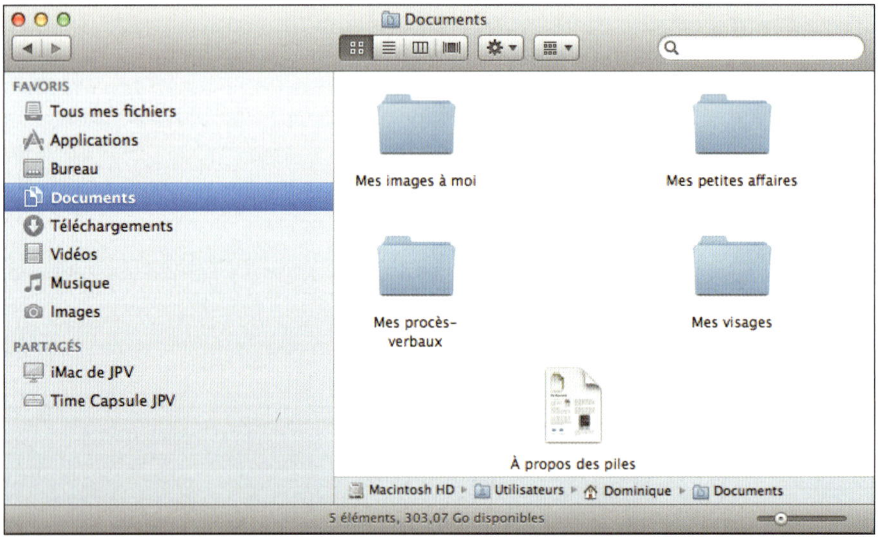

Figure 4.9 : Commande Afficher la barre d'état du menu Présentation. Et zou !

Faisons les présentations !

Lion vous laisse entière liberté pour présenter le contenu de vos fenêtres Finder. Jusqu'à présent, nous avons surtout exploité la présentation par icônes.

Si cet aspect ludique vous convient, ne changez rien. D'autant que les commandes Aligner, Aligner par et Rangement par du menu Présentation vous permettent de faire régner l'ordre à Santiago.

En revanche, si vous n'êtes pas très picto, sachez que trois autres présentations sont disponibles :

- par liste ;

- par colonnes ;
- sous forme de Cover Flow.

Détaillons-les.

TRUC

Vous trouverez les commandes correspondantes dans le menu Présentation ou sous forme d'icônes dans la barre d'outils.

Liste

La commande Par liste présente le contenu de la fenêtre sous forme de liste (Figure 4.10) où les éléments sont présentés verticalement.

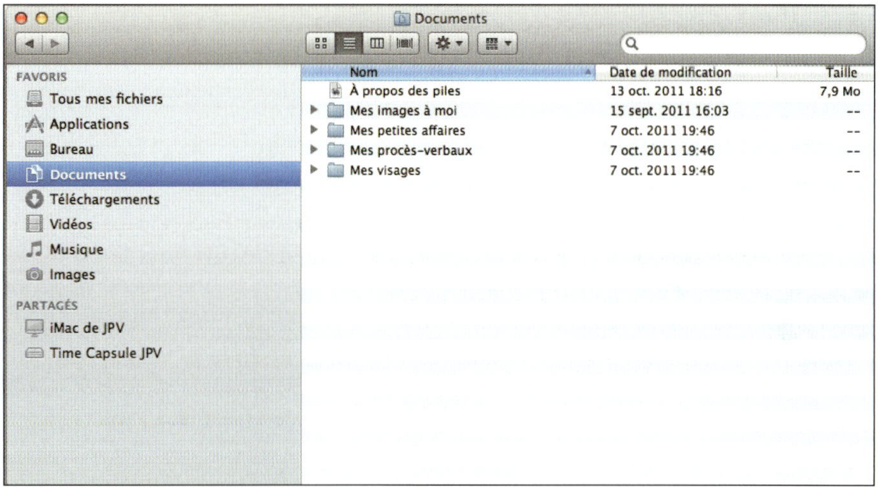

Figure 4.10 : Une liste, c'est plus austère, mais c'est plus compact.

On commence par une mini-icône, puis vient le nom de l'élément. Quatre autres colonnes d'infos vous sont proposées : Date de modification, Taille, Type et Date de l'ajout.

TRUC

Si vous ne les voyez pas toutes, augmentez la taille de la fenêtre ; la section suivante vous explique comment vous y prendre.

Quelques manips utiles :

- **Largeur des colonnes** : Vous pouvez modifier la largeur de n'importe quelle colonne ; il vous suffit de cliquer-glisser sur la limite droite de son en-tête.

Clé de tri : Par défaut, c'est la première colonne, Nom, qui fait office de clé de tri. Pour en désigner une autre, cliquez sur son en-tête ; il passe au bleu, ce qui signifie que, désormais, les éléments de la liste sont triés en fonction de ce critère (Figure 4.11).

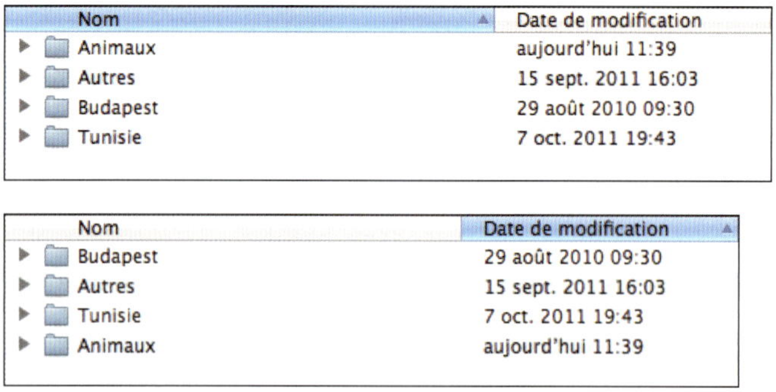

Figure 4.11 : En haut, une liste classée par ordre croissant sur le nom ; en bas, la même liste classée par ordre décroissant sur la date de modification.

Ordre de tri : Enfin, pour modifier l'ordre de tri (croissant ou décroissant) d'une clé, cliquez sur le triangle placé au bout de l'en-tête correspondant.

Les dossiers sont signalés par un triangle orienté vers la droite. Pour en dévoiler le contenu (c'est-à-dire pour ouvrir le dossier en question), il suffit de cliquer sur ce triangle. À l'inverse, un clic sur un triangle pointant vers le bas et le dossier ouvert se referme (Figure 4.12).

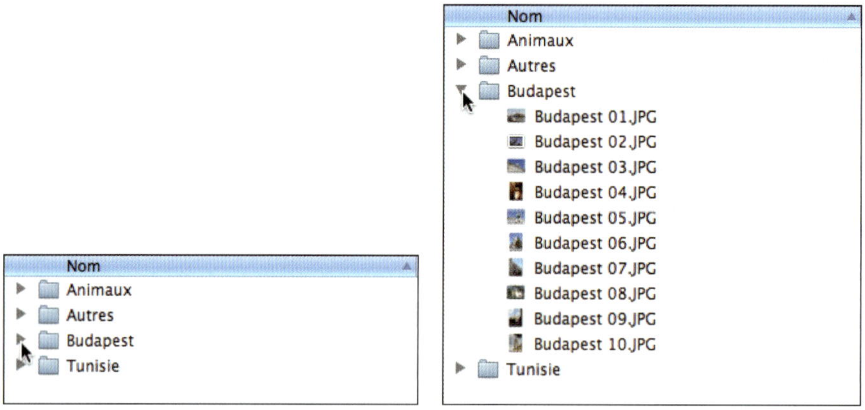

Figure 4.12 : En haut, un dossier fermé qu'on se prépare à ouvrir ; en bas, un dossier ouvert qu'on se prépare à fermer.

Colonnes

En présentation Par colonnes, le contenu de la fenêtre est affiché… en colonnes (Figure 4.13).

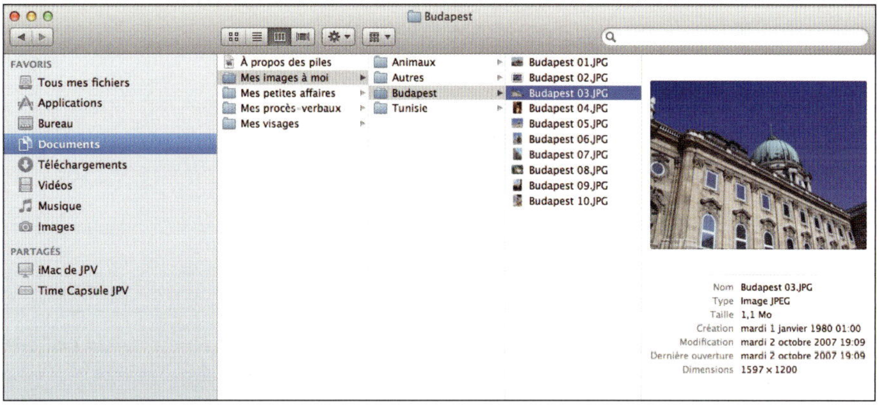

Figure 4.13 : Raide, mais structuré !

Cette présentation a l'avantage de montrer clairement l'arborescence et d'autoriser, à ce titre, une navigation rapide. Plus vous allez vers la droite, plus vous descendez dans cette arborescence avec, en fin de course, des infos complémentaires ou un aperçu de l'élément, selon le cas.

ATTENTION

Ici aussi, la largeur des colonnes est réglable : il suffit de cliquer-glisser sur la double barre située dans leur partie inférieure.

Cover Flow

Enfin, la présentation Cover Flow ou *flux de couverture* (Figure 4.14) est une sorte de combiné des modes Par icônes et Par liste.

En effet, le haut de la fenêtre affiche un aperçu de chaque élément du dossier sélectionné tandis que la partie inférieure dresse, plus classiquement, la liste du contenu du dossier en question.

Pour faire défiler les aperçus du volet haut, faites glisser horizontalement un doigt sur la coque de votre souris ou deux doigts sur votre trackpad.

La taille des deux volets est réglable : il suffit de cliquer-glisser sur la poignée qui les délimite.

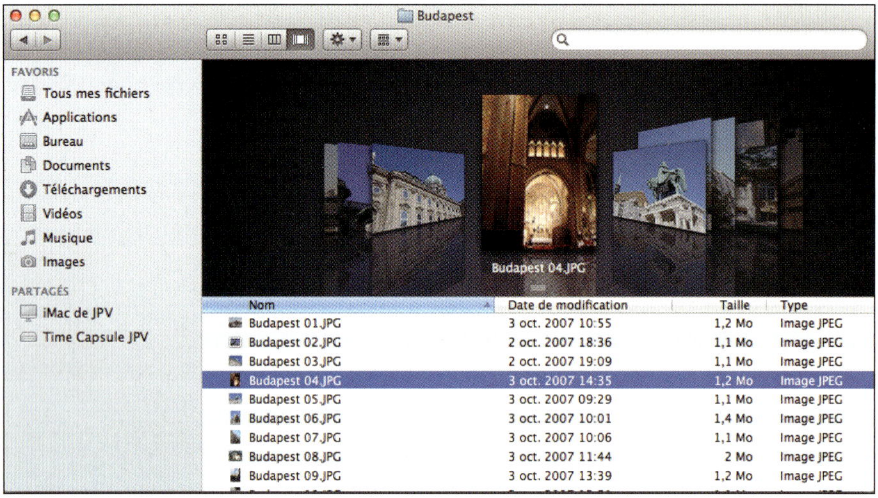

Figure 4.14 : L'idéal pour parcourir un dossier contenant des photos.

Manipuler les fenêtres

À ce stade, vous êtes capable d'identifier les éléments d'une fenêtre et de choisir une présentation. Vous n'êtes pas pour autant au bout de vos peines.

Il vous reste encore, en effet, à apprendre à manipuler ces fenêtres : les déplacer, les masquer, les redimensionner…

Ouvrir

Vous avez déjà ouvert une fenêtre en cliquant deux fois sur l'icône de votre disque dur.

Mais comment vous y prendre pour en ouvrir une deuxième ?

C'est simple : invoquez la commande Fichier/Nouvelle fenêtre Finder ou utilisez son équivalent clavier Commande + N.

Activer

Avoir plusieurs fenêtres ouvertes, c'est bien. Mais sachez que vous ne pouvez agir que dans une fenêtre à la fois.

Et pour agir dans une fenêtre, il faut d'abord l'activer si elle ne l'est pas.

Pour activer une fenêtre, c'est simple : il suffit de cliquer dedans.

Pour ce faire, il faut, bien sûr, que la fenêtre visée ne soit pas complètement masquée par une autre. Mais il suffit qu'un petit bout dépasse !

Si ce n'est pas le cas, déplacez la fenêtre placée par-dessus et qui vous empêche d'agir (voir ci-après « Déplacer »).

Mais vous vous demandez sans doute ce qui, visuellement, peut bien distinguer une fenêtre active d'une autre. La question est légitime ; la réponse aussi : une coloration plus soutenue et des boutons colorés identifient la fenêtre active (Figure 4.15).

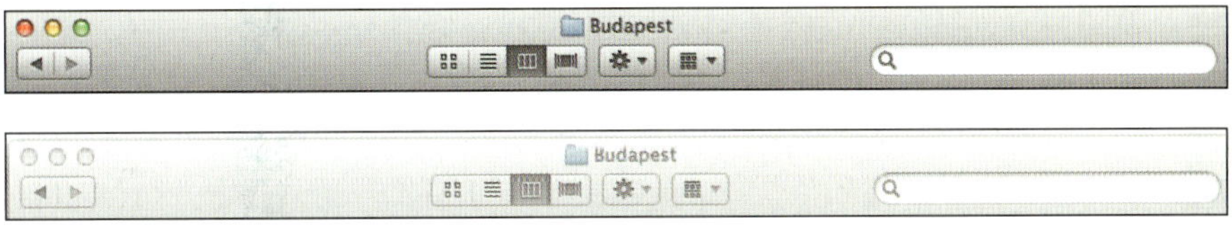

Figure 4.15 : La différence saute aux yeux, non ?

Déplacer

Les fenêtres s'ouvrent à l'endroit où elles se trouvaient lorsque vous les avez fermées la dernière fois.

Problème récurrent : elles s'empilent, se chevauchent, voire se superposent carrément. Qu'est-ce que vous attendez pour mettre un terme à ce capharnaüm ?

C'est assez simple : pour déplacer une fenêtre, il suffit de cliquer-glisser sur sa barre de titre.

Faire défiler le contenu

Bien souvent, la taille de la fenêtre ne suffira pas à en révéler intégralement le contenu ; il vous faudra alors utiliser les barres de défilement à droite et/ou en bas.

A priori, ces barres sont masquées ; elles ne se manifestent que lorsque vous glissez un doigt sur votre souris ou sur votre trackpad dans le but de visualiser les parties non visibles (Figure 4.16).

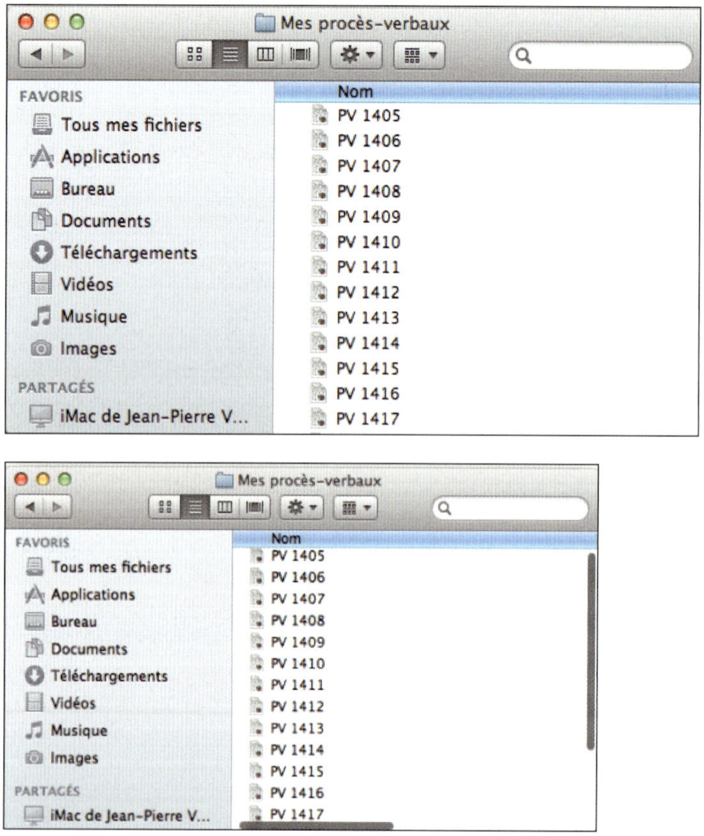

Figure 4.16 : À gauche, la fenêtre au repos ; à droite, après sollicitation *via* souris ou trackpad.

Quand ces barres sont visibles, faites glisser le doigt vers le haut pour voir le bas et, à l'inverse, faites glisser le doigt vers le bas pour voir le haut. En fait, c'est comme si vous étiez face à une feuille de papier : vous l'éloignez (haut) pour voir ce qui est en dessous ; vous la rapprochez (bas) pour voir ce qui est au-dessus.

Si vous pratiquez le Mac depuis un certain temps, ces options vous perturbent sans doute puisque, dans les versions précédentes du système d'exploitation, ça fonctionnait pile dans l'autre sens. Si, malgré votre bonne volonté, vous ne parvenez pas à vous habituer à ces nouvelles pratiques, revenez à l'ancien régime. Pour y parvenir, choisissez Pomme/Préférences Système et cliquez sur Souris ; dans l'onglet Pointer et cliquer de la fenêtre correspondante, désactivez l'option Sens du défilement : naturel (Figure 4.17).

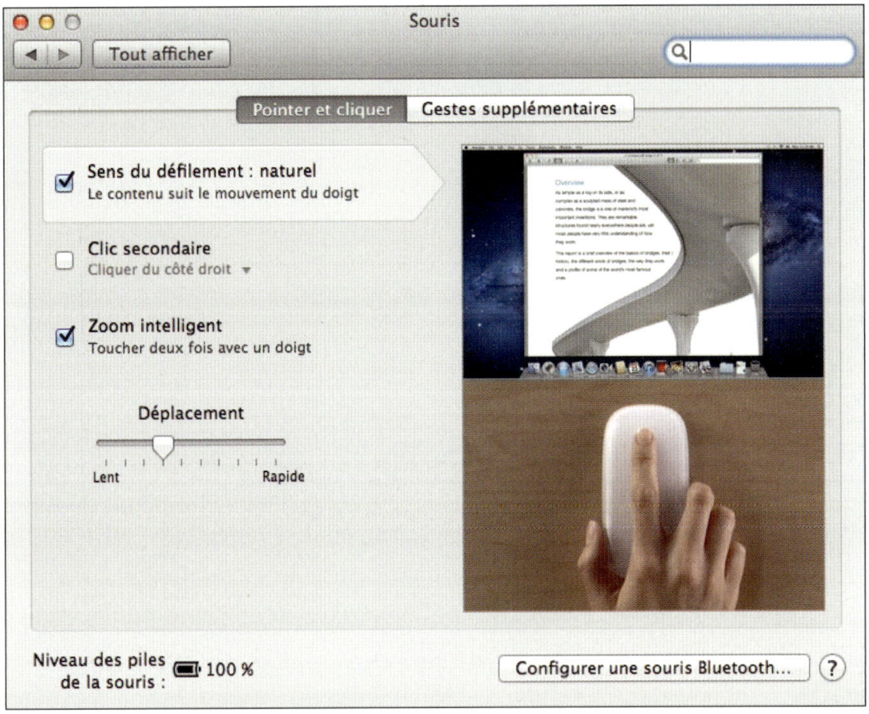

Figure 4.17 : Comme au bon vieux temps !

Redimensionner

Trop grande ? Trop petite ? Trop large ? Trop étroite ? N'hésitez pas à attribuer à vos fenêtres la taille qui vous convient.

Encore une fois, le cliquer-glisser est de rigueur ; utilisez-le sur le pourtour de la fenêtre.

- **Pour changer la hauteur** : Bord inférieur ou supérieur.
- **Pour changer la largeur** : Bord droit ou bord gauche.
- **Pour changer ces deux paramètres simultanément** : Angle (ou un des bords, mais en combinaison avec la touche Majuscule).

Boileau avait raison : ce qui se conçoit bien s'énonce clairement !

Zoomer

Pour adapter la taille de la fenêtre à celle de son contenu, cliquez sur le bouton vert, le bouton de droite de la série de trois ancrés dans l'angle supérieur gauche de la fenêtre.

Tout bien réfléchi, vous préfériez la taille précédente ? Les mêmes actions produisent l'effet inverse. En d'autres termes : une nouvelle activation de ce bouton rétablit la taille initiale.

TRUC

Commande de menu équivalente : Réduire/agrandir du menu Fenêtre.

Masquer

Lion propose un moyen efficace d'éviter l'encombrement du Bureau : la possibilité de *masquer* provisoirement des fenêtres en les réduisant à une icône du Dock.

C'est simple : il suffit de cliquer sur le bouton jaune, en haut à gauche.

TRUC

Autres techniques : double-clic n'importe où dans la barre de titre, commande Placer dans le Dock du menu Fenêtre ou son raccourci clavier : Commande + M.

La fenêtre ainsi traitée est instantanément réduite à une icône du Dock. Un clic sur cette icône et la fenêtre réapparaît aussi sec (Figure 4.18). Commode !

Figure 4.18 : Les fenêtres masquées échouent dans la partie droite du Dock.

Fermer

Vous en avez soupé des fenêtres ? Fermez-les. Un clic dans la case de fermeture, le bouton rouge, aussi en haut à gauche. Bye-bye !

Cas particulier : les boîtes de dialogue

Dans votre travail au quotidien, vous serez à tout moment confrontée, dans vos programmes, à des fenêtres particulières appelées *boîtes de dialogue*. Ce sont des fenêtres que ces programmes vous adressent quand ils ont besoin d'informations complémentaires pour exécuter la commande que vous avez sélectionnée.

Ces boîtes proposent une kyrielle d'éléments que vous devez impérativement apprendre à identifier si vous voulez fournir au programme qui vous les adresse les infos dont il a besoin.

Détaillons de manière aussi concise que possible les composants de ces boîtes :

- **Onglets** : Certaines boîtes de dialogue comportent plusieurs volets qui regroupent les options par thèmes. Ce sont les *onglets* qui vous permettent d'y accéder (Figure 4.19).

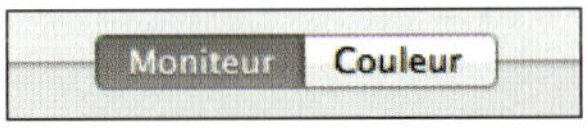

Figure 4.19 : Deux onglets pour deux volets : Moniteur et Couleur.

- **Listes** : Elles regroupent des options mutuellement exclusives. Choisissez-en une, point barre. Parfois, la liste est si longue qu'elle est équipée d'une barre de défilement. Certaines même sont surmontées d'une case d'édition ; dans ces cas-là, l'option que vous choisissez dans la liste s'y affiche, à moins que vous ne préfériez l'y introduire vous-même. (Figure 4.20).

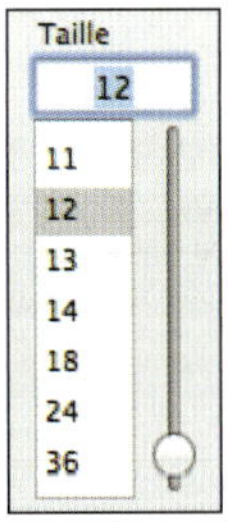

Figure 4.20 : Une liste avec défilement.

- **Listes déroulantes** : Il y a parfois tellement d'options à proposer que les concepteurs du logiciel ont préféré une forme de liste plus compacte, appelée *liste déroulante* (Figure 4.21). Ici, il vous faut déployer la liste avant de la parcourir. Pour ce faire, vous cliquerez en général sur le petit triangle orienté vers le bas, affiché à droite de l'intitulé.

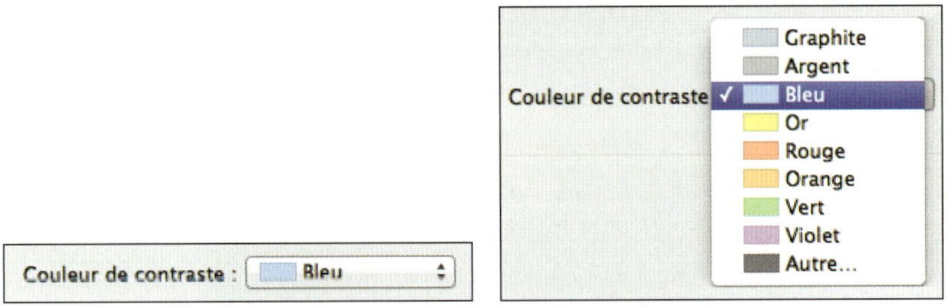

Figure 4.21 : Une liste plus discrète : fermée à gauche, déroulée à droite.

- **Boutons radio :** Comme dans le cas des listes, les options proposées s'excluent mutuellement (Figure 4.22). C'est juste la présentation qui diffère. Cliquez sur le bouton ou sur son intitulé pour sélectionner l'option.

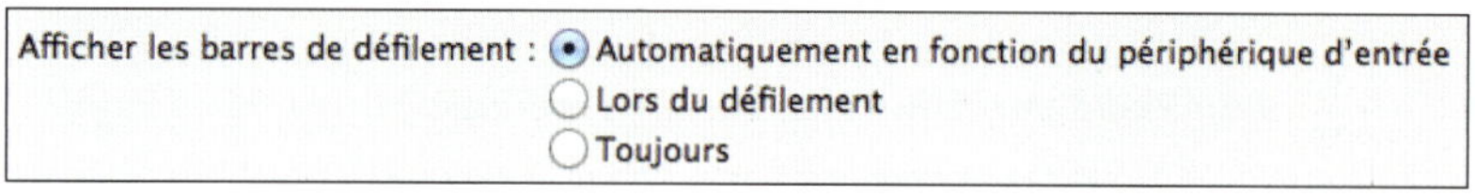

Figure 4.22 : Un choix cornélien.

- **Cases à cocher :** Dans le cas des cases à cocher, en revanche, les options sont (en général) cumulables (Figure 4.23). Ainsi, des caractères peuvent être présentés à la fois en gras, en italique et en relief. Cliquez sur la case ou sur son intitulé pour sélectionner l'option. Recliquez pour la désélectionner.

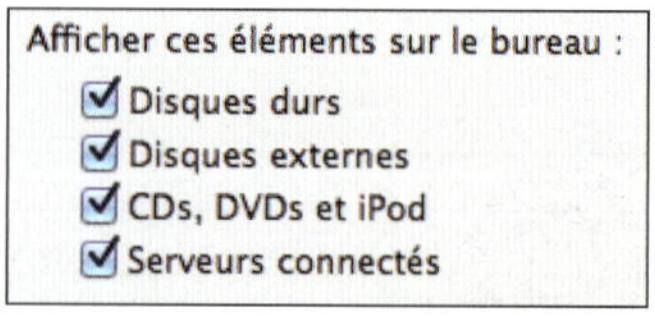

Figure 4.23 : Vous pouvez tout vous permettre.

- **Cases d'édition :** Le programme attend une donnée (Figure 4.24). Cliquez dans la case pour annoncer votre intention d'y introduire l'info souhaitée, puis tapez cette info.

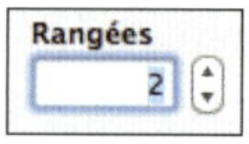

Figure 4.24 : Exprimez-vous !

- **Curseurs :** Les curseurs permettent, par cliquer-glisser, d'ajuster librement une valeur (Figure 4.25).

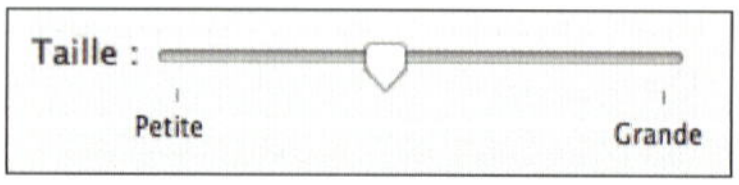

Figure 4.25 : Il suffit de cliquer-glisser.

- **Zone Aperçu :** Vous voulez avoir une idée de l'impact de vos choix ? Consultez donc, quand elle existe, la zone Aperçu (Figure 4.26).

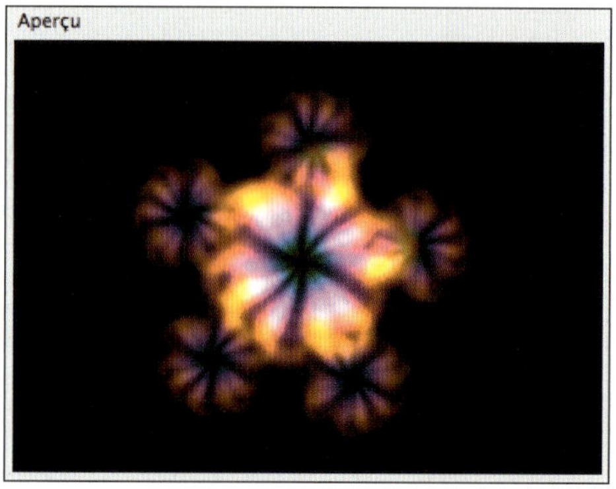

Figure 4.26 : Utile pour rectifier le tir si nécessaire.

- **Boutons de commande** : Toutes les zones de dialogue comportent au moins un bouton que vous devrez impérativement activer avant de quitter les lieux.

  Il y a bien sûr les grands classiques, *OK* et *Annuler* pour ne pas les citer, mais des tas d'autres peuvent compléter le tableau, au gré des besoins de la tâche en cours (Figure 4.27).

Figure 4.27 : Ils sont partout !

TRUC

Parmi les boutons d'une fenêtre, il s'en trouve toujours un dont la bordure est plus sombre que les autres (c'est souvent OK). Cela signifie que ce bouton est présélectionné et que vous pouvez, pour l'activer, vous contenter d'enfoncer la touche Entrée ou Retour de votre clavier.

Chapitre 5

Fans de pictos : vive les icônes !

Dans ce chapitre :

- Identifier les icônes.
- Apprendre à les sélectionner.

Lion est un système d'exploitation *iconographique*. Mais qu'en des termes galants ces choses-là sont dites ! De manière plus terre à terre, disons que tous les éléments que vous serez appelée à manipuler sur votre Mac sont représentés par une *icône*, c'est-à-dire un pictogramme. Ludique, non ?

Identifier les icônes

Tous les éléments, disions-nous. Mais quels éléments ? En fait, en schématisant un peu, ils se répartissent en quatre catégories :

- les programmes ;
- les documents ;
- les dossiers.
- les disques.

Chaque élément est décrit dans le chapitre qui lui est consacré. Mais n'oubliez pas que les *programmes* sont les outils qui vous permettent de travailler, que les *documents* contiennent le travail que vous produisez avec les programmes, que les *dossiers* sont les endroits où sont rangés programmes et documents ; quant aux *disques*, ce sont les supports physiques sur lesquels sont stockés programmes, documents et dossiers. C'est assez simple, en somme.

La Figure 5.1 vous montre quelques icônes classiques : de gauche à droite, le programme Mail (pour faire du courrier électronique), le programme Safari (pour surfer sur le Net), un document texte baptisé *Courrier*, un document image baptisé *Clocher*, un dossier intitulé *Mémos* et, enfin, votre disque dur interne.

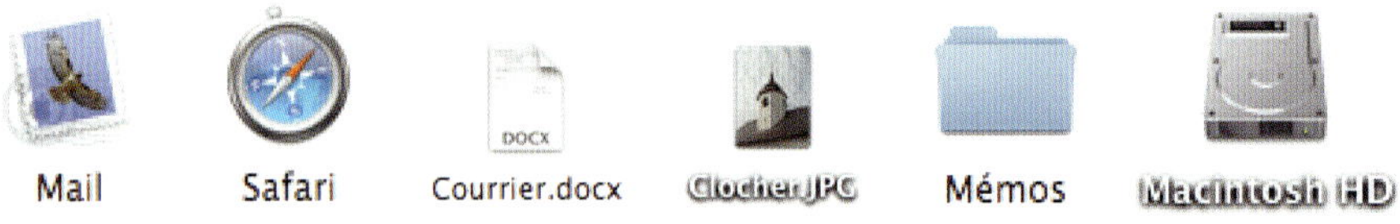

Figure 5.1 : Une flopée d'icônes.

Apprendre à les sélectionner

Reconnaître les icônes, c'est bien. Mais, pour pouvoir les utiliser (lancer un programme, ouvrir un document, déplacer un dossier…), il faut d'abord les sélectionner. Oui, mais… comment ?

TRUC

On parle évidemment d'icônes quand c'est la présentation par icônes qui est active ; sinon, on parle plus généralement d'éléments. Les techniques sont les mêmes, de toute façon.

Sélectionner une icône

Rien de plus simple : cliquez dessus ! L'icône ainsi traitée apparaît contrastée ; on dit qu'elle passe *en surbrillance*. Elle est sélectionnée !

Sélectionner plusieurs icônes

Il peut être intéressant de sélectionner plusieurs icônes à la fois, comme des documents que vous voulez déplacer d'un dossier vers un autre. Inutile, en effet, de répéter autant de fois l'opération qu'il y a de fichiers à traiter. C'est bien plus simple de les sélectionner tous, puis de les déplacer en une seule opération.

Allons-y !

Quand les icônes à sélectionner sont contiguës

Si les éléments à sélectionner sont contigus (c'est-à-dire s'ils sont placés les uns à côté des autres et non mélangés à d'autres que vous ne souhaitez pas traiter), opérez par *rectangle* ou par *Majuscule + clic* selon la présentation active.

- **En présentation par icônes, utilisez plutôt la sélection par *rectangle* :**

  1. Cliquez en haut à gauche du groupe d'icônes à sélectionner et maintenez le bouton de la souris enfoncé.
  2. Faites glisser en diagonale jusqu'à inclure, dans le rectangle de sélection qui suit votre pointeur, la dernière icône à traiter, celle qui occupe l'angle inférieur droit du groupe (Figure 5.2).
  3. Relâchez.

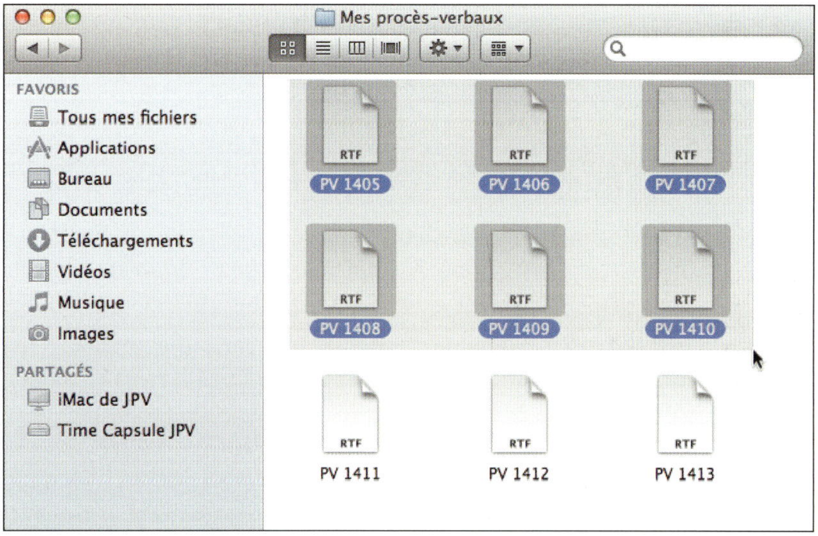

Figure 5.2 : Une sélection par rectangle est en cours.

- **En présentation par liste ou par colonnes, préférez la sélection par *Majuscule + clic* :**

  1. Cliquez sur le premier élément à sélectionner.
  2. Enfoncez la touche Majuscule et maintenez-la dans cette position tandis que vous cliquez sur le dernier élément à inclure dans la sélection.
  3. Relâchez la touche Majuscule quand tous les éléments souhaités sont sélectionnés.

Quand les icônes à sélectionner ne sont pas contiguës

Si les éléments à sélectionner ne sont pas contigus, c'est la technique du *Commande + clic* qu'il vous faut mettre en œuvre :

1. **Cliquez sur le premier élément à sélectionner.**
2. **Enfoncez la touche Commande et maintenez-la dans cette position tandis que vous cliquez sur les autres éléments à inclure dans la sélection.**
3. **Relâchez la touche Commande quand tous les éléments souhaités sont sélectionnés.**

TRUC

Oups ! Vous avez inclus dans la sélection un élément qui ne devait pas y être ? Inutile de reprendre tout à zéro. Contentez-vous de Commande + cliquer sur l'intrus ; ce faisant, vous l'excluez de la sélection.

Sélectionner toutes les icônes d'un dossier

Là, tout peut aller très vite. Une fois le dossier en question ouvert, il suffit d'invoquer la commande Tout sélectionner du menu Édition. Vous préférez agir depuis le clavier ? Commande + A produit le même effet !

TRUC

Ça ne vous arrange pas vraiment, car vous auriez aimé sélectionner tous les éléments du dossier courant sauf deux ou trois ? Pas de problème : il vous suffit de Commande + cliquer sur ceux que vous souhaitez bannir de la sélection.

Combiner pour régner

N'hésitez pas à combiner ces techniques de sélection pour parvenir à vos fins.

Ainsi, dans une liste, pour sélectionner des éléments adjacents mais en exclure deux ou trois, opérez la sélection par Majuscule + clic, puis excluez ceux dont vous ne voulez pas par Commande + clic.

Autre exemple : dans un dossier, pour sélectionner deux groupes d'éléments non contigus, sélectionnez le premier groupe par rectangle, enfoncez et maintenez enfoncée la touche Commande pour étendre la sélection, puis sélectionnez le deuxième groupe, par rectangle également, avant de relâcher la touche Commande.

Le but est simple : parvenir à la sélection souhaitée avec un minimum d'efforts.

Déséléctionner

Vous avez réalisé une sélection et vous n'en voulez plus ? Qu'à cela ne tienne. Cliquez en dehors de cette sélection et le tour est joué. Lion désélectionne tous les éléments qui étaient sélectionnés. Vous voilà revenue au point de départ !

Un peu de couleur pour mettre de la vie

Ben oui, Lion vous permet de mettre vos icônes de dossiers et de documents en couleurs. Vous exploiterez à cette fin la commande Étiquette du menu Fichier.

Chapitre 6

Demandez le programme !

Dans ce chapitre :

- Connaître les types de programmes.
- Mais où trouver ces fichus programmes ?
- Lancer.
- Activer.
- Passer en mode Plein écran.
- Masquer.
- Quitter.

Ce sont les programmes qui donnent vie à l'ordinateur. Sans eux, votre Mac ne serait qu'un amas de ferraille sans aucune utilité.

Vous savez déjà que c'est Lion qui prend en charge toutes les tâches d'intendance. Mais les autres ? Le traitement du texte, des chiffres, des images ? Qui s'en occupe, bon sang ?

D'autres programmes, bien sûr.

Et les termes ne manquent pas pour les désigner. On parle de programmes, certes, mais aussi de logiciels, progiciels, applications, applicatifs, softwares, suites… Même si des nuances existent, laissons-les de côté et simplifions-nous la vie. Désormais, nous parlerons de *programmes* et uniquement de *programmes*.

Connaître les types de programmes

Les programmes se répartissent en différentes catégories selon leur finalité. Ainsi :

- un programme essentiellement destiné à manipuler le texte est un *traitement de texte* ;
- un programme qui gère les chiffres est un *tableur ;*
- un programme spécialisé dans la mise en page est un programme dit *de PAO* (Publication Assistée par Ordinateur) ;
- un programme qui vous emmène sur le Web est un *navigateur* ;
- un programme qui prend en charge des tâches secondaires mais ô combien utiles est un… *utilitaire.*

Pages est un traitement de texte ; Numbers est un tableur ; Microsoft FrontPage est un programme de PAO ; Safari est un navigateur ; Adobe Reader est un utilitaire (Figure 6.1).

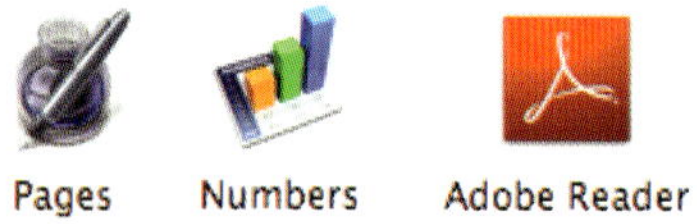

Figure 6.1 : Pages, Numbers et Adobe Reader.

Vous avez compris le principe ? Parfait. Passons à autre chose.

Mais où trouver ces fichus programmes ?

Bonne question ! En fait, Lion est fourni avec une flopée de programmes, de quoi satisfaire vos besoins les plus immédiats.

Mais que faire si vous souhaitez exploiter un traitement de texte plus évolué que TextEdit, vous adonner aux joies des tableurs, vous équiper d'un antivirus ?

Dans ces conditions, il vous faudra trouver ces programmes, puis les installer.

En effet, vous ne pouvez exploiter que des programmes qui ont été installés sur votre disque dur.

Mac App Store

Il existe un endroit génial qui s'appelle Mac App Store (Figure 6.2) et qui, intégré à Lion, vous permet, tout à la fois, de vous procurer des programmes (certains gratuits, certains payants), de procéder à leur installation, puis de réaliser les éventuelles mises à jour si, d'aventure, ces programmes évoluent.

Seules contraintes : pour y faire vos emplettes, vous devez disposer d'une connexion Internet et posséder un compte Apple.

TRUC

Pour créer ce compte, reportez-vous à la section « Acheter à l'iTunes Store » du Chapitre 12.

Pour gagner l'App Store (Figure 6.2) :

- Activez son icône du Dock.

  OU :

- Activez son icône depuis le Launchpad.

  OU :

- Choisissez App Store dans le menu Pomme.

  OU :

- Ouvrez votre dossier Applications et cliquez deux fois sur App Store.

Figure 6.2 : Une boutique bien achalandée.

La section suivante, « Lancer », détaille ces procédures de mise en route.

Internet ou CD/DVD

Mais vous ne trouverez pas tout sur le Mac App Store. Dans ce cas, vous pourrez gagner Internet, localiser le programme que vous cherchez, puis le télécharger (voir le Chapitre 20).

Ces fichiers arrivent très souvent compressés, mais Safari a le bon goût de les décompresser automatiquement. (Safari fait l'objet du Chapitre 16.)

Autre solution : acheter (ou vous faire prêter !!!) le CD ou DVD du programme en question.

Dans ces deux cas, l'installation se fera soit *via* un installateur, soit par glisser-déposer.

- **Installateur** : Certains programmes vous proposent un installateur que vous déclencherez par double clic ; vous n'aurez plus ensuite qu'à suivre gentiment les instructions qu'il vous adressera.

  En général, ça commence par une fenêtre d'accueil (Figure 6.3).

Figure 6.3 : Il faut bien commencer quelque part !

  Puis l'utilitaire prend la main (Figure 6.4) ; vous n'avez qu'à suivre !

Il arrive, quand vous installez de nouveaux programmes, que l'installateur vous invite d'abord à quitter tous les éventuels programmes en service. Le fait que d'autres programmes tournent en coulisse le perturbe. Suivez son conseil : quittez tout ce qui tourne.

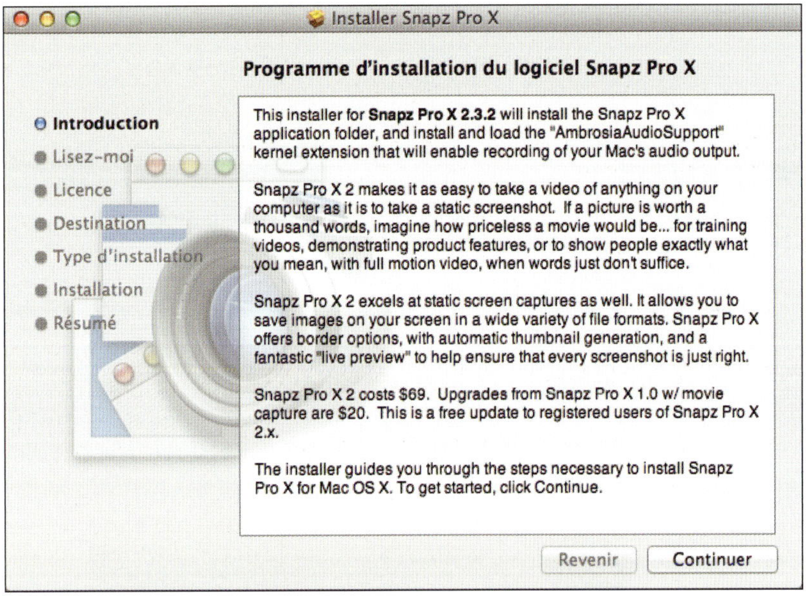

Figure 6.4 : Confortable, la prise en main.

- **Glisser-déposer** : D'autres simplifient encore la procédure puisqu'ils la cantonnent à faire glisser leur icône sur celle de votre dossier Applications. C'est le cas de la plupart des programmes que vous glanez sur le Net.

En fait, après téléchargement (Chapitre 20), les logiciels échouent dans votre dossier Téléchargements (qui se trouve dans le Dock, à gauche de la corbeille). Ils y atterrissent sous la forme d'une *image disque* (fichier .dmg pour *disk image*), c'est-à-dire une archive copie conforme d'un vrai disque (Figure 6.5).

Figure 6.5 : Le fichier .dmg du logiciel Firefox de la société Mozilla.

Depuis le Dock, cliquez sur l'icône de ce dossier Téléchargements, puis, quand son contenu vous est dévoilé, cliquez sur la flèche en regard de la mention Afficher. Dans la fenêtre Finder qui s'ouvre suite à cette action, double-cliquez sur l'image disque ; le disque apparaît alors à la fois sur le Bureau et dans la rubrique Appareils de vos fenêtres Finder (Figure 6.6).

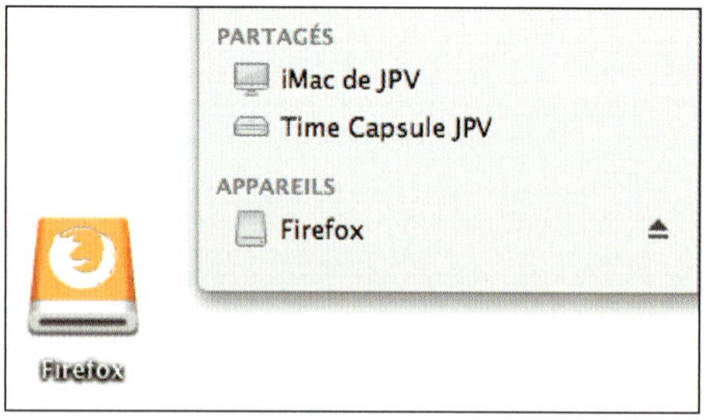

Figure 6.6 : Firefox est à votre porte.

Double-cliquez dessus et une fenêtre s'affiche, qui vous engage à glisser-déposer l'icône du programme sur celle de votre dossier Applications (Figure 6.7). Exécutez-vous et le tour est joué !

Figure 6.7 : Fastoche !

Quand tout est terminé, vous pouvez faire glisser l'image disque sur celle de la corbeille pour vous en débarrasser.

Lancer

Au départ, les programmes sont au repos, au calme dans le dossier Applications de votre disque dur. Pour les utiliser, il faut les mettre en service, en d'autres mots les *lancer.*

Tous les programmes en activité sont repris dans le Dock même si, au repos, ils n'y figurent pas. Ils y sont identifiés par un point lumineux placé directement sous leur icône. Si ce point n'apparaît pas, choisissez Pomme/Dock/ Préférences du Dock et cochez l'option du bas de la fenêtre, « Afficher les indicateurs lumineux des applications ouvertes ».

Depuis le dossier Applications

Comme vous le savez, tous vos programmes sont regroupés dans le dossier Applications (Figure 6.8).

Figure 6.8 : La caverne d'Ali Baba.

Ouvrez ce dossier (vous trouverez un raccourci en barre latérale), puis cliquez deux fois sur l'icône du programme que vous voulez mettre en service. Ce n'est pas plus compliqué que ça !

Il se peut que ce programme se trouve dans un sous-dossier du dossier Applications ; commencez alors par ouvrir ce sous-dossier pour parvenir à l'icône qui vous intéresse.

Depuis le Launchpad

Lanceur d'applications intégré à Lion, le Launchpad trône d'origine dans le Dock. Mettez-le en service en cliquant sur son icône ou en pinçant avec le pouce et trois doigts sur votre trackpad et le contenu de votre dossier Applications vous est instantanément dévoilé (Figure 6.9). Ça, c'est du réactif !

Figure 6.9 : Vos applications dans les starting-blocks.

Et hop… vue plein écran de vos applications, symbolisées par leur icône. Elles sont toutes là, à un clic de souris. Il vous suffit de cliquer sur une icône pour mettre en route le programme correspondant. Une vraie rampe d'accès de toutes vos applications installées.

TRUC

Si certains programmes sont regroupés dans un dossier, commencez par cliquer sur ce dossier pour l'ouvrir, puis faites votre choix (Figure 6.10).

TRUC

Si vous avez installé d'autres programmes, vous les trouverez sur les pages suivantes auxquelles vous accéderez en faisant glisser horizontalement un doigt sur la coque de votre souris ou deux doigts sur votre trackpad.

Pour quitter le Launchpad sans lancer aucun programme, cliquez dans une zone dégagée ou tapez deux fois sur votre trackpad.

Figure 6.10 : Le contenu du dossier Utilitaires.

Depuis le Dock

Si le programme qui vous intéresse se trouve dans le Dock (soit qu'il y figure d'origine, soit que vous l'y ayez ajouté – voir Chapitre 9), il suffit de cliquer une fois sur son icône et le tour est joué. Encore plus simple !

Depuis le menu Pomme

Dans le menu Pomme, la commande Éléments récents et sa rubrique Applications tient à jour la liste des derniers programmes que vous avez utilisés.

Pour mettre un de ces programmes en service, il suffit de sélectionner son nom dans cette liste (Figure 6.11).

ATTENTION

La commande Effacer le menu du bas de la liste efface tout le contenu de ce sous-menu et vous permet de repartir à zéro.

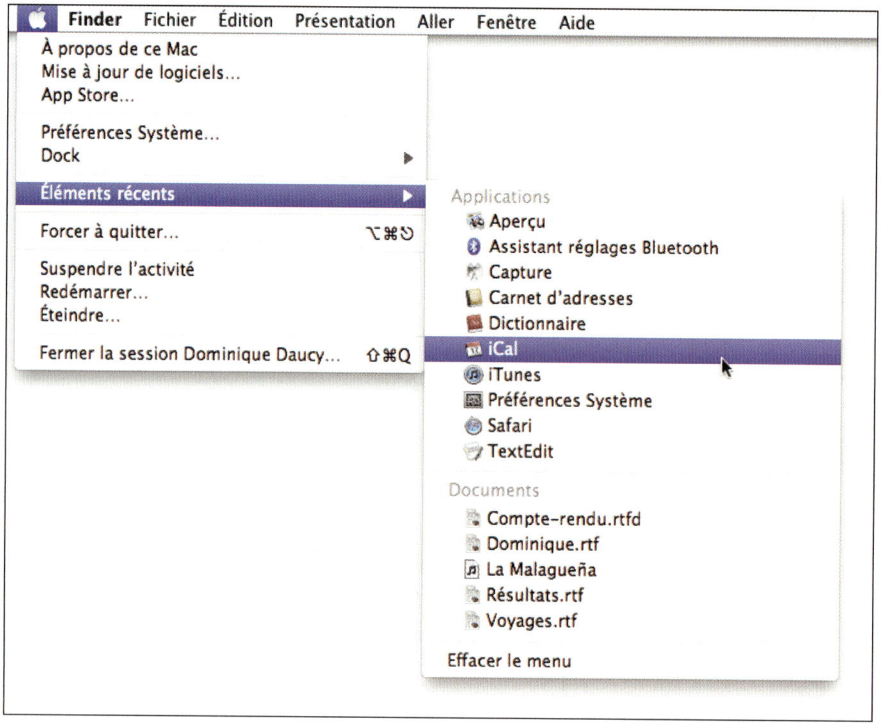

Figure 6.11 : Simplifions, simplifions !

Dans les quatre cas (dossier Applications, Launchpad, Dock ou menu Pomme), votre action produit les effets suivants :

- le programme démarre ;
- sa barre des menus se substitue à celle du Finder ;
- le(s) document(s) qui était/étaient ouvert(s) lors de la dernière mise hors service du programme est/sont rouvert(s) ;
- l'icône du programme s'affiche dans le Dock (si elle n'y figurait pas déjà) et se dote du point bleuté dont la mission est d'identifier les programmes en service. (Notez que cette icône s'éclipse dès que vous quittez le programme en question, à moins qu'il ne s'agisse d'un résident permanent du Dock.)

TRUC

Il existe une quatrième manière de lancer un programme : c'est de lancer – *ouvrir* – un document qu'il a créé. Voyez à ce propos la section « Ouvrir » du chapitre suivant.

Activer

Lion vous permet de faire tourner plusieurs programmes simultanément. C'est ce qu'on appelle « le multitâche », vous savez : ce truc dont les hommes sont apparemment incapables, étant – semble-t-il – génétiquement « monotâche ».

Certes, vous n'exploiterez qu'un seul logiciel à la fois, mais pourrez naviguer facilement parmi tous ceux qui sont ouverts.

Pour exploiter un programme, il vous faut l'activer :

- **Dock** : Cliquez sur son icône du Dock.
- **Sélecteur d'applications** : La combinaison de touches Commande + Tabulation provoque l'affichage d'une palette – le sélecteur d'applications – qui recense tous les programmes en service (Figure 6.12). Dès que ce sélecteur se manifeste, relâchez la touche Commande et utilisez la touche Tabulation pour désigner le programme à activer (en vous déplaçant vers la droite) ou la combinaison de touches Majuscule + Tabulation (en vous déplaçant vers la gauche). Notez qu'un clic de souris ou de trackpad fait aussi bien l'affaire.

Figure 6.12 : Un récapitulatif bien pratique.

- **Mission Control** : Véritable QG du Mac, cet utilitaire vous permet, d'un seul coup d'œil, de voir tout ce qui se passe sur votre ordinateur (Figure 6.13).

  Pour l'utiliser, il vous suffit d'activer l'icône Mission Control depuis le Dock ou de faire glisser trois doigts vers le haut sur votre trackpad. La touche F9 fait aussi l'affaire si la configuration de votre clavier l'autorise.

  Dès que Mission Control entre en action, cliquez sur le programme que vous voulez activer.

Pour quitter Mission Control sans rien activer du tout, cliquez dans une zone dégagée du Bureau, enfoncez la touche Esc ou faites glisser trois doigts vers le bas sur votre trackpad.

Figure 6.13 : Vue d'ensemble de tout ce qui tourne.

- **Documents** : Cliquez dans la fenêtre d'un de ses documents.

Passer en mode Plein écran

La plupart des programmes sont capables de tirer parti de la fonctionnalité Plein écran que leur propose Lion. L'idée : dégager l'espace un max pour que vous puissiez vous ébattre sans contrainte.

Pour activer ce mode, choisissez Présentation/Passer en mode plein écran ou cliquez sur le bouton Plein écran (la double flèche oblique, en haut à droite) (Figure 6.14).

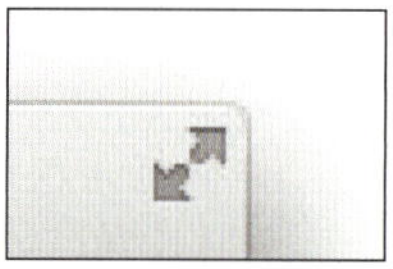

Figure 6.14 : Petit bouton, grands effets.

Si la commande n'existe pas ou si le bouton n'apparaît pas, c'est que le programme ne gère pas ce mode. Tant pis !

Immédiatement, le programme passe en mode Plein écran. La barre des menus disparaît ainsi que la barre de titre et le Dock.

Mais la barre des menus refait surface si vous déplacez votre pointeur vers le haut ; le Dock en fait autant si vous le déplacez vers le bas, histoire de pouvoir, malgré tout, rester maître de la situation.

Fin du fin : si vous exécutez plusieurs applications en mode Plein écran, il vous suffit, pour passer aisément de l'une à l'autre, de faire glisser latéralement deux doigts sur votre souris, trois doigts sur votre trackpad.

Depuis le mode Plein écran pour réactiver l'affichage classique, déplacez votre pointeur vers l'angle supérieur gauche de la fenêtre. La barre des menus réapparaît, ainsi que la double flèche oblique. Cliquez dessus pour un retour rapide à la normale. La commande Quitter le mode plein écran du menu Présentation produit le même effet.

Masquer

N'hésitez pas à masquer l'un ou l'autre programme, c'est-à-dire à le fermer temporairement s'il ne vous est, pour un certain temps, d'aucune utilité.

Pour ce faire, il suffit, depuis le programme en question, de valider la commande Masquer *[nom du programme]* du premier menu du programme en question (celui situé juste à droite du menu Pomme et qui porte le nom du programme actif). À moins que vous ne préfériez son équivalent clavier : Commande + H.

Le programme reste ouvert, mais tous ses éléments – fenêtre(s), barre des menus et autres palettes éventuelles – disparaissent.

La commande Masquer les autres du même menu (Commande + Option + H) fait l'inverse : elle masque tous les programmes ouverts à l'exception de celui depuis lequel vous donnez l'ordre de masquage.

Pour réafficher un programme masqué, il suffit de cliquer sur son icône depuis le Dock.

Quitter

Vous n'avez provisoirement plus l'usage d'un programme ouvert ? Quittez-le. En agissant de la sorte, vous libérerez de la mémoire et, par la même occasion, désencombrerez votre Bureau.

La technique est universelle : choisissez Quitter *[nom du programme]* dans le menu Fichier ou enfoncez les touches Commande + Q. Vous pouvez aussi agir depuis le Dock : clic secondaire sur l'icône du programme, puis validation de la commande Quitter (Figure 6.15).

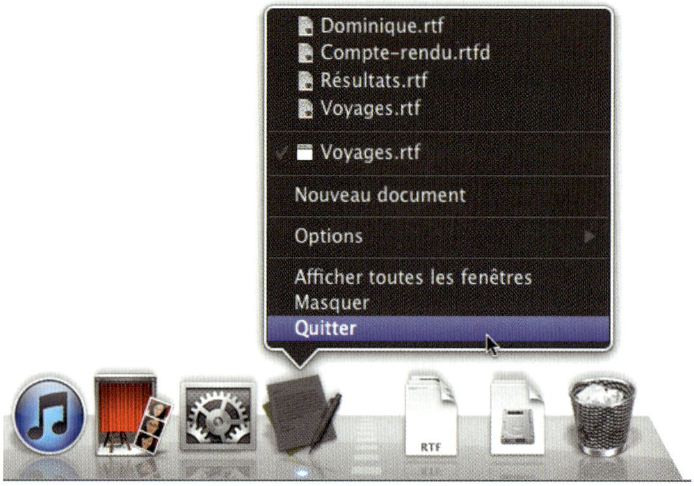

Figure 6.15 : Le Dock sert à tout !

Le programme s'éclipse poliment. Qu'il est bien élevé !

Une reprise dans de bonnes conditions

Imaginons qu'une tâche vous amène à travailler sur deux documents Pages simultanément, par exemple, votre biographie d'un côté et, de l'autre, un pense-bête dans lequel vous notez vos idées avant qu'elles ne prennent forme.

Par le passé, quand vous quittiez le programme, tous les documents qui y étaient ouverts se retrouvaient fermés, que vous le vouliez ou non.

Désormais, ce n'est plus le cas. Vous videz les lieux mais, au prochain lancement du programme, celui-ci aura le bon goût de vous proposer les documents qui y étaient ouverts lors de sa mise hors service, taille et position des fenêtres comprises. Le pied !

Si cette fonctionnalité ne vous agrée pas (ça pourrait vous agacer, par exemple, de retrouver à l'ouverture de Safari tous les sites que vous aviez laissés ouverts en partant), vous pouvez désactiver la fonction soit de manière générale (en décochant l'option Restaurer les fenêtres à la fermeture et la réouverture d'apps de la fenêtre Général des préférences Système), soit de manière ponctuelle (en enfonçant la touche Option tandis que vous déroulez le menu du programme afin que la commande classique intitulée Quitter devienne Quitter et fermer toutes les fenêtres).

Chapitre 7

Des documents rien qu'à vous

Dans ce chapitre :

- Comprendre de quoi il retourne.
- Créer.
- Maîtriser les techniques de base.
- Enregistrer.
- Ouvrir.
- Imprimer.
- Fermer
- Supprimer.
- Déplacer.
- Dupliquer.
- Renommer.
- Retrouver.
- Graver.

Comme vous le savez depuis le chapitre précédent, les programmes sont les outils qui vous permettent d'être productive. Le travail que vous produisez grâce à eux est stocké dans un fichier de données ou *document*.

Comprendre de quoi il retourne

Chaque programme produit son type de document bien à lui, identifié par une icône particulière. Ainsi, avec un peu d'entraînement, vous reconnaîtrez, sans ambiguïté, un document Microsoft Word, un document Numbers, une image ou un morceau de musique (Figure 7.1).

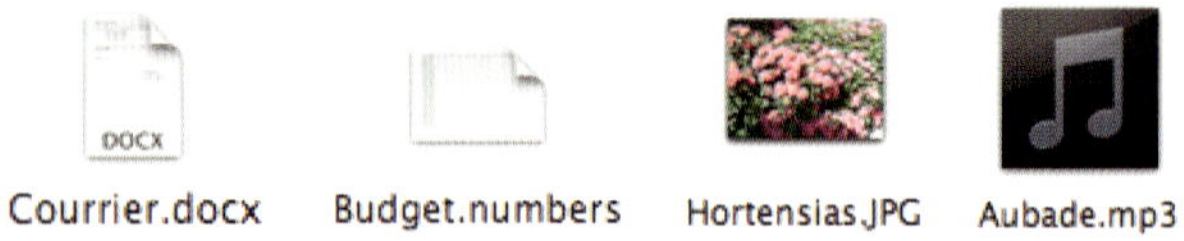

Figure 7.1 : Un texte Word, une feuille de calcul Numbers, une image bucolique et un air de musique.

Connaître les attributs

Voyons cela en détail. En fait, chaque document possède cinq attributs :

- **Un type** : À chaque programme correspond un type de document.
- **Une icône** : À chaque type de document est associée une icône.
- **Un nom** : C'est l'identifiant que vous donnez au document lorsque vous l'enregistrez pour la première fois.

  Au nom que vous donnez au document s'ajoutent automatiquement un point et une suite de caractères (généralement trois), qui constituent ce qu'on appelle l'*extension*. Il s'agit là d'une sorte de code d'identification que le programme source génère spontanément pour que Lion sache à quel type de document il a affaire, quel programme a servi à le créer et quelle icône il convient de lui associer. Les documents Word, par exemple, portent l'extension .DOCX, les documents Excel .XLSX. Ces extensions sont *a priori* masquées ; voyez l'encadré suivant pour savoir comment les afficher.

- **Une taille** : Chaque document a une taille physique. Exprimée en kilooctets (Ko), elle renseigne sur la place que le document occupe sur le disque dur. Certains fichiers sont minuscules (à peine quelques Ko) ; d'autres sont gigantesques (plusieurs mégaoctets).
- **Une date et une heure** : Le système d'exploitation enregistre systématiquement la date et l'heure auxquelles chaque document est créé. C'est ce qu'on appelle *la date et l'heure de création*. S'il vous arrive, par la suite, de modifier le document, Lion mémorisera deux nouvelles infos, *la date et l'heure de modification*.

Afficher les informations

Vous souhaitez tout savoir d'un document ? Affichez donc ses propriétés :

1. **Sélectionnez le document en question.**

2. **Choisissez Fichier/Lire les informations ou enfoncez les touches Commande + I.**

   La fenêtre Infos sur *[nom du document]* s'ouvre. C'est sa rubrique Général qui nous intéresse (Figure 7.2).

3. **Prenez connaissance des infos qui vous sont fournies, notamment : type, taille, endroit où le document est stocké, date de création et date de modification.**

4. **Fermez la fenêtre.**

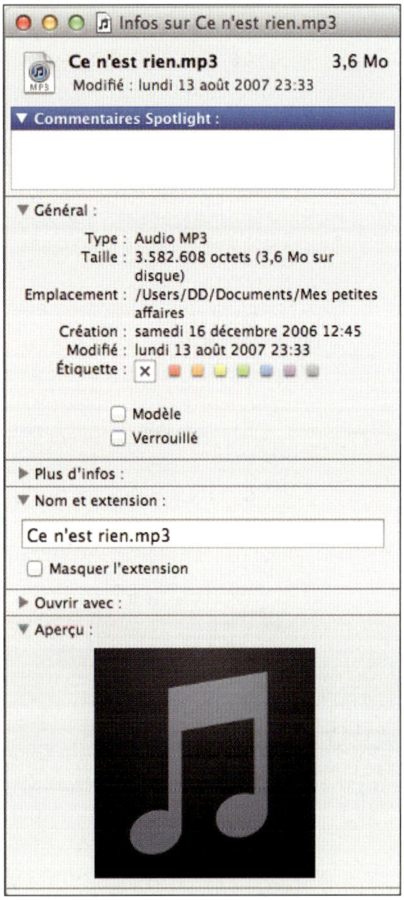

Figure 7.2 : On en apprend de belles !

Extensions… gaaarde à vous !

Par défaut, Lion masque les extensions. Mais si vous préférez les afficher, qu'à cela ne tienne !

Vous pouvez agir de manière ponctuelle (pour traiter un ou plusieurs fichiers) ou de manière radicale (pour faire en sorte que toutes les extensions soient systématiquement visibles).

- **Dans le premier cas** : Sélectionnez le document à traiter, puis appelez les informations *via* la commande Lire les informations du menu Fichier ou *via* la combinaison de touches Commande + I.

  Pour traiter plusieurs documents à la fois, commencez par les sélectionner, puis appelez les infos *via* la combinaison de touches Commande + Option + I.

  Ensuite, désactivez l'option Masquer l'extension de la rubrique Nom et extension.

  Le changement est immédiat et… visible !

- **Dans le second cas** : Choisissez Finder/Préférences, puis activez l'onglet Options avancées et cochez la première option de la série, celle qui s'intitule Afficher toutes les extensions de fichier.

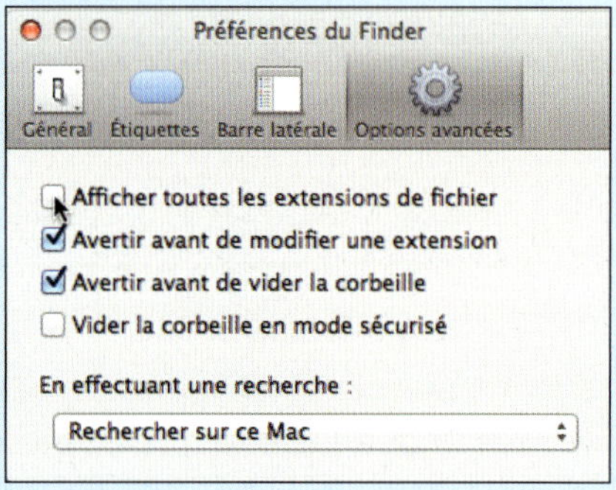

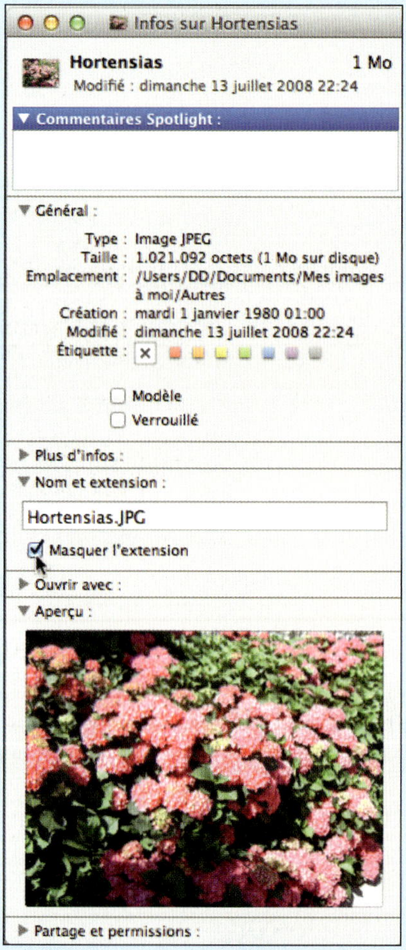

Certaines utilisatrices estiment perturbante la présence des extensions et trouvent fort commode qu'elles soient masquées. D'autres préfèrent les afficher, appréciant l'aide à l'identification qu'elles fournissent. Faites-vous votre propre religion en la matière.

Créer

Ce sont les programmes qui créent les documents, pas vous.

La plupart d'entre eux génèrent spontanément un nouveau document chaque fois que vous les mettez en service. Si le document ainsi créé ne vous suffit pas, libre à vous d'en créer un ou plusieurs autres.

En général, la procédure est élémentaire : elle se borne à valider la commande Nouveau du menu Fichier.

- Choisissez Fichier/Nouveau.

  OU :

- Enfoncez les touches Commande + N.

  OU :

- Activez l'icône Nouveau de la barre d'outils si elle en propose une.

Une fois le document vierge créé, il ne vous reste qu'à y mener les tâches pour lesquelles le programme est prévu : faire votre courrier dans votre programme de traitement de texte (Chapitre 10), gérer votre budget dans votre tableur (Chapitre 11), *etc.*

Maîtriser les techniques de base

Trois techniques sont incontournables : celles qui réalisent des sélections, celles qui font du couper/copier-coller et celle, enfin, qui vous permet d'annuler une action. Maîtrisez-les avant d'aller plus loin.

Sélectionner

Les techniques (quasi) universelles :

- **Pour sélectionner un mot** : Cliquez deux fois dans le mot.
- **Pour sélectionner un paragraphe** : Cliquez trois fois dans le paragraphe.
- **Pour sélectionner une portion quelconque** : Opérez par cliquer-glisser ou par Majuscule + clic.

  Par cliquer-glisser : Cliquez à gauche du premier caractère et maintenez enfoncé, puis faites glisser jusqu'au dernier.

Par Majuscule + clic : Cliquez à gauche du premier caractère, relâchez, puis Majuscule + cliquez à droite du dernier.

- **Pour sélectionner des éléments non adjacents (sélections discontinues)** : Dans certains programmes, comme le Finder, il est possible, *via* la touche Commande, d'opérer des sélections discontinues, comme des icônes distantes les unes des autres (Figure 7.3) ou le premier et le cinquième élément d'une liste, par exemple.

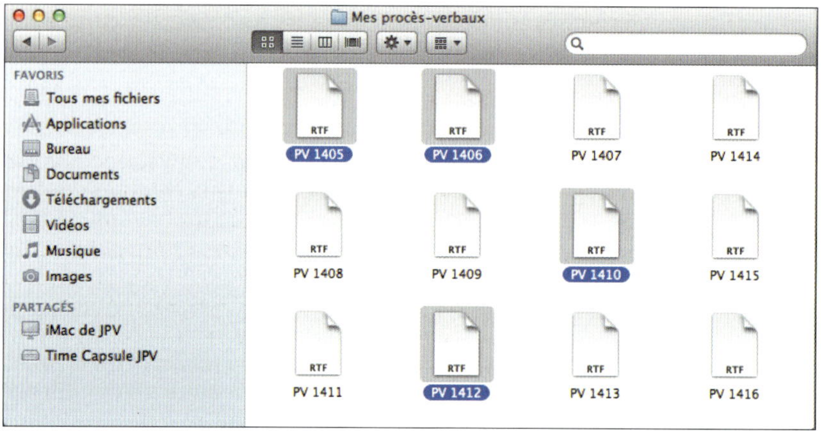

Figure 7.3 : Un exemple de sélection discontinue.

1. Opérez la première sélection.
2. Si nécessaire, déplacez-vous.
3. Enfoncez la touche Commande et maintenez-la dans cette position.
4. Opérez la deuxième sélection.
5. Répétez l'opération autant de fois que nécessaire.
6. Relâchez la touche Commande.

- **Pour sélectionner une image** : Cliquez dessus.

Couper, copier et coller

Ces trois opérations sont aussi universelles qu'incontournables. Tous les programmes – absolument tous – les implémentent. Le principe : couper (supprimer) ou copier (laisser l'original en place et en prendre une copie) un élément à un endroit et le coller (l'introduire) à un autre.

Et ça marche :

- **Dans un même document** : Par exemple, dans un document de traitement de texte, pour déplacer un paragraphe d'une page à une autre.
- **Entre deux documents du même programme** : Par exemple, dans un document de traitement de texte, pour déplacer un paragraphe d'un document à un autre.
- **Entre deux programmes** : Par exemple, pour copier une image dans un programme graphique afin de la coller sur un carton d'invitation préparé dans un programme de traitement de texte. Ou pour copier une adresse Internet intéressante depuis la fenêtre d'un navigateur afin de la coller dans un courrier électronique, d'où vous pourrez la communiquer à vos copines.

En fait, ce que vous coupez ou copiez est provisoirement stocké dans une mémoire particulière appelée *Presse-papiers*. Attention : cette mémoire est volatile : son contenu n'est préservé que tant que vous n'éteignez pas l'ordinateur. De plus, dans ce Presse-papiers, un clou chasse l'autre. C'est-à-dire que les éléments qui s'y trouvent y restent tant que vous ne coupez pas ou ne copiez pas autre chose. C'est moins paralysant qu'il n'y paraît et, pour peu que vous vous familiarisiez avec ces techniques, vous comprendrez très vite à quel point elles sont fondamentales pour le travail dans les applications.

La technique est simple :

1. **Sélectionnez ce que vous voulez couper ou copier.**

   Les techniques de sélection de texte sont décrites au Chapitre 10, à la section « Apprendre à sélectionner ».

2. **Pour couper, choisissez Édition/Couper ou enfoncez les touches Commande + X, ou encore opérez un clic secondaire sur la sélection et choisissez Couper dans le menu contextuel.**

   Pour copier, choisissez Édition/Copier ou enfoncez les touches Commande + C, ou encore opérez un clic secondaire sur la sélection et choisissez Copier dans le menu contextuel.

3. **Rendez-vous à l'endroit où le collage doit avoir lieu.**

   Comme nous vous l'avons expliqué, il peut s'agir du même document ou d'un autre, issu du même programme ou d'un autre.

4. **Cliquez à l'endroit où le collage doit avoir lieu.**

   TRUC

   Vous pouvez aussi réaliser une sélection ; dans ce cas, l'élément collé se substituera à elle.

5. **Choisissez Édition/Coller ou enfoncez les touches Commande + V, ou encore opérez un clic secondaire sur la sélection et choisissez Coller dans le menu contextuel.**

   Le contenu du Presse-papiers est préservé tant que vous coupez ou ne copiez pas autre chose. Vous pouvez donc coller son contenu ailleurs autant de fois que vous le désirez.

Annuler

Aussi universelle que les trois précédentes, la commande Annuler vous permet d'annuler votre dernière action en date.

Vous la trouverez dans le haut du menu Édition, associée à la combinaison de touches Commande + Z.

La deuxième commande de ce menu est, quant à elle, intitulée Rétablir (Commande + Y). Sa mission : annuler Annuler !

Certains programmes proposent même un Annuler cumulatif. En clair, cela signifie que vous pouvez remonter le temps à coup d'annulations successives ! Ainsi, dans Pages et dans Numbers, vous pouvez annuler toutes les actions que vous avez entreprises depuis l'ouverture du document ou depuis son dernier enregistrement. Génial, non ?

Enregistrer

Dans le premier chapitre de cet ouvrage, nous vous avons expliqué la différence entre la mémoire temporaire de l'ordinateur, la RAM, et sa mémoire de masse, le disque dur. Vous vous souvenez ?

Quand vous composez un document, tout est en RAM, donc volatil, tant que vous n'immortalisez pas votre travail en le copiant sur le disque dur. C'est précisément à ça que sert la commande Enregistrer. N'hésitez pas à enregistrer très tôt votre document. À la limite, commencez par ça. Par la suite, vous n'aurez plus à vous préoccuper de la question puisque Lion est équipé d'une sauvegarde automatique, bien pratique en cas de mauvaise manip ou de plantage.

Enregistrer pour la première fois

Certes, le look et les options de la fenêtre d'enregistrement peuvent varier d'un programme à l'autre. Mais, fondamentalement, les commandes de base se retrouvent partout et s'implémentent toujours de manière identique. Nous prendrons, comme exemple, la fenêtre d'enregistrement du programme TextEdit, le petit traitement de texte livré avec Lion. Celle des autres programmes que vous serez amenée à utiliser ne devrait pas vous désorienter.

- Choisissez Fichier/Enregistrer.

  OU :

- Enfoncez les touches Commande + S.

La fenêtre Enregistrer sous s'affiche (Figure 7.4). Son contenu peut, nous l'avons dit, différer d'un programme à l'autre (ici, TextEdit), mais, dans tous les cas de figure, elle attend deux choses de vous : que vous donniez au document un nom et une destination. Quand ce sera chose faite, il ne vous restera qu'à cliquer sur Enregistrer pour mettre définitivement votre document en lieu sûr. Nous détaillons ces actions dans les sections suivantes.

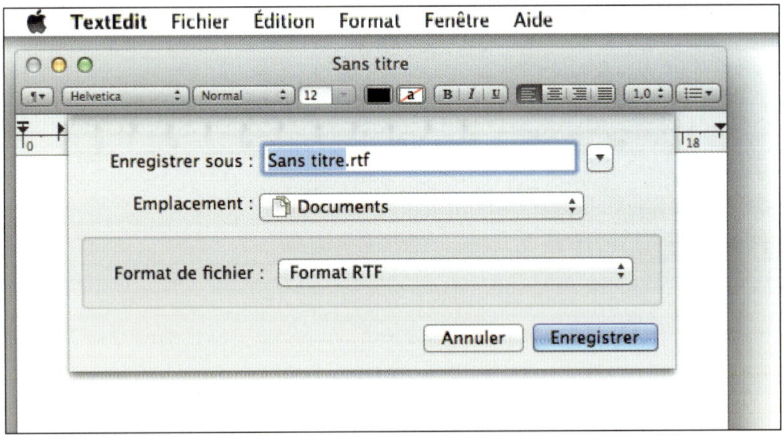

Figure 7.4 : À vous de jouer !

TRUC

Après avoir ainsi licencié la fenêtre d'enregistrement, celle du document redeviendra active et le nom que vous lui aurez donné s'affichera dans sa barre de titre, en lieu et place du nom générique qui l'occupait jusqu'ici.

Donner un nom

C'est évidemment dans la case *Enregistrer sous* que Lion attend que vous vous exprimiez. Il y a d'ores et déjà sélectionné le nom générique *Sans titre*. Vous n'avez donc plus qu'à taper le vrai nom que vous voulez donner au fichier.

Tâchez d'être tout à la fois explicite et concise. Baptiser un document *Lettre* n'est pas une bonne idée. L'appeler *Voyage d'été en Normandie avec les enfants de Clara* non plus. Le premier n'est pas explicite. Le second n'est pas concis.

TRUC

Autre raison d'éviter les intitulés à rallonge : le système d'exploitation, même s'il les mémorise, n'arrive pas à les afficher en entier.

Côté caractères, vous pouvez utiliser tous les caractères alphanumériques classiques, c'est-à-dire toutes les lettres et tous les chiffres, ainsi que des espaces. Employez aussi indifféremment minuscules et majuscules.

Donner une destination

Ici, c'est le menu local *Emplacement* qui nous intéresse puisqu'il vous permet de désigner l'endroit où vous voulez stocker le document en cours d'enregistrement.

Le plus souvent, Lion vous propose de l'archiver dans votre dossier Documents (ce que nous n'avons de cesse de vous encourager à faire). Vous n'avez donc rien à faire pour stocker votre document à cet endroit : il est sélectionné d'avance.

Si ce n'est pas le cas, il suffit de choisir *Documents* dans le menu local correspondant (Figure 7.5).

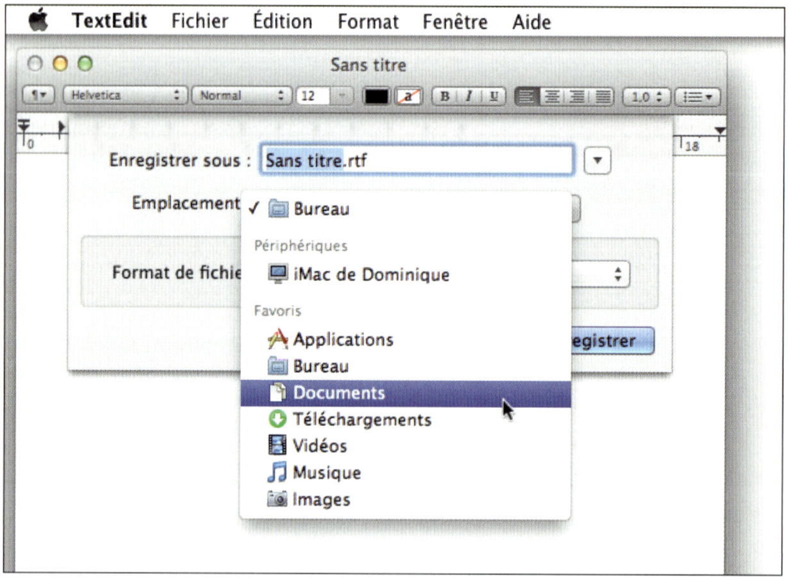

Figure 7.5 : Prenez de bonnes habitudes.

Si vous avez au préalable créé des sous-dossiers dans ce dossier Documents (Chapitre 8) et préférez entreposer le document en cours d'enregistrement dans l'un d'entre eux, accédez à l'arborescence complète de votre disque dur en développant la fenêtre d'enregistrement (Figure 7.6) : cliquez, pour ce faire, sur le petit triangle noir en haut à droite, puis gagnez le sous-dossier de votre choix.

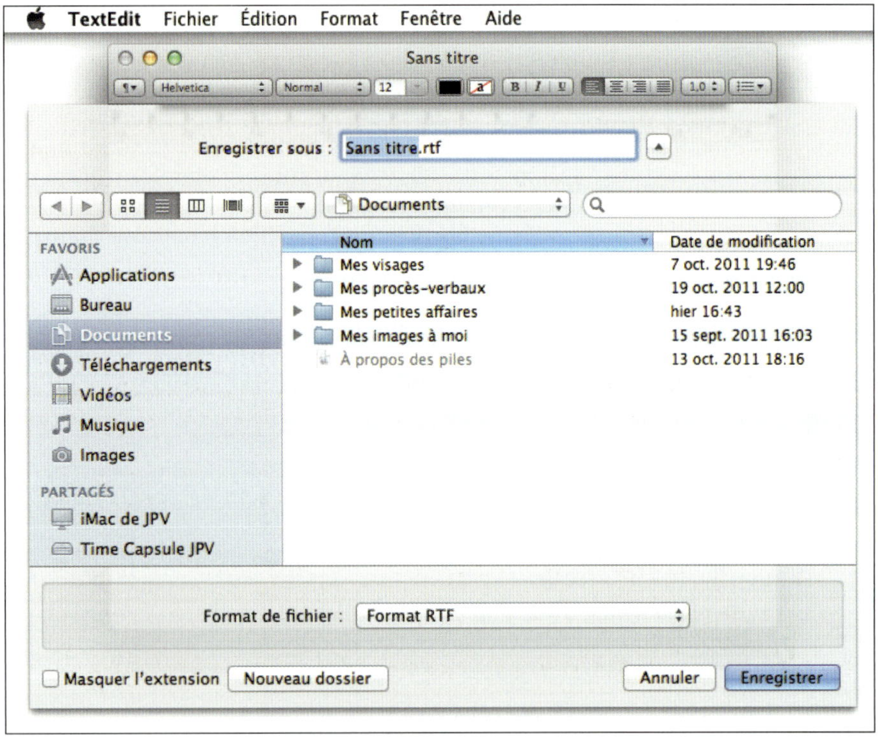

Figure 7.6 : Fastoche, l'accès aux sous-dossiers.

À ce stade, il ne vous reste plus qu'à cliquer sur Enregistrer pour immortaliser votre création.

Enregistrer les modifications : AutoSave

Après cette première sauvegarde, il y a fort à parier que vous manipulerez encore votre document, surtout si vous avez suivi notre conseil : enregistrer vos documents dès que vous venez de les créer.

Quel est le sort réservé à ces modifications ? Eh bien, il est relativement enviable puisque, contrairement à ses prédécesseurs, Lion est équipé d'une fonction AutoSave, une fonction d'enregistrement automatique qui s'exécute en arrière-plan. Grâce à elle, « *what's on your screen is what's on your disk* ». Génial, non ?

Attention : la fonction est récente et n'a pas encore pu être étendue à tous les logiciels. Comment savoir si celui que vous exploitez est capable ou non de l'implémenter ? Si le menu Fichier propose une commande Enregistrer sous, la réponse est… non ! Vous devrez alors, comme au bon vieux temps, procéder vous-même à cette sauvegarde *via* la commande Enregistrer du menu Fichier ou, plus simple, *via* son équivalent clavier, le fameux Commande + S. Vous manquez d'inspiration pendant que vous rédigez votre courrier ? Commande + S. Vous vous demandez où peut bien être passé l'argent de poche de votre petit dernier pendant que vous faites vos comptes ? Commande + S. Vous décidez d'aller vous préparer un thé citron bien chaud ? Commande + S. Laissez ce Commande + S devenir un automatisme et vous ne perdrez pratiquement jamais de données si les choses devaient tourner au vinaigre.

Ne confondez pas TimeMachine (voir Chapitre 22, section « Remettre les backups à plus tard ») et AutoSave. Le premier traite l'ensemble de vos données numériques ; le second se borne à l'évolution de votre travail sur un seul fichier à la fois.

Revenir à une version antérieure : Versions

Couplé à AutoSave, le programme Versions enregistre des *instantanés* de vos fichiers ; il le fait toutes les heures, voire à une cadence plus effrénée en cas de modifs majeures. Il le fait aussi à chaque ouverture, enregistrement ou duplication. Appelés *versions*, ces instantanés vous permettent de revenir à des versions précédentes de vos documents.

Pour éviter la pagaille que cet excès de zèle ne manquerait pas de provoquer si on n'y mettait le holà, une fonction de tri intégrée permet au programme de nettoyer ces versions enregistrées afin de faciliter la navigation.

Ainsi, les versions de chaque heure sont conservées un jour ; les versions de chaque jour sont conservées un mois ; les versions de chaque semaine sont conservées indéfiniment.

En marge de cette procédure *full* automatique qui n'est forcément pas imparable (puisque l'intervalle entre deux sauvegardes est assez long), vous pouvez enregistrer une version de votre propre initiative grâce à la commande Enregistrer une version du menu Fichier (Commande + S).

Attention : comme AutoSave, Versions est une fonctionnalité récente ; il est possible que des programmes plus anciens ne soient pas capables de l'exploiter. Vous le saurez en consultant leur menu Fichier : s'il propose un article intitulé Enregistrer une version, c'est que ça marche !

C'est bien joli tout ça, mais nous ne vous avons pas encore expliqué comment exploiter ces versions préservées.

C'est assez simple :

1. **Choisissez Fichier/Faire revenir le document à une version précédente.**

   La fenêtre des versions s'ouvre (Figure 7.7).

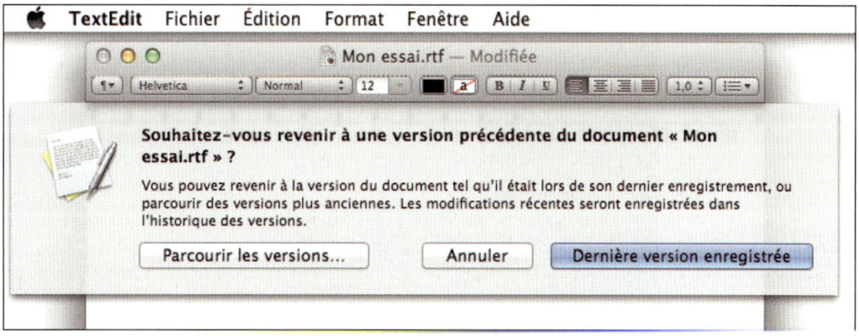

Figure 7.7 : On a compris votre intention.

2. **Réagissez :**

   - **Pour revenir à la dernière version enregistrée** : Cliquez sur Dernière version enregistrée. Aussi sec, cette dernière version en date remplace la version courante.

   - **Pour revenir à une autre version que la dernière** : Cliquez sur Parcourir les versions. Aussitôt, un environnement à la mode Time Machine vous est proposé (Figure 7.8). Fond nébuleux, chronologie en bas à droite, versions au centre : à gauche, la dernière version en date identifiée par la mention « Document actuel » ; à droite, en pile, les versions antérieures qui correspondent à autant de points de restauration, chacun estampillé par ses date et heure de création, le plus récent trônant en haut de la pile.

     Naviguez parmi ces fenêtres en cliquant sur leur barre de titre ou en utilisant la chronologie en bas à droite (Figure 7.9). Le tout est suffisamment large pour vous permettre de lire et de comparer les contenus.

     Quand vous avez identifié la version que vous souhaitez réactiver, cliquez sur Restaurer. Elle se substitue instantanément à la version courante.

   - **Pour renoncer à revenir à une ancienne version** : Cliquez sur Fermer.

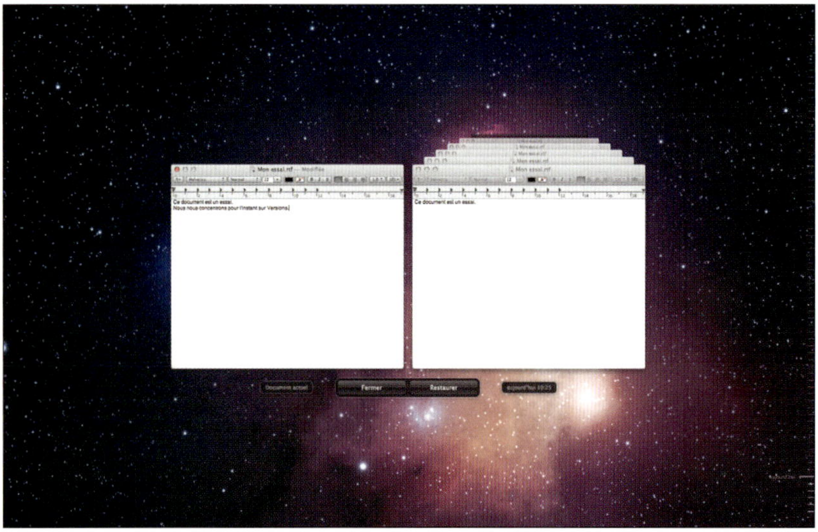

Figure 7.8 : Une vraie machine à remonter le temps.

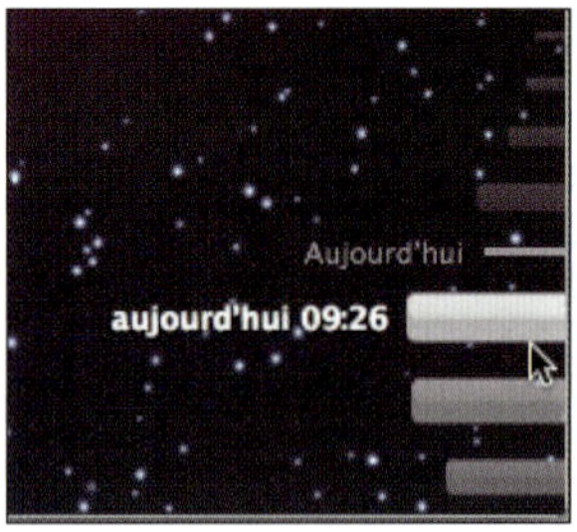

Figure 7.9 : On croirait la machine de Wells !

Pour supprimer une version de la pile, cliquez à droite de son intitulé ; un triangle déroule un menu qui ne comporte qu'une seule commande : Supprimer cette version. Le monde est décidément bien fait ! Confirmez votre intention dès qu'on vous le demande et *basta* !

Quand vous supprimez un document, toutes ses versions subissent le même sort.

Un détail qui a son importance : Mac OS X verrouille automatiquement tous les documents que vous ne manipulez pas pendant quinze jours. Pas d'affolement : il vous propose gentiment de les déverrouiller à la prochaine ouverture. Si ce n'était pas le cas, vous n'auriez qu'à cliquer à droite de la mention Verrouillé dans la barre de titre et à choisir la commande Déverrouiller du menu local.

Créer une copie

Il se pourrait, pour diverses raisons, que vous souhaitiez disposer d'un autre exemplaire de votre document.

Commencez par valider la commande Enregistrer une version du menu Fichier, puis invoquez la commande Dupliquer du même menu. Aussitôt, le programme duplique le document de base (Figure 7.10).

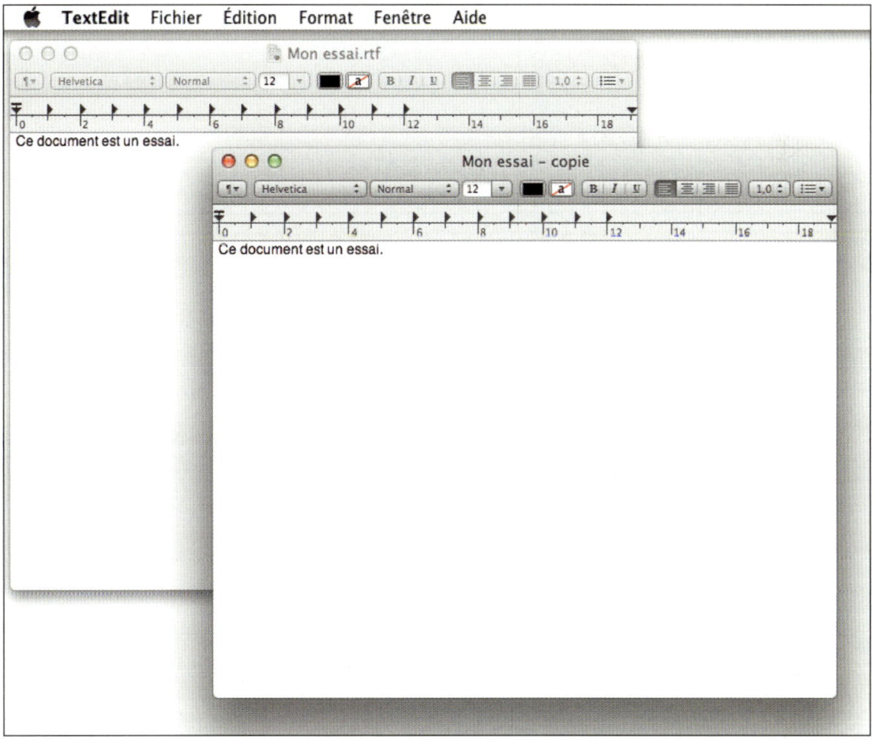

Figure 7.10 : Aussitôt dit, aussitôt fait.

À ce stade, appelez la commande Enregistrer pour attribuer à cette copie un nom et un emplacement. Si vous êtes tête en l'air, le programme vous rappellera à l'ordre au moment opportun, c'est-à-dire quand vous chercherez à fermer le document dupliqué (Figure 7.11).

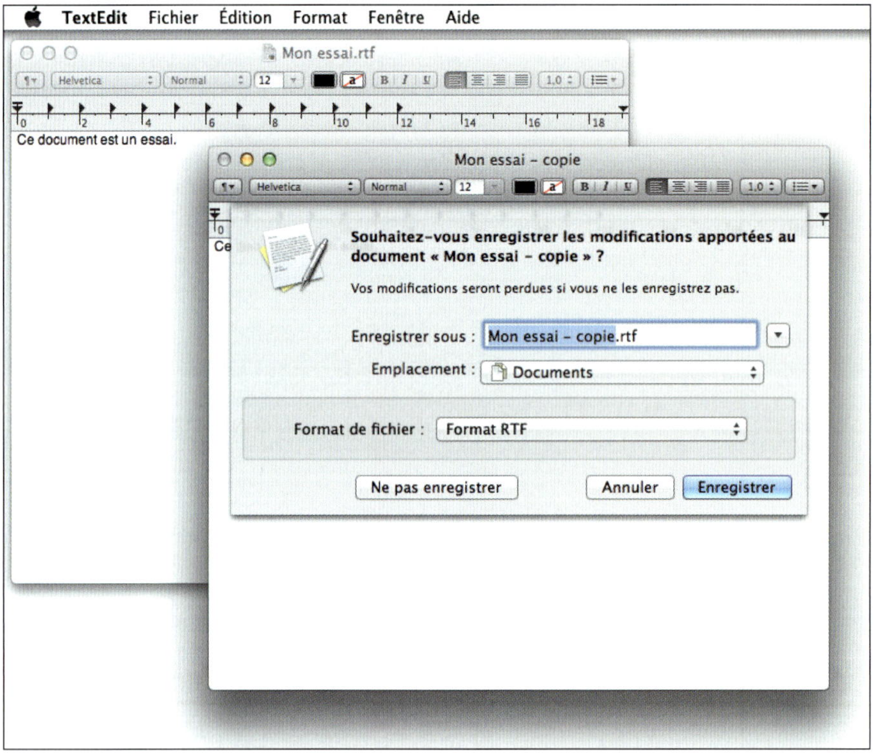

Figure 7.11 : Ah ! Heureusement que Lion pense à tout, parce que vous… !

Enregistrez et l'affaire est dans le sac !

Lion ne vous permet pas de stocker deux documents portant le même nom (et la même extension) dans le même dossier. Si vous vous entêtez, il vous rappelle à l'ordre par un message d'alerte (Figure 7.12). Si vous vous retrouvez dans cette inconfortable posture, commencez par cliquer sur Annuler, puis choisissez un autre nom ou un autre dossier, voire les deux pour éviter toute confusion !

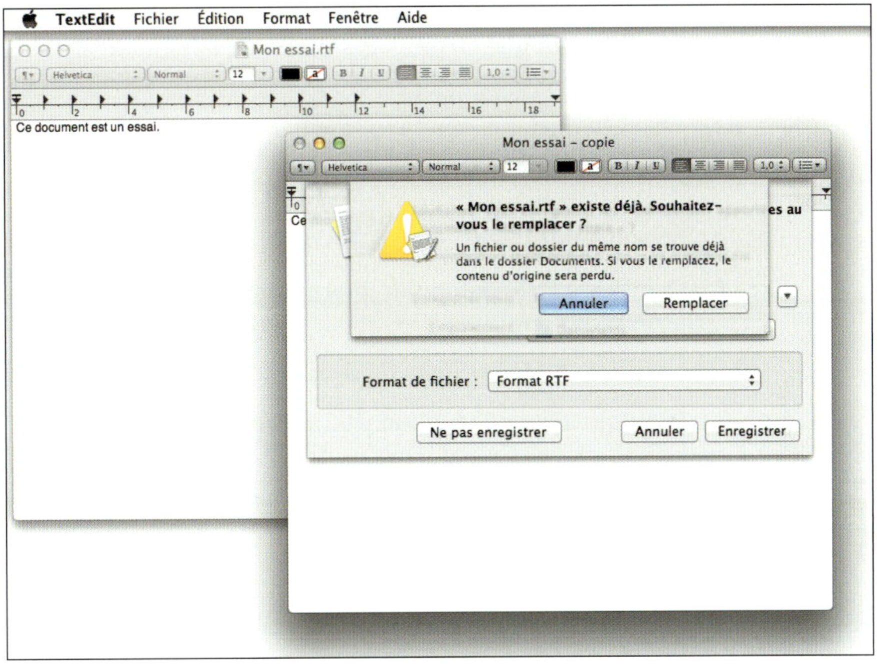

Figure 7.12 : Si vous cliquez sur Remplacer, vous écrasez l'original au profit du duplicata.

Ouvrir

Vous pouvez agir depuis le Bureau (dossier Documents, Dock ou menu Pomme) ou depuis le programme.

Depuis le dossier Documents

Ouvrir un document depuis le dossier Documents, ce n'est vraiment pas sorcier !

Si vous avez fait ce qu'on vous a dit de faire, tous vos documents sont regroupés dans ce dossier Documents et, le cas échéant, dans les sous-dossiers que vous y aurez créés (Chapitre 8). Pour accéder à ce dossier, cliquez sur le bouton Documents dans la barre latérale de n'importe quelle fenêtre Finder.

Localisez ensuite l'icône du document à traiter, puis cliquez deux fois dessus. Le programme concerné démarre et vous propose le document en fenêtre active.

C'est grâce à l'extension du document (affichée ou masquée, ça ne change rien) que Lion sait quel programme lancer. Et, en général, il lance le bon.

Si le système d'exploitation ouvre votre document dans un programme qui n'est pas le bon ou qui, pour une raison ou pour une autre, ne vous convient pas, prenez les choses en mains et demandez-lui de l'ouvrir dans un autre programme :

1. **Sélectionnez l'icône du document.**
2. **Choisissez Fichier/Lire les informations ou enfoncez les touches Commande + I.**

   La fenêtre Infos sur *[nom du document]* s'ouvre.

3. **Développez, si elle ne l'est pas, la rubrique Ouvrir avec.**

   Il suffit de cliquer sur le triangle placé à gauche de l'intitulé.

4. **Déroulez le menu local (Figure 7.13).**

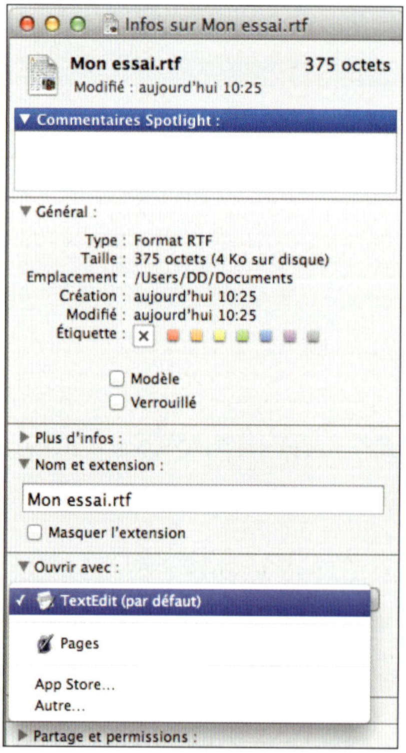

Figure 7.13 : Nous y voilà !

5. **Réagissez :**

   - **Choisissez un des programmes** recensés dans la partie centrale de ce menu (seul Pages est disponible dans notre exemple).
   - **Choisissez Autre** pour accéder à la fenêtre Choisir une application (Figure 7.14).

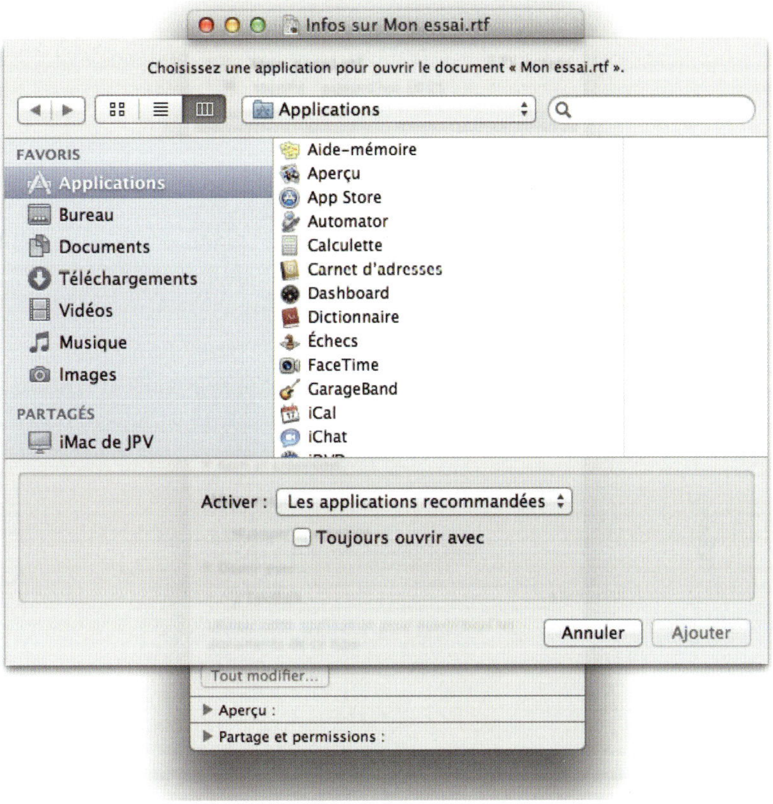

Figure 7.14 : Les programmes recommandés.

Assurez-vous que l'option Les applications recommandées est bien validée dans le menu local Activer ; sinon, validez-la. Ensuite, sélectionnez le programme auquel vous souhaitez confier l'ouverture du document, puis cliquez sur Ajouter et terminez en le sélectionnant dans le menu de la fenêtre d'infos.

Cliquez sur Tout modifier et confirmez votre intention pour que tous les documents de ce type soient automatiquement associés au programme désigné ici.

6. **Procédez à l'ouverture comme décrit plus haut.**

NOTE TECHNIQUE

De temps à autre, il arrive qu'aucun programme ne soit capable de traiter le document que vous vous entêtez à ouvrir. Essayez, dans ces cas-là, de vous faire livrer une autre copie du document enregistrée dans un format qu'une de vos applications au moins est capable d'interpréter.

Depuis le Dock

La pile Documents du Dock (placée juste à droite du séparateur) vous dévoile le contenu de ce dossier sous forme d'éventail (Figure 7.15) ou sous forme de grille selon le nombre d'éléments qu'il contient.

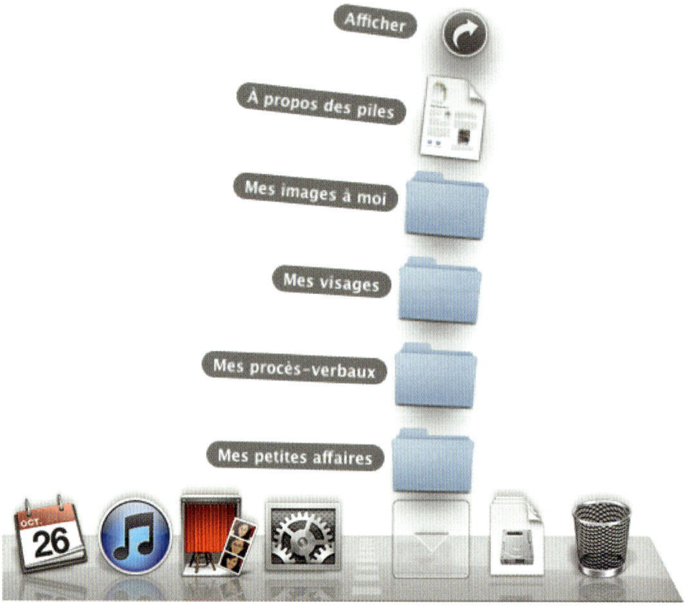

Figure 7.15 : Comme un diable hors d'une boîte.

NOTE TECHNIQUE

Vous n'êtes pas cantonnée à ce choix. Opérez un clic secondaire sur l'icône du dossier et vous pourrez remplacer l'option Automatique (en éventail si peu d'éléments et en grille si beaucoup) par Éventail (en éventail même si le nombre d'éléments est élevé), Grille (sous forme de grille même si le nombre d'éléments est réduit), ou Liste (présentation compacte qui a beaucoup pour plaire).

ATTENTION

La pile affiche toujours l'icône du dernier élément qui lui a été ajouté.

Génial, non, pour accéder au contenu de ce dossier ?

Cliquez sur la pile pour en afficher le contenu, puis sélectionnez-y le fichier à ouvrir et le tour est joué. Notez que la commande Afficher ouvre la pile en fenêtre.

TRUC

Si le fichier que vous voulez ouvrir se trouve dans un sous-dossier (Chapitre 8), choisissez ce sous-dossier dans la pile et voilà sa fenêtre qui s'ouvre. Hyper pratique.

Depuis le menu Pomme

Vous vous souvenez sans doute que la commande Éléments récents permet, grâce à sa rubrique Applications, de lancer un programme ? (Si votre mémoire vous joue des tours, retournez à la section « Lancer » du Chapitre 6.)

Mais cette commande compte un autre sous-menu qui, baptisé Documents, vous permet d'ouvrir l'un ou l'autre des derniers documents que vous avez manipulés.

Pratique puisque cette solution vous dispense de descendre en rappel dans votre dossier Documents.

ATTENTION

Pour mémoire, la commande Effacer le menu du bas de la liste en supprime toutes les entrées, histoire de repartir sur des bases saines.

Depuis le programme source

Plutôt que d'agir depuis le Bureau du Finder, vous pouvez, c'est certain, agir depuis le programme qui a servi à créer le document en question.

Commencez par lancer ce programme, puis :

- Choisissez Fichier/Ouvrir.

  OU :

- Enfoncez les touches Commande + 0.

Et voilà la fenêtre d'ouverture qui s'affiche (Figure 7.16). Une fois encore, vous constaterez peut-être quelques variantes, selon le programme en cours (TextEdit dans notre exemple).

Elle paraît plus intimidante que la fenêtre d'enregistrement, mais ne vous laissez pas bluffer. Tout ce que vous avez à faire, c'est de localiser le document qui vous intéresse, puis de cliquer sur Ouvrir.

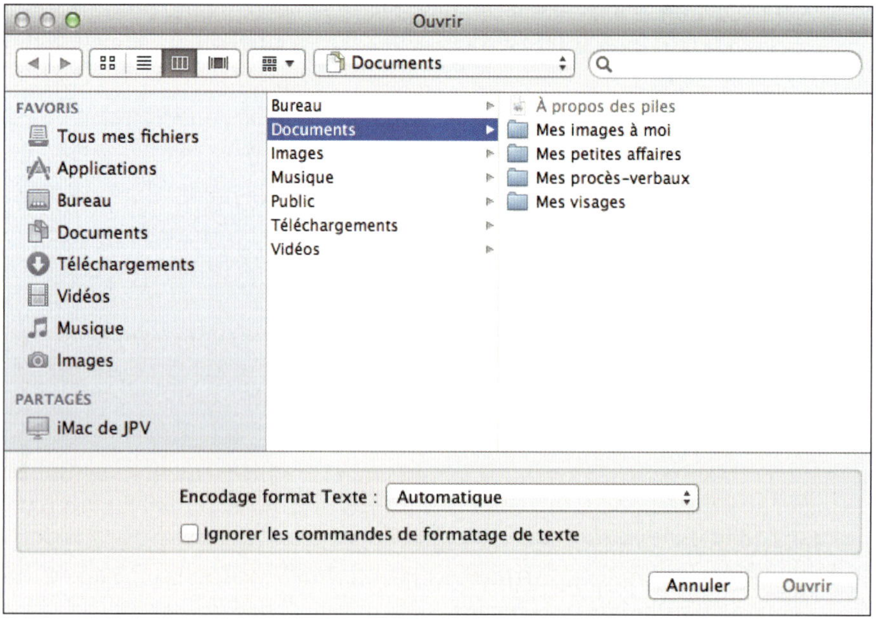

Figure 7.16 : La fenêtre d'ouverture dans toute sa splendeur.

Si vous avez suivi nos conseils, ce document se trouve dans le dossier Documents ou dans un des éventuels sous-dossiers que vous y aurez créés. Cliquez donc sur Documents dans la barre latérale pour afficher son contenu dans le volet de visualisation de la fenêtre. Si nécessaire, ouvrez un sous-dossier par double-clic jusqu'à ce qu'apparaisse le nom du document à ouvrir. Sélectionnez-le, puis cliquez sur Ouvrir.

Ne vous inquiétez pas si vous ne retrouvez pas dans la liste tous les documents que vous avez archivés à cet endroit. C'est que la fenêtre d'ouverture ne montre que ceux que le programme actif est capable d'ouvrir. Ainsi, si vous avez stocké au même endroit des documents TextEdit et des feuilles de calcul Numbers, la fenêtre d'ouverture de TextEdit *ne voit pas* les fichiers Numbers.

TRUC

Vous vous souvenez que nous avons détaillé les différentes présentations possibles des fenêtres (Chapitre 4) ? Icônes, liste, colonnes, ça vous dit encore quelque chose ? Eh bien, sachez que ces présentations sont également disponibles ici, *via* les boutons d'affichage du haut de la fenêtre.

TRUC

Notez que la plupart des programmes proposent, dans leur menu Fichier, une commande baptisée Ouvrir l'élément récent ou Ouvrir un document récent qui, à la manière du menu Pomme, vous assure un accès direct aux derniers documents que vous avez manipulés dans le programme en question.

Quick Look, pour jeter un œil sans ouvrir

Souvent, on aurait envie de jeter un œil sur le contenu d'un document, vite fait, bien fait, sans l'ouvrir pour autant. C'est justement à ça que sert *Quick Look*, en français *Coup d'œil.*

L'utilitaire est formidable puisqu'il vous permet de prévisualiser pratiquement tous vos fichiers (plus de 300 formats différents !) : textes, feuilles de calcul, PDF, images…

Y compris les fichiers audio (que vous pouvez alors écouter) et les fichiers vidéo (que vous pouvez alors regarder).

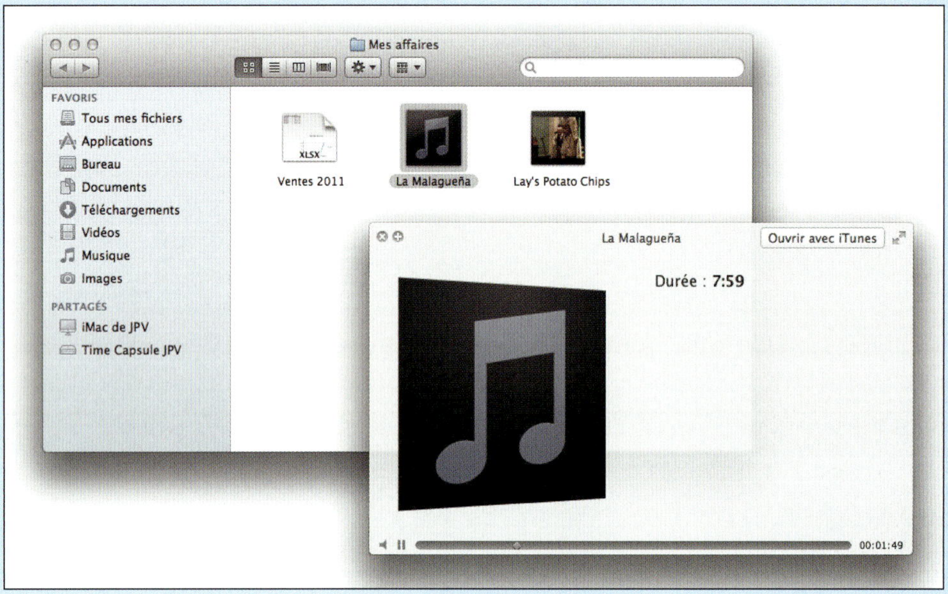
Mes affaires
FAVORIS
Tous mes fichiers
Applications
Bureau
Documents
Téléchargements
Vidéos
Musique
Images
PARTAGÉS
iMac de JPV
Time Capsule JPV
XLSX
Ventes 2011
La Malagueña
Lay's Potato Chips
La Malagueña
Ouvrir avec iTunes
Durée : 7:59
00:01:49

Mes affaires
FAVORIS
Tous mes fichiers
Applications
Bureau
Documents
Téléchargements
Vidéos
Musique
Images
PARTAGÉS
iMac de JPV
Time Capsule JPV
XLSX
Ventes 2011
La Malagueña
Lay's Potato Chips
Lay's Potato Chips
Ouvrir avec QuickTime Player
00:00:04

Et ça marche depuis n'importe quelle fenêtre Finder, voire depuis n'importe quelle fenêtre d'ouverture sollicitée depuis un programme parce que la fonction a été intégrée à tous les niveaux du système (Spotlight notamment ; voir à ce sujet la section « Retrouver » plus loin dans ce chapitre).

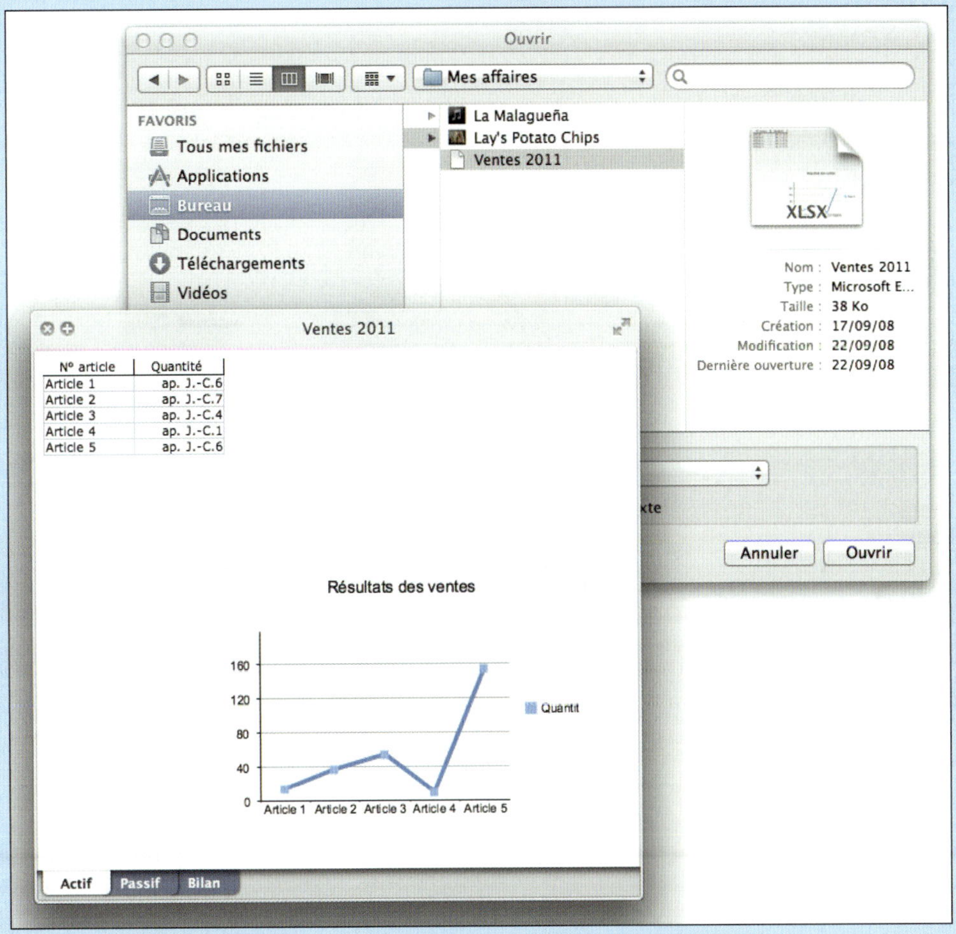

Et si le document est multipage, vous pourrez vous y promener. Le rêve !

Pour l'exploiter, sélectionnez l'icône du document à consulter, puis choisissez Coup d'œil sur *[nom du document]* dans le menu Fichier ou dans le menu Action ou, plus simplement, enfoncez la barre d'espacement. La combinaison de touches Commande + Y fonctionne aussi.

Vous pouvez sélectionner plusieurs documents avant de solliciter Quick Look ; dans ce cas, deux flèches vous permettront, depuis la barre d'outils du programme, de naviguer parmi ces fichiers. De plus, un index de miniatures (à droite des flèches) vous permettra d'accéder directement à l'un ou l'autre document de votre sélection.

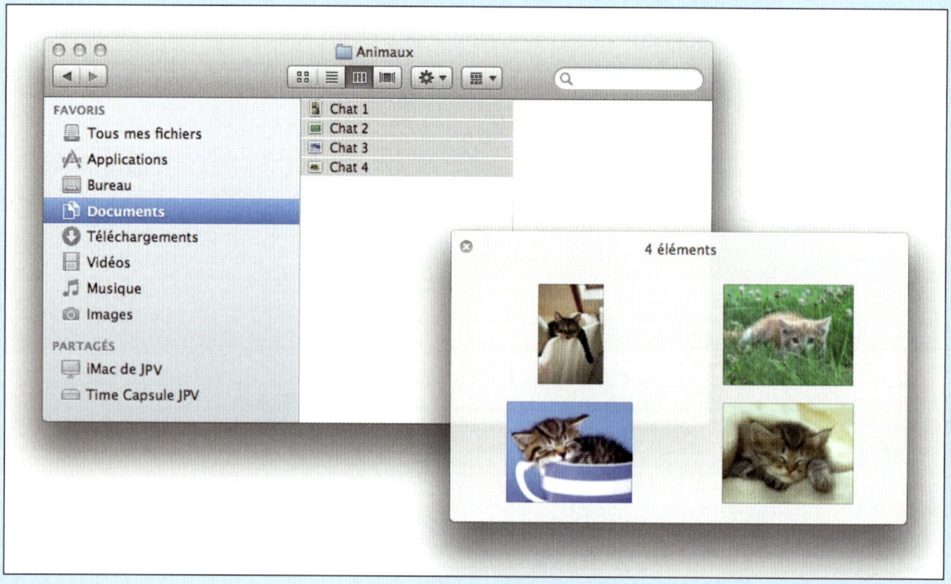

Un bouton Plein écran vous autorise à activer le mode du même nom ; un bouton Ouvrir avec permet d'ouvrir le document sélectionné dans le programme le plus approprié sans quitter l'aperçu.

Pour fermer la fenêtre, cliquez dans sa case de fermeture, ou enfoncez les touches Commande + Y ou la barre d'espacement, ou encore validez la commande Fermer le coup d'œil du même menu Fichier ou Action.

Imprimer

Nous y voilà enfin. Enfin… presque ! Quelques dernières opérations s'imposent encore ; soyez patiente !

Installer et configurer l'imprimante

Dès qu'une imprimante est connectée au Mac, celui-ci cherche à l'installer automatiquement. Y parvient-il ? Vous le saurez en ouvrant la préférence Système Imprimantes et scanners (Figure 7.17).

1. **Choisissez Pomme/Préférences Système ou activez l'icône correspondante du Dock.**

   La fenêtre de Préférences Système s'ouvre.

2. **Dans la rubrique Matériel, cliquez sur Imprimantes et scanners.**

   La fenêtre Imprimantes et scanners s'ouvre (Figure 7.17). Si votre imprimante y figure, c'est que Mac OS X s'en est sorti tout seul. Sinon, il va vous falloir intervenir manuellement.

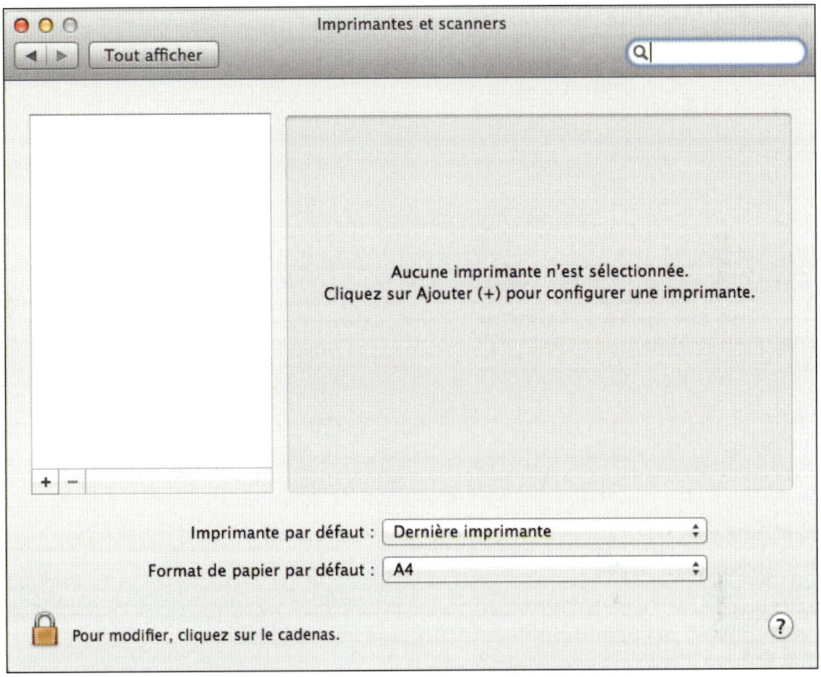

Figure 7.17 : Aucune imprimante n'est reprise dans la liste. Mince alors !

Allez, un bon mouvement !

1. **Si le cadenas en bas à gauche est fermé, commencez par cliquer dessus pour l'ouvrir. Fournissez ensuite votre clé d'accès dans la fenêtre qui vous le demande, puis licenciez-la en cliquant sur Déverrouiller.**

2. **Cliquez sur le signe + placé sous la liste de gauche.**

3. **Dans le menu local que ce clic déroule, choisissez Ajouter une autre imprimante ou un scanner.**

   La fenêtre Ajouter une imprimante s'ouvre (Figure 7.18).

4. **Dans la liste Nom de l'imprimante, sélectionnez votre imprimante.**

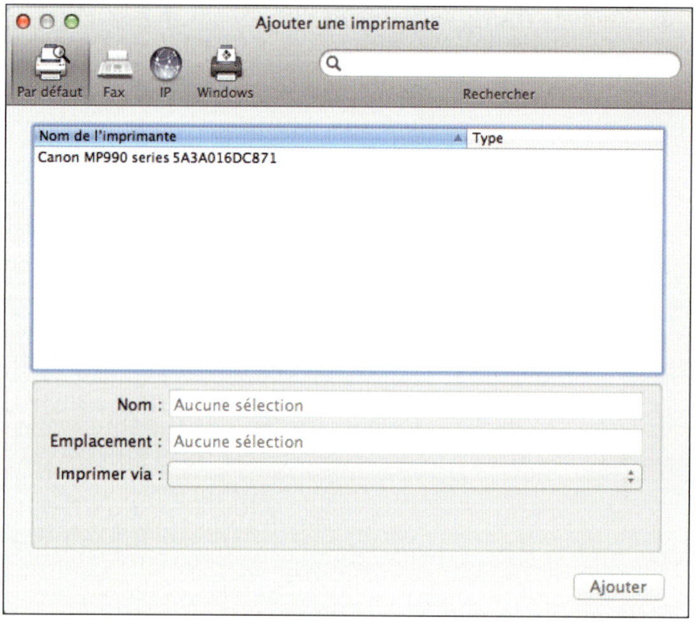

Figure 7.18 : Voilà qui s'annonce bien.

5. **Cliquez sur Ajouter.**

Si un message vous propose d'installer les éventuels logiciels manquants, acceptez la proposition.

Désormais, votre imprimante est prête, comme en témoigne la fenêtre correspondante (Figure 7.19).

6. **Sélectionnez cette imprimante dans le menu local Imprimante par défaut pour vous éviter de devoir la sélectionner dans toutes les fenêtres d'impression que vous solliciterez par la suite.**

7. **Fermez la fenêtre en cliquant dans sa case de fermeture.**

Choisir la taille, l'orientation et l'échelle

Ces trois choix sont fondamentaux puisqu'ils déterminent directement l'aspect de la page imprimée. Vous les réglerez dans une fenêtre particulière (celle de TextEdit dans l'exemple de la Figure 7.20), à laquelle vous accéderez *via* la commande du menu Fichier intitulée Format d'impression ou Mise en page selon les programmes.

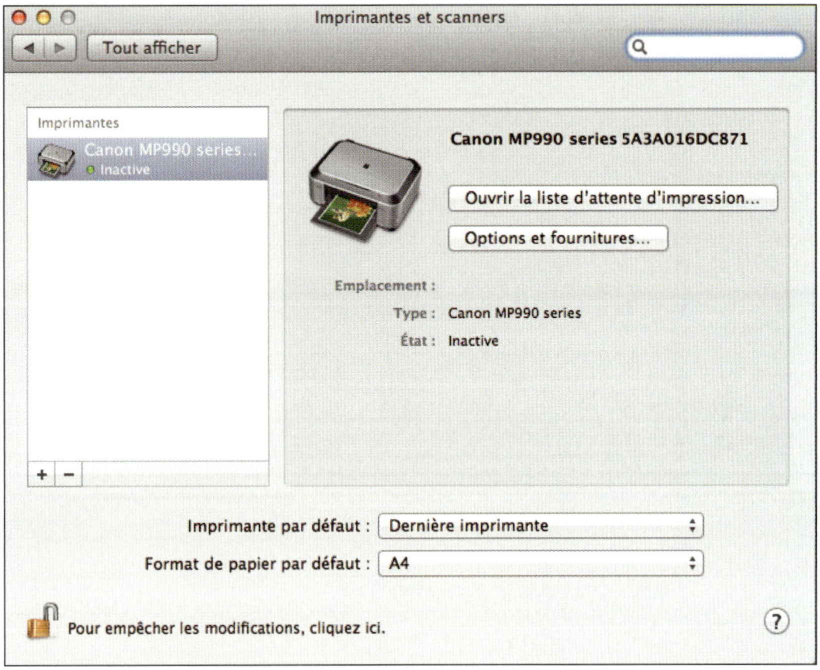

Figure 7.19 : Nous y voilà !

Utilisez les menus locaux Taille du papier, Orientation et Échelle pour fixer ces trois paramètres :

- **Taille du papier** : Le format européen classique est le format A4. Mais d'autres formats sont disponibles, comme les formats spéciaux Carte postale ou Enveloppe. Vous avez même la possibilité de définir un format 100 % personnalisé.
- **Orientation** : Vous pouvez imprimer dans le sens de la largeur du papier (orientation Portrait ou à la française) ou dans le sens de sa hauteur (orientation Paysage ou à l'italienne). Pour faire votre choix, cliquez sur Préférences, puis, dans la fenêtre Options d'impression, choisissez Portrait ou Paysage dans le menu local Orientation. Cliquez sur OK pour regagner la fenêtre Imprimer.
- **Échelle** : N'hésitez pas, si le besoin s'en fait sentir, à définir un taux de réduction ou d'agrandissement, exprimé en pourcentage.

Quand vous avez terminé, validez vos choix en cliquant sur OK.

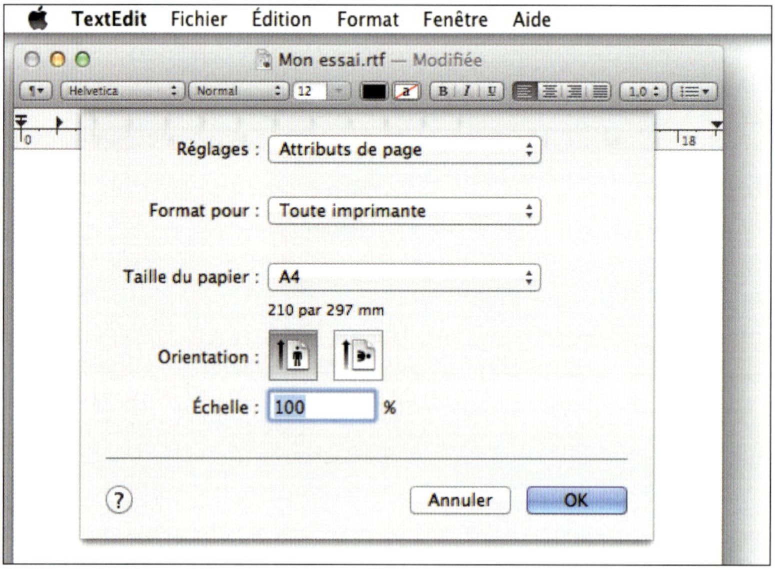

Figure 7.20 : Étape incontournable.

Prévisualiser

Vous piaffez d'impatience ? Ne nous emballons pas. Une bonne habitude à prendre avant de faire bonne impression : prévisualiser.

Kèsako ? *Prévisualiser*, c'est activer un mode d'affichage particulier (disponible dans presque tous les logiciels) qui vous permet de voir à quoi ressemblera exactement le document imprimé. L'occasion de vous rendre compte que quelques réglages supplémentaires sont indispensables et, partant, d'épargner les forêts canadiennes. Allez, un bon mouvement !

NOTE TECHNIQUE

Certes, Lion est WYSIWYG, c'est-à-dire *What you see is what you get*, en français *Tel écran, tel écrit*. En clair, cela signifie que le document imprimé est normalement conforme au document affiché. Le mode Aperçu avant impression reste malgré tout plus précis que le mode d'affichage standard, car il prend en compte tous les paramètres d'impression.

1. **Si le document à imprimer n'est pas ouvert, ouvrez-le.**
2. **Choisissez Fichier/Aperçu avant impression.**

   Le mode Aperçu avant impression s'active (dans notre exemple, celui de Microsoft Word, à la Figure 7.21).

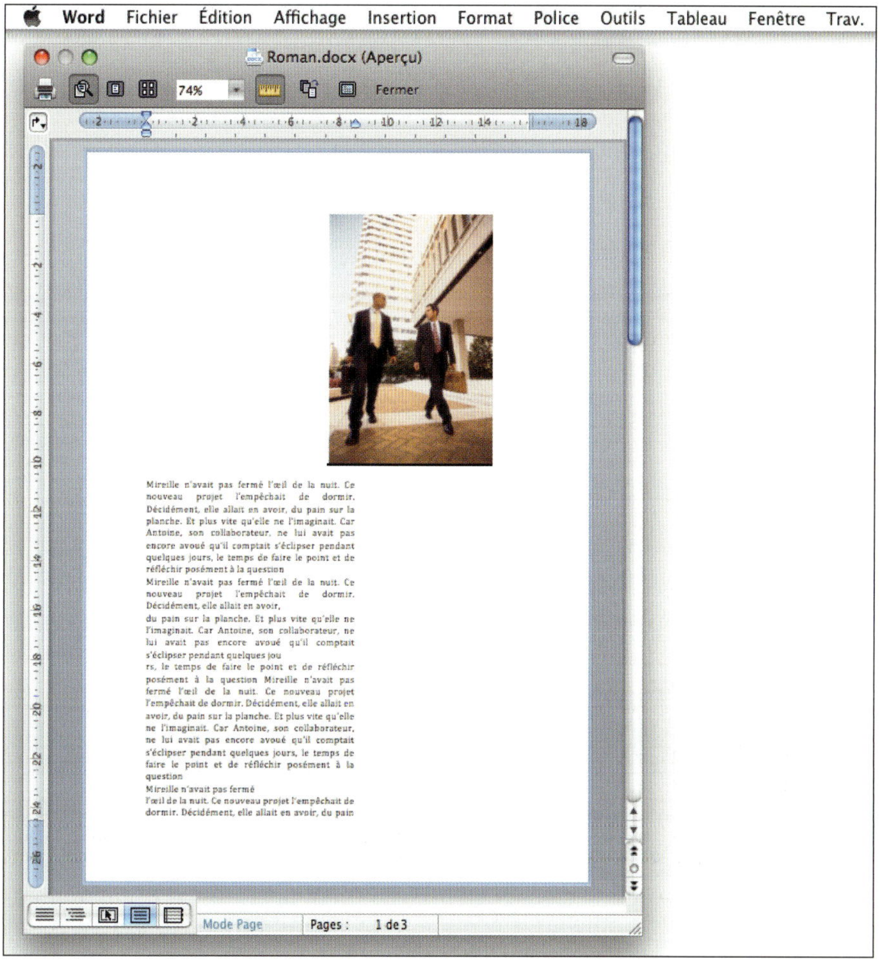

Figure 7.21 : Sus aux bûcherons !

Les outils classiques du mode Aperçu sont la loupe, le zoom (avant et arrière) et les flèches de navigation (Précédente et Suivante). Exploitez-les sans modération. Quand vous avez terminé, cliquez dans la case de fermeture de la fenêtre pour regagner le mode d'affichage standard ou lancez directement l'impression grâce au bouton *ad hoc*.

TRUC

Si la commande n'est pas disponible, c'est peut-être que l'aperçu s'affiche dans la fenêtre d'impression, comme c'est le cas de TextEdit ou de Pages. Vous ne perdez donc rien pour attendre !

Allumer l'imprimante

Depuis le Chapitre 2, votre imprimante est branchée. S'il s'agit d'un modèle USB – ce que nous prendrons pour acquis –, Lion la reconnaît et la configure automatiquement. C'est une bonne chose !

Pour imprimer, la première étape consiste à allumer l'imprimante.

Comme le Mac, ce périphérique peut rester allumé en permanence. Non utilisé, il bascule spontanément en mode *économie d'énergie* et n'alourdit donc pas votre note d'électricité. Il est malgré tout conseillé de l'éteindre après chaque utilisation si vous ne l'employez que de temps en temps, surtout que la chaleur que l'appareil dégage a une fâcheuse tendance à dessécher l'encre des cartouches et à réduire ainsi leur durée de vie.

Lancer l'impression

Il est temps, à ce stade, de signaler clairement votre intention d'imprimer. Une fois encore, plusieurs techniques existent ; retenons la plus évidente.

- Choisissez Fichier/Imprimer.

  OU :

- Enfoncez les touches Commande + P.

Qu'elle est belle, la fenêtre d'impression (Figure 7.22) ! Il s'agit, de nouveau dans notre exemple, du programme TextEdit. D'autres logiciels proposent davantage d'options mais, une fois encore, nous nous concentrons sur les réglages strictement indispensables.

Le bouton Afficher les détails vous donne accès à davantage d'options.

Si vous ne possédez qu'une seule imprimante et que vous l'avez érigée en dispositif par défaut, son nom est déjà sélectionné dans la liste baptisée, fort à propos, Imprimante. Sinon, sélectionnez-la.

Tout ce qu'on attend de vous, c'est quelques précisions, après quoi vous n'aurez plus qu'à lancer la procédure en cliquant sur Imprimer.

- **Copies** : Spécifiez, dans la case correspondante, le nombre d'exemplaires souhaités.
- **Triées** : Si le document comporte plusieurs pages et que vous en demandez plusieurs exemplaires, soit l'imprimante imprime d'abord toutes les pages 1, puis toutes les pages 2, et ainsi de suite ; c'est le cas quand l'option Triées n'est pas cochée. Sinon, elle traite toutes les pages du premier exemplaire, puis toutes celles du deuxième, *etc.*

- **Pages** : Dans cette rubrique, plusieurs possibilités vous sont offertes :
  - **Toutes** : Pour imprimer toutes les pages du document courant.
  - **Une seule** : Pour imprimer une seule page dont vous définirez le numéro dans la case d'édition voisine.
  - **Intervalle** : Pour imprimer une série de pages dont vous définirez l'intervalle dans les cases d'édition voisines.

Figure 7.22 : On y est presque !

La plupart des imprimantes sortent les feuilles face imprimée vers le haut. Gênant, car cela signifie que la première page est toujours en dessous et la dernière au-dessus. Vous voilà donc bonne pour remettre le tout en ordre ! D'où l'intérêt de l'option Imprimer en ordre inverse que proposent beaucoup de programmes. Si elle est disponible, pensez à valider cette option d'impression à rebours ; elle vous fera gagner un temps précieux.

Vous venez de lancer l'impression d'un document de 35 pages quand vous vous apercevez avec effroi que ce n'est pas le bon. Panique dans la casbah ! Rassurez-vous : la plupart des imprimantes sont équipées d'un bouton Annuler, qui interrompt l'impression dans un délai relativement bref. Autre façon d'arrêter le massacre :

1. **Cliquez deux fois sur l'icône de l'imprimante qui apparaît dans le Dock pendant les impressions.**

   Ce faisant, vous affichez la file d'attente, c'est-à-dire la liste des documents qui ont été envoyés à l'impression et qui attendent patiemment leur tour dans la file.

2. **Cliquez sur le nom du document dont vous voulez annuler l'impression.**

3. **Activez l'icône Supprimer de la barre d'outils.**

Si, pendant une impression, l'imprimante tombe à court de papier, elle vous en avertit. Rechargez-la, puis relancez la procédure. La plupart des modèles sont équipés d'un bouton prévu à cet effet.

Fermer

Commencez par enregistrer les éventuelles modifications apportées au document, puis :

- Choisissez Fichier/Fermer.

  OU :

- Enfoncez les touches Commande + W.

  OU :

- Cliquez dans la case de fermeture de la fenêtre.

Supprimer

Vous êtes de celles qui n'arrivent pas à jeter ? Il va falloir vous faire violence, car si vous ne faites pas de temps en temps le ménage sur votre disque dur en vous débarrassant des documents devenus obsolètes, vous risquez fort d'être rapidement dépassée par les événements.

Allez ! Courage ! Sélectionnez le document à supprimer, puis :

- Choisissez Fichier/Placer dans la corbeille.

  OU :

- Enfoncez les touches Commande + Retour arrière.

  OU :

- Faites glisser son icône sur celle de la corbeille.

  La corbeille change de look pour l'occasion (Figure 7.23).

Figure 7.23 : À gauche, la corbeille est vide. À droite, vous y avez jeté quelque chose !

Qu'il s'agisse de supprimer ou de déplacer, dupliquer, renommer (voir les sections suivantes), ne traitez que les documents que vous avez créés vous-même. En aucun cas, ne manipulez ceux de Lion. Ne marchez pas sur ses plates-bandes : vous vous en mordriez les doigts. Le système vous laisse gérer votre petit bazar comme bon vous semble ; rendez-lui la pareille et tout ira pour le mieux dans le meilleur des monde.

Oups ! J'ai fait une boulette !

Vous avez supprimé le mauvais document ? Enfin, euh, le bon, celui qu'il fallait garder ? Restez cool ! Inutile d'hyperventiler ! Tant que vous ne videz pas la corbeille, tout ce que vous y jetez… y reste ! Et voici comment faire pour récupérer un document jeté par erreur :

1. **Cliquez, depuis le Dock, sur l'icône de la corbeille.**

   Sa fenêtre s'ouvre.

2. **Sélectionnez le document à récupérer.**
3. **Faites-le glisser sur le Bureau ou vers le dossier Documents de la barre latérale.**

Et voilà, tout rentre dans l'ordre. Elle est pas belle, la vie ?

En revanche, si vous êtes sûre de votre coup et tenez absolument à nettoyer même la corbeille, invoquez la commande Vider la corbeille du menu Finder ou opérez un clic maintenu sur son icône et activez la commande Vider la corbeille du menu contextuel (Figure 7.24).

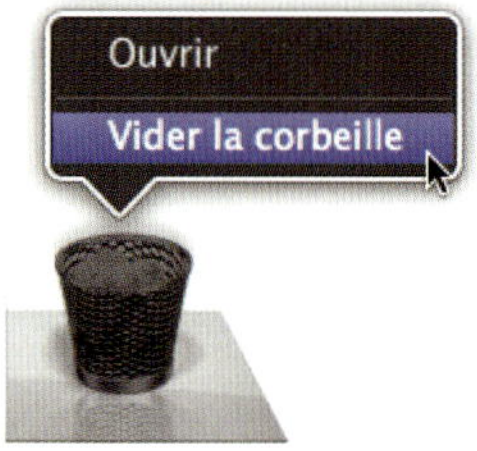

Figure 7.24 : Du balai !

Comme c'est souvent le cas dans les manœuvres de suppression, Lion vous demande si vous savez ce que vous faites (Figure 7.25). Ne vous jetez pas sur le bouton OK sans réfléchir car, une fois la corbeille purgée, tout ce qui s'y trouvait sera irrémédiablement perdu.

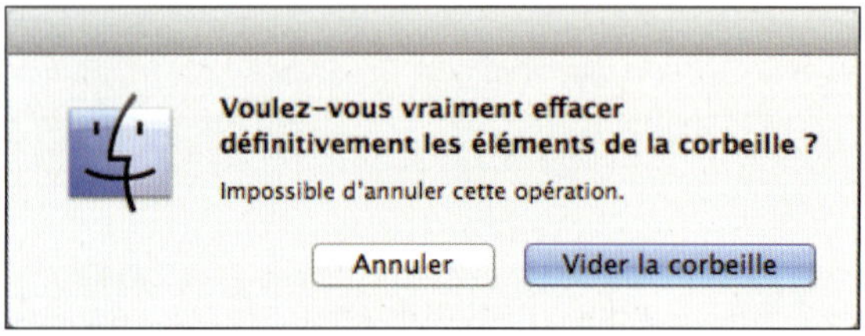

Figure 7.25 : La dernière occasion de faire marche arrière.

Déplacer

Vous serez régulièrement amenée – c'est normal – à déplacer des documents d'un dossier vers un autre.

Au risque de nous répéter, ne déplacez que vos petites affaires. Laissez celles de Lion tranquilles !

1. **Rendez-vous sur le Bureau si vous n'y êtes pas déjà.**
2. **Ouvrez le dossier cible.**
3. **Ouvrez le dossier source.**
4. **Sélectionnez-y le document à déplacer.**

Rien ne vous empêche d'en sélectionner plusieurs pour les traiter tous en même temps. Dans ce cas, pendant le cliquer-glisser, les documents sélectionnés se mettront spontanément en pile et une pastille en indiquera le nombre (Figure 7.26).

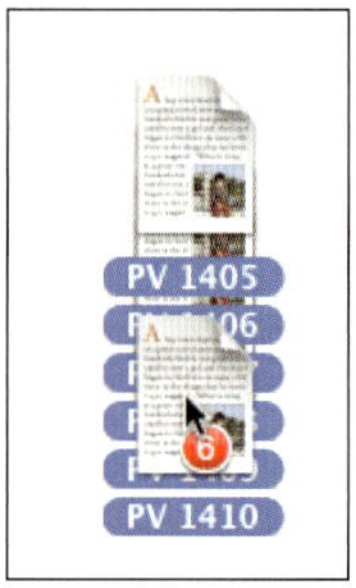

Figure 7.26 : 6 fichiers sont en cours de traitement.

5. **Faites glisser l'icône du document à déplacer de la fenêtre du dossier source vers celle du dossier cible.**

Dupliquer

Dans ce cas de figure, deux techniques nous paraissent intéressantes car d'une simplicité enfantine.

Cliquer-glisser et touche Option

1. **Rendez-vous sur le Bureau si vous n'y êtes pas déjà.**
2. **Ouvrez le dossier cible.**
3. **Ouvrez le dossier source.**
4. **Sélectionnez-y le document à dupliquer.**

   Rien ne vous empêche d'en sélectionner plusieurs pour les traiter tous en même temps. Dans ce cas, pendant le cliquer-glisser, les documents sélectionnés se mettront spontanément en pile et une pastille en indiquera le nombre ; un signe + s'ajoutera au bas de la pile pour indiquer qu'il ne s'agit pas d'un déplacement, mais d'une duplication.

5. **Enfoncez la touche Option et maintenez-la enfoncée.**
6. **Faites glisser l'icône du document à dupliquer de la fenêtre du dossier source vers celle du dossier cible.**
7. **Relâchez la touche Option.**

   C'est fait !

Si vous agissez au sein du même dossier, Lion ajoute le chiffre 2 au nom du document. Comme vous le savez déjà, il est impossible, en effet, d'entreposer dans un même endroit deux documents portant le même nom et la même extension. En revanche, si vous utilisez cette technique pour stocker la copie dans un autre dossier, Lion se dispense alors d'ajouter ce chiffre.

Commandes du menu Édition

1. **Rendez-vous sur le Bureau si vous n'y êtes pas déjà.**
2. **Ouvrez le dossier cible.**

3. **Sélectionnez-y le document à dupliquer.**

   Rien ne vous empêche d'en sélectionner plusieurs pour les traiter tous en même temps.

4. **Choisissez Édition/Copier *[nom du document]* si vous n'avez sélectionné qu'un document ou Copier *[nombre d'éléments]* si vous en avez sélectionné plusieurs (Figure 7.27). Vous pouvez aussi utiliser la combinaison de touches Commande + C.**

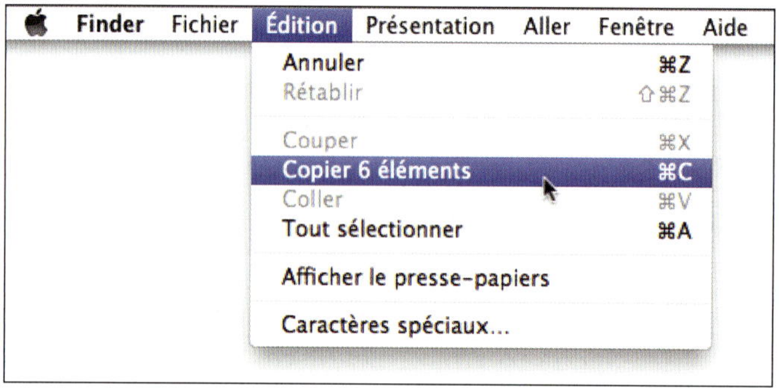

Figure 7.27 : Le compte est bon.

5. **Ouvrez le dossier cible.**

6. **Choisissez Édition/Coller l'élément ou Coller les éléments selon que la sélection était simple ou multiple ou enfoncez les touches Commande + V.**

Si un document du même nom et de la même extension se trouve déjà à l'endroit cible, Lion vous propose de remplacer l'ancien par le nouveau ou de garder les deux. À vous de voir !

Renommer

Vous pouvez, à tout moment, changer le nom de vos documents.

1. **Sélectionnez le document à renommer.**

2. **Enfoncez la touche Entrée pour activer le mode Édition.**

   Le nom du document est sélectionné.

3. **Tapez le nouveau nom.**

4. **Confirmez *via* la touche Entrée.**

Des dossiers qui s'ouvrent tout seuls !!!

C'est parfois fastidieux, quand on déplace ou duplique des documents, de devoir, pour parvenir au dossier cible, ouvrir une foule de dossiers et sous-dossiers (voir le chapitre suivant).

C'est sans doute pour ça que les concepteurs de Mac OS X ont imaginé un système d'ouverture automatique.

C'est simple : imaginons que vous ayez prévu la structure suivante et souhaitiez déplacer un document vers le dossier « Mes textes finis 2012 ».

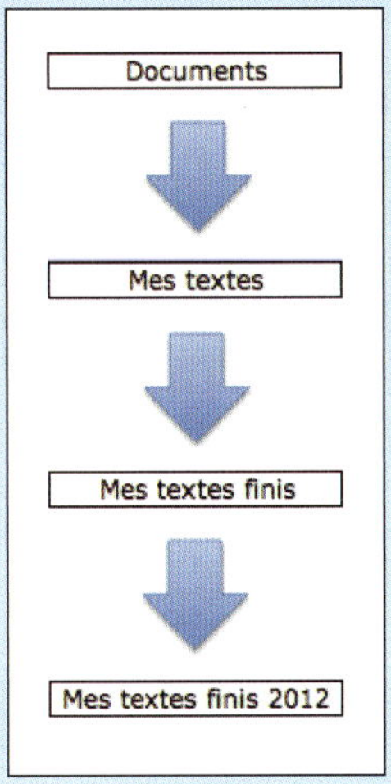

Inutile d'ouvrir tout vous-même : contentez-vous de poser l'icône du document en déplacement ou en duplication sur le dossier Documents tout en maintenant enfoncé. Après une seconde, son contenu vous est dévoilé automatiquement. Poursuivez ce mouvement continu (ne relâchez pas !) et déposez successivement sur Mes textes, Mes textes finis, puis Mes textes finis 2012. Relâchez seulement quand vous êtes arrivée à destination.

Ajoutez la touche Option à l'affaire et vous dupliquez au lieu de déplacer.

Ça décoiffe, non ? Sachez encore que la fonction peut être désactivée ou paramétrée (délai avant ouverture) *via* la fenêtre Options avancées des préférences Finder.

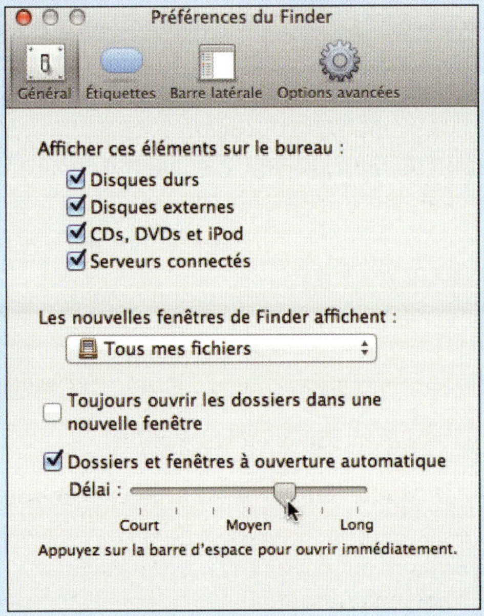

Vous vous souvenez des extensions (voir « Connaître les attributs », plus haut dans ce chapitre) ? Si l'extension du document est affichée, l'activation de la touche Entrée la laisse en dehors de la sélection. Vous avez compris : évitez de la modifier. Cet attribut est géré par Lion : n'intervenez pas !

Retrouver

Malgré tous vos efforts, vous n'arrivez plus à mettre la main sur ce document intitulé *Bilan* dont vous avez un urgent besoin. Bon sang, où avez-vous bien pu le fourrer ?

Pas de panique. Cessez d'errer comme une âme en peine dans vos listes de fichiers et demandez à Spotlight de localiser ce document pour vous.

1. **Cliquez sur l'icône Spotlight.**

   Vous la trouverez à l'extrémité droite de la barre des menus (Figure 7.28).

Figure 7.28 : Une icône en forme de loupe, facile à identifier.

   Le programme vous permet d'accéder à sa zone Recherche (Figure 7.29).

Figure 7.29 : Vous allez pouvoir vous exprimer.

2. **Introduisez, dans ce champ, l'objet de votre recherche.**

   Dès que vous commencez à taper, Spotlight se met au travail. Il cherche partout : programmes, documents, emails, contacts, calendriers, pages Web… Et il traite non seulement le nom de tous ces éléments, mais aussi leur contenu.

Dès qu'il trouve des correspondances, il les affiche dans une liste éclatée en rubriques, qu'il déroule directement sous la zone Recherche (Figure 7.30).

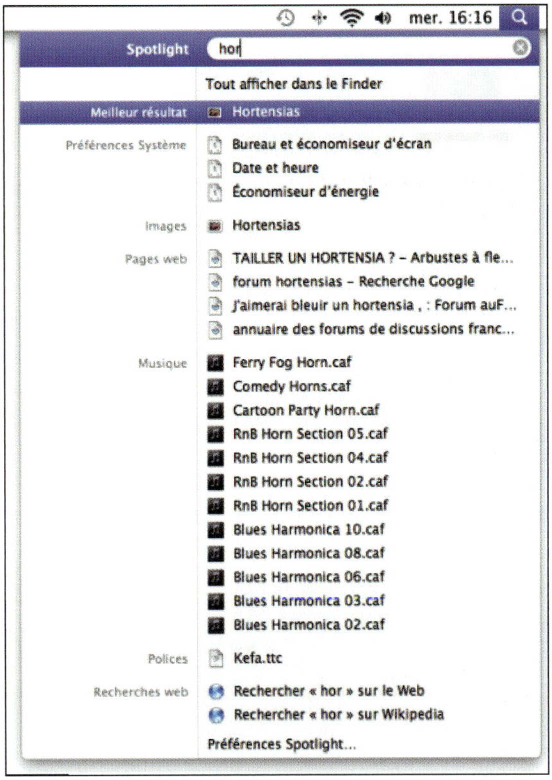

Figure 7.30 : Les résultats classés par type.

Tapez jusqu'à ce que le résultat recherché apparaisse dans la liste.

TRUC

Les commandes Rechercher sur le Web et Rechercher sur Wikipédia font ce qu'elles annoncent (voir le Chapitre 17, section « Se cultiver »).

3. **Pour visualiser un élément, pointez dessus.**

Le programme propose, au survol, l'affichage d'une prévisualisation qui repose sur Quick Look (Figure 7.31).

Dans le cas d'un document, vous pouvez en feuilleter les pages. Dans le cas d'un morceau de musique, vous pouvez l'écouter (Figure 7.32).

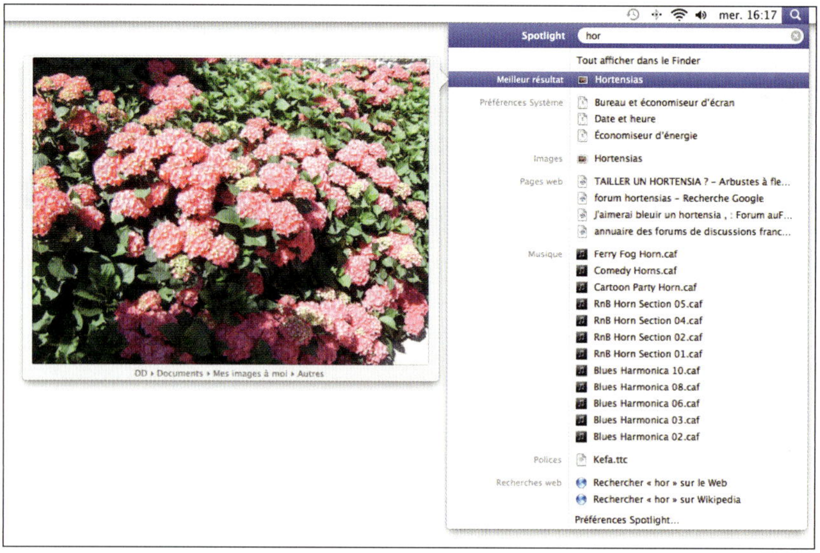

Figure 7.31 : Visualisation d'un fichier image.

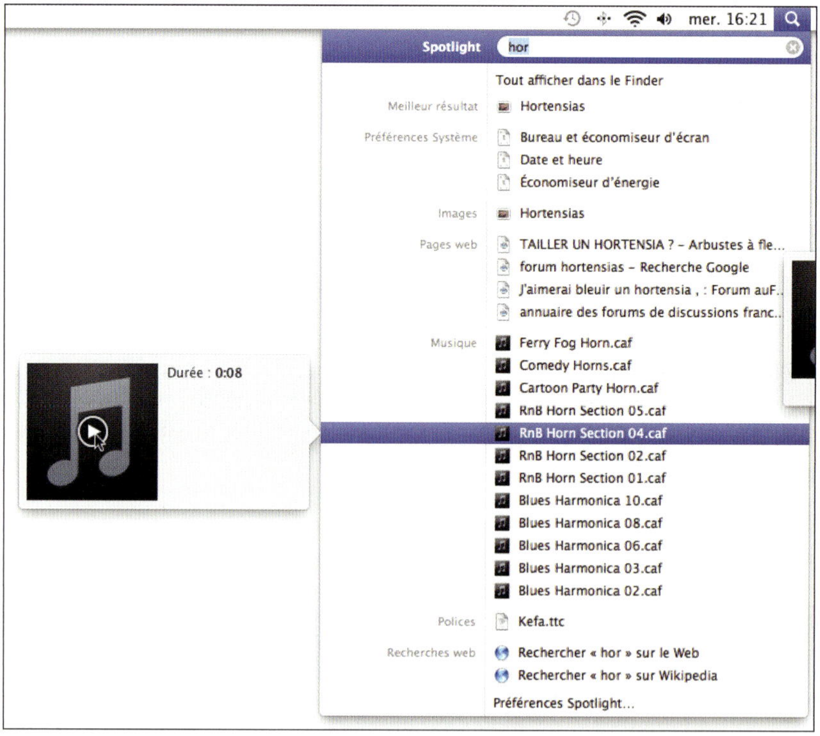

Figure 7.32 : Vraiment puissant, ce Quick Look.

Pour ouvrir un élément, cliquez dessus.

TRUC

La commande Tout afficher dans le Finder placée tout en haut sert à ouvrir une fenêtre Recherche, qui répertorie la totalité des éléments trouvés (Figure 7.33).

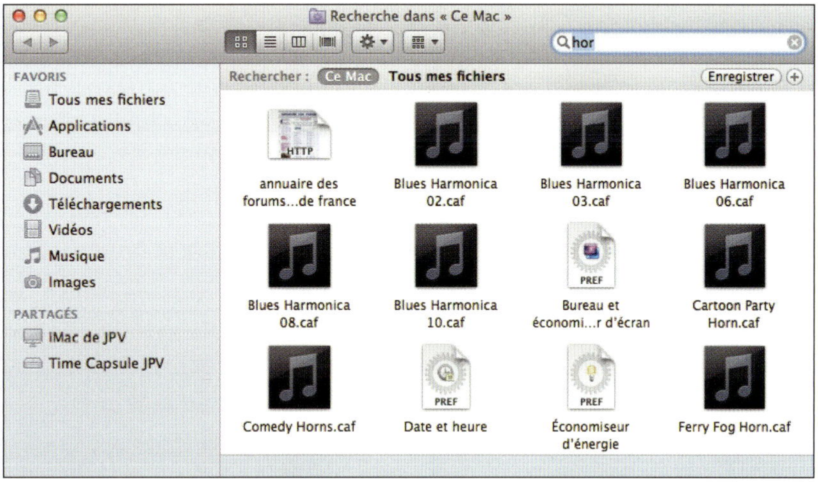

Figure 7.33 : L'ensemble des résultats s'affichent dans une nouvelle fenêtre.

4. **Pour lancer une autre recherche, cliquez dans la case de fermeture du champ de recherche de Spotlight.**

5. **Pour mettre un terme à la recherche, cliquez dans une zone dégagée du Bureau.**

NOTE TECHNIQUE

Spotlight est aussi disponible *via* la commande Rechercher du menu Fichier ou la zone Rechercher des fenêtres Finder. Mais l'avantage de l'invoquer depuis la barre des menus, c'est qu'il est alors universel tandis que, dans les deux autres cas, il se borne à mener la recherche parmi vos documents. De plus, contrairement à eux, la version « menu Spotlight » fait intervenir un indice de pertinence et de fréquence bien pratique (les éléments fréquemment utilisés apparaissent en premier).

Graver

Graver, c'est copier sur un CD ou sur un DVD.

Nous vous avons expliqué, depuis le début, que le disque dur était une mémoire durable. Puisque vos documents y sont bien au chaud, pourquoi encore les graver, nous direz-vous ?

Tout simplement en vertu de l'éternel principe de la ceinture et des bretelles. Les disques durs ne sont pas infaillibles. Vous imaginez dans quel pétrin vous vous retrouveriez si, par malheur, vous n'arriviez plus à accéder à tous les documents que vous y avez entreposés ?

Ça donne froid dans le dos ? Ben tiens ! D'où l'intérêt de faire, à intervalles réguliers, ce qu'on appelle un *backup* ou une *copie de sauvegarde.* Ça peut se faire par cliquer-glisser sur un disque dur externe ou sur une clé USB ou, ce qui est ici notre propos, en gravant les informations sur un CD-R ou un DVD-R d'une capacité, évidemment, égale ou à tout le moins supérieure à la quantité de données à mettre à l'abri (voir l'encadré ci-après).

La procédure est assez simple et assez rapide. Jugez-en :

1. **Ouvrez la fenêtre Finder dans laquelle se trouve(nt) le(s) élément(s) à graver.**

   Tout peut s'archiver : programmes, documents, dossiers…

2. **Sélectionnez leur icône.**

3. **Choisissez Fichier/Graver … sur disque.**

   Si vous avez sélectionné un seul élément, la commande s'intitule Graver *[nom de l'élément sélectionné]* ; si vous en avez sélectionné plusieurs, elle en indique le nombre.

   La fenêtre Graver le disque s'affiche (Figure 7.34).

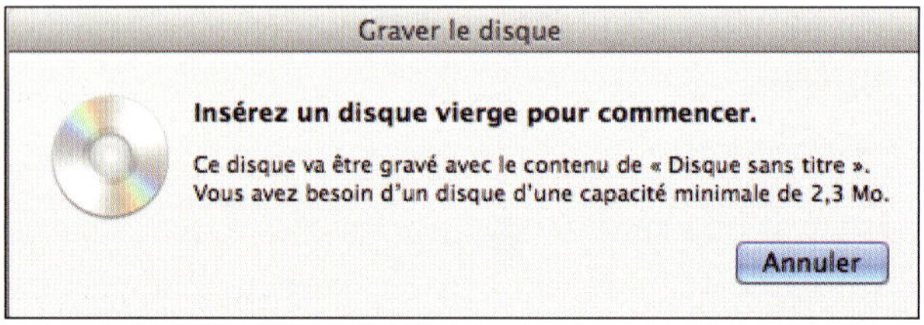

   Figure 7.34 : C'est parti !

4. **Insérez un disque vierge.**

   Une seconde fenêtre s'ouvre (Figure 7.35).

5. **Dans la case Nom du disque, tapez le nom que vous souhaitez donner au CD ou au DVD.**

6. **Dans la case Vitesse de gravure, acceptez l'option proposée par défaut.**

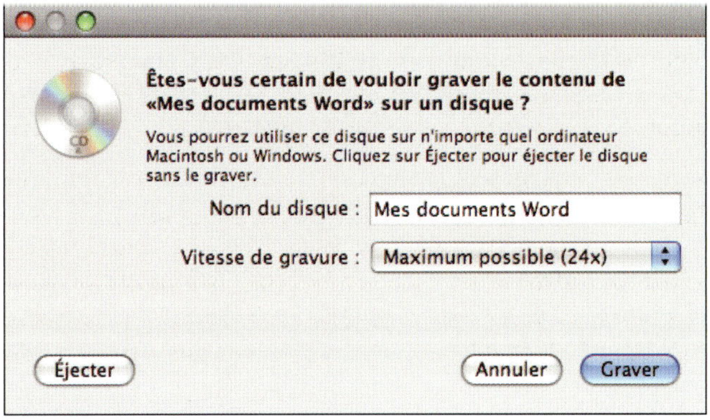

Figure 7.35 : La suite des opérations.

7. **Cliquez sur Graver.**

   La fenêtre Gravure s'ouvre ; elle vous permet de suivre le déroulement de l'opération (Figure 7.36).

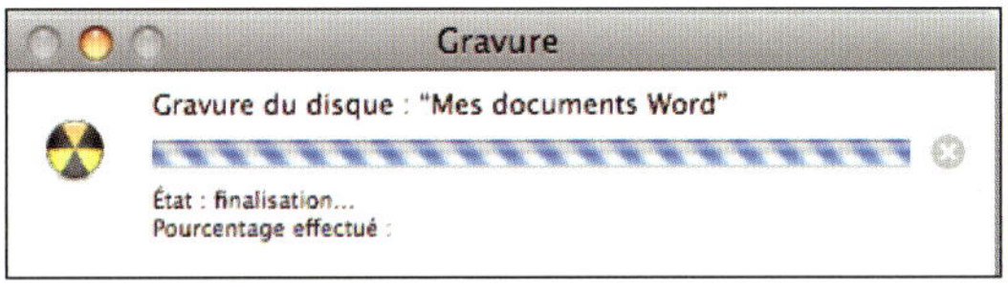

Figure 7.36 : La gravure est en cours.

   Quand tout est terminé, l'icône du disque gravé s'affiche sur le Bureau.

8. **Éjectez le disque en faisant glisser cette icône vers celle de la corbeille.**

   La mention Éjecter s'affiche.

   Comme vous le voyez, la corbeille sert aussi à éjecter les CD et DVD ainsi que les supports de stockage amovibles, style disque dur externe ou clé USB.

9. **Étiquetez-le sans tarder en inscrivant son nom et son contenu sur la face supérieure (imprimée) à l'aide d'un feutre indélébile spécial CD/DVD.**

   C'est sur la face où figurent la marque et le type du CD ou du DVD qu'il faut écrire, car les données, elles, sont stockées de l'autre côté ! Évitez les rayures ! Autre mise en garde : ne collez aucun autocollant sur le disque, hormis des étiquettes spécialement prévues à cet effet.

Graver, oui, mais sur quoi ?

Les types de supports ne manquent pas. Sachez les reconnaître !

Parlons d'abord des CD. Certains sont estampillés R (Recordable – enregistrable), d'autres RW (ReWritable – réinscriptible). La différence est considérable ! Dans le premier cas, vous pouvez graver des données jusqu'à ce que le disque soit plein, mais c'est tout. Et il est impossible ensuite de modifier le contenu. Les disques CD-R ne sont donc que des supports d'archivage.

Dans le second cas, le disque, une fois plein, peut être effacé et réutilisé. Ces CD-RW se comportent donc comme de véritables unités de stockage amovibles : vous y stockez des documents, que vous pouvez ensuite supprimer pour en graver d'autres.

Les DVD se distinguent des CD par leur capacité : environ 750 Mo pour un CD contre 4,7 Go pour un DVD simple couche et plus de 9 Go pour un DVD double couche ! C'est énorme ! Pour le reste, les DVD aussi sont proposés en version enregistrable ou réinscriptible. Le problème, c'est que d'autres formats existent, qui sèment la confusion dans l'esprit des consommatrices que vous êtes. Les formats les plus courants sont : DVD-R, DVD-RW, DVD+R, DVD+RW et DVD-RAM. Vérifiez ceux que votre lecteur accepte avant d'aller faire vos emplettes.

Utilisez des CD, moins chers, pour des données qui n'évolueront plus ; préférez les DVD dans le cas contraire ou si la capacité de stockage est déterminante. Pensez en outre à acheter ces disques en grandes quantités : ça vous reviendra moins cher. Enfin, privilégiez les modèles prévus pour la gravure à grande vitesse : ils paraissent plus fiables que les autres. Il faut toutefois que la vitesse maximale soit compatible avec celle de votre graveur. Comme quoi une femme avertie en vaut deux !

Dernière remarque : désireux de toujours caser, sur leurs supports, plus de données en haute définition, les fabricants ne cessent de rechercher des solutions alternatives au classique DVD. Jusque fort récemment, deux firmes japonaises, Sony et Toshiba, étaient à couteaux tirés, chacune cherchant à imposer son nouveau standard : le premier vantait les mérites de son fameux Blu-ray, le second défendait sa technologie HD DVD. Dans cette course à l'investiture, c'est Sony qui a gagné : Toshiba s'est récemment avoué vaincu, laissant ainsi le champ libre à son compatriote. On estime que le Blu-ray sera la dernière des technologies à utiliser un support plastique. Il est prévu, en effet, que les technologies futures favorisent plutôt le recours à des plaques de verre, moins sensibles aux ultraviolets, ce qui leur permettra de préserver leurs données plus longtemps. Devraient suivre les disques holographiques polyvalents (HVD – Holographic Versatile Discs), d'une capacité annoncée de 4 téraoctets et d'une pérennité forcément accrue. Rassurant pour la mémoire de l'humanité !

Avec iCloud, le *cloud computing* d'Apple prend des allures de conquête spatiale

Documents, photos, musiques, vidéos... tout ça, ça prend de la place. Enregistrer, imprimer, graver, c'est bien. Mais l'heure est désormais au *cloud computing*, ou *cloud* tout court (en français : l'informatique dans les nuages ou tout simplement le nuage).

C'est la raison pour laquelle Apple propose iCloud, un espace d'hébergement gratuit de vos données en nuage, digne héritier du défunt MobileMe.

Doté d'une belle interface et accessible depuis le système, cet espace de stockage dématérialisé est gratuit jusqu'à 5 Go. Au-delà, vous pouvez acquérir 10 à 50 Go supplémentaires pour des prix raisonnables : 16 euros par an pour 10 Go, 32 pour 20 Go et 50 pour 50 Go.

Mais iCloud, c'est bien plus qu'un espace de stockage. Comme l'ambition d'Apple est de prendre le dessus sur Google (et ses services Agenda, Docs, Picasa...), la firme à la Pomme a équipé son nuage de fonctions de synchronisation avec vos autres équipements (iMac, MacBook, iPhone, iPad...).

L'idée : déporter sur le cloud des traitements informatiques qui s'effectuent en général depuis votre machine.

C'est de ça que parlait Steve Jobs quand il disait que nous étions résolument entrés dans l'ère post-PC : les Mac, iPad et autres iPhone deviennent de moins en moins des outils et sont en passe d'être réduits à de simples terminaux de lecture gravitant autour de ce nuage.

Sur ce service de stockage et de synchronisation des données entre vos différents dispositifs *via* serveur distant, on ne bricole plus : on consomme. Une manière, pour Apple, d'asseoir ses promesses d'infini.

Pour en bénéficier, il faut créer une adresse @me.com, issue de feu MobileMe. Après quoi les contenus de ce compte iCloud sont automatiquement transférés sur tous les appareils reliés à ce compte. Les données sont téléchargées sur chacun d'eux et accessibles hors ligne une fois le transfert effectué.

Chapitre 8

Les dossiers : des placards pour tout ranger

Dans ce chapitre :

- Le principe des poupées russes.
- Le dossier Documents, la voie royale.
- Ouvrir un dossier.
- Fermer un dossier.
- Créer un dossier.
- Ajouter et retirer des éléments.
- Supprimer un dossier.

La notion de *dossiers* est inhérente à Lion, qui les utilise pour son organisation personnelle. Si Lion les emploie, pourquoi pas vous ?

Ne vous en privez pas si vous voulez éviter de bordéliser votre Bureau. En effet, à l'image de leurs homologues cartonnés ou plastifiés, ces dossiers informatiques vous aident à ranger vos affaires. Ne tardez pas, sinon vous risquez d'être rapidement débordée !

Le principe des poupées russes

Imaginons que vous souhaitiez ranger vos documents de traitement de texte. Vous pourriez prévoir, à cet effet, un dossier principal baptisé *Courriers* et trois dossiers que vous appelleriez *Notes, Lettres* et *Rapports.* Vous pourriez ensuite classer les notes par trimestres, les lettres par destinataires et les rapports par départements et ranger chaque sous-catégorie dans… un sous-dossier ! Ce faisant, vous obtiendriez la structure suivante (Figure 8.1) :

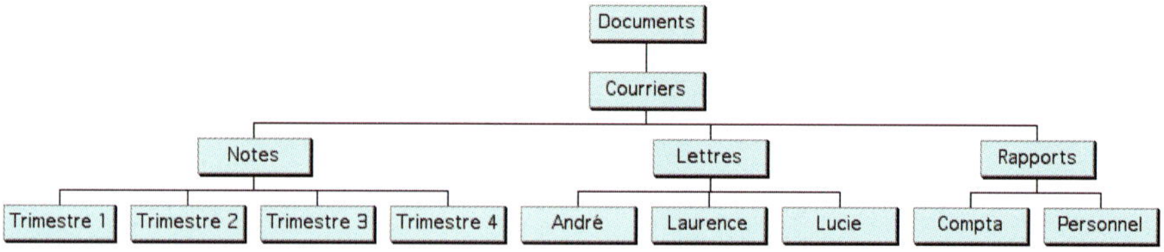

Figure 8.1 : On s'organise.

À partir de là, n'hésitez pas à pousser le bouchon un peu plus loin jusqu'à évoluer vers un montage plus complexe, du style (Figure 8.2) :

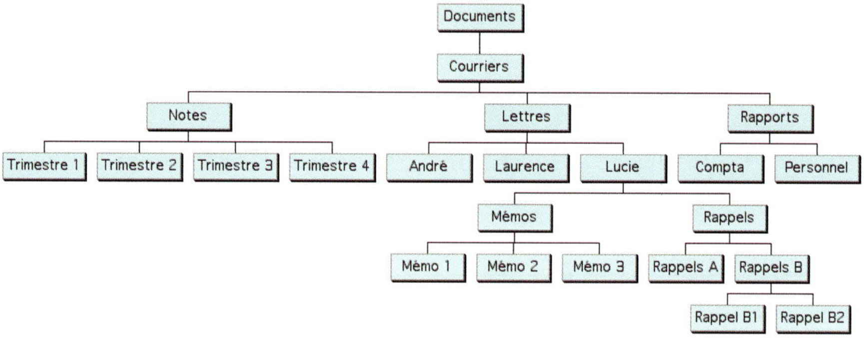

Figure 8.2 : Ça se corse !

Dans cette vue de l'esprit, le sous-dossier *Lucie* contient deux sous-sous-dossiers, *Mémos* et *Rappels*. Le premier regroupe trois documents, *Mémo 1*, *Mémo 2* et *Mémo 3* ; le second abrite un document, *Rappel A*, et un sous-sous-sous-dossier, *Rappels B* qui, lui, réunit deux documents, *Rappel B1* et *Rappel B2*.

Comme vous le voyez, à force d'imbriquer les dossiers les uns dans les autres, vous aboutissez à la création d'une structure *arborescente*, principe même de la classification sous Lion, comme vous le savez depuis le Chapitre 3.

N'hésitez pas à créer autant de dossiers et sous-dossiers que l'organisation de vos données l'exige, l'idée étant de diviser pour régner.

Aucune limite n'est imposée : le nombre de dossiers et de sous-dossiers est illimité. Le niveau d'imbrication aussi. Mais attention : la structure doit rester gérable. À vous de connaître vos limites.

Perdue ? Égarée dans votre arborescence ? Faites un clic secondaire sur la barre de titre de n'importe quelle fenêtre Finder et vous pourrez vous resituer *illico* (Figure 8.3).

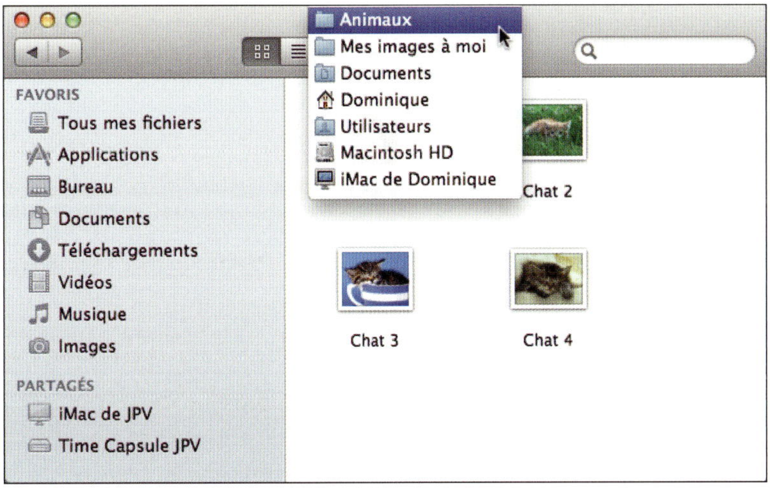

Figure 8.3 : Ah ! C'est là qu'on est !

Le dossier Documents, la voie royale

Connaissez-vous le dicton « Chacun chez soi et les moutons seront bien gardés » ? Les concepteurs de Lion le connaissent, eux.

En d'autres termes, pour éviter que vous ne marchiez sur les plates-bandes du système d'exploitation, les ingénieurs de chez Apple ont créé à votre intention un dossier qui porte votre nom d'utilisatrice (défini lors de l'installation de Lion – Dominique dans notre exemple) et qui abrite, d'emblée, différents sous-dossiers vers lesquels les programmes correspondants effectuent spontanément la sauvegarde (Figure 8.4). Ce n'est pas une nouvelle : nous avons déjà, à plusieurs reprises, abordé le sujet.

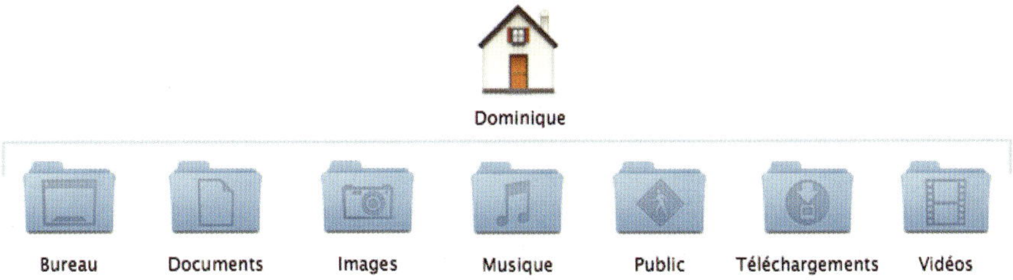

Figure 8.4 : C'est gentil d'avoir pensé à nous !

Donc, les programmes graphiques rangent naturellement leurs documents dans le dossier Images. Les programmes audio (style iTunes) préfèrent le dossier Musique, et les programmes vidéo (comme iMovie) le dossier Vidéos. Tout le reste, en général, échoue, comme par miracle, dans le dossier Documents.

Abstenez-vous de déplacer, renommer ou supprimer ces dossiers prédéfinis. Sinon, gare !

Vraiment, tout est fait pour que vous vous cantonniez à ce dossier Documents prévu à votre intention, jusqu'à sa présence systématique dans la barre latérale de toutes les fenêtres Finder (Figure 8.5).

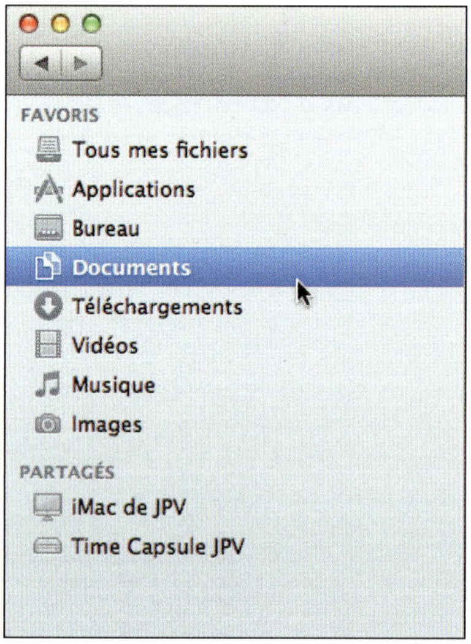

Figure 8.5 : Accès direct garanti.

Dossiers interdits : pas touche !

Lion, vous l'avez compris, n'aime pas trop que vous fourriez votre nez dans ses affaires. Évitez donc de farfouiller dans les dossiers que le système d'exploitation a créés à son propre usage. C'est notamment le cas du dossier Système, qui contient de nombreux fichiers vitaux pour le bon fonctionnement de l'ordinateur. Restez gentiment dans votre coin, c'est-à-dire dans votre dossier perso, où vous êtes seul maître à bord. Seule incursion autorisée : le dossier Applications, qui regroupe tous les programmes installés sur votre poste de travail et dans lequel vous vous immiscerez chaque fois que vous souhaiterez en mettre un en service.

Ouvrir un dossier

Le double-clic encore et toujours. Vous commencez à avoir l'habitude !

Par défaut, chaque fois que vous ouvrez un dossier, son contenu s'affiche en se substituant à celui qui était éventuellement affiché avant.

Pour que cela ne soit pas le cas, c'est-à-dire pour que chaque dossier s'ouvre dans une fenêtre bien à lui, voici comment vous y prendre :

1. **Choisissez Finder/Préférences ou enfoncez les touches Commande + , (virgule).**

   La fenêtre Préférences du Finder s'ouvre.

2. **Activez son onglet Général s'il ne l'est pas déjà.**

3. **Validez l'option Toujours ouvrir les dossiers dans une nouvelle fenêtre (Figure 8.6).**

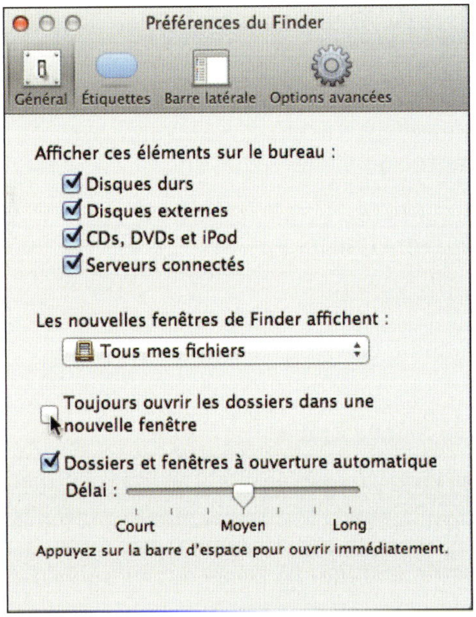

Figure 8.6 : Voilà qui change tout.

4. **Fermez la fenêtre en cliquant dans sa case de fermeture.**

TRUC

Si vous descendez en rappel dans votre arborescence, c'est-à-dire si vous ouvrez un dossier, puis un sous-dossier de ce dossier, puis un sous-sous-dossier de ce sous-dossier et ainsi de suite, n'oubliez pas que le bouton Précédent (en haut à gauche) vous permet, si vous le souhaitez, de remonter par étapes. Utile, la marche arrière ! Le bouton Suivant fait l'inverse, évidemment.

Fermer un dossier

Élémentaire : les dossiers s'ouvrant en fenêtres, on ferme un dossier comme on ferme une fenêtre, c'est-à-dire en cliquant dans sa case de fermeture.

Ne laissez pas ouverts sur votre Bureau des dossiers dont vous n'avez plus que faire. Ça fait désordre !

Créer un dossier

Vous allez créer votre premier dossier ? C'est émouvant !

Commencez par afficher le dossier dans lequel vous voulez agir. Rappelez-vous : nous vous avons vivement encouragée à vous en tenir au dossier Documents. Ouvrez-le donc pour commencer.

1. **Choisissez Fichier/Nouveau dossier ou enfoncez les touches Commande + Majuscule + N.**

   Lion crée un dossier vide, qu'il baptise provisoirement *dossier sans titre* (Figure 8.7).

Figure 8.7 : C'est plus rapide que d'aller à la papeterie.

2. **Tapez le nom de votre choix.**

   Lion remplace le nom générique par celui que vous venez de saisir.

3. **Confirmez *via* la touche Entrée.**

TRUC

Vous avez mal tapé le nom ? Pas d'angoisse. Y a que les imbéciles qui ne se trompent jamais. Resélectionnez le dossier, puis enfoncez la touche Entrée pour basculer en mode édition et… recommencez ! Utilisez la même technique pour remplacer un nom qui ne vous convient plus par un autre.

Ajouter et retirer des éléments

Tout se fait par cliquer-glisser. Quand nous vous disions que vous iriez loin avec quelques techniques de base !

Nous vous avons expliqué en détail, dans le Chapitre 7, comment déplacer des documents. C'est bien de cela qu'il s'agit ici, sauf qu'en l'occurrence, vous pouvez aussi déplacer des sous-dossiers d'un dossier vers un autre. La base :

- Pour ajouter, il suffit de faire glisser l'élément à ajouter sur l'icône du dossier fermé ou dans la fenêtre du dossier ouvert.
- Pour retirer, il n'y a qu'à ouvrir le dossier, puis en extraire le ou les éléments souhaités par cliquer-glisser.

TRUC

Fonctionnalité intéressante : quand vous sélectionnez plusieurs documents, un clic secondaire sur la sélection vous donne accès à un menu contextuel où une commande baptisée Nouveau dossier avec la sélection *[nombre d'éléments sélectionnés]* (Figure 8.8) vous permet de créer un nouveau dossier et d'y introduire des documents en une seule opération. Un nouveau dossier est créé, baptisé provisoirement Nouveau dossier contenant des éléments ; rebaptisez-le comme bon vous semble.

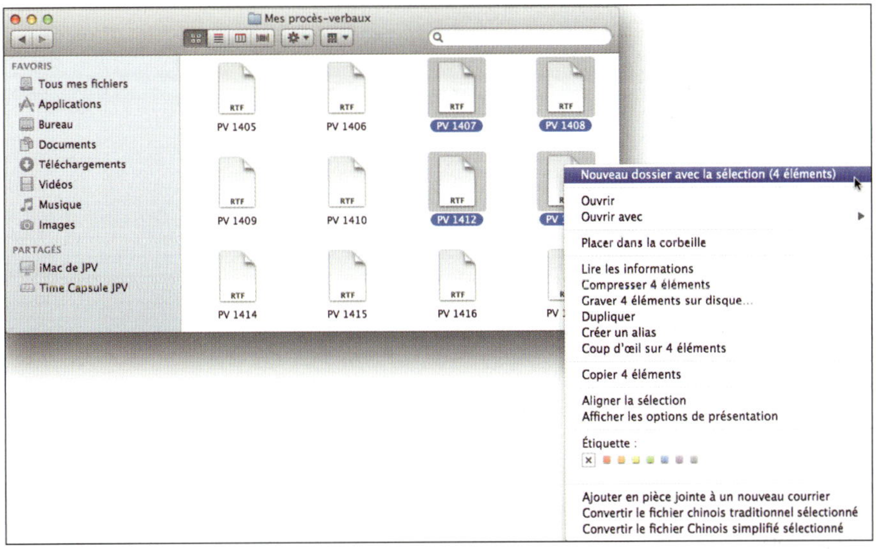

Figure 8.8 : D'une pierre deux coups.

NOTE TECHNIQUE

Normalement, à ce stade, vous en savez assez en matière de gestion des fenêtres pour parvenir à vos fins.

Supprimer un dossier

Une fois encore, les techniques sont identiques à celles en vigueur pour les documents.

Pour rappel, sélectionnez le dossier dont vous ne voulez plus, puis faites glisser son icône vers celle de la corbeille, à moins que vous ne préfériez invoquer la commande Placer dans la corbeille du menu Fichier.

Chapitre 9

L'environnement – Je m'installe

Dans ce chapitre :

- Régler le volume.
- Régler la date et l'heure.
- Régler la luminosité.
- Régler le clavier, la souris et le trackpad.
- Personnaliser l'arrière-plan du Bureau.
- Personnaliser le Dock.
- Exercer le contrôle parental.

Lion vous permet de personnaliser la plupart des éléments de l'interface. Nous limiterons nos ambitions aux personnalisations de base qui titillent toute utilisatrice lambda.

Régler le volume

Il y a deux façons de parvenir, sans se casser la tête, au réglage du son :

- ***Via* l'icône Son de la barre des menus** : Il suffit de faire glisser la réglette (Figure 9.1).

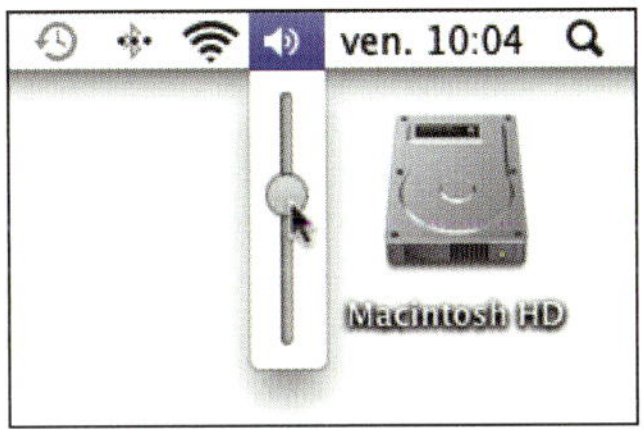

Figure 9.1 : En sourdine ou à donf, à vous de voir.

- ***Via* le clavier** : Les touches de votre clavier qui représentent des haut-parleurs permettent de régler le son grâce à une fenêtre très explicite (Figure 9.2). Celle de gauche diminue le volume ; celle de droite l'augmente.

Figure 9.2 : Réglage direct.

Régler la date et l'heure

Normalement, la date et l'heure ne se règlent qu'une seule fois, lors de la configuration initiale de l'ordinateur. Par la suite, une pile bouton arrimée à la carte mère se charge de tenir l'horloge à jour, même quand le Mac est éteint.

Fut' fut', l'horloge de Lion

L'horloge affiche l'heure. OK. Elle est systématiquement à jour, même quand l'ordi est éteint. Encore OK. Elle tient compte du changement heure d'été – heure d'hiver. Toujours OK. Tout ça grâce, donc, à une pile bouton dont la durée de vie est d'environ six ans. Le temps, assurément, de voir venir.

Mais l'horloge ne sert pas qu'à afficher l'heure. Elle sert aussi à dater vos documents (les fameuses dates de création et de modification dont nous avons déjà fait état) ainsi que vos courriers électroniques.

Elle joue encore un rôle déterminant dans la gestion de votre emploi du temps depuis le programme iCal fourni avec Lion (Chapitre 21).

Comme quoi, petits moyens… grands effets !

Si, par malheur, l'horloge de Mac OS X venait malgré tout à se dérégler, voici comment remettre cette pendule à l'heure :

1. **Choisissez Pomme/Préférences Système ou activez l'icône correspondante du Dock.**

   La fenêtre de Préférences Système s'ouvre.

2. **Dans la rubrique Système, cliquez sur Date et heure.**

   La fenêtre Date et heure s'ouvre.

3. **Si son onglet Date et heure n'est pas affiché, activez-le.**

   L'onglet Date et heure s'affiche (Figure 9.3).

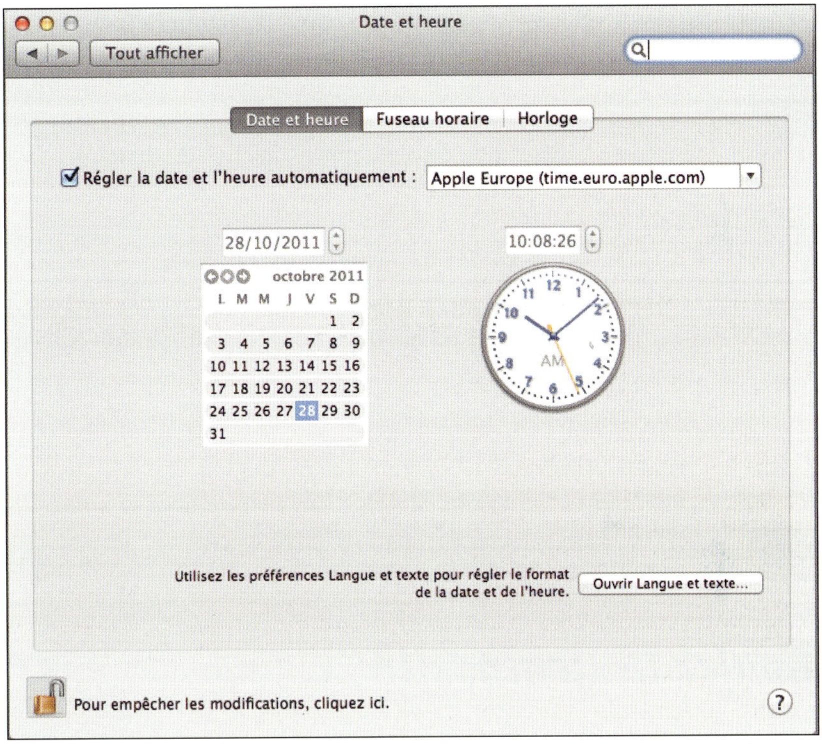

Figure 9.3 : Pour mettre les pendules à l'heure.

4. **Si le cadenas en bas à gauche est fermé, commencez par cliquer dessus pour l'ouvrir. Fournissez ensuite votre clé d'accès dans la fenêtre qui vous le demande, puis licenciez-la en cliquant sur Déverrouiller.**

5. **Désactivez l'option Régler la date et l'heure automatiquement.**

6. **À gauche, corrigez la date :**

   - Entrez la bonne date dans le champ Date situé au-dessus du calendrier.

   OU :

- Utilisez aux mêmes fins les flèches de défilement voisines.

OU :

- Cliquez sur la bonne date dans le calendrier.

7. **À droite, corrigez l'heure :**

- Entrez la bonne heure dans le champ Heure situé au-dessus de l'horloge.

OU :

- Utilisez aux mêmes fins les flèches de défilement voisines.

OU :

- Faites glisser les aiguilles sur l'horloge.

8. **Réactivez l'option Régler la date et l'heure automatiquement pour que Mac OS X utilise de nouveau la connexion Internet pour ajuster l'horloge.**

9. **Fermez la fenêtre.**

L'onglet Horloge de la même fenêtre vous permet de demander – et de paramétrer – l'affichage de la date et de l'heure dans la partie droite de la barre des menus.

Régler la luminosité

Vous voulez vous éviter une inutile fatigue oculaire ? Prenez le temps de bien régler la luminosité de votre écran.

Les derniers modèles de clavier possèdent, aux positions F1 et F2, deux touches qui permettent de régler directement ce paramètre, sans transiter par aucun menu.

Dans les autres cas, faites le détour *via* les préférences Système Moniteur :

1. **Choisissez Pomme/Préférences Système ou activez l'icône correspondante du Dock.**

   La fenêtre de Préférences Système s'ouvre.

2. **Dans la rubrique Matériel, cliquez sur Moniteurs.**

   La fenêtre Moniteurs s'ouvre.

3. **Si son onglet Moniteur n'est pas affiché, activez-le.**

   L'onglet Moniteur s'affiche (Figure 9.4).

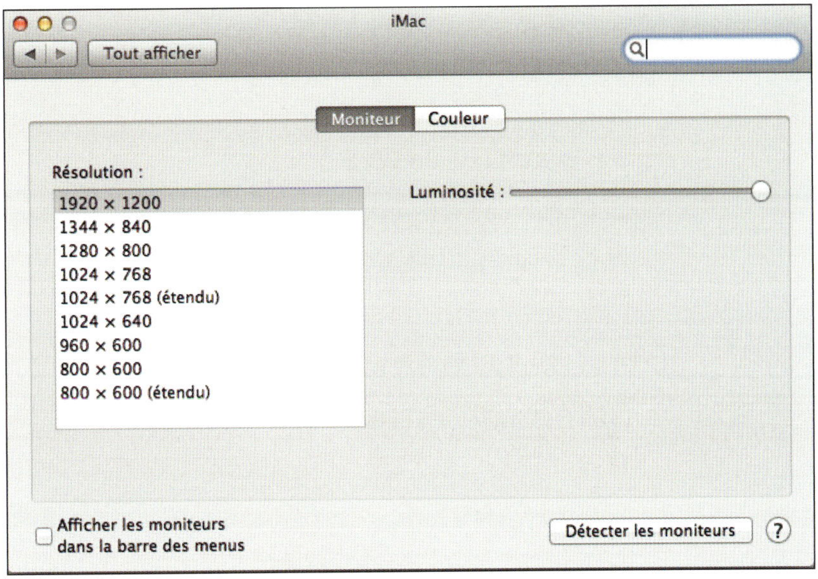

Figure 9.4 : Les réglages propres à l'écran.

4. **Faites glisser le curseur Luminosité jusqu'à la position souhaitée.**

5. **Fermez la fenêtre.**

TRUC

N'hésitez pas à adapter ces réglages autant de fois que nécessaire. Ainsi, il se peut fort bien que vous ayez à régler plusieurs fois par jour la luminosité de votre moniteur selon l'incidence de la lumière (naturelle ou artificielle) dans la pièce où vous travaillez.

Régler le clavier, la souris et le trackpad

Il est impératif que ces trois matériels vous obéissent au doigt et à l'œil. Après tout, c'est par leur entremise que vous communiquez avec votre machine.

Ne pas mettre le clavier sur la touche

En matière de clavier, deux réglages s'imposent :

- **Le délai avant répétition** : C'est l'intervalle qui sépare deux répétitions d'un même caractère.
- **La vitesse de répétition** : C'est la vitesse à laquelle un même caractère se répète.

Allons-y :

1. **Choisissez Pomme/Préférences Système ou activez l'icône correspondante du Dock.**

   La fenêtre de Préférences Système s'ouvre.

2. **Dans la rubrique Matériel, cliquez sur Clavier.**

   La fenêtre Clavier s'ouvre.

3. **Si son onglet Clavier n'est pas affiché, activez-le.**

   L'onglet Clavier s'affiche (Figure 9.5).

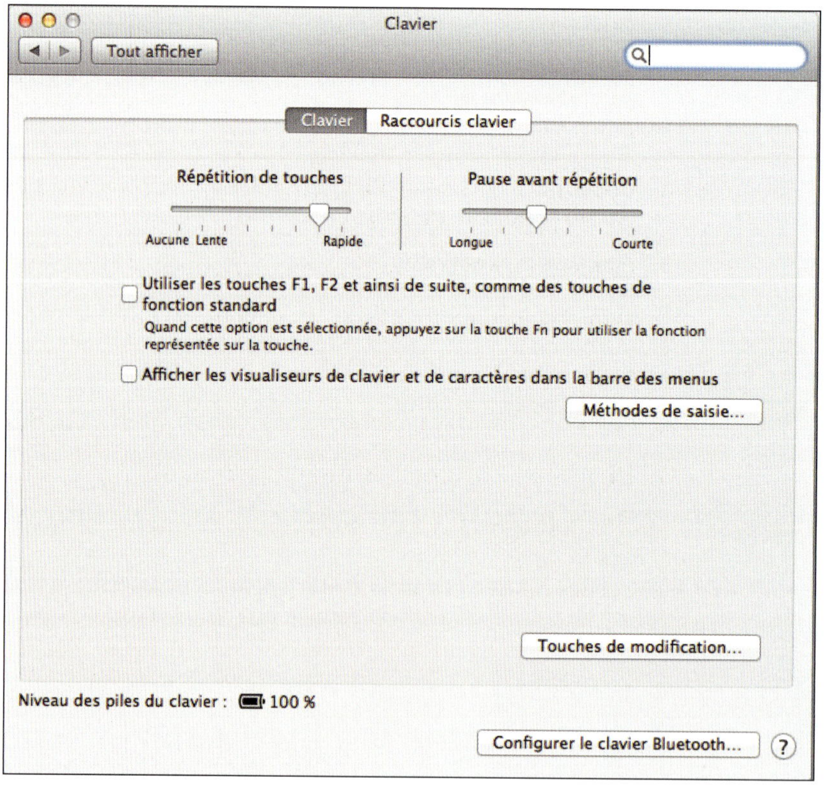

Figure 9.5 : Les options sont explicites.

4. **Dans la rubrique Répétition de touches, réglez le délai avant répétition en faisant glisser le curseur vers la gauche (Lente) ou vers la droite (Rapide).**

   TRUC Speedées, optez pour l'option Aucune !

5. **Dans la rubrique Pause avant répétition, réglez la fréquence de répétition en faisant glisser le curseur vers la gauche (Longue) ou vers la droite (Courte).**

6. **Fermez la fenêtre.**

Apprivoiser la souris

Si on en juge par le nombre de réglages disponibles, le mulot, de toute évidence, inspire les développeurs. Concentrons-nous d'abord sur la permutation des boutons et la vitesse de déplacement du pointeur :

- **La permutation des boutons** : Cette option fera le bonheur des gauchères.
- **La vitesse de déplacement du pointeur** : Dans le même ordre d'idée, vous réglerez différemment la vitesse de déplacement du pointeur selon que vous êtes sanguine ou lymphatique.

1. **Choisissez Pomme/Préférences Système ou activez l'icône correspondante du Dock.**

   La fenêtre de Préférences Système s'ouvre.

2. **Dans la rubrique Matériel, cliquez sur Souris.**

   La fenêtre Souris s'ouvre.

3. **Si son onglet Pointer et cliquer n'est pas affiché, activez-le.**

   L'onglet Pointer et cliquer s'affiche (Figure 9.6).

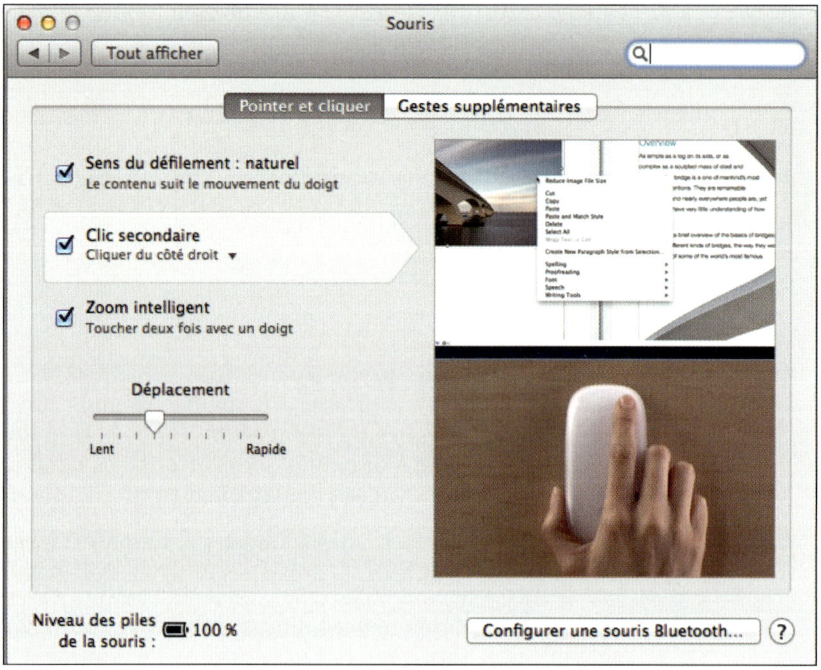

Figure 9.6 : Autant de réglages pour une souris, ça laisse rongeur !

4. **Pour faire d'une souris pour droitières une souris pour gauchères, déroulez le menu local Clic secondaire, puis choisissez Cliquer du côté gauche.**

5. **Pour régler la vitesse de déplacement, faites glisser le curseur Déplacement vers la gauche (Lent) ou vers la droite (Rapide).**

6. **Fermez la fenêtre.**

En marge de ces réglages de base, votre souris est d'emblée configurée pour que certains mouvements que vous effectuez sur sa coque fassent sens. Typiques de la technologie qu'Apple a baptisée *Multi-Touch*, ces mouvements appelés *gestures* ou *gestes supplémentaires* sont répertoriés dans l'onglet Gestes supplémentaires de la fenêtre :

1. **Choisissez Pomme/Préférences Système ou activez l'icône correspondante du Dock.**

   La fenêtre de Préférences Système s'ouvre.

2. **Dans la rubrique Matériel, cliquez sur Souris.**

   La fenêtre Souris s'ouvre.

3. **Si son onglet Gestes supplémentaires n'est pas affiché, activez-le.**

   L'onglet Gestes supplémentaires s'affiche (Figure 9.7).

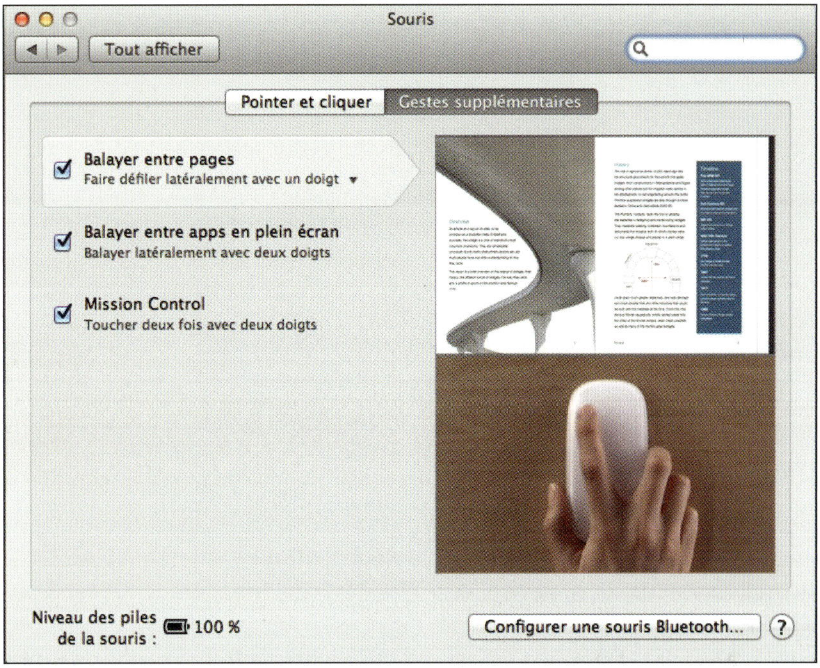

Figure 9.7 : Encore des réglages pour une souris, ça laisse rongeur !

4. **Si vous le souhaitez, désactivez tout ou partie des options proposées. Pointez sur une technique pour en voir une vidéo à droite et vous faire ainsi plus facilement une idée.**

5. **Fermez la fenêtre.**

Maîtriser le trackpad

Longtemps snobé par les Macintoshiens, le trackpad a pris du galon grâce aux *gestures* de Lion. Périphérique *Multi-Touch* par essence, il vaut le détour, assurément.

Intégré sur les MacBook Air et Pro, le trackpad version Magic peut aussi équiper les autres modèles ; certains accessoires, comme le MagicWand de Twelve South, permettent même de l'arrimer solidement au clavier Apple (Figure 9.8).

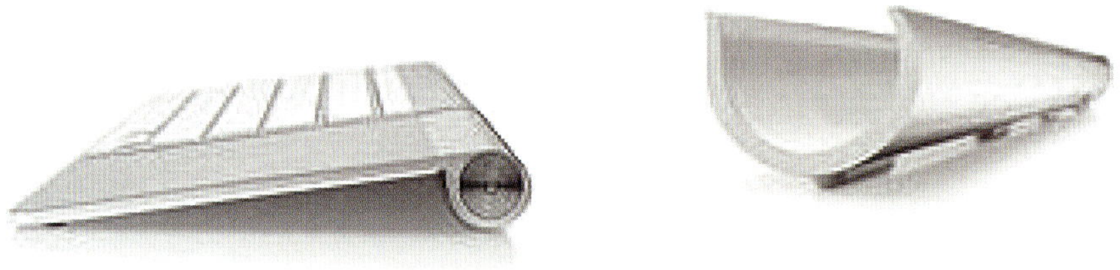

Figure 9.8 : Un accessoire ingénieux qui transforme un clavier Bluetooth Apple et un Magic Trackpad Apple en un périphérique unique.

NOTE TECHNIQUE

Rien ne vous empêche de connecter à la fois une souris et un trackpad et d'utiliser l'un ou l'autre selon la tâche à mener.

Ici, c'est logiquement la préférence Système Trackpad qui prend les réglages en main :

1. **Choisissez Pomme/Préférences Système ou activez l'icône correspondante du Dock.**

   La fenêtre de Préférences Système s'ouvre.

2. **Dans la rubrique Matériel, cliquez sur Trackpad.**

   La fenêtre Trackpad s'ouvre.

3. **Transitez parmi ses différents onglets, positionnez votre pointeur sur les options et voyez à gauche à quel mouvement elles correspondent (Figure 9.9).**

4. **Cochez celles qui vous intéressent ; décochez les autres.**

5. **Fermez la fenêtre.**

Personnaliser l'arrière-plan du Bureau

Le look psychédélique de votre Bureau ne vous plaît qu'à moitié ? Changez-le !

Vous avez, en la matière, l'alternative suivante : choisir un fond prédéfini ou préférer une de vos images personnelles.

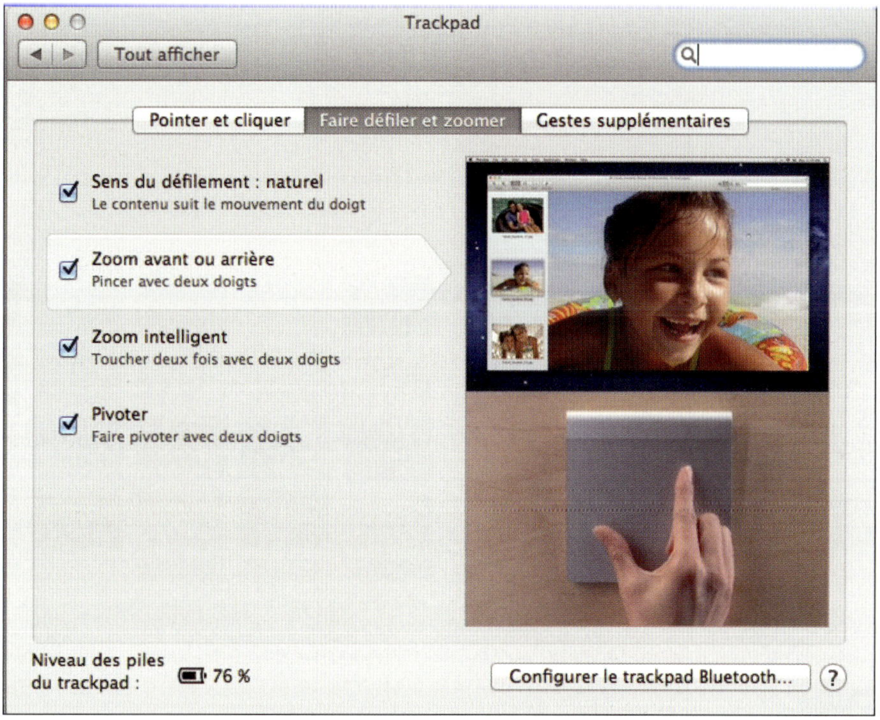

Figure 9.9 : L'onglet Faire défiler et zoomer.

En effet, la solution la plus immédiate consiste à opter pour un des fonds fournis avec Lion. Ces fonds standard ne vous inspirent pas ? Vous préférez le portrait de votre petit dernier ou ce fabuleux coucher de soleil qui vous a coupé le souffle lors de votre récent *trip* aux Maldives ? Pas de problème ! Y a qu'à demander !

1. **Choisissez Pomme/Préférences Système ou activez l'icône correspondante du Dock.**

   La fenêtre des Préférences Système s'ouvre.

2. **Dans la rubrique Personnel, cliquez sur Bureau et éco. d'écran.**

   La fenêtre Bureau et économiseur d'écran s'ouvre.

3. **Si son onglet Bureau n'est pas affiché, activez-le.**

   L'onglet Bureau s'affiche (Figure 9.10).

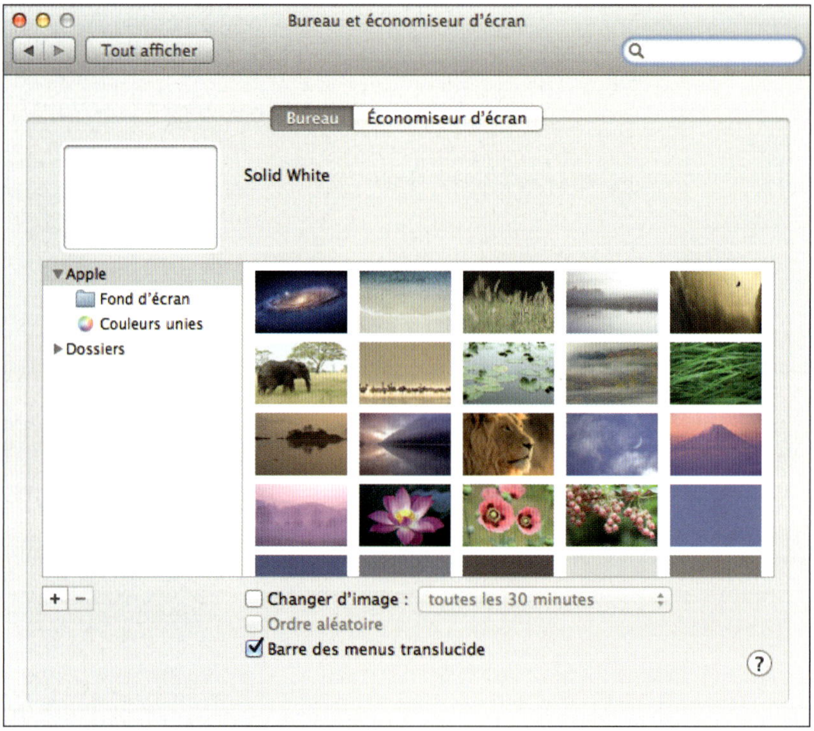

Figure 9.10 : Que l'embarras du choix !

4. **Réagissez :**

   - **Pour sélectionner un fond ou une couleur unie** : Développez l'entrée Apple à gauche, puis choisissez Fond d'écran ou Couleurs unies ; faites ensuite votre choix dans le volet droit. La modification s'opère immédiatement.

   - **Pour préférer une de vos images** : Développez l'entrée Dossiers à gauche, puis cliquez sur le signe + en bas à gauche du volet. Dans la fenêtre d'ouverture qui vous est alors proposée, localisez le dossier qui contient l'image que vous recherchez, puis sélectionnez cette image et cliquez sur Choisir. La modification s'opère immédiatement.

Lion choisit une option d'affichage en fonction de la taille de l'image par rapport à celle du Bureau (Figure 9.11).

Si l'image telle qu'elle est affichée ne vous convient pas, optez pour un autre mode d'affichage *via* le menu local placé au-dessus de la zone principale de la fenêtre (Figure 9.12).

Figure 9.11 : Souvenir de Hongrie.

Figure 9.12 : Vous trouverez sûrement votre bonheur dans cette liste.

- **Occuper tout l'écran** : Agrandit l'image dans les mêmes proportions dans tous les sens jusqu'à ce qu'elle occupe tout l'écran.
- **Adapter à l'écran** : Agrandit l'image dans tous les sens jusqu'à ce que sa hauteur soit égale à la hauteur de l'écran, ou sa largeur égale à la largeur de l'écran.
- **Ajuster aux dimensions de l'écran** : Agrandit l'image dans tous les sens jusqu'à ce qu'elle occupe tout l'écran. Comme la mise à l'échelle est souvent plus importante dans un sens que dans l'autre, ce réglage aboutit en règle générale à une déformation de l'image.
- **Centrer** : Conserve la taille originale de l'image et la positionne au centre du Bureau.
- **Disposer en mosaïque** : Conserve la taille originale de l'image et la répète autant de fois que nécessaire jusqu'à ce qu'elle occupe tout l'écran.

TRUC

Validez l'option Changer d'image pour faire défiler les images du dossier sélectionné ; choisissez alors une fréquence dans le menu local voisin. Les images seront proposées dans l'ordre où elles s'affichent ici, à moins que vous ne validiez l'option Ordre aléatoire.

5. **Fermez la fenêtre.**

Personnaliser le Dock

Ah ! Le Dock ! Qu'est-ce qu'on ferait sans le Dock !

Le Dock, c'est génial pour lancer vos programmes. Mais c'est parfois irritant quand on n'y trouve pas ce qu'on cherche (un programme qu'on utilise régulièrement, mais qui n'y figure pas) ou quand on y trouve ce qu'on ne cherche pas (un programme qu'on emploie rarement et qui y figure donc de manière indue).

Notez que le Dock ne prévoit pas des raccourcis que vers les programmes : il traite sur un pied d'égalité les documents et les dossiers. Seule distinction : les programmes s'ajoutent à gauche du séparateur, les documents et les dossiers à droite.

ATTENTION

Les dossiers ajoutés au Dock deviennent des piles, qui fonctionnent comme la pile Documents dont il a déjà été question.

- **Pour ajouter une icône au Dock (programme, document ou dossier)** : Localisez l'icône à ajouter, puis faites-la glisser à gauche du séparateur s'il s'agit d'un programme (Figure 9.13), à droite dans le cas d'un document ou d'un dossier.

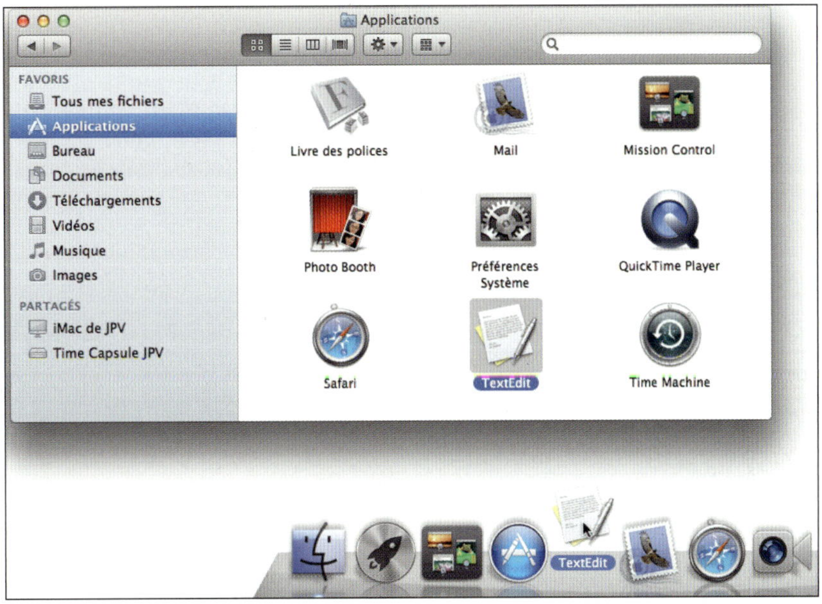

Figure 9.13 : TextEdit s'apprête à rejoindre le Dock.

L'original n'est pas touché : seul le raccourci est ajouté au Dock.

- **Pour déplacer une icône dans le Dock** : Faites-la glisser vers la gauche ou vers la droite et relâchez quand elle atteint l'emplacement souhaité.
- **Pour supprimer une icône du Dock** : Faites-la glisser vers le haut, en dehors du Dock. Elle disparaît dans un nuage.

L'original n'est pas touché : seul le raccourci est supprimé du Dock.

Exercer le contrôle parental

Vous n'avez aucune envie que votre ado passe ses journées (et ses nuits !) scotché derrière son ordinateur ? Sachez que Lion vous permet de gouverner l'usage du Mac ainsi que l'accès à Internet.

Sans compter que vous pouvez faire en sorte que la machine s'accroche aux bask' de votre clampin et vous rapporte le temps qu'il a passé sur l'ordi, les programmes qu'il a employés et les sites Web qu'il a visités. En un mot, elle moucharde.

Dans la pratique : pour avoir accès au contrôle parental, vous devez, vous, disposer d'un compte Administrateur, et l'ado à encadrer d'un compte utilisateur.

Un compte utilisateur est un espace du disque dur que Mac OS X réserve à un utilisateur donné.

Ce compte lui permet d'*ouvrir une session*, c'est-à-dire une séance de travail, une période d'utilisation sous l'identité du compte.

Chaque compte peut d'ailleurs, pour plus de sécurité, être protégé par un mot de passe de façon à éviter qu'un utilisateur ne puisse ouvrir une session sous une identité qui n'est pas la sienne.

Souvenez-vous enfin qu'à chaque utilisateur référencé est attribué un dossier Départ qui regroupe ses petites affaires. Dans l'exemple suivant, 3 utilisateurs ont été créés sur le Mac (Figure 9.14).

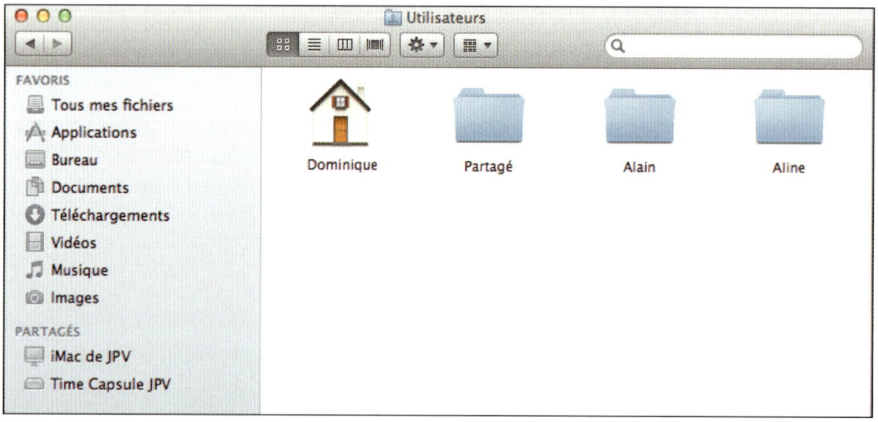

Figure 9.14 : Un ménage à trois.

Créer un compte utilisateur

En ce qui concerne le compte Administrateur, il est normalement créé lors de la configuration du Mac. L'administrateur – vous en l'occurrence – est doté des pleins pouvoirs, notamment celui d'accorder à d'autres personnes le droit d'exploiter aussi la machine.

Pour ce faire, vous commencerez par créer un compte utilisateur pour votre clampin. Détaillons la marche à suivre :

1. **Choisissez Pomme/Préférences Système ou activez l'icône correspondante du Dock.**

   La fenêtre des Préférences Système s'ouvre.

2. **Dans la rubrique Système, cliquez sur Utilisateurs et groupes.**

   La fenêtre Utilisateurs et groupes s'ouvre.

3. **Si son onglet Mot de passe n'est pas affiché (Figure 9.15), activez-le.**

Figure 9.15 : Vous voilà dans le Saint des Saints.

4. **En bas à gauche, cliquez sur le cadenas pour le déverrouiller.**

   On vous réclame un mot de passe (Figure 9.16).

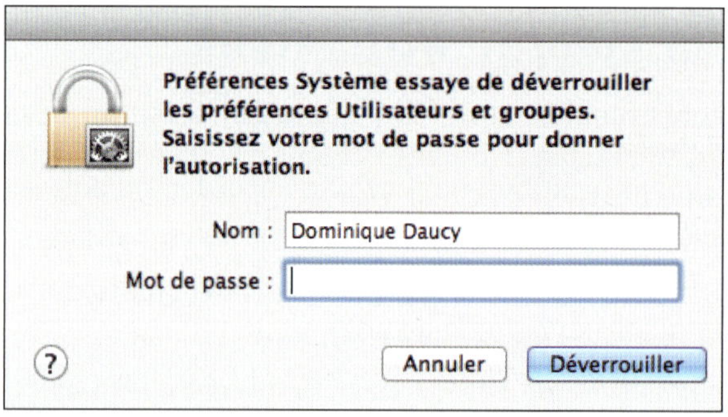

Figure 9.16 : Halte-là !

5. **Entrez cette clé d'accès, puis cliquez sur Déverrouiller.**

   Le cadenas s'ouvre, vous autorisant à modifier les réglages de la fenêtre.

6. **Cliquez sur le signe + placé sous la liste de gauche.**

   Une fenêtre de création de compte vous est proposée (Figure 9.17).

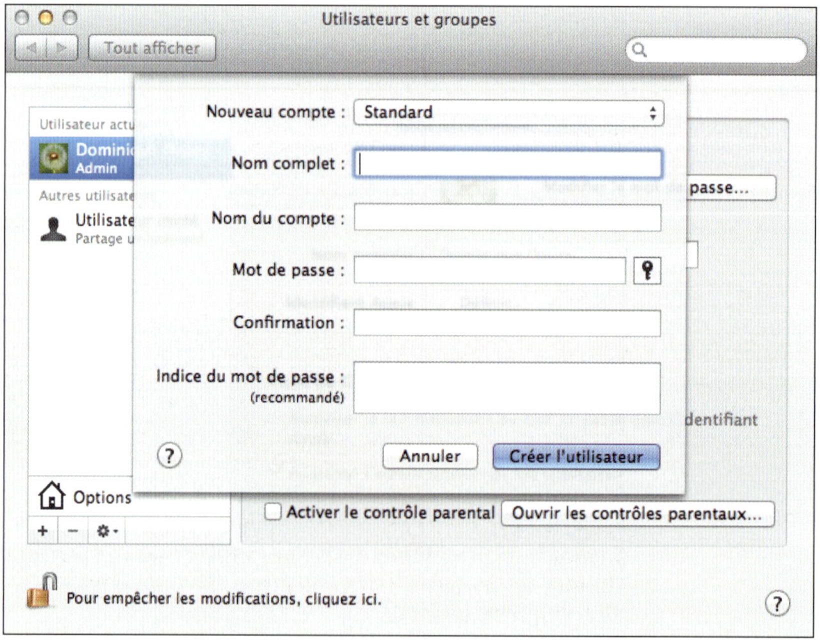

Figure 9.17 : C'est au pied du mur…

7. **Dans le menu local Nouveau compte, choisissez Géré avec contrôles parentaux.**

   L'option Standard accorde à l'utilisateur un accès illimité au Mac, mais lui interdit de créer, modifier ou supprimer d'autres comptes utilisateur. Il ne peut pas non plus installer de nouveaux logiciels. Un compte Géré avec contrôles parentaux est un compte Standard qu'on soumet à toute une série de limitations.

8. **Remplissez ensuite les autres cases de la fenêtre en fonction de l'identité du nouvel utilisateur que vous êtes en train de créer.**

   Le nom abrégé est celui qui sera donné au dossier Départ de l'utilisateur en question. Il ne peut contenir aucune espace et est, en outre, sensible à la distinction majuscules/minuscules.

   Le mot de passe doit comporter un minimum de 6 caractères. L'icône en forme de clé est en fait un Assistant Mot de passe, qui vous aide à générer un mot de passe aléatoire plus ou moins sécurisé. Faites appel à lui si vous êtes à court d'idées. Notez que ce mot de passe est facultatif (exception faite des comptes Administrateur qui ne peuvent s'en passer). Si vous décidez de ne pas associer de mot de passe au compte que vous êtes en train de créer, une fenêtre vous demandera de confirmer cette prise de position.

9. **Cliquez sur Créer l'utilisateur.**

   Si l'ouverture automatique de session est activée, la fenêtre suivante s'ouvre (Figure 9.18).

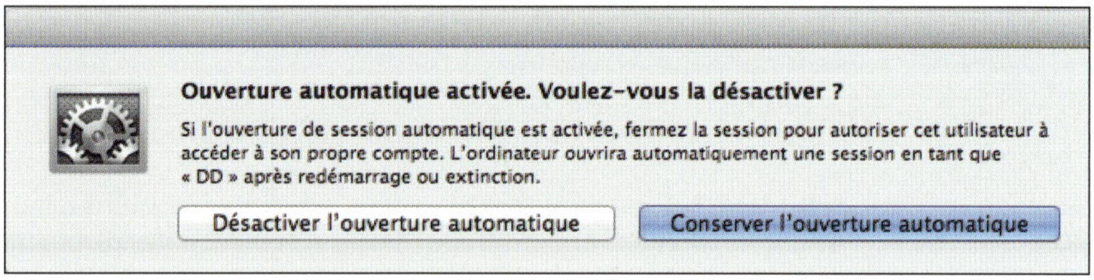

Figure 9.18 : Ouverture automatique ou pas ouverture automatique.

10. **Cliquez sur Désactiver l'ouverture automatique pour qu'aucune session ne s'ouvre automatiquement après redémarrage ou extinction. Il faudra alors transiter par une fenêtre de démarrage dans laquelle chaque utilisateur devra sélectionner son compte et entrer l'éventuel mot de passe assorti.**

    Le nouveau compte utilisateur s'affiche dans la liste de gauche. Il est identifié par une icône attribuée par Mac OS X et suivi de la mention Contrôlé (Figure 9.19).

Figure 9.19 : Plus on est de fous…

Le compte est créé ; vous pouvez à présent le paramétrer. Mais avant, un petit détail : apprenez à modifier ces icônes ridicules que le système attribue à ses utilisateurs :

1. **Dans la partie gauche de la fenêtre Utilisateurs et groupes, sélectionnez le compte à traiter.**
2. **Dans la partie droite, cliquez sur l'icône du compte.**

   Un volet s'affiche, qui vous propose d'autres icônes du même acabit (Figure 19.20). Tant mieux si vous y trouvez votre bonheur.
3. **Sinon, cliquez sur Modifier l'image.**

   La fenêtre de modification de l'image s'ouvre (Figure 9.21).

Figure 9.20 : Bof !

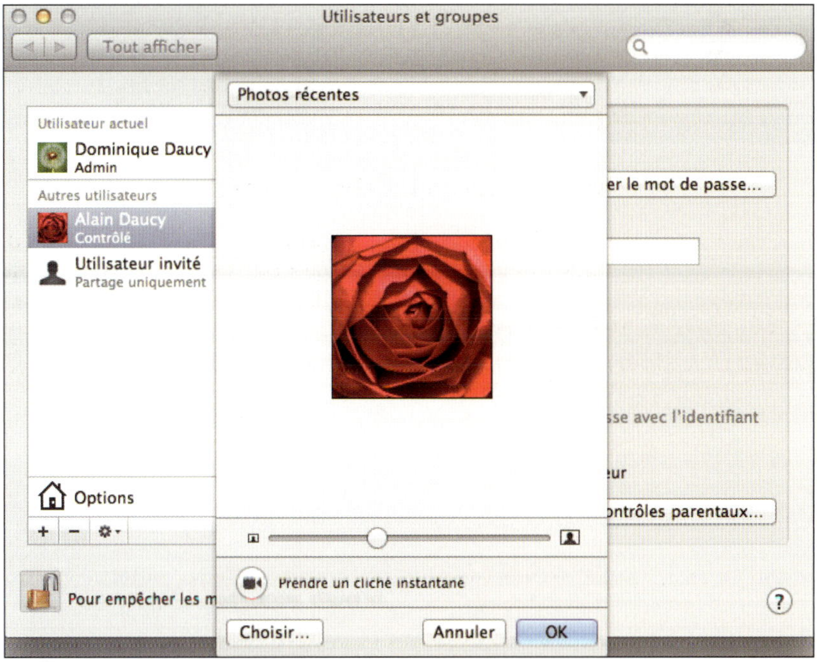

Figure 9.21 : Ça paraît prometteur.

4. **Réagissez :**

   - **Pour prendre une photo de la personne assise devant l'ordi** : Cliquez sur Prendre un cliché instantané. Après 3 secondes, la caméra intégrée du Mac se déclenche. Il ne vous reste plus qu'à cliquer sur OK pour associer cette photo au compte sélectionné.

   - **Pour désigner un autre fichier image** : Cliquez sur Choisir. Une fenêtre d'ouverture vous est alors proposée ; naviguez jusqu'au fichier image que vous voulez utiliser, sélectionnez-le, puis validez *via* le bouton Ouvrir. De retour dans la fenêtre précédente, cliquez sur OK.

TRUC

Dans les deux cas, le curseur placé sous l'image vous permet de définir la taille de la zone à utiliser, sachant que tout ce qui se trouve en dehors du carré de sélection – qui se manifeste quand vous faites glisser ce curseur vers la droite – ne sera pas retenu ; ensuite, faites glisser le carré dans la représentation pour sélectionner la portion à afficher (Figure 9.22).

Figure 9.22 : Ça, c'est du centrage.

Limiter la mobilité

Désormais, tout ce qui n'est pas interdit est autorisé. À vous de contenir l'enthousiasme de votre progéniture.

Pour lui raboter les ailes :

1. **Dans la partie gauche de la fenêtre Utilisateurs et groupes, assurez-vous que le compte à brider est bien sélectionné ; sinon, sélectionnez-le.**
2. **Dans la partie droite, cliquez sur Ouvrir les contrôles parentaux.**

   La fenêtre Contrôle parental s'ouvre. Elle propose cinq onglets (Figure 9.23) dont nous commentons ci-après les principales options.

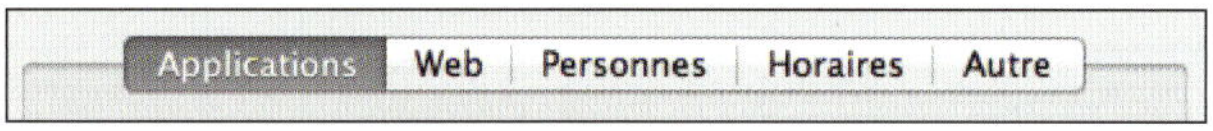

Figure 9.23 : Ouïe ! Ça va faire mal !

3. **Agissez dans ces différents onglets (nous les détaillons ci-après).**
4. **Quand vous avez terminé, recliquez sur le cadenas pour le verrouiller afin d'éviter toute modification intempestive dans cette fenêtre.**
5. **Fermez la fenêtre.**

Onglet Applications

Ce premier onglet (Figure 9.24) permet de limiter l'accès aux ressources logicielles du Mac.

- **Utiliser le Finder simplifié** : Pour substituer à l'interface classique une interface simplifiée où le Dock ne comporte que trois dossiers (Applications, Documents et Partagé), où les dossiers s'ouvrent directement par simple clic et où seul l'accès aux applications autorisées et à leurs documents est possible. Idéal pour les enfants ou les utilisateurs novices.
- **Limiter les applications** : Pour ne permettre à l'utilisateur concerné de n'exploiter que les applications choisies par vos soins.

  Le menu local Autoriser les applications de l'App Store vous permet de fixer un âge en dessous duquel l'accès aux applications téléchargées depuis cette boutique logicielle sera bloqué. La commande Ne pas autoriser est encore plus draconienne : elle interdit tout usage d'apps provenant de ce magasin en ligne.

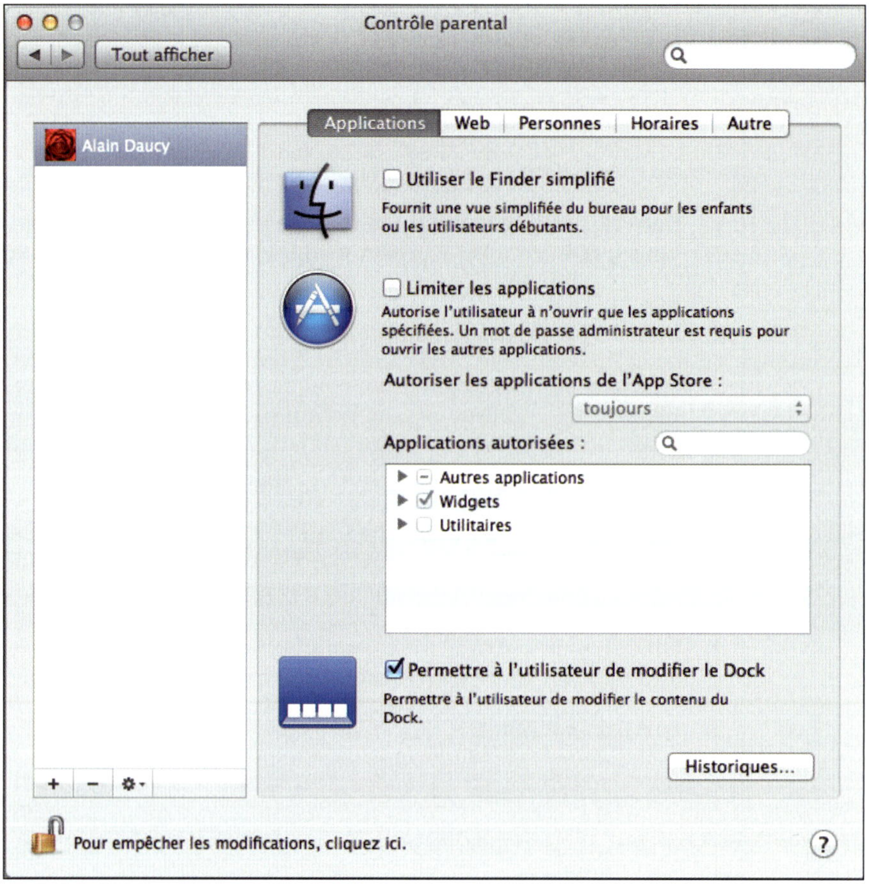

Figure 9.24 : Jusque-là et pas plus loin.

- **Permettre à l'utilisateur de modifier le Dock** : Pour contrôler l'accès à la personnalisation du Dock.
- **Historique** : Pour retracer l'historique de l'activité d'un utilisateur et donc savoir comment celui-ci a exploité la machine (Figure 9.25).
  - **Afficher l'activité depuis** : Pour choisir la période pour laquelle vous souhaitez consulter l'historique.
  - **Grouper par** : Pour spécifier le mode de tri des entrées de l'historique.
  - **Ensembles d'historiques** : Pour sélectionner un type d'historique.
    - **Sites Web visités** : Pour connaître les sites Web auxquels l'utilisateur a tenté d'accéder. Un triangle vous permet de connaître les détails ; un bouton Restreindre vous permet d'inhiber l'accès au site.

– **Sites Web bloqués** : Pour connaître les sites Web bloqués par les contrôles parentaux quand l'utilisateur a tenté de les afficher. Un triangle vous permet de connaître les détails ; un bouton Autoriser vous permet de libérer l'accès au site.

– **Applications** : Pour savoir quelles applications l'utilisateur a utilisées. Un triangle vous permet de connaître les détails ; un bouton Restreindre vous permet de bloquer l'usage de l'application.

– **iChat** : Pour connaître les messages instantanés que l'utilisateur a échangés. Un triangle vous permet de connaître les détails ; un bouton Restreindre vous permet d'inhiber la communication avec la personne en question.

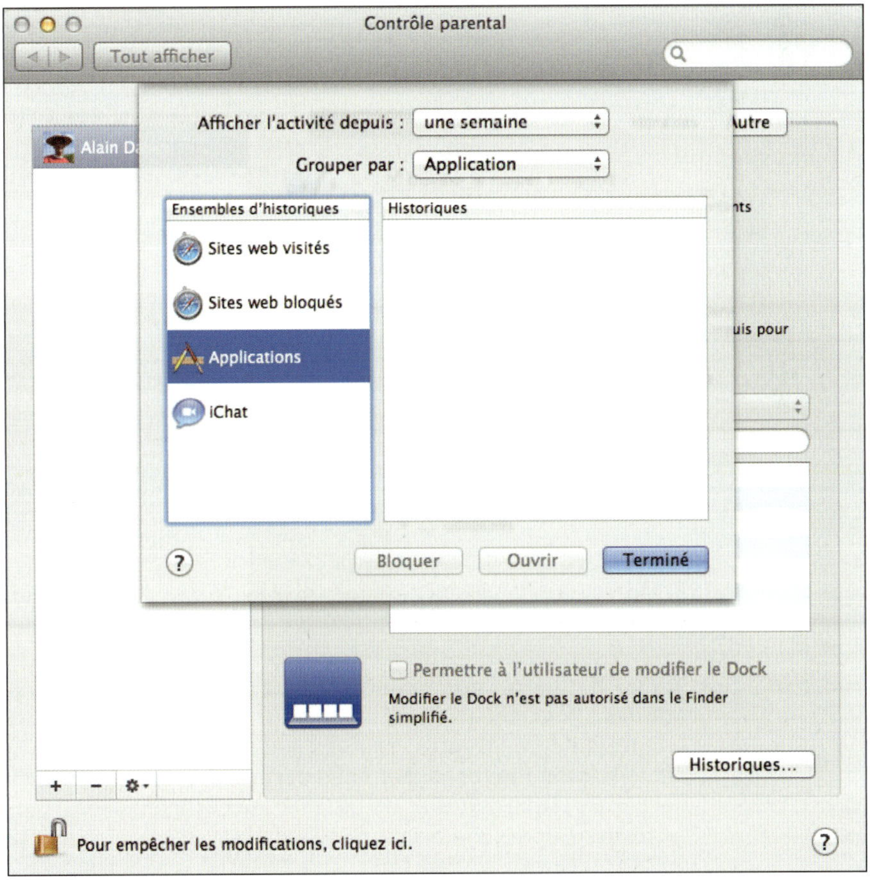

Figure 9.25 : Le Mac moucharde.

Onglet Web

Ce deuxième onglet (Figure 9.26) sert à contrôler l'accès au Web.

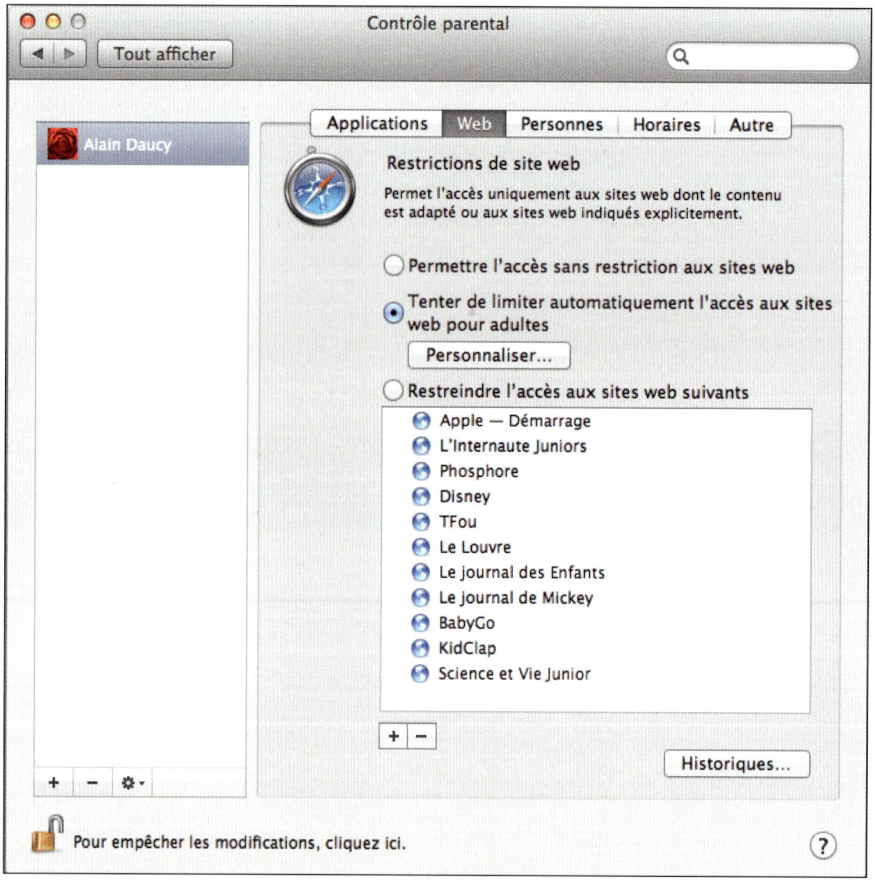

Figure 9.26 : Fini le surf effréné !

- **Tenter de limiter automatiquement l'accès aux sites Web pour adultes** : Pour une navigation libre sur le Web, exception faite, grâce à un filtre intégré, de sites réservés aux adultes. Une fenêtre accessible *via* le bouton Personnaliser vous permet d'autoriser manuellement l'accès à certains sites et de bloquer l'accès à d'autres.

- **Restreindre l'accès aux sites Web suivants** : Pour n'autoriser l'accès qu'aux sites Web référencés dans la liste correspondante. Les boutons + et – du bas de la liste vous permettent de personnaliser la liste.

TRUC

Vous l'aurez deviné : l'option Permettre l'accès sans restriction aux sites Web laisse l'utilisateur libre de vagabonder à sa guise.

Onglet Personnes

Ce troisième onglet (Figure 9.27) permet de brider l'exploitation des deux logiciels de communication électronique que sont Mail (pour les courriers électroniques) et iChat (pour les conversations en direct).

Figure 9.27 : Pour mettre votre rejeton sur écoute.

- **Limiter l'accès à Mail** : Pour interdire l'échange de courriels avec d'autres personnes que celles définies dans la liste Contacts autorisés.
- **Limiter l'accès à iChat** : Pour interdire les conversations instantanées avec d'autres personnes que celles définies dans la liste Contacts autorisés.

Les boutons + et – du bas de la liste vous permettent de personnaliser la liste d'adresses de messagerie et de messagerie instantanée.

NOTE TECHNIQUE

Les options définies dans ce volet ne concernent que Mail et iChat ; les éventuels autres programmes de communication installés sur votre Mac ne sont pas concernés par ces restrictions.

Onglet Horaires

Ce quatrième onglet (Figure 9.28) vous permet de spécifier des durées d'utilisation semaine et/ou week-end. Allez ! Ne vous sentez pas coupable. On sait bien que tout ça, c'est pour le bien de nos chères têtes blondes.

Figure 9.28 : Une vraie fiche de pointage.

- **Limiter l'utilisation de l'ordinateur à** : Pour pouvoir spécifier pendant combien d'heures l'utilisateur peut utiliser le Mac pendant la semaine et/ou pendant le week-end. La glissière correspondante définit la durée autorisée.
- **Heure du coucher** : Pour pouvoir, grâce aux options Veilles de jour scolaire et/ou Week-end, définir une plage horaire pendant laquelle l'utilisateur ne peut accéder au Mac.

Onglet Autre

Ce cinquième et dernier onglet (Figure 9.29) regroupe quelques options qui vous permettent de serrer la vis encore un peu plus.

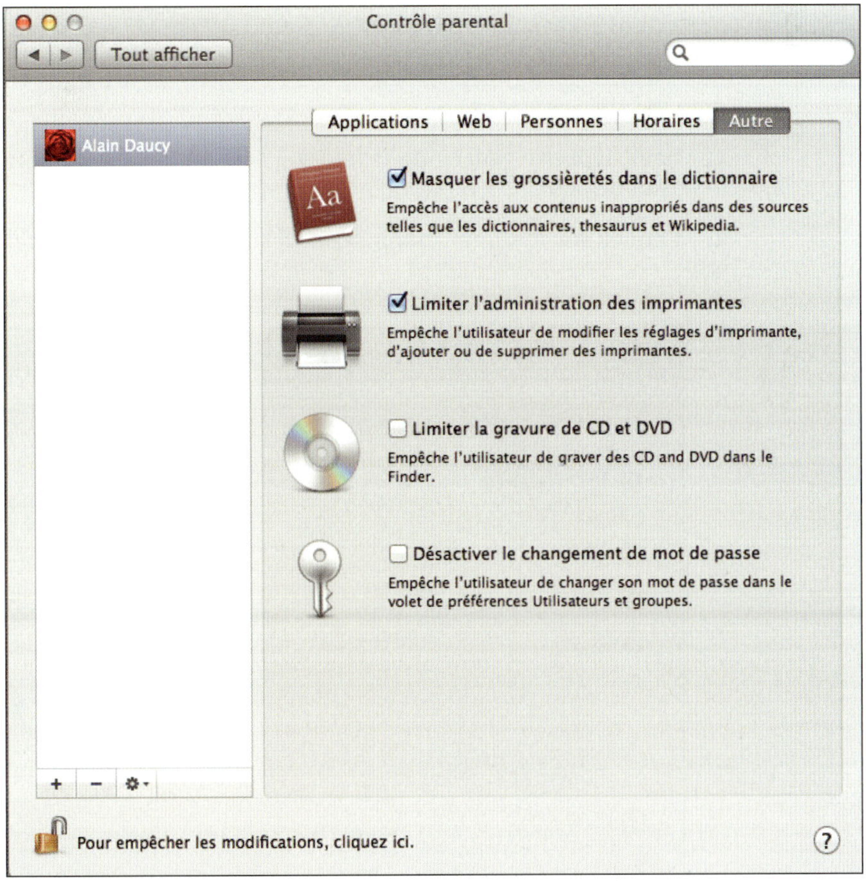

Figure 9.29 : Tant que vous y êtes… !

- **Masquer les grossièretés dans le dictionnaire** : Pour bannir des dicos tout terme jugé inadéquat.

- **Limiter l'administration des imprimantes** : Pour empêcher l'utilisateur d'ajouter ou de supprimer des imprimantes, ou encore d'en modifier les paramètres.
- **Limiter la gravure de CD et DVD** : Pour empêcher l'utilisateur de graver des disques, qu'ils soient CD ou DVD.
- **Désactiver le changement de mot de passe** : Pour interdire à l'utilisateur de modifier sa clé d'accès.

Supprimer un compte utilisateur

Vous pouvez revenir à cette préférence Utilisateurs et groupes chaque fois que le cœur vous en dit, par exemple pour modifier les réglages d'un compte utilisateur, ou carrément pour le supprimer.

Pour supprimer un compte :

1. **Dans la partie gauche de la fenêtre, sélectionnez le compte utilisateur à supprimer.**
2. **Cliquez sur le signe – (moins) placé sous la liste de gauche.**

   La fenêtre de suppression de compte s'ouvre (Figure 9.30).

Figure 9.30 : Il y a des décisions à prendre.

3. **Réagissez :**

   - **Pour sauvegarder le contenu du dossier Départ de l'utilisateur** : Validez l'option Enregistrer le dossier de départ dans une image disque (fichier unique qui en regroupe plusieurs) que vous retrouverez dans le dossier Utilisateurs supprimés du dossier Utilisateurs.

   - **Pour ne pas déplacer le dossier Départ de l'utilisateur** : Cochez Ne pas modifier le dossier de départ. Ce dossier reste donc à son emplacement habituel (c'est-à-dire dans le dossier Utilisateurs), mais ses autorisations sont modifiées afin que seul le compte Administrateur (donc vous !) y ait accès.

   - **Pour carrément supprimer le dossier Départ de l'utilisateur** : Optez pour Supprimer le dossier de départ. Toute trace de l'utilisateur sur votre disque dur est effacée. Dans la foulée, validez l'option Effacer le dossier de départ de manière sécurisée pour une éradication ferme et définitive.

4. **Cliquez sur OK.**

Troisième partie

Je m'occupe dans mon coin

« Ça, c'est quand j'ai été obligée de rentrer en stop au village, tu ne t'étais pas aperçu que j'étais tombée de la voiture ! »

Dans cette partie...

Résolument individualiste, cette partie se concentre sur les activités que vous mènerez seule, face à votre ordinateur, qu'il s'agisse de traiter le texte, de manipuler les chiffres, de gérer les musiques, d'archiver les photos ou de monter les films. Un fameux programme en perspective !

Ce n'est qu'au terme de cet ambitieux périple que nous vous emmènerons aux portes du cyberespace. Chaque chose en son temps !

Chapitre 10

Je fais mon courrier – Pages

Dans ce chapitre :

- Créer un document vierge.
- Saisir le texte.
- Vérifier l'orthographe.
- Apprendre à sélectionner.
- Ajouter des éléments particuliers.
- Formater les caractères.
- Formater les paragraphes.
- Formater le document.

Désormais, vous maîtrisez l'interface de Lion. Euh… enfin, presque. Assez en tout cas pour que les choses sérieuses puissent commencer.

Et c'est avec le traitement de texte Pages de la suite bureautique créative iWork que vous allez entamer votre pèlerinage au pays des programmes.

Nous n'envisageons certes pas de vous faire faire le tour de cet outil par le menu. Non, le but est autre : vous permettre de découvrir son environnement et de parvenir à rédiger des courriers simples dont vous n'aurez pas à rougir.

Seul bémol : Pages est à la fois un logiciel de traitement de texte et un logiciel de mise en page. Pour des raisons évidentes d'exiguïté, nous nous bornerons à l'aspect texte du programme. Si son volet mise en page vous intéresse, consultez l'aide en ligne et essayez-vous à la PAO. Après tout, qui ne tente rien n'a rien.

Une suite logicielle ?

On appelle *suite logicielle* un ensemble de programmes qui offrent des fonctionnalités liées et qui, le plus souvent, présentent une interface similaire.

C'est le cas du célébrissime Microsoft Office, qui compte notamment trois valeurs sûres qu'on ne présente plus : Microsoft Word (le traitement de texte), Microsoft Excel (le tableur) et Microsoft PowerPoint (le logiciel de présentation).

Nous avons, dans cet ouvrage, pris le parti de rester dans la filière « Apple » et donc de vous présenter deux programmes de la suite iWork dans leur version 2009, Pages et Numbers. Le premier fait l'objet de ce chapitre, le second du suivant.

Créer un document vierge

Commençons par le commencement. Quand, dans la *vraie vie*, vous voulez écrire une lettre, que faites-vous ? Vous prenez une feuille de papier ? Eh bien, dans l'univers informatique, c'est la même chose.

Vous avez appris au Chapitre 7 que le simple fait de lancer un programme provoque, en général, la création d'un document vierge. Pages n'échappe pas à la règle.

Pourquoi attendre ? Inutile de tergiverser ! Mettez donc cet outil en service. Les plus douées devraient y parvenir sans problème. Pour les autres, un petit coup de pouce : activez l'icône Pages du Dock (Figure 10.1).

Figure 10.1 : Comme s'il y avait un peu de craie dans l'encrier…

ATTENTION

Normalement, elle s'y trouve automatiquement après installation de la suite. Sinon, vous la trouverez dans le Launchpad ou dans le sous-dossier iWork '09 de votre dossier Applications.

TRUC

Au premier démarrage, un écran d'accueil vous est proposé. Vous y trouverez une présentation vidéo du programme. Cliquez sur Fermer pour gagner son interface.

Pages démarre et vous propose d'emblée son sélecteur de modèles (Figure 10.2) dont la rubrique Traitement de texte mérite toute notre attention.

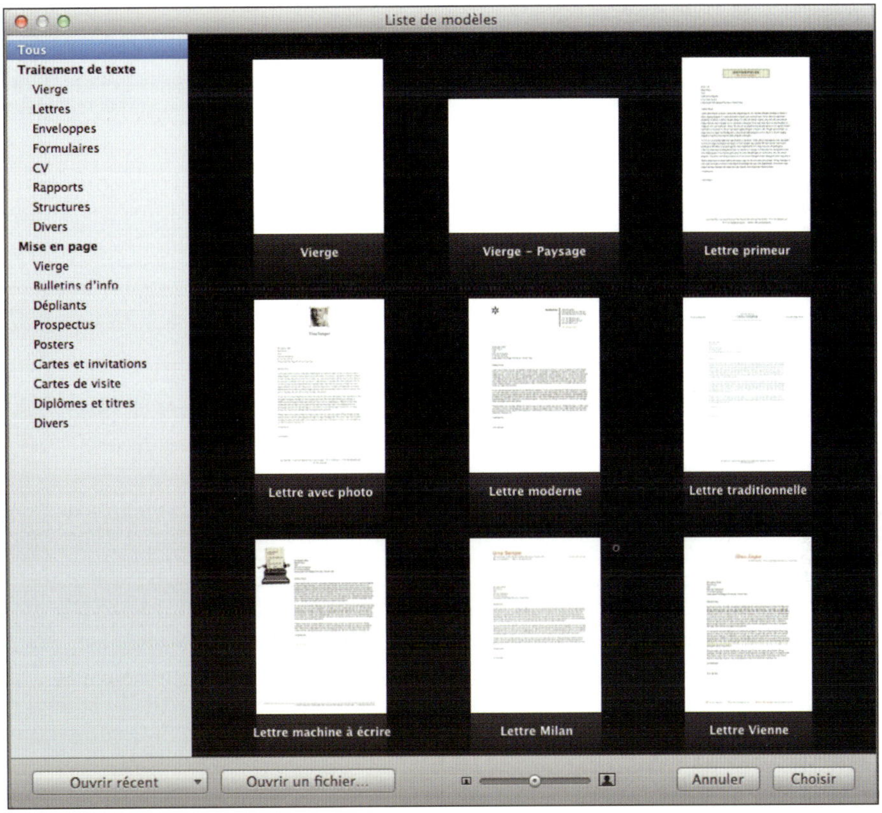

Figure 10.2 : Ça se présente bien.

Vous y trouverez une série de modèles (voir encadré ci-après). Toutefois, partant du principe que « qui peut le plus peut le moins », nous vous proposons, pour les besoins de l'exposé, de sélectionner l'option Vierge, puis de valider votre choix en cliquant sur Choisir.

Ah ! La voilà la fameuse feuille blanche qui en angoisse tant d'entre vous (Figure 10.3). Ne vous laissez pas impressionner ! Pages a beau rouler les mécaniques, on ne vous la fait pas !

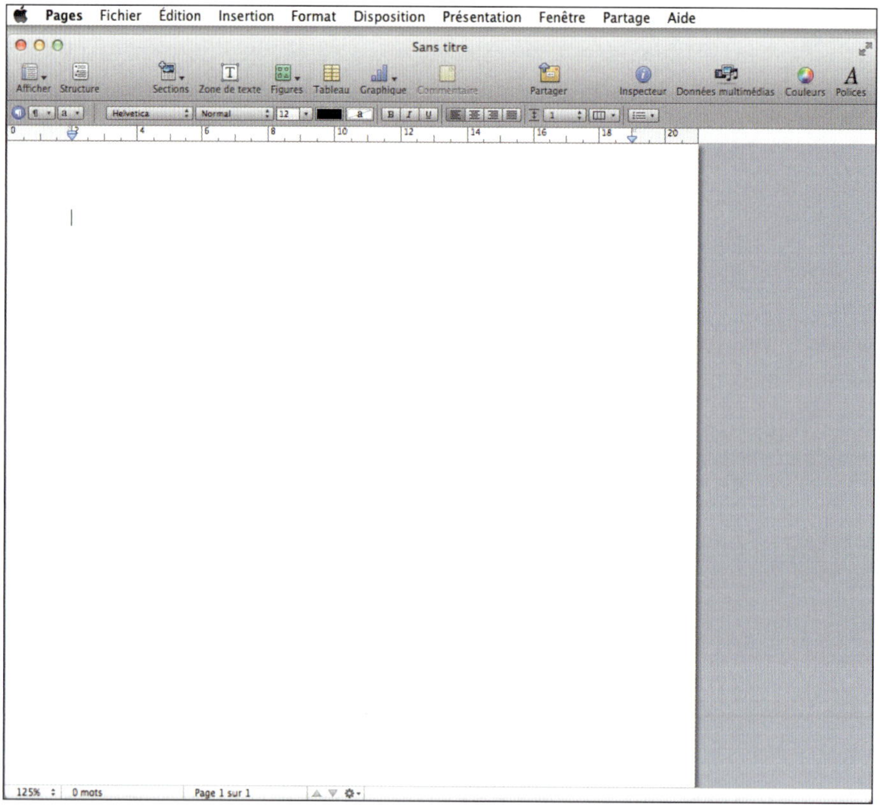

Figure 10.3 : Le monde de Pages.

Pour créer un nouveau document alors que le programme est déjà en service, c'est la commande Nouveau ou Créer à partir de la liste de modèles qu'il faut invoquer. Vous la trouverez dans le haut du menu Fichier.

Saisir le texte

Ben oui, y a pas de miracle : le texte, il va bien falloir le taper ! Agitez donc vos petites mimines sur votre clavier : quand faut y aller, faut y aller !

Cette section vous apprend à préparer le contenu brut de votre document. Par *brut*, entendez *non formaté*. Nous allons donc successivement vous montrer comment taper votre texte, créer des listes, rechercher/remplacer et – *last but not least* – vérifier l'orthographe.

Angoissée face à la page blanche ?

Vous êtes de celles que la page blanche intimide, voire tétanise ? Pensez alors à exploiter les modèles fournis avec le programme.

Il s'agit là d'une série de documents prêts à l'emploi, des documents préformatés classés par thèmes (lettres, CV, rapports...). Leur principal intérêt : ils vous dispensent d'imaginer et de réaliser vous-même le travail de fond puisque vous n'avez qu'à sélectionner les éléments échantillons qui s'y trouvent pour leur substituer les vôtres.

Pour vous mettre l'eau à la bouche, voici le modèle CV avec photo :

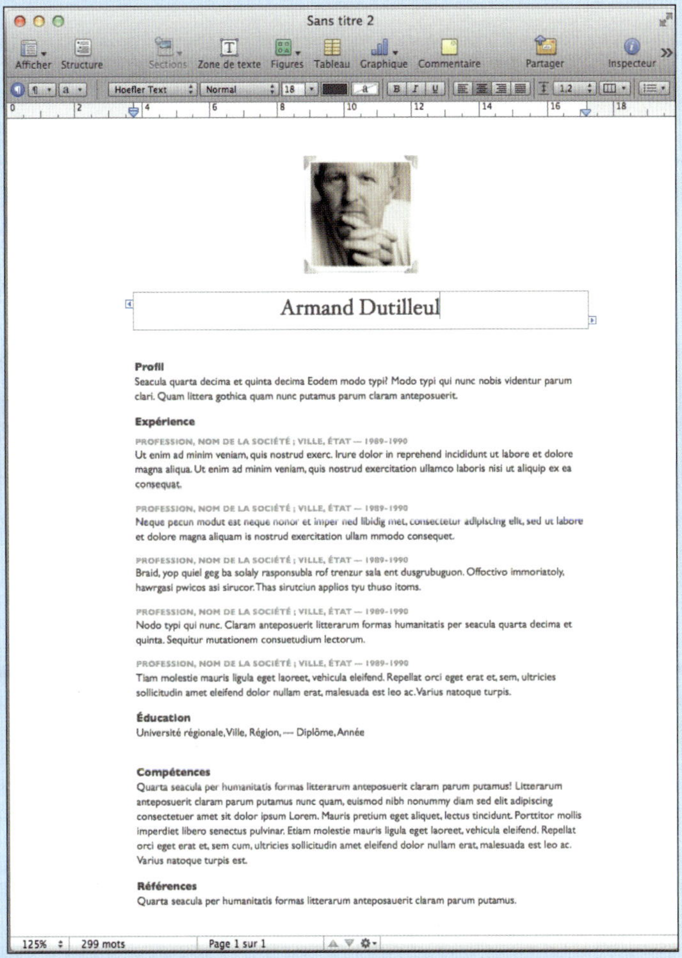

Pour le reste, les documents issus de modèles se manipulent exactement comme des documents standard. Lisez la suite de ce chapitre pour savoir comment vous y prendre.

Taper

Si vous avez lu les premiers chapitres de cet ouvrage, vous connaissez votre clavier ; rien ne s'oppose donc à ce que la saisie commence !

Le point d'insertion s'impatiente. Ça fait déjà dix minutes qu'il clignote vainement en haut du document. Allez-y : tapez !

Pratiquez alors ce qu'il est convenu d'appeler la *frappe au kilomètre.* Ça dit bien ce que ça veut dire : vous tapez jusqu'à plus soif.

Ne venez surtout pas nous dire qu'on tape vite à deux doigts !

Le fait de parler de programmes de *traitement de texte* a tendance à faire oublier aux utilisatrices que, pour traiter le texte, il faut d'abord qu'il y ait du texte. Et pour qu'il y ait du texte, il faut que quelqu'un – vous en l'occurrence – l'ait saisi.

Si c'est une tâche que vous êtes régulièrement amenée à réaliser, pensez à investir dans un logiciel d'apprentissage de dactylo et à apprendre la maîtrise aveugle du clavier.

Ne faites pas comme celles qui tapent à deux doigts et jurent leurs grands dieux qu'elles tapent super vite. C'est idiot, surtout que des tas d'enquêtes menées dans différents pays ont établi de manière irréfutable que la seule façon correcte de dactylographier rapidement, c'est à dix doigts et en aveugle.

Vous êtes du genre à ne pas en démordre ? Eh bien, sachez que quelqu'un qui tape à deux doigts sans maîtrise aveugle du clavier fait, par rapport à une dactylo digne de ce nom :

- 70 000 mouvements de plus de contrôle des yeux ;
- 50 000 mouvements de plus de la tête ;
- 3 km par jour de déplacement des mains et des doigts ;
- une foule de mouvements inutiles des bras et du buste.

Et cette liste est loin d'être exhaustive !

Vous voyez à quoi vous échappez si vous tapez comme une pro ? Sans compter que les efforts musculaires sont moindres (puisque la frappe s'exécute par de légers mouvements des doigts courant sur le clavier plutôt que par un effort exagéré de la main et du bras entier), que la frappe est tout à la fois plus correcte et plus rapide, que le travail est plus soigné, que la perception des erreurs est immédiate, que l'attention, démobilisée des problèmes de saisie, peut se concentrer sur l'aspect intellectuel de la tâche, *etc., etc., etc.*

Personnellement, nous avons commencé très tôt notre carrière de dactylographe, bien avant les milliers et les milliers de pages que notre carrière dans l'édition nous a amenées à taper. Chaque jour, nous nous sommes félicitées d'avoir pris le temps de commencer par nous astreindre, même si ça n'a pas été drôle tous les jours, à acquérir cette technique de maîtrise aveugle du clavier et de frappe à dix doigts. D'accord, expérience d'autrui n'instruit pas. Mais tout de même… Accordez-vous dix minutes pour réfléchir à la question. Elle en vaut la peine.

N'enfoncez pas la touche Retour à la fin de chaque ligne comme les plus âgées d'entre vous ont peut-être appris à le faire sur les vieilles Remington ou autres Olivetti de leur jeunesse. N'utilisez cette touche que pour créer des paragraphes.

Les utilisatrices expérimentées préfèrent souvent formater en tapant. Imbattables en matière d'équivalents clavier, elles invoquent la plupart des commandes sans toucher à la souris et formatent à la volée. Comme vous n'en êtes pas encore là, nous vous suggérons de suivre le cheminement plus modeste que nous balisons ici et qui, en gros, répond au principe *Taper d'abord, formater ensuite.*

Créer une liste

Pages facilite grandement la création de listes (Figure 10.4).

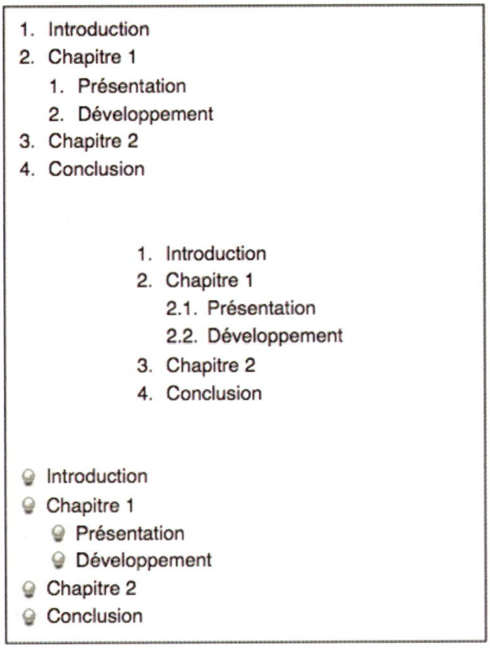
1. Introduction
2. Chapitre 1
   1. Présentation
   2. Développement
3. Chapitre 2
4. Conclusion

1. Introduction
2. Chapitre 1
   2.1. Présentation
   2.2. Développement
3. Chapitre 2
4. Conclusion

- Introduction
- Chapitre 1
  - Présentation
  - Développement
- Chapitre 2
- Conclusion

Figure 10.4 : Les listes de Pages.

1. **Choisissez un style de liste dans le menu local Liste de la barre d'outils (Figure 10.5).**

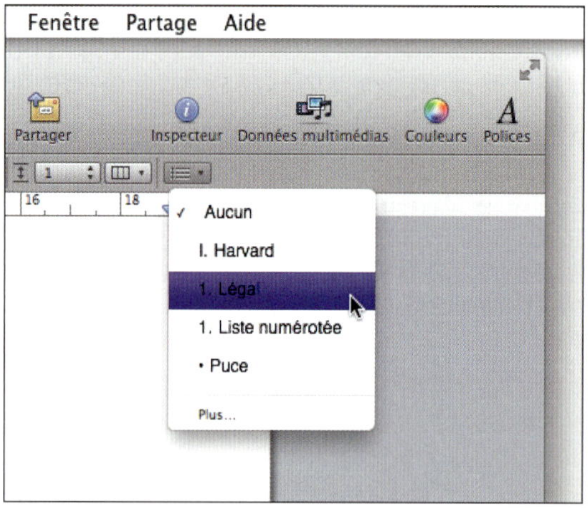

Figure 10.5 : Cherchez les bons outils aux bons endroits.

TRUC

Ce choix n'est pas irrémédiable : vous pourrez en valider un autre lorsque la liste sera constituée.

2. **Tapez le premier élément de la liste.**
3. **Tapez la suite :**
   - **Pour ajouter un élément de même niveau que le précédent** : Enfoncez la touche Retour.
   - **Pour ajouter un élément d'un niveau inférieur au précédent** : Enfoncez la touche Retour, puis Tabulation.
   - **Pour ajouter un élément d'un niveau supérieur au précédent** : Enfoncez la touche Retour, puis Majuscule + Tabulation.
4. **Quand vous avez terminé, désactivez la fonction Liste en choisissant Aucun dans le même menu local.**

Quelques trucs pour gérer une liste constituée :

- **Pour attribuer un niveau inférieur à un élément d'une liste ainsi qu'à ses éventuels sous-éléments** : Cliquez dans l'élément, puis choisissez Format/Texte/Augmenter le retrait de la liste. L'élément est déplacé vers la droite ainsi que tous ses éventuels sous-éléments.
- **Pour attribuer un niveau supérieur à un élément d'une liste ainsi qu'à ses éventuels sous-éléments** : Cliquez dans l'élément, puis choisissez Format/Texte/Diminuer le retrait de la liste. L'élément est déplacé vers la gauche ainsi que tous ses éventuels sous-éléments.

- **Pour attribuer un niveau inférieur à un élément d'une liste sans affecter ses éventuels sous-éléments** : Cliquez dans l'élément, enfoncez la touche Option et maintenez-la dans cette position tandis que vous choisissez Format/Texte/Augmenter le retrait de la liste en ignorant les sous-sections. Seul l'élément est déplacé vers la droite.
- **Pour attribuer un niveau supérieur à un élément d'une liste sans affecter ses éventuels sous-éléments** : Cliquez dans l'élément, enfoncez la touche Option et maintenez-la dans cette position tandis que vous choisissez Format/Texte/Diminuer le retrait de la liste en ignorant les sous-sections. Seul l'élément est déplacé vers la gauche.

Rechercher et remplacer

Pages est doté d'une puissante fonction de recherche/remplacement ; nous ne détaillerons ici que la partie immergée de l'iceberg.

1. **Cliquez à l'endroit où la procédure doit commencer, en général au début du document.**
2. **Choisissez Édition/Rechercher/Rechercher… ou enfoncez les touches Commande + F.**

   La fenêtre Rechercher et remplacer s'ouvre.

3. **Assurez-vous que c'est l'onglet Simple qui est affiché (Figure 10.6) ; sinon, activez-le.**

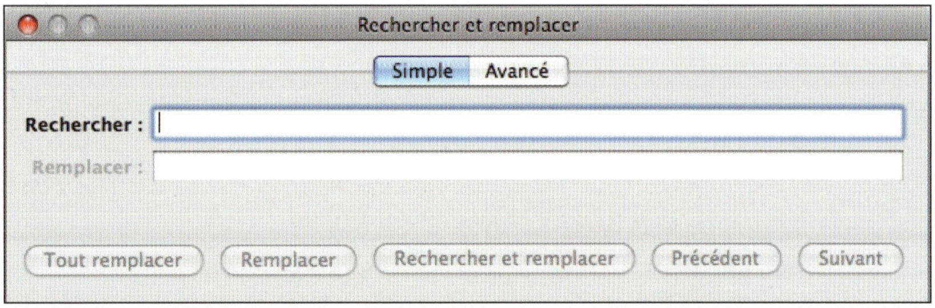

Figure 10.6 : Pages est à vos ordres, le doigt sur la couture du pantalon.

4. **Dans la case Rechercher, tapez le texte à rechercher.**
5. **Dans la case Remplacer, tapez éventuellement le texte de substitution.**

   TRUC

   Pour supprimer un texte dont le document courant contient plusieurs occurrences, faites une recherche/remplacement en laissant vide la case Remplacer.

6. **Lancez la procédure en cliquant sur Suivant.**

Si elle existe, Pages isole la première occurrence du texte recherché.

7. **Réagissez :**

   - **Pour remplacer l'occurrence et rechercher l'occurrence suivante** : Cliquez sur Rechercher et remplacer.
   - **Pour remplacer l'occurrence et interrompre la procédure** : Cliquez sur Remplacer.
   - **Pour laisser l'occurrence intacte et rechercher la suivante** : Cliquez sur Suivant.
   - **Pour remplacer l'occurrence précédente** : Cliquez sur Précédent.
   - **Pour remplacer toutes les occurrences** : Cliquez sur Tout remplacer.
   - **Pour interrompre la procédure** : Cliquez dans la case de fermeture de la fenêtre.

Vérifier l'orthographe

L'orthographe, ce n'est pas votre fort ? Pas d'inquiétude : Pages est d'emblée configuré pour vérifier automatiquement ce que vous tapez. Dès qu'il détecte une faute d'orthographe, il souligne le mot incriminé en rouge. Il ne vous reste alors qu'à opérer un clic secondaire sur l'erreur et à choisir une correction dans le menu contextuel correspondant (Figure 10.7).

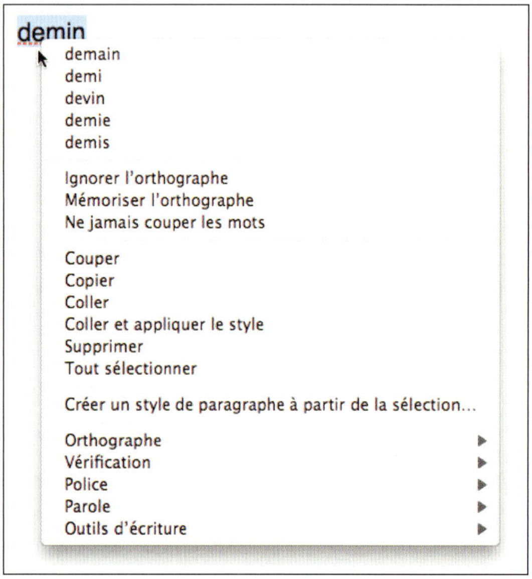

Figure 10.7 : Plus pratique qu'un dico.

Ces traits ondulés vous agacent ? Sachez que vous pouvez à tout moment inhiber la vérification automatique. Il vous suffit, pour ce faire, de désactiver la commande Édition/Orthographe/Vérifier l'orthographe lors de la frappe.

Si la vérification automatique est désactivée, vous devrez prendre vous-même la direction des opérations. Pour lancer la vérification de manière manuelle :

1. **Cliquez à l'endroit où la vérification orthographique doit commencer, en général au début du document.**

2. **Choisissez Édition/Orthographe/Orthographe ou enfoncez les touches Commande + : (deux-points).**

   La fenêtre Orthographe s'ouvre (Figure 10.8). Le programme y épingle d'emblée la première erreur qu'il rencontre.

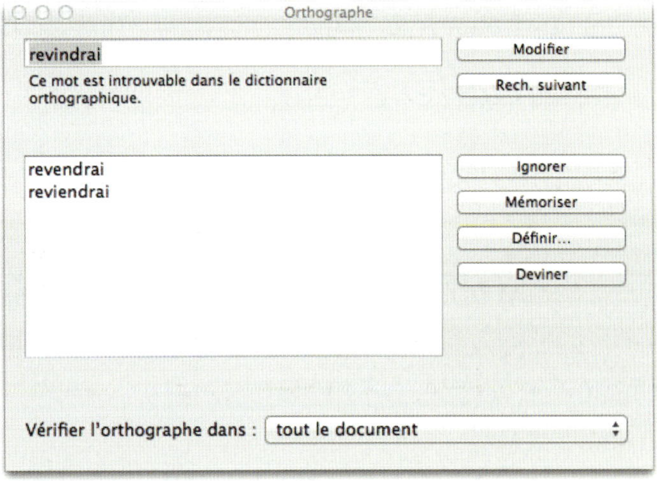

Figure 10.8 : Rien n'échappe à Pages.

3. **Réagissez :**

   - **Pour corriger l'erreur vous-même** : Opérez la correction souhaitée dans la case d'édition du haut, puis cliquez sur Modifier.

   - **Pour corriger l'erreur en acceptant une des suggestions de Pages** : Sélectionnez la suggestion qui vous agrée dans la liste de gauche, puis cliquez sur Modifier.

   - **Pour ne pas corriger l'erreur (Pages s'est trompé ; c'est vous qui avez raison)** . Cliquez sur Ignorer.

- **Pour ne pas corriger l'erreur (Pages s'est trompé ; c'est vous qui avez raison) et ajouter le mot au dictionnaire du programme afin qu'il ne l'épingle plus à l'avenir** : Cliquez sur Mémoriser.

4. **Quand la procédure prend fin, fermez la fenêtre.**

Apprendre à sélectionner

Selon un principe quasiment universel, *action* sous-entend *sélection*. En d'autres termes, vous ne pourrez agir que sur des éléments préalablement sélectionnés. Apprenez donc rapidement à maîtriser les techniques correspondantes :

- **Pour sélectionner un mot** : Cliquez deux fois dans le mot.
- **Pour sélectionner un paragraphe :** Cliquez trois fois dans le paragraphe.
- **Pour sélectionner une portion quelconque** : Opérez par cliquer-glisser. Détaillons : cliquez à gauche du premier caractère à sélectionner et maintenez enfoncé le bouton de la souris, puis faites glisser jusqu'au dernier.

  OU :

  Opérez par Majuscule + clic : cliquez à gauche du premier caractère à sélectionner, relâchez le bouton de la souris, puis Majuscule + cliquez à droite du dernier.
- **Pour sélectionner tout le document** : Choisissez Édition/Tout sélectionner.

TRUC

Notez que l'action de la touche Commande associée aux techniques décrites ci-dessus permet d'opérer des sélections discontinues, c'est-à-dire non adjacentes : un paragraphe dans le haut d'une page, un mot quelques lignes plus bas et trois lignes sur la page suivante, par exemple. Décomposons la démarche :

1. **Opérez la première sélection.**
2. **Si nécessaire, déplacez-vous.**
3. **Activez la touche Commande et maintenez-la dans cette position.**
4. **Opérez la deuxième sélection.**
5. **Relâchez la touche Commande.**
6. **Répétez l'opération autant de fois que nécessaire.**

Ajouter des éléments particuliers

Vous allez apprendre, dans cette section, à ajouter quelques éléments particuliers : un saut de page, une page vierge, un tableau et une image.

Un saut de page

Par défaut, Pages découpe automatiquement vos documents en pages. Pour ce faire, il se fonde sur les paramètres du document que sont le format du papier et les valeurs des marges. Lorsqu'il estime, selon ses calculs, que ce que vous avez tapé remplit une page, il introduit spontanément un saut de page (dit *automatique* puisque géré par le programme), saut de page qu'il représente en affichant une zone grisée entre la page qui précède et celle qui suit (Figure 10.9).

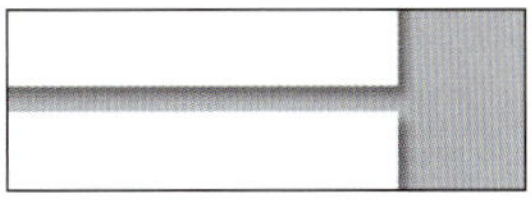

Figure 10.9 : C'est clair.

Rien, toutefois, ne vous empêche d'introduire des sauts de page où bon vous semble ; on parle alors de *sauts de page manuels*.

ATTENTION

Il est évident que ces sauts de page manuels ne servent à forcer le passage d'une page à l'autre que quand la page en question n'est pas pleine. Car si elle l'est, c'est le saut automatique qui intervient et vous ne pourrez mathématiquement rien faire tenir de plus sur la page, à moins, bien sûr, de modifier certains paramètres (le format du papier, les valeurs des marges, la taille du texte, *etc.*).

Pour introduire un saut de page manuel :

1. **Cliquez à l'endroit où le saut de page doit être introduit.**

2. **Choisissez Insertion/Saut de page.**

Une page vierge

En toute logique, si vous êtes capable d'introduire un saut de page, vous êtes aussi capable d'introduire une page vierge.

Réfléchissez : une page vierge, ce n'est rien d'autre qu'une page sans contenu intercalée entre deux autres pages. Il suffit donc d'introduire deux sauts de page manuels consécutifs. Vous l'aviez deviné ? Parfait !

Un tableau

Pages propose une fonction évoluée de gestion des tableaux.

Nous n'aborderons pas ici les tableaux dits *de tabulations* (vous savez, ces tableaux constitués à l'aide de *taquets* qui ont donné bien du fil à retordre à nos grands-mères dactylos).

Nous nous concentrerons plutôt sur les techniques de base qui régissent la création de tableaux dits *de cellules*. Pages a en effet emprunté aux tableurs le principe des cases ou *cellules*, éléments de base de ce type de structures.

1. **Cliquez à l'endroit où le tableau doit être inséré.**
2. **Choisissez Insertion/Tableau ou cliquez sur l'icône Tableau de la barre d'outils.**

   Pages trace un tableau, sélectionne la cellule supérieure gauche et y ancre le point d'insertion, prêt à saisir du texte (Figure 10.10).

Figure 10.10 : Vite fait, bien fait.

Ne vous inquiétez pas si vous ne savez pas encore exactement de combien de lignes et de colonnes vous allez avoir besoin : vous pourrez modifier ces valeurs par la suite. Mais, si vous préférez prendre les devants, sachez que vous pouvez dessiner vous-même le tableau : enfoncez la touche Option et maintenez-la dans cette position tandis que vous cliquez sur l'icône Tableau ; votre pointeur prend alors la forme d'un réticule : vous n'avez plus qu'à tracer votre tableau dans l'espace de travail.

Pages ne se contente pas de créer la structure : il vous ouvre aussi son fameux inspecteur, une fenêtre qui regroupe les options par thème. Ici, c'est l'onglet Tableau de l'inspecteur des tableaux qui vous est proposé (Figure 10.11) ; il regroupe, bien entendu, les commandes qui vont vous permettre de gérer cette structure.

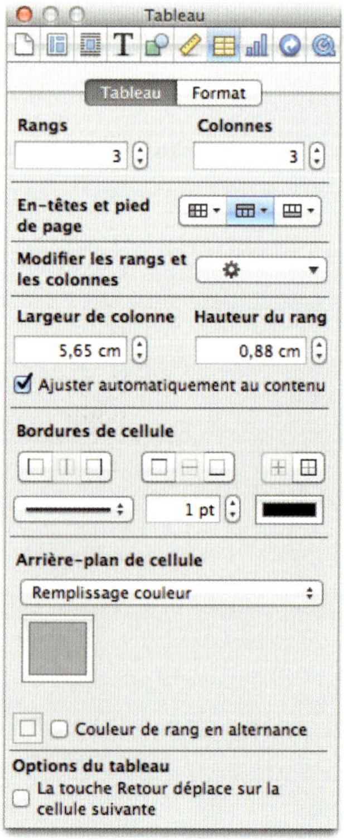

Figure 10.11 : Une flopée de commandes à votre disposition.

Nous ne nous étendrons pas, faute de place, sur les techniques de gestion des tableaux. Sachez simplement qu'il suffit de cliquer dans une cellule pour y ancrer le point d'insertion, puis y saisir du texte. Sachez aussi que la touche Tabulation vous permet de naviguer de cellule en cellule, de gauche à droite et de haut en bas. Sachez encore que, si le pointeur se trouve dans la dernière cellule de la structure, l'activation de cette même touche provoque la création d'une ligne supplémentaire.

Quant aux principales autres commandes de gestion des tableaux de cellules, vous les trouverez regroupées dans cet onglet Tableaux. Les plus basiques ne devraient pas vous poser de problèmes : elles vous permettent de gérer le nombre de rangs et de colonnes, la hauteur des rangs et la largeur des colonnes, les opérations de sélection, d'insertion et de suppression, les bordures et les arrière-plans.

Une image

Vous aimez les fioritures ? Vous allez être servie.

Pages, en effet, vous permet, dans son module Traitement de texte, d'introduire des images. *A priori*, ces illustrations sont importées en tant qu'objets incorporés, c'est-à-dire qu'elles se déplaceront en même temps que le texte qui les entoure. Tous les formats graphiques classiques sont acceptés, notamment TIFF, GIF, JPEG et PDF.

Vous pouvez agir par souris :

1. **Cliquez à l'endroit du document où vous voulez que l'image soit introduite.**
2. **Gagnez le Finder et ouvrez la fenêtre dans laquelle se trouve l'image à importer.**
3. **Enfoncez la touche Commande et maintenez-la dans cette position.**
4. **Faites glisser l'icône de l'image vers l'endroit de votre texte où vous voulez qu'elle échoue (Figure 10.12).**
5. **Relâchez la touche Commande.**

   L'image échoue à l'emplacement du curseur (Figure 10.13).

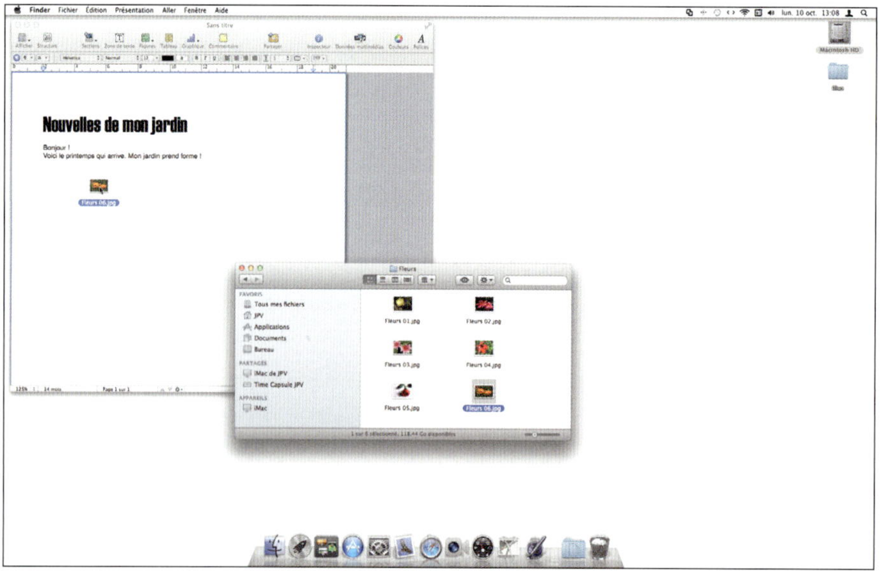

Figure 10.12 : Décidément, cette souris sert à tout !

Figure 10.13 : Et voilà le travail !

Vous pouvez aussi agir par menu :

1. **Cliquez à l'endroit du document où vous voulez que l'image soit introduite.**
2. **Choisissez Insertion/Choisir.**
3. **Dans la fenêtre qui vous est alors proposée, localisez l'image à ouvrir.**
4. **Cliquez sur Insérer.**

À partir de là, vous devriez être à même de gérer la situation. Quelques pistes :

- **Pour sélectionner l'image** : Cliquez dessus.
- **Pour redimensionner l'image** : Sélectionnez-la, puis faites glisser une de ses poignées.
- **Pour ajouter à l'image un cadre, une ombre ou un reflet** : Sélectionnez-la, puis, pour ajouter un cadre, déroulez le menu local Style de trait de la barre des formats et choisissez-y un cadre. Pour l'ombre et/ou le reflet, utilisez les icônes éponymes de la même barre (Figure 10.14).

Figure 10.14 : À gauche, une bordure ; au centre, un ombrage ; à droite, un reflet.

- **Pour ajuster l'image** : Sélectionnez-la, puis invoquez la commande Afficher Ajuster l'image du menu Présentation. La fenêtre correspondante s'affiche (Figure 10.15).

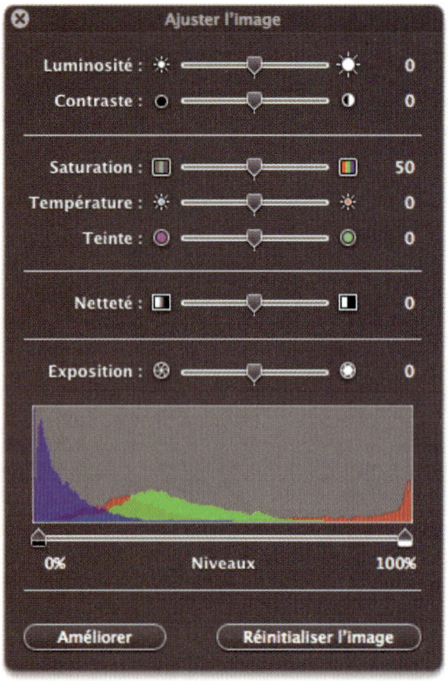

Figure 10.15 : Ça promet !

Amusez-vous à faire glisser les différents curseurs disponibles jusqu'à ce que vous obteniez un résultat qui vous convient (Figure 10.16).

Figure 10.16 : À gauche, l'image importée ; au centre, après diminution de la luminosité ; à droite, après augmentation de l'exposition.

TRUC

Notez la présence, en bas à droite, d'un bouton baptisé Réinitialiser l'image. Bien pratique si vos réglages ne vous plaisent pas et que vous souhaitez revenir à l'image de départ.

- **Pour supprimer l'image** : Sélectionnez-la, puis enfoncez la touche Suppression ou Retour arrière.

Imaginons à présent que le contenu de votre document est prêt. Hors de question, toutefois, de l'imprimer comme ça. En femme avisée que vous êtes, vous n'ignorez pas que la présentation, c'est la moitié de la situation.

Nous allons donc entamer le formatage de votre fichier, qui va s'échelonner sur trois niveaux :

- **Le formatage des caractères** : C'est le niveau 1 de la mise en forme. Nous envisagerons comment modifier la police, le style et la taille et vous apprendrons à ajouter une couleur au texte et à son arrière-plan.
- **Le formatage des paragraphes** : Appliqués à un ou plusieurs paragraphes, ces réglages de niveau 2 permettent de contrôler, notamment, l'alignement, l'interligne, l'interparagraphe, le retrait, la bordure et le fond.
- **Le formatage du document** : Au niveau 3, enfin, le formatage du document regroupe les actions à mener sur le document proprement dit : valeurs des marges, numérotation des pages, taille, orientation et échelle.

Formater les caractères

Première étape incontournable dans tous les cas de figure : sélectionner les caractères à traiter. Ensuite, vous pouvez agir.

NOTE TECHNIQUE

Toutes les commandes que nous décrivons ici sont accessibles depuis la barre des formats, cette barre d'outils qui court sous la barre classique et qui propose icônes et menus locaux. Si, pour une raison ou pour une autre, elle n'est pas affichée, obligez-la à se manifester, la vilaine, *via* la commande Afficher la barre des formats du menu Présentation.

Police

Une *police* est un ensemble de caractères présentant un même dessin de base. Il en existe des milliers ; la Figure 10.17 en montre quelques exemples.

Ce texte est présenté en Calibri.

Ce texte est présenté en Bauhaus.

Ce texte est présenté en Garamond.

Ce texte est présenté en Lucida Handwriting

Ce texte est présenté en Trebuchet.

Figure 10.17 : Quelques polices parmi tant d'autres.

Pages en propose une belle panoplie, largement suffisante pour satisfaire vos envies d'exotisme. Il suffit de dérouler le menu local Famille de polices de la barre des formats (Figure 10.18) et d'y faire un choix.

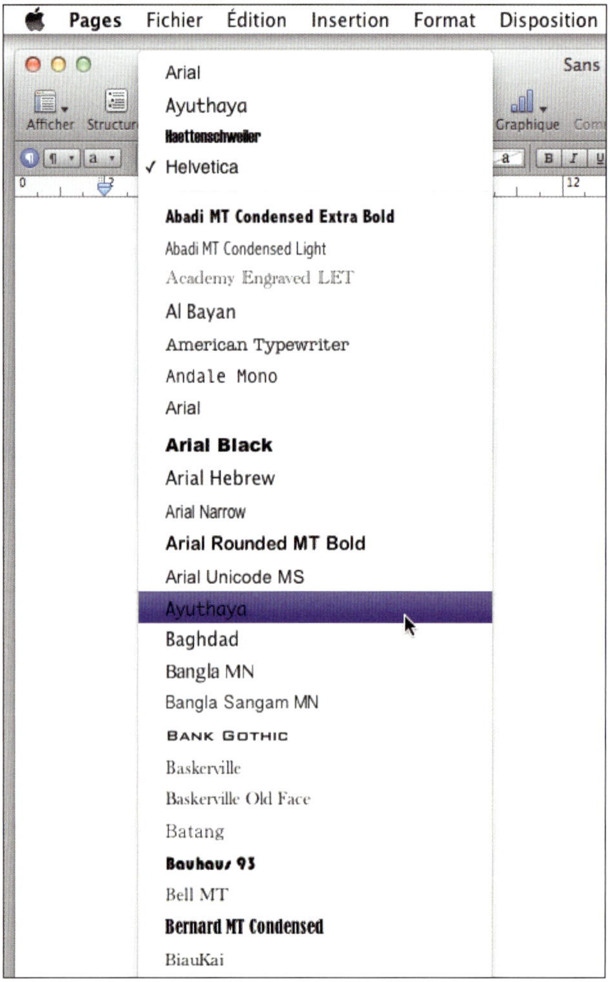

Figure 10.18 : C'est Byzance !

TRUC

Quand vous aurez navigué quelques fois dans ce menu, vous verrez que Pages est plein d'attentions : il regroupe dans le haut de la liste les polices de caractères que vous avez choisies il y a peu. Accès direct, sans descente aux enfers dans les tréfonds du menu.

Serif ou sans serif : bas les pattes !

Les typographes ont établi différentes classifications des polices de caractères. Sans entrer dans des détails qui nous éloigneraient de notre propos délibérément minimaliste, signalons malgré tout qu'une de ces typologies répartit les polices en deux catégories : serif et sans serif, ou avec ou sans empattement.

Les *empattements* sont les petites extensions qui, dans certaines polices de caractères, terminent le dessin des lettres. Les deux exemples classiques : le Times pour les polices serif et l'Helvetica pour les sans serif.

L'empattement accompagne l'œil

d'une lettre à l'autre.

Il est communément admis que les polices serif sont plus faciles à lire, car l'empattement guide l'œil du lecteur d'une lettre à l'autre. C'est l a raison pour laquelle on préfère présenter le corps du texte en serif et réserver le sans serif aux titres et intertitres. Vous voilà au courant. Faites de cette info ce que bon vous semble.

Style

Le *style* est une variante du dessin de base d'une police de caractère. Les trois styles classiques sont : gras, italique et gras/italique. Ils sont disponibles dans le menu Type de caractères (Figure 10.19) à condition qu'ils aient été prévus par le concepteur de la police et qu'ils soient disponibles en même temps que le dessin de base appelé *normal*.

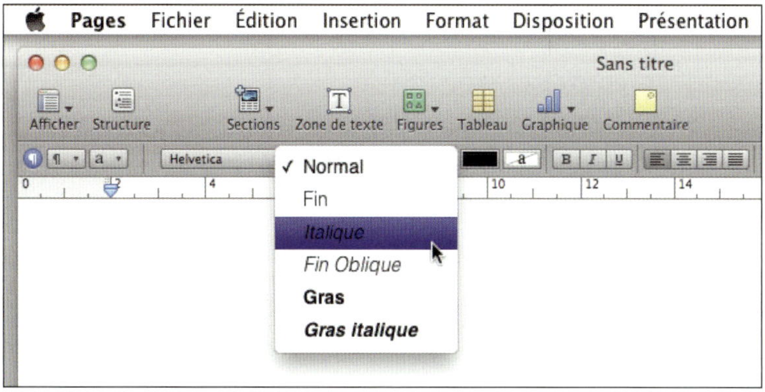

Figure 10.19 : Variations sur le même thème.

S'ils ne sont pas prévus d'origine, il vous reste toujours la possibilité de recourir aux commandes de mise en gras et/ou de mise en italique proposées par Pages. Il y joint le soulignement. Ces trois commandes figurent, elles aussi, dans la barre des formats (Figure 10.20).

Figure 10.20 : Trois icônes bien pratiques.

Taille

La *taille* des caractères se mesure en points (Figure 10.21). En général, le corps du texte est présenté en 10 ou en 12, les titres forcément en plus grand, les éventuelles notes de bas de page en plus petit.

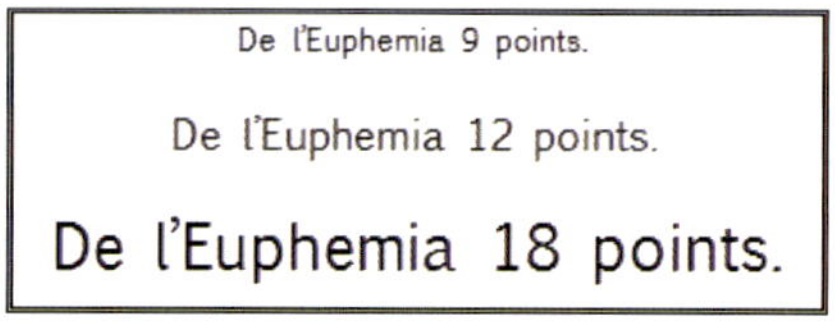

Figure 10.21 : Ça va crescendo.

C'est le menu local Taille de la police de la barre de formats toujours qui s'y colle.

Au lieu de dérouler le menu Taille, vous pouvez cliquer dans sa case d'édition et entrer la valeur souhaitée, puis confirmer *via* la touche Entrée.

Couleur du texte

Vous voyez la vie en rose ? Et votre texte en vert olive ? N'hésitez pas : les couleurs embellissent la vie.

Ici, c'est le menu local Couleur du texte qui vous donne accès à la palette (Figure 10.22).

L'option Afficher les couleurs vous donne accès à plusieurs modèles chromatiques qui décuplent les possibilités offertes par la palette de base.

Couleur de l'arrière-plan

Les marqueurs fluo, vous aimez ? Vous êtes du genre à fluoter tout ce qui bouge ? Alors le menu local Couleur d'arrière-plan va vous emballer (Figure 10.23).

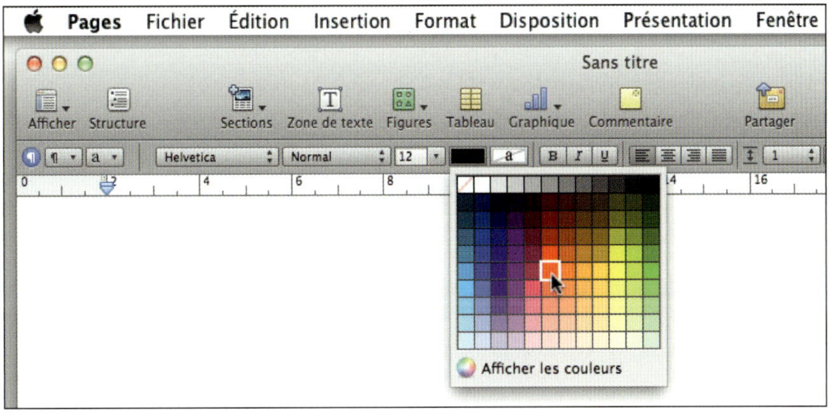

Figure 10.22 : Si le vert pomme ou l'orange pétant vous tente…

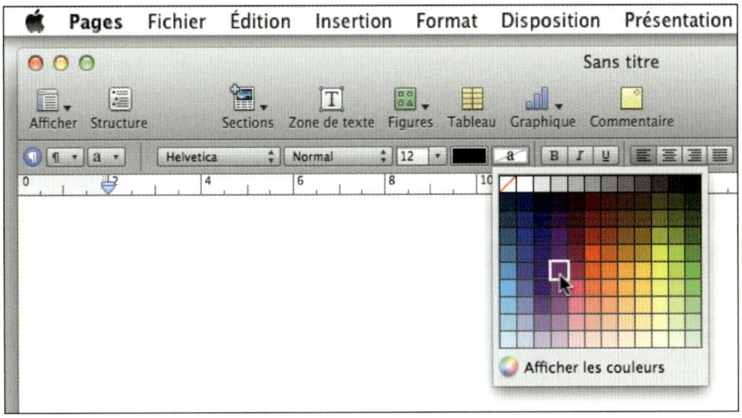

Figure 10.23 : Autant de choix qu'au magasin.

TRUC

Pour vous débarrasser de cet attribut, opérez la même sélection, puis sélectionnez l'option supérieure gauche du menu local.

Formater les paragraphes

Pour Pages, un *paragraphe* est tout ce qui est compris entre deux activations de la touche Retour (Figure 10.24). Le paragraphe peut ne comporter qu'un mot ou qu'une ligne ou, au contraire, plusieurs lignes de texte.

Bonjour.

Il fait un temps magnifique.

Les conditions sont idéales pour aller se promener le long du rivage et prendre un repas léger dans une auberge du coin, où l'accueil chaleureux qui nous sera réservé nous enchantera.

Figure 10.24 : Trois paragraphes de longueur différente.

Nous allons successivement passer en revue les formatages de paragraphes suivants : alignement, interligne, interparagraphe, retrait, bordure et couleur de l'arrière-plan. C'est parti, mon kiki !

Rappel : Ici aussi, il faut sélectionner avant de formater. Toutefois, si vous n'envisagez de traiter qu'un seul paragraphe, il suffit de cliquer dedans.

Alignement

Les quatre alignements classiques sont disponibles dans Pages (Figure 10.25) :

Word propose quatre types d'alignement. Ce paragraphe est aligné à gauche. Son bord gauche est régulier ; son bord droit ne l'est pas.

Word propose quatre types d'alignement. Ce paragraphe est aligné à droite. Son bord droit est régulier ; son bord gauche ne l'est pas.

Word propose quatre types d'alignement. Ce paragraphe est centré. Ses lignes se répartissent de part et d'autre de l'axe médian.

Word propose quatre types d'alignement. Ce paragraphe est justifié. Ses deux bords sont réguliers et alignés tant sur la marge gauche que sur la marge droite.

Figure 10.25 : Quatre variantes.

Le moyen le plus simple de contrôler l'alignement consiste à utiliser les icônes disponibles dans la barre des formats :

- **Pour aligner le début des lignes sur la marge de gauche et présenter la fin des lignes en drapeau à droit**e : Cliquez sur le bouton Aligner le texte à gauche.
- **Pour aligner la fin des lignes sur la marge de droite et présenter le début des lignes en drapeau à gauche** : Cliquez sur le bouton Aligner le texte à droite.
- **Pour répartir les lignes de part et d'autre d'un axe médian** : Cliquez sur le bouton Centrer le texte.
- **Pour forcer l'alignement des lignes à la fois sur la marge gauche et sur la marge droite** : Cliquez sur le bouton Justifier le texte.

Interligne

L'*interligne* est la distance qui sépare les lignes d'un paragraphe (Figure 10.26).

Les conditions sont idéales pour aller se promener le long du rivage et prendre un repas léger dans une auberge du coin, où l'accueil chaleureux qui nous sera réservé nous enchantera.

Les conditions sont idéales pour aller se promener le long du rivage et prendre un repas léger dans une auberge du coin, où l'accueil chaleureux qui nous sera réservé nous enchantera.

Les conditions sont idéales pour aller se promener le long du rivage et prendre un repas léger dans une auberge du coin, où l'accueil chaleureux qui nous sera réservé nous enchantera.

Figure 10.26 : Le même paragraphe en interligne 1, 1,5 et 2.

Choisissez une valeur dans le menu local Espacement (Figure 10.27).

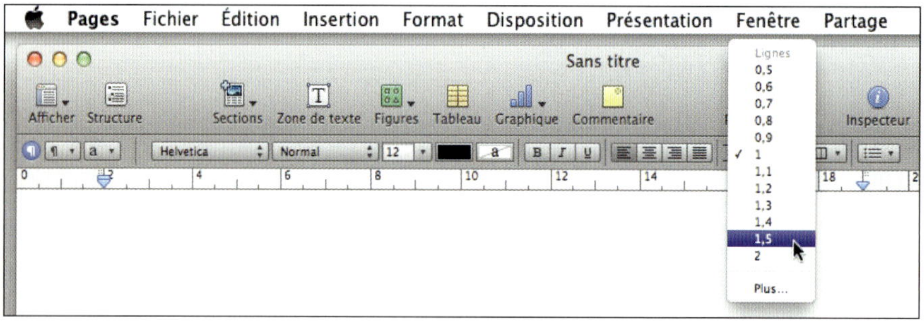

Figure 10.27 : Quelques valeurs classiques.

À moins que vous ne préfériez cliquer sur Plus pour accéder à l'onglet Texte de l'inspecteur du texte dans lequel vous pourrez vous contenter de faire glisser le curseur Interligne de la rubrique Espacement.

Interparagraphe

Si l'interligne définit la distance entre les lignes d'un paragraphe, l'interparagraphe, lui, définit celle qui sépare un paragraphe donné de celui qui le précède (interparagraphe avant) et/ou de celui qui le suit (interparagraphe après), comme l'illustre la Figure 10.28.

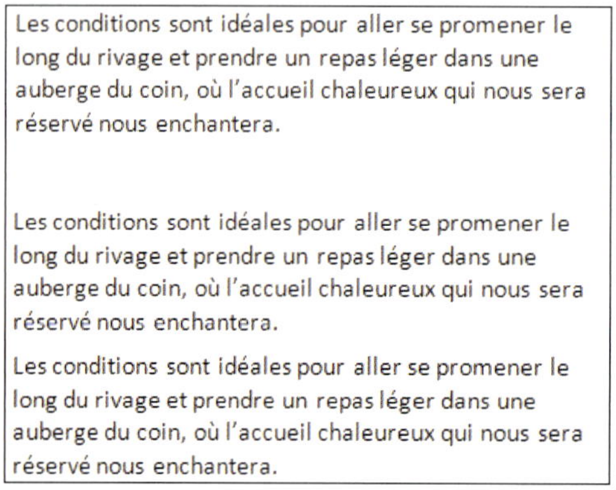

Figure 10.28 : Le deuxième paragraphe est affublé d'un interparagraphe avant important.

C'est de nouveau dans l'onglet Texte de l'inspecteur du texte qu'il faut agir en faisant, dans le cas présent, coulisser les curseurs Avant le paragraphe et Après le paragraphe (Figure 10.29) ou en spécifiant une valeur dans la case d'édition voisine.

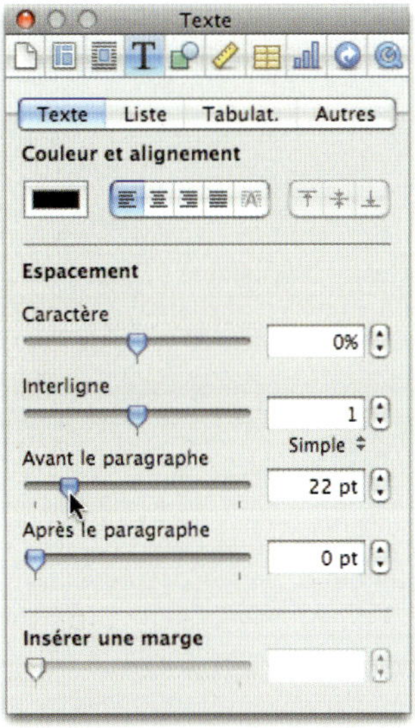

Figure 10.29 : Contrôlez ici vos interparagraphes.

Retrait

Dans Pages, les paragraphes de texte commencent à deux centimètres de la marge gauche. Pour mettre un paragraphe en retrait vers la droite, il faut donc déplacer cette marge de gauche… vers la droite ! La Figure 10.30 montre un exemple de retrait.

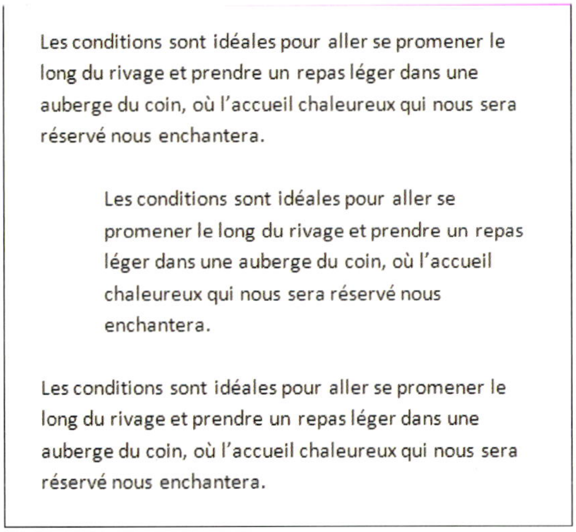

Les conditions sont idéales pour aller se promener le long du rivage et prendre un repas léger dans une auberge du coin, où l'accueil chaleureux qui nous sera réservé nous enchantera.

> Les conditions sont idéales pour aller se promener le long du rivage et prendre un repas léger dans une auberge du coin, où l'accueil chaleureux qui nous sera réservé nous enchantera.

Les conditions sont idéales pour aller se promener le long du rivage et prendre un repas léger dans une auberge du coin, où l'accueil chaleureux qui nous sera réservé nous enchantera.

Figure 10.30 : Le deuxième paragraphe est en retrait.

Le plus simple, ici, est d'agir, dans la règle horizontale, par cliquer-glisser.

Si cette règle n'est pas affichée, commencez par l'obliger à se manifester *via* la commande Afficher les règles du menu Présentation. Ensuite, après avoir sélectionné le(s) paragraphe(s) à traiter, faites glisser le repère gauche vers la droite (Figure 10.31).

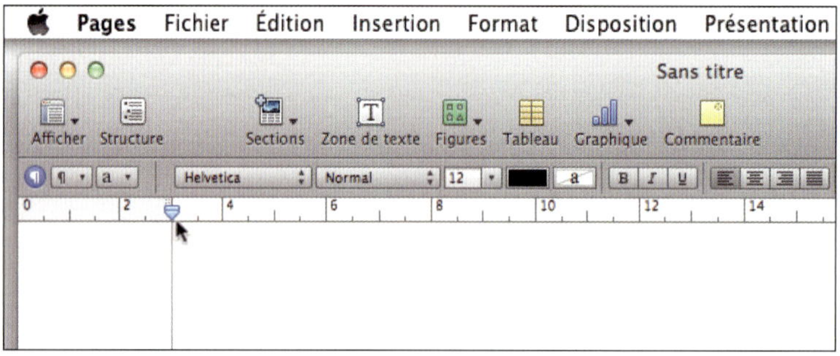

Figure 10.31 : C'est parti !

TRUC

Ce qui marche à gauche marche aussi à droite. Il suffit, pour l'occasion, de faire glisser le repère droit… vers la gauche !

Bordure

Vous aimez ce qui est clair, net, bien délimité ? Alors, n'hésitez pas à affubler l'un ou l'autre paragraphe d'un cadre.

Gagnez de nouveau l'inspecteur du texte et activez son onglet Autres. C'est la rubrique Bordure et règles qui nous intéresse dans le cas présent (Figure 10.32).

Choisissez-y successivement un type de trait, une couleur de trait, une épaisseur de trait et un type de bordure. Terminez, le cas échéant, par spécifier la distance entre le paragraphe et son cadre en entrant une valeur dans la case Décalage (Figure 10.33).

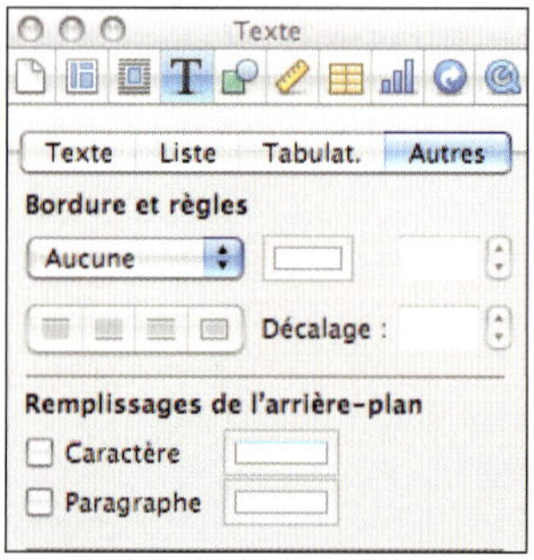

Figure 10.32 : On n'arrête pas le progrès !

Figure 10.33 : Un trait continu, violet, d'une épaisseur de 4 points, bordure complète, décalage 18 points.

Choisissez Aucune dans le premier menu local de la rubrique pour supprimer toutes les options de cadre dont vous avez pu doter votre sélection.

Couleur de fond

Vous aimeriez placer l'un ou l'autre paragraphe sur un fond coloré ? Pas de problème !

Validez l'option Paragraphe de la rubrique Remplissages de l'arrière-plan de l'onglet Autres de l'inspecteur du texte, puis choisissez une couleur dans la palette Couleurs à laquelle vous accéderez en cliquant sur la case voisine (Figure 10.34).

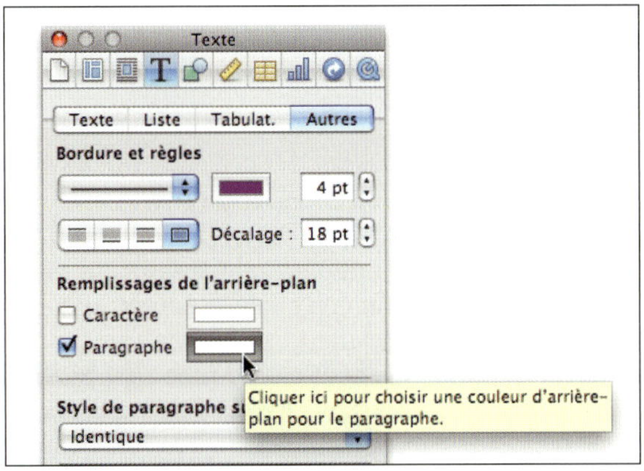

Figure 10.34 : En route vers la palette de couleurs.

Désactivez l'option Paragraphe pour supprimer ce fond.

Pour les paresseuses

Imaginons qu'après moult efforts, vous soyez parvenue à formater une partie de votre texte selon vos vœux les plus chers. Et voilà que vous vous rendez compte qu'un autre extrait, situé un peu plus loin, mériterait le même traitement.

Vous n'avez pas le courage de tout recommencer à zéro ? C'est compréhensible ! Mais rassurez-vous : un outil existe, qui vous permet de copier un formatage de caractères ou de paragraphes d'un texte source pour le reproduire sur un texte cible.

1. **Cliquez dans le mot dont vous souhaitez copier le format de caractères.**

   OU :

   Cliquez dans le paragraphe dont vous souhaitez copier le format de paragraphes.

2. **Choisissez Format/Copier le style de caractère ou Format/Copier le style de paragraphe selon le cas.**
3. **Sélectionnez la cible.**
4. **Choisissez Format/Coller le style de caractère ou Format/Copier le style de paragraphe selon le cas.**

Et zou ! Tous les attributs de la source sont copiés sur la cible. C'est pas beau, ça ?

Formater le document

En général, les documents de traitement de texte sont destinés à être imprimés. Avant de parvenir à cette étape ultime, il vous faut encore opérer quelques réglages de dernière minute, ceux, précisément, qui affectent le document tout entier : les valeurs des marges, la numérotation des pages, la taille du papier, son orientation et un éventuel taux de réduction ou d'agrandissement.

Marges

Les *marges* sont les espaces vides que Pages ménage entre les bords gauche, droit, haut et bas du papier.

Pour définir la valeur de ces espaces :

1. **Affichez le volet Document de l'inspecteur des documents (Figure 10.35).**

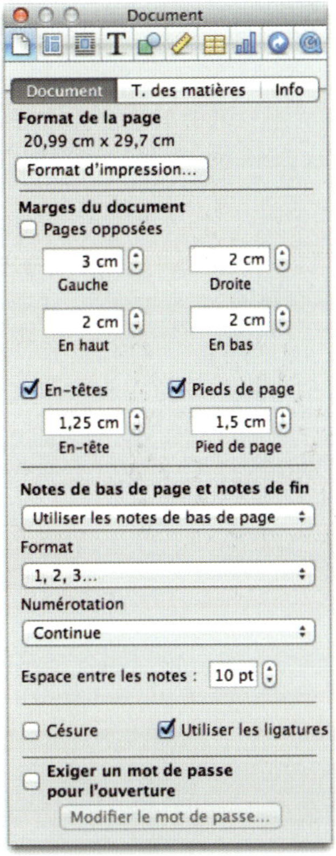

Figure 10.35 : Des marges à ne plus savoir qu'en faire.

2. **Si le document est destiné à être imprimé *recto verso* et à être relié, validez l'option Pages opposées de la rubrique Marges du document (Figure 10.36).**

Figure 10.36 : En haut, des pages classiques ; en bas des pages opposées.

Les marges gauche et droite deviennent intérieure et extérieure, la marge intérieure étant à droite sur les pages de gauche et à gauche sur les pages de droite tandis que la marge extérieure est à gauche sur les pages de gauche et à droite sur les pages de droite. C'est clair, non ?

3. **Entrez les valeurs souhaitées dans les quatre cases d'édition de la même rubrique.**

Numérotation des pages

Ça vous dirait d'ajouter des numéros de page ? Allez-y.

1. **Choisissez Insertion/Pagination automatique.**

   La fenêtre Insérer les numéros de page s'affiche (Figure 10.37).

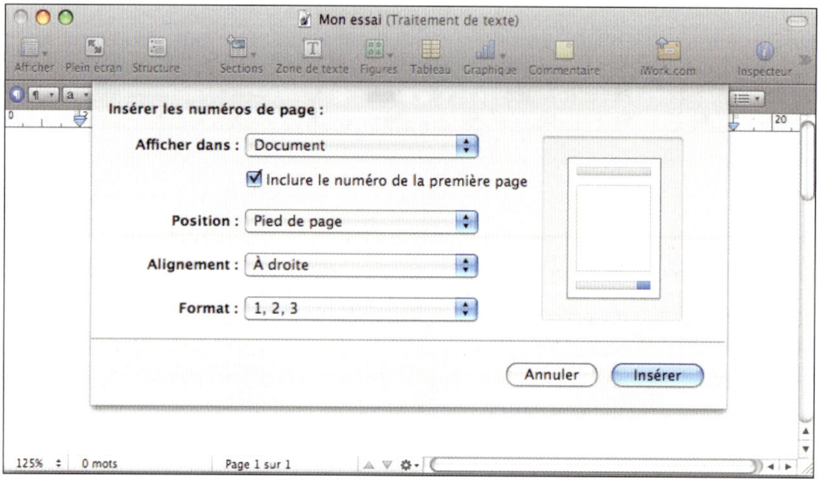

Figure 10.37 : Des choix cornéliens en perspective.

2. **Assurez-vous que le menu local Afficher dans propose bien l'option Document ; sinon, sélectionnez cette option.**

3. **Désactivez l'option Inclure le numéro de la première page si vous ne souhaitez pas que le numéro de page apparaisse sur la première page du document.**

4. **Dans le menu local Position, choisissez une position verticale.**

   - **Pour que le numéro de page apparaisse en haut des pages** : Validez En-tête.
   - **Pour qu'il apparaisse en bas des pages** : Validez Pied de page.

5. **Dans le menu local Alignement, choisissez une position horizontale.**

   - **Pour que le numéro de page s'aligne sur la marge gauche** : Validez À gauche.
   - **Pour qu'il s'aligne sur la marge droite** : Validez À droite.
   - **Pour qu'il soit centré entre les deux marges** : Validez Au centre.

Les options À l'intérieur et À l'extérieur placent le numéro de page du côté de la reliure (marge intérieure) ou du côté opposé (marge extérieure) dans les documents pour lesquels l'option Pages opposées est validée (voir la section précédente).

6. **Dans le menu local Format, choisissez un type de numérotation.**

7. **Cliquez sur Insérer.**

La suite, c'est Pages qui s'en occupe. Le programme, en effet, adaptera sa numérotation des pages chaque fois que vos actions rendront ce recalcul nécessaire.

Taille, orientation et échelle

Nous avons déjà abordé ces aspects ; rappelez-vous : c'était au Chapitre 6, section « Lancer l'impression ». Retournez-y pour de plus amples informations.

1. **Accédez aux réglages *via* le bouton Format d'impression du volet Document de l'inspecteur des documents (Figure 10.38) ou directement *via* la commande Format d'impression (Commande + Majuscule + P) du menu Fichier.**

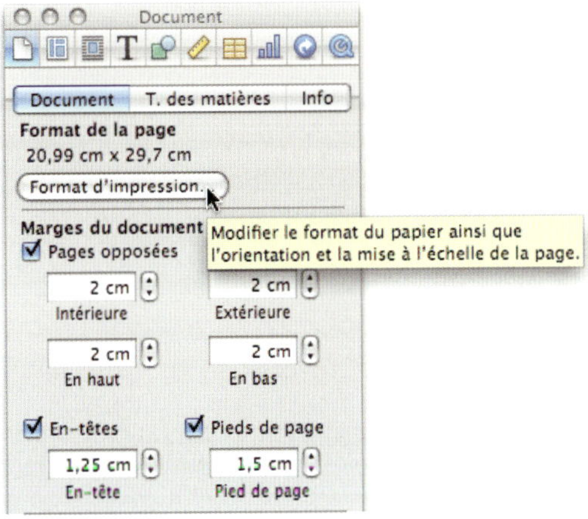

Figure 10.38 : Si l'inspecteur est disponible, autant en profiter !

2. **Choisissez une taille dans le menu local Taille du papier.**

   En Europe, le format classique est l'A4.

3. **Choisissez une orientation dans la rubrique Orientation.**

4. **Définissez, le cas échéant, un taux de réduction ou d'agrandissement dans la case Échelle.**

5. **Cliquez sur OK.**

Dans les pages qui précèdent, nous avons tenté de vous présenter les outils de base du programme Pages. Si votre intention est de traiter régulièrement du texte, nous vous engageons à consulter des ouvrages spécialisés qui vous en apprendront bien davantage à son sujet. Le programme vaut le détour, assurément. Mais encore faut-il que le besoin existe. Si tel est votre cas, n'hésitez pas à approfondir.

Chapitre 11

J'établis mon budget – Numbers

Dans ce chapitre :

- Créer une feuille de calcul vierge.
- Identifier les éléments de la fenêtre.
- Apprendre à sélectionner.
- Se déplacer
- Se simplifier la vie.
- Saisir des données.
- Bâtir des formules.
- Manipuler le contenu d'un tableau.
- Modifier la structure d'un tableau.
- Soigner la présentation.
- Tracer un graphique.
- Préparer l'impression.

Vous en avez marre de faire vos comptes avec une bête calculette sur des bouts de papier chiffonnés ? Passez à Numbers !

Contrairement à une idée reçue, les tableurs, ce n'est pas juste pour les mecs. Ce chapitre se propose de vous en convaincre. Une fois que vous aurez assimilé les bases que nous comptons y développer, vous pourrez damer le pion à votre conjoint. Et toc !

Créer une feuille de calcul vierge

Un document Numbers s'appelle *une feuille de calcul.* Vous n'allez pas tarder à comprendre pourquoi.

Lancez donc le programme. Normalement, vous le trouverez dans le Dock (Figure 11.1).

Figure 11.1 : 100 % dispo, à côté de son copain Pages.

Si Numbers est absent du Dock, lancez-le depuis le Launchpad ou allez le chercher dans le sous-dossier iWork '09 de votre dossier Applications.

Au premier démarrage, un écran d'accueil vous est proposé. Vous y trouverez une présentation vidéo du programme. Cliquez sur Fermer pour gagner son interface.

Numbers se met en branle et requiert d'emblée votre intervention *via* son sélecteur de modèles (Figure 11.2). Ceux-ci ont l'avantage de vous fournir une structure toute faite que vous n'aurez qu'à personnaliser. Il y a de tout : Compte courant, Calcul d'emprunt, Facture, Note de frais, Carnet de notes… et aussi (pour vous, Mesdames) Évolution du poids, Dîner, Planificateur de voyage…

Toutefois, comme dans le cas de Pages, nous préférons vous faire partir d'un document vierge, une formule plus apte, nous semble-t-il, à vous initier valablement aux rudiments du logiciel. Choisissez donc Vierge dans le volet gauche ou dans le volet droit. Vous voilà catapultée aussi sec dans l'environnement de Numbers (Figure 11.3).

Pour créer une nouvelle feuille alors que le programme est déjà en service, c'est la commande Nouveau ou Créer à partir de la liste de modèles qu'il faut invoquer. Vous la trouverez dans le haut du menu Fichier.

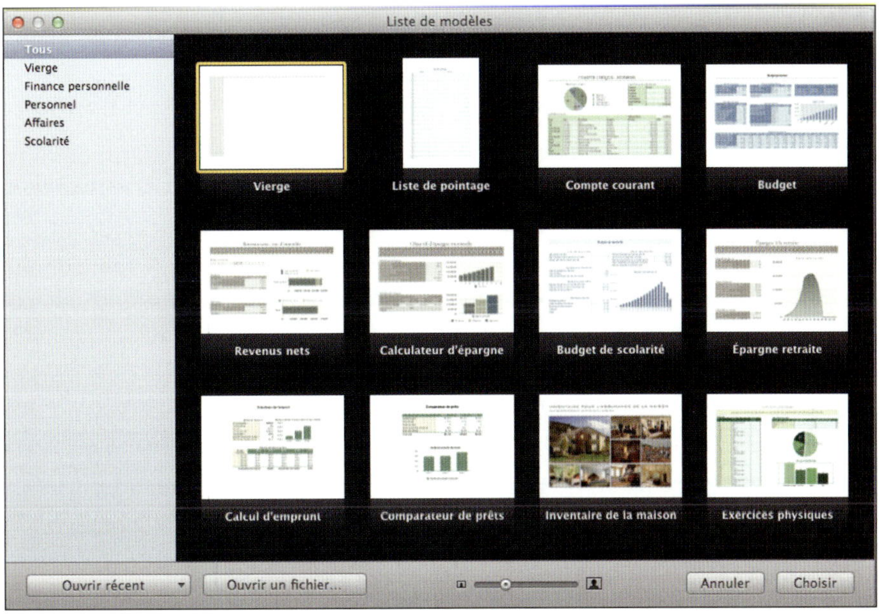

Figure 11.2 : On ne peut pas dire qu'on ne vous mâche pas la besogne !

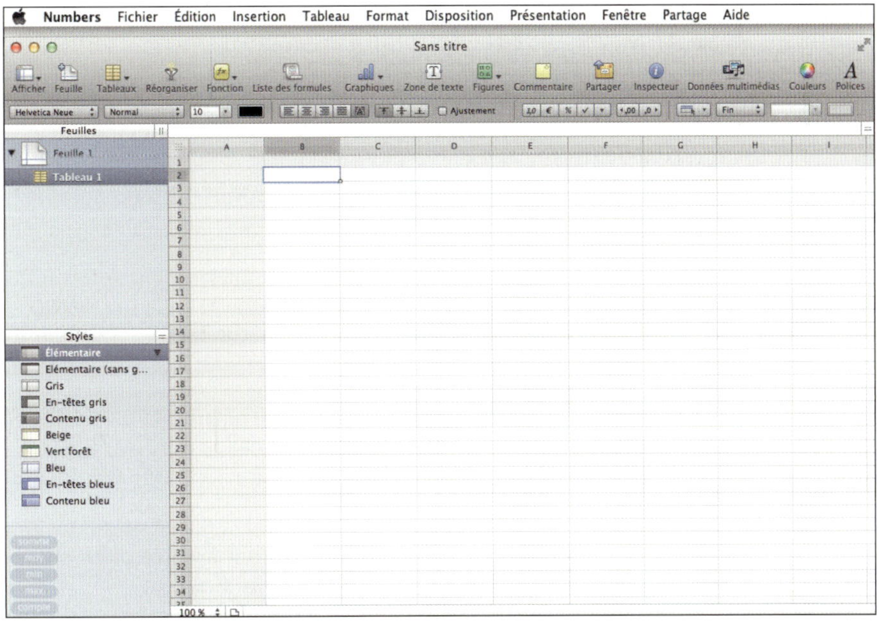

Figure 11.3 : L'univers du tableur.

Identifier les éléments de la fenêtre

Prenez d'emblée vos repères, c'est important.

- **La barre de titre** : La partie supérieure de la fenêtre de Numbers est classique : elle est occupée par la barre de titre telle que vous la connaissez.
- **La barre d'outils** : Vient ensuite la barre d'outils qui, comme d'habitude, propose des raccourcis vers les commandes les plus fréquemment sollicitées.
- **La barre de formats** : Sous la barre d'outils, vous trouverez la barre de formats. Comme dans Pages, elle met à portée directe de souris différentes commandes permettant de formater l'élément sélectionné.
- **La barre de formule** : S'étend ensuite une quatrième barre, dite *barre de formule*. Pour l'instant, elle n'affiche rien. Mais vous allez voir qu'elle ne tardera pas à se manifester.

Vient finalement la zone principale de la fenêtre, divisée en trois parties :

- **Le volet Feuilles** : En haut à gauche, il regroupe la liste des éléments qui constituent votre feuille de calcul.

  Ces éléments sont des feuilles sur lesquelles peuvent venir se placer librement des tableaux, des graphiques, des figures et des zones de texte. (Nous nous concentrerons sur les tableaux et aborderons les graphiques.)

  A priori, une feuille de calcul vierge de Numbers ne compte qu'une seule feuille et qu'un seul tableau.

  Rien, cependant, ne vous empêche de prévoir plusieurs feuilles dans le but de diviser les informations en groupes plus commodes à gérer. Ce sont les commandes Insertion/Feuille et Insertion/Tableau qui prennent ces ajouts en charge.

  Ainsi, dans le cas d'un budget, on pourrait imaginer de prévoir deux tableaux, Entrées et Sorties et d'afficher la représentation graphique de ces données sur une troisième structure. Une fois ces éléments créés, vous y accéderez *via* ce volet Feuilles (Figure 11.4).

  TRUC

  Notez que plusieurs types de tableau sont à votre disposition dans le sous-menu Tableau du menu Insertion. Contentez-vous, à ce stade, des options Simple ou En-têtes. Variante du premier, ce second modèle (Figure 11.5) formate différemment le premier rang et la première colonne (là où, d'habitude, vous entrez les intitulés) afin qu'ils se distinguent du corps du tableau (où apparaissent normalement les valeurs).

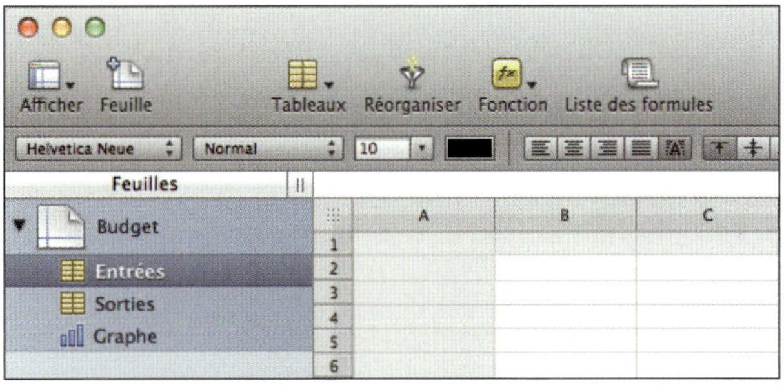

Figure 11.4 : On s'organise.

	Janvier	Février	Mars	TOTAL
Alimentation	524	602	644	1770
Chauffage	125	147	130	402
Divers	129	67	203	399
Eau	18	16	21	55
Electricité	185	185	185	555
Emprunt	850	850	850	2550

Figure 11.5 : Plus c'est clair, mieux c'est.

Vous pourrez changer le nom de ces éléments, les copier, les déplacer, les supprimer…

Décrire ces manipulations nous éloignerait de notre propos. Notre but, en effet, est de vous apprendre à gérer aussi efficacement que possible un tableau de chiffres. Quand vous en serez là, vous pourrez multiplier autant que vous le souhaiterez les tableaux et les feuilles *via* des commandes relativement simples à mettre en œuvre que vous trouverez commentées dans l'aide en ligne. Mais, au stade où nous en sommes, il nous paraît tout à fait inutile de mettre la charrue avant les bœufs.

- **Le volet Styles** : Essentiellement destiné à faciliter la mise en forme, il regroupe, en bas à gauche, les styles prédéfinis du modèle courant. Parcourez ses options pour voir si l'une ou l'autre vous sied.
- **La zone des formules** : Placée directement sous le volet Styles, elle vous assure un accès direct aux formules les plus courantes. Nous y reviendrons dans la section « Bâtir des formules ».
- **Le canevas** : C'est la partie principale de la fenêtre, son volet droit, là où les choses sérieuses se passent. Si vous avez choisi un modèle vierge (comme nous vous l'avons suggéré), la Feuille 1 de votre feuille de calcul affiche le Tableau 1.

Le principe de tous les tableaux est le même : une grille constituée de *rangs* et de *colonnes*. L'intersection d'un rang et d'une colonne forme une *cellule*, unité fondamentale du tableau.

Chaque cellule possède une *adresse* ou *référence*, constituée de la lettre de sa colonne suivie du numéro de son rang. Ainsi, l'intersection de la colonne A et du rang 1 porte la référence *A1* ; l'intersection de la colonne F et du rang 18 porte la référence *F18*.

Dans tout tableau, une seule cellule peut être active à la fois. Elle est signalée par une bordure bleue et une poignée dans son angle inférieur droit (Figure 11.6).

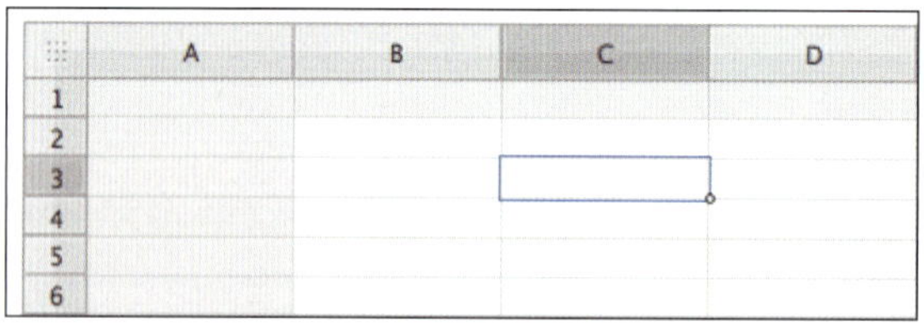

Figure 11.6 : Pour l'instant, la cellule active est C3.

Enfin, en bas à droite, une poignée de redimensionnement permet de modifier la taille du tableau par cliquer-glisser. Pendant l'opération, une info-bulle vous indique le nombre de rangs et de colonnes que présentera le tableau si vous relâchez le bouton de votre souris à ce moment précis (Figure 11.7).

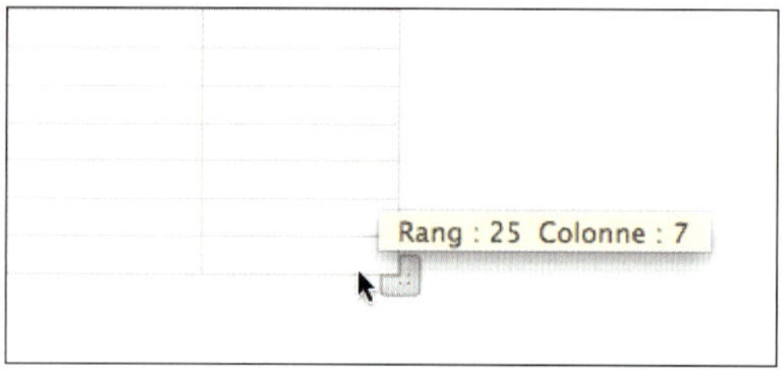

Figure 11.7 : Pratique pour redimensionner un tableau.

Si cette poignée n'est pas visible, c'est que la taille courante du document Sans titre ne le permet pas ; agrandissez-le pour la faire apparaître.

Apprendre à sélectionner

Eh oui, dans Numbers aussi, il faut sélectionner avant d'agir.

Sélectionner une cellule unique

Agissez par souris. C'est élémentaire :

1. **Si nécessaire, faites défiler la fenêtre jusqu'à visualiser la cellule à sélectionner.**
2. **Cliquez dessus.**

Ou agissez par clavier. Cette méthode est idéale lorsque la cellule à sélectionner est proche de la cellule active.

- **Pour sélectionner la cellule de droite** : Enfoncez la touche Flèche vers la droite ou la touche Tabulation.
- **Pour sélectionner la cellule de gauche** : Enfoncez la touche Flèche vers la gauche ou la combinaison de touches Majuscule + Tabulation.
- **Pour sélectionner la cellule du dessous** : Enfoncez la touche Flèche vers le bas ou la touche Entrée.
- **Pour sélectionner la cellule du dessus** : Enfoncez la touche Flèche vers le haut ou la combinaison de touches Majuscule + Entrée.

Sélectionner une plage

Une plage est une zone rectangulaire continue. Il peut s'agir d'un bloc quelconque, d'une ou de plusieurs colonnes, ou encore d'un ou de plusieurs rangs.

- **Pour sélectionner un bloc quelconque** : Procédez par cliquer-glisser ou par Majuscule + clic.
- **Pour sélectionner une colonne** : Cliquez sur son onglet de référence (la case où apparaît la lettre qui l'identifie).
- **Pour sélectionner plusieurs colonnes** : Procédez par cliquer-glisser ou par Majuscule + clic.
- **Pour sélectionner un rang** : Cliquez sur son onglet de référence (la case où apparaît le numéro qui l'identifie).
- **Pour sélectionner plusieurs rangs** : Procédez par cliquer-glisser ou par Majuscule + clic.

Sélectionner un ensemble discontinu

Numbers vous permet d'englober dans une seule et même sélection deux ou plusieurs ensembles de cellules non adjacents. On parle d'*ensemble discontinu* ou de *sélection multiple.* La Figure 11.8 vous montre une sélection de ce type, incluant une cellule individuelle, une colonne et une plage de dix cellules.

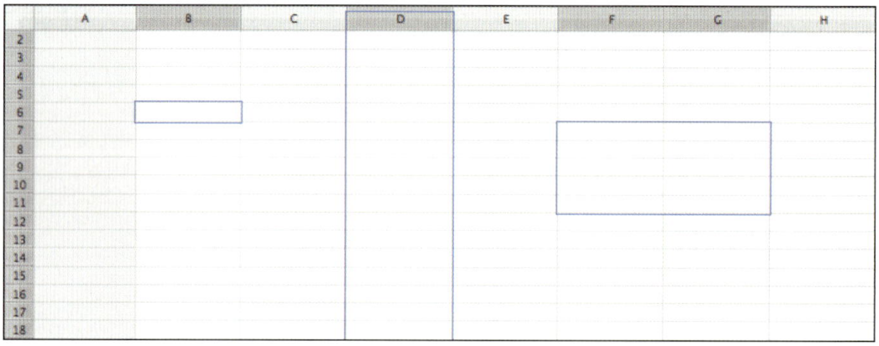

Figure 11.8 : Une sélection multiple.

Le truc :

1. **Opérez la première sélection de façon classique.**
2. **Enfoncez la touche Commande et maintenez-la dans cette position.**
3. **Opérez les sélections suivantes.**
4. **Relâchez la touche Commande.**

Sélectionner toutes les cellules d'un tableau

C'est la commande Tout sélectionner du menu Édition ou son équivalent clavier Commande + A qui vous permettront d'arriver à vos fins.

TRUC

Pour annuler une sélection, quelle qu'elle soit, il suffit… d'en réaliser une autre ! Un clou, en effet, chasse l'autre et il y a toujours, dans une feuille, un minimum d'une cellule sélectionnée.

Sélectionner le tableau proprement dit

Si, au lieu d'agir sur le contenu d'un tableau, vous désirez agir sur le tableau lui-même (pour le déplacer, le redimensionner, le copier, le supprimer…), il vous faudra marquer sa structure.

Pour ce faire, deux techniques :

- **Dans le volet Feuilles** : Cliquez sur le nom du tableau à sélectionner (même si son intitulé est déjà en surbrillance).
- **Dans le canevas** : Faites en sorte qu'aucune cellule du tableau en question ne soit sélectionnée en cliquant en dehors du tableau ; approchez ensuite votre pointeur d'un de ses bords ; dès qu'une croix vient s'y associer, cliquez.

Dans les deux cas, la structure du tableau est sélectionnée ; pour preuve, l'apparition de 8 poignées de sélection (Figure 11.9). Voyez la section intitulée « Se simplifier la vie » pour savoir comment les exploiter.

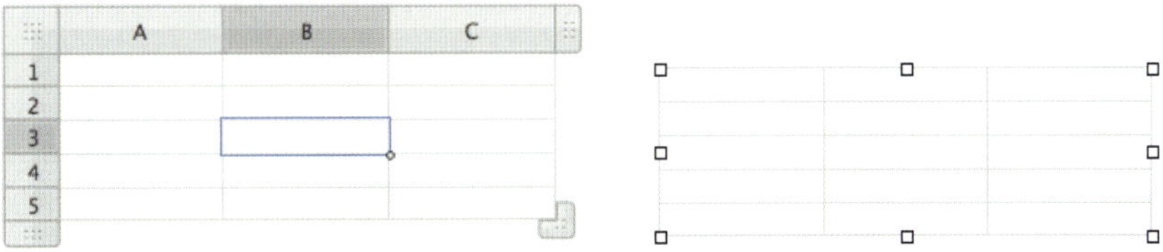

Figure 11.9 : À gauche, un tableau dont le contenu est actif ; à droite, le même tableau dont la structure est active.

Un clic sur une cellule quelconque quand le pointeur a la forme d'une croix blanche annule la sélection de la structure au profit de son contenu.

Dans tous les cas, la commande Tout désélectionner du menu Édition (Commande + Majuscule + A) annule la sélection courante.

Se déplacer

Si votre tableau est plus grand que votre écran, vous n'aurez évidemment pas sous les yeux toutes les cellules qui le constituent. Pour les voir, il vous faudra donc *naviguer*.

Ce sont principalement les barres de défilement qui prennent la navigation en charge. Comme vous les connaissez, vous devriez vous en sortir.

Verticalement

Utilisez la barre de défilement vertical, soit en y faisant glisser l'ascenseur vers le bas (pour descendre) ou vers le haut (pour monter), soit en cliquant dans cette barre en dessous de cet ascenseur (pour descendre) ou au-dessus (pour monter).

Horizontalement

Le principe est le même dans l'autre sens : utilisez la barre de défilement horizontal soit en y faisant glisser l'ascenseur vers la droite ou vers la gauche, soit en cliquant dans cette barre à droite ou à gauche de cet ascenseur.

Se simplifier la vie

Trois techniques vous permettent d'appréhender plus commodément le contenu de vos tableaux : afficher en plus grand, modifier leur position et bloquer leurs en-têtes. Voyons en détail de quoi il retourne.

Afficher en plus grand

Vous avez la vue qui baisse ? Affichez vos tableaux en plus grand. Pourquoi, en effet, se fatiguer les yeux inutilement ?

La technique est simple : sélectionnez le tableau (voir la section « Apprendre à sélectionner », plus haut dans ce chapitre), puis cliquez-glissez sur une de ses poignées. Utilisez les poignées du milieu en haut et en bas pour régler la hauteur, les poignées du milieu à gauche et à droite pour régler la largeur et les poignées d'angle pour régler ces deux paramètres en une seule opération (Figure 11.10). Inutile de dire que vous pouvez aussi afficher vos tableaux en plus petit en cliquant-glissant vers l'intérieur du tableau plutôt que vers l'extérieur.

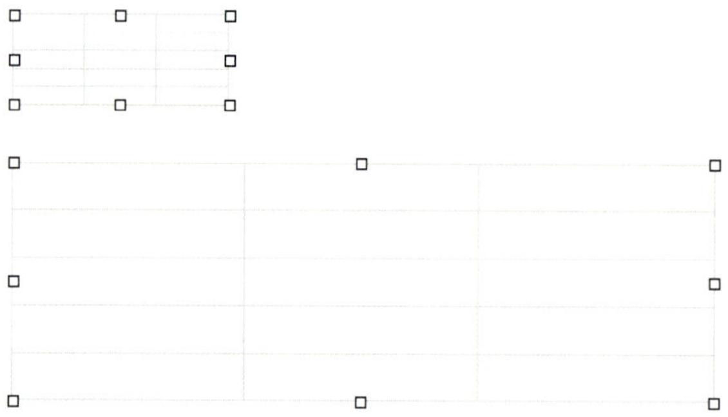

Figure 11.10 : Le tableau précédent, réduit en haut, agrandi en bas.

Notez que Numbers propose aussi une efficace fonction Zoom dont l'accès le plus immédiat se fait par le menu local de la barre inférieure du canevas (Figure 11.11).

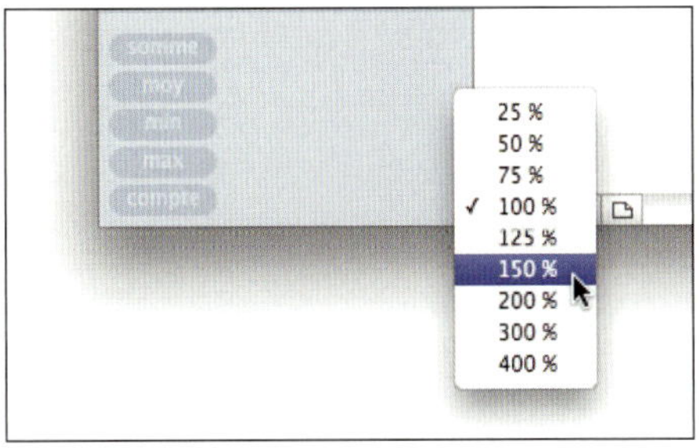

Figure 11.11 : Effet loupe garanti !

Attention : le cliquer-glisser sur les poignées du tableau n'affecte que le tableau traité, tandis que le zoom affecte tout le contenu de la feuille.

Modifier la position

Ça vous arrangerait mieux que votre tableau soit plus à droite, plus en bas, plus au centre… ? Déplacez-le !

- **Quand la structure du tableau n'est pas sélectionnée** : Cliquez-glissez sur la case en haut à gauche, à l'intersection du premier rang et de la première colonne.
- **Quand la structure du tableau est sélectionnée** : Placez votre pointeur sur un des bords en dehors des poignées et faites glisser dès que la croix apparaît pour modifier la position du tableau sur la page.

Plus à l'aise ? Tant mieux !

Bloquer les en-têtes

Concevons un scénario proche du précédent, mais différent malgré tout. Vous avez choisi un modèle de tableau avec un rang d'en-tête dans lequel vous avez introduit une série d'intitulés pour gérer votre bibliothèque : Titre, Auteur, Éditeur, Date de parution, Nombre de pages, Appréciation, *etc.* Puis, vous avez encodé, dans les lignes suivantes, les données relatives aux ouvrages que vous possédez. Il y a évidemment de fortes chances que vous possédiez plus de livres que le tableau n'affiche de lignes.

Pas de souci, nous direz-vous, puisque vous pouvez en faire défiler le contenu. Le problème qui se pose, c'est que, quand vous faites défiler vers le bas, la ligne des intitulés disparaît. Gênant.

La solution : bloquer les en-têtes. Comment ? *Via* la commande Bloquer les rangs d'en-tête du menu Tableau.

Cette situation ne vous convient plus ? Revalidez la commande et le blocage disparaît.

Ce qui est possible pour les rangs l'est évidemment aussi pour les colonnes. C'est alors Bloquer les colonnes d'en-tête qui s'y colle.

Saisir des données

Eh ben oui, vous n'y couperez pas. Ça ne se fera pas tout seul. Mais prenons le temps d'aborder le sujet avant de nous lancer.

En fait, les données sont de deux sortes : les constantes et les formules. Les constantes sont traitées dans cette section ; les formules sont ébauchées dans la suivante.

Les constantes ou *valeurs* se répartissent traditionnellement en trois catégories :

- **le texte** ou constantes textuelles ;
- **les nombres** ou constantes numériques ;
- **les dates et les heures** ou constantes chronologiques.

Comprendre le principe

Quel que soit le type, la saisie s'effectue de la même manière :

1. **Sélectionnez la cellule d'accueil.**
2. **Tapez la constante.**

   Dès que vous en avez saisi le premier caractère, celui-ci s'affiche dans sa cellule d'accueil ainsi que dans la barre de formule (Figure 11.12).

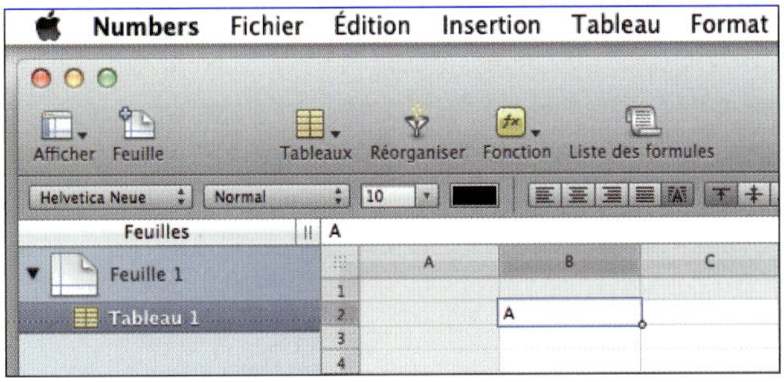

Figure 11.12 : Dites « A ».

3. **Enfoncez la touche Entrée pour valider la saisie, c'est-à-dire pour ancrer la donnée de manière permanente dans sa cellule d'accueil.**

   Numbers valide votre entrée, puis sélectionne la cellule d'en dessous, partant sans doute du principe que c'est là que vous comptez insérer votre prochaine donnée.

Si ce n'est pas le cas, validez différemment. Toutes les touches et combinaisons de touches qui déplacent la sélection (voir plus haut « Apprendre à naviguer ») permettent aussi de valider, puis de déplacer. Ainsi, pour valider et activer la cellule de droite, utilisez la touche Flèche vers la droite.

En savoir plus sur les constantes

Ça vous paraît fastidieux ? D'accord, mais vous n'irez nulle part dans Numbers si vous ne savez pas comment le programme considère les constantes. Sans doute pas comme vous : tout le problème est là.

Les constantes textuelles

- Numbers considère comme *texte* tout ce qu'il ne peut interpréter comme nombre, date ou formule.
- Par défaut, il aligne ces constantes textuelles à gauche dans leur cellule d'accueil.
- Si la donnée est plus longue que sa cellule, Numbers réagit différemment selon le statut de la cellule de droite (Figure 11.13) : si celle-ci est vide, il y affiche le texte excédentaire ; si elle ne l'est pas, il tronque l'affichage.

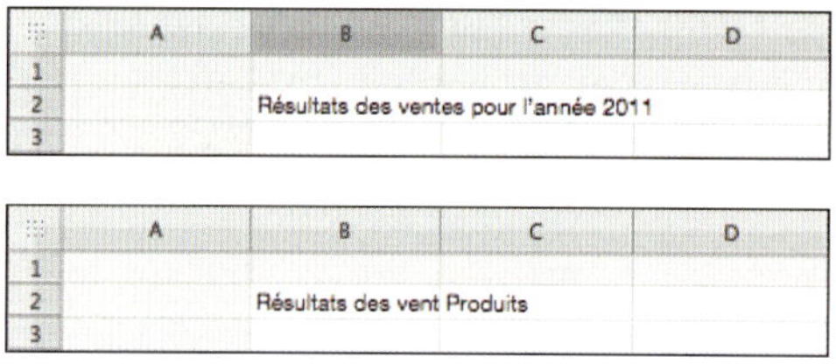

Figure 11.13 : Tout dépend de la cellule de droite.

Les constantes numériques

- Numbers considère comme *nombre* toutes les combinaisons des éléments suivants : chiffres de 0 à 9, la virgule comme séparateur de décimales, le signe – (moins) pour les nombres négatifs et le signe % (pour cent) pour les pourcentages.
- Par défaut, il aligne ces constantes numériques à droite dans leur cellule d'accueil.
- Si la donnée est plus longue que sa cellule, Numbers réagit en fonction de la valeur : les nombres décimaux sont arrondis ; les nombres entiers sont présentés en notation scientifique.

Les constantes chronologiques

- Numbers considère comme *date* tout ce que vous tapez dans un des deux formats suivants : jour/mois/année ou jour-mois-année.
- Étant donné qu'il traite les dates comme des nombres, il aligne ces constantes chronologiques à droite dans leur cellule d'accueil.

Toutes les constantes peuvent, bien entendu, se voir attribuer d'autres présentations ; nous y reviendrons dans la section intitulée « Soigner la présentation ».

Bâtir des formules

Calculer, c'est la raison d'être de Numbers. Comment s'en sort-il ? Plutôt bien, comme vous allez le constater.

Le principe des formules, c'est de manipuler des valeurs de manière à produire des résultats. Ces derniers sont automatiquement mis à jour dès qu'un intervenant du calcul change. C'est tout l'intérêt de l'informatique !

Nous avons voulu ce Chapitre à deux vitesses : d'une part, une présentation de quelques formules simples prêtes à l'emploi que vous pourrez utiliser pratiquement en aveugle et, d'autre part, une section qui entre plus dans les détails et vous explique quelque peu le dessous des cartes. À vous de choisir !

Pour celles qui sont pressées

Quelques formules de base (notamment Somme, Moyenne, Minimum et Maximum) sont à portée de souris, soit depuis la barre d'outils, soit depuis la zone des formules du volet gauche.

Dans l'exemple suivant, nous vous proposons d'apprendre à calculer rapidement le total des ventes (Figure 11.14).

	A	B	C	D	E
1		Région A	Région B	Région C	TOTAL
2	Ventes	152	125	174	

Figure 11.14 : Un bon début.

1. **Sélectionnez les cellules à totaliser, soit B2, C2 et D2.**

   TRUC

   Notez que la zone de formule est déjà au turbin : elle indique les résultats des cinq formules qu'elle regroupe.

2. **Totalisez :**

   - **Pour agir *via* la barre d'outils** : Choisissez Somme dans le menu local Fonction.

     Numbers introduit le total dans la première cellule libre. Si les valeurs à traiter sont présentées en rang, c'est la première cellule de la colonne suivante ; si elles sont présentées en colonnes, c'est la première cellule du rang suivant.

   - **Pour agir *via* la zone des formules** : Faites glisser le bouton somme de la zone des formules vers la cellule où vous voulez que le total apparaisse.

Entraînez-vous, dans l'exemple suivant, à calculer la moyenne (Figure 11.15). C'est la même procédure, sauf qu'il faut choisir Moyenne dans le menu local Fonction ou faire glisser le bouton moy de la zone des formules vers la cellule cible.

	A	B
1	Produit 1	147
2	Produit 2	220
3	Produit 3	347
4	Produit 4	411
5	Produit 5	141
6	MOYENNE	

Figure 11.15 : On y prend goût.

Pour celles qui ont le temps

Au lieu de faire appel à des calculs tout faits, vous pouvez créer vous-même vos formules.

La saisie est simple :

1. **Sélectionnez la cellule destinée à recevoir le résultat du calcul.**

2. **Tapez = (égal).**

   C'est ce signe qui signale à Numbers que vous vous apprêtez à lui confier une mission de calcul. Il l'a d'ailleurs bien compris puisqu'il affiche d'emblée, à proximité immédiate de la cellule, son éditeur de formules.

3. **Tapez la formule.**

   Lisez les sections suivantes pour en apprendre davantage sur les intervenants des formules. Dans notre exemple, nous cherchons à connaître, en B6, la valeur médiane des ventes, c'est-à-dire, parmi une série de nombres, la valeur à laquelle la moitié des nombres est inférieure et l'autre supérieure (Figure 11.16). Nous utilisons, à cette fin, la fonction MEDIANE et la construisons dans la fenêtre de l'éditeur.

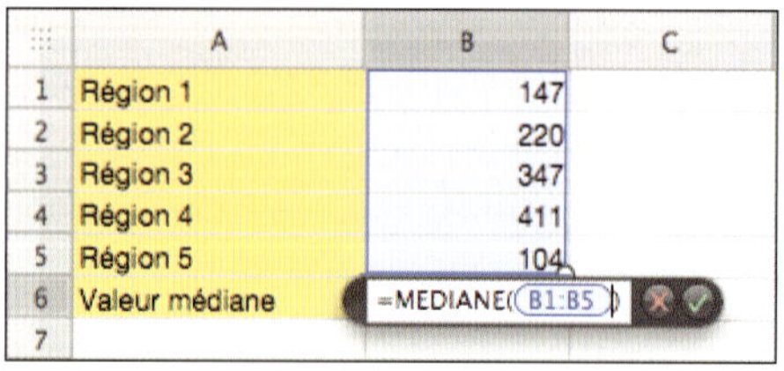

Figure 11.16 : C'est parti pour le calcul de la médiane.

4. **Confirmez en cliquant dans la case de validation de l'éditeur de formules ou dans celle de la barre des formats, ou tout simplement en enfonçant la touche Entrée.**

   Dès validation, l'éditeur de formules s'éclipse au profit du résultat du calcul. Mais la barre de formule, elle, continue de vous renseigner sur l'opération (Figure 11.17).

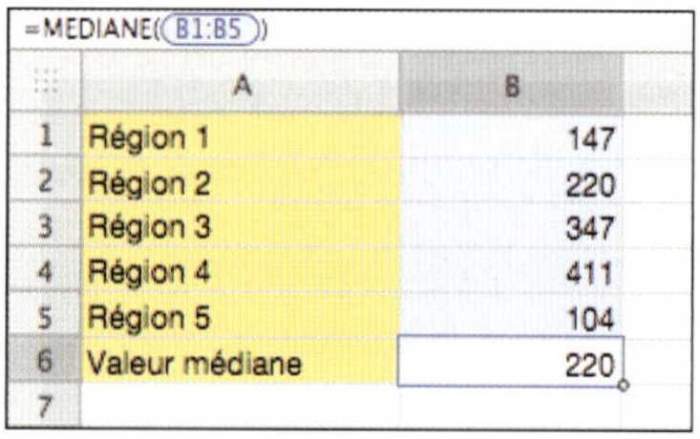

Figure 11.17 : On sait toujours où on en est.

Maintenant que vous avez compris le principe, concentrons-nous sur les possibles acteurs des calculs : les opérandes, les opérateurs et les fonctions.

Les opérandes

Ce sont les éléments que les formules manipulent.

Les opérandes peuvent être des valeurs que vous tapez :

=MOYENNE(24;56;12)

Mais il s'agira le plus souvent de références à des cellules qui se trouvent déjà dans le tableau :

=MOYENNE(A2:A25;B12;C15)

voire d'une combinaison des deux :

=MOYENNE(A2:A25;B12;C15;119)

Comment introduire des références de cellules ? C'est simple, en les désignant par souris : par clic pour une cellule unique, par cliquer-glisser pour une plage.

Références : relatives ou absolues ?

Par défaut, Numbers travaille en références dites *relatives.*

Ainsi, imaginons que nous construisions en A4 la formule =SOMME(A1:A3). En vertu de ce principe de références relatives, si nous copions, puis collons cette formule à un autre endroit du tableau, elle produira toujours le même effet : totaliser les trois cellules placées au-dessus. C'est drôlement pratique, vous ne trouvez pas ?

Oui mais… Prenons l'exemple suivant où notre ambition est de calculer le montant de la TVA pour une série d'articles :

	A	B	C	D	E	F
1	Taux de TVA			Prix hors TVA	TVA	
2	6 %		Article 1	12		
3			Article 2	41		
4			Article 3	23		
5			Article 4	15		
6			Article 5	81		
7						

Construisons en E2 la formule : =D2*A2. Copions cette formule et collons-la dans les 4 cellules du dessous. (Un truc au passage : il suffit de faire glisser la *poignée de recopie*, en bas à droite du cadre de la cellule active.) Que se passe-t-il ? Rien de bon apparemment.

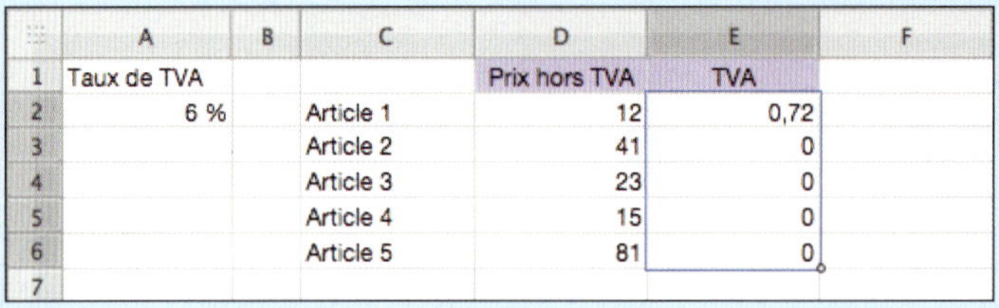

	A	B	C	D	E	F
1	Taux de TVA			Prix hors TVA	TVA	
2	6 %		Article 1	12	0,72	
3			Article 2	41	0	
4			Article 3	23	0	
5			Article 4	15	0	
6			Article 5	81	0	
7						

Pourtant, c'est logique. Puisqu'il fonctionne par défaut en références relatives, Numbers a adapté la formule et le =D2*A2 de la cellule E2 est logiquement devenu =D3*A3 dans la cellule E3, et ainsi de suite. Le résultat est égal à 0 puisque les cellules A3 à A6 sont vides !

La solution : obliger Numbers à se référer à la cellule A2, c'est-à-dire transformer la référence *relative* de cette cellule en référence *absolue*. Comment ? En choisissant (A2) rang et colonne absolus dans le menu local de la référence en question depuis la barre de formule, puis en confirmant la conversion.

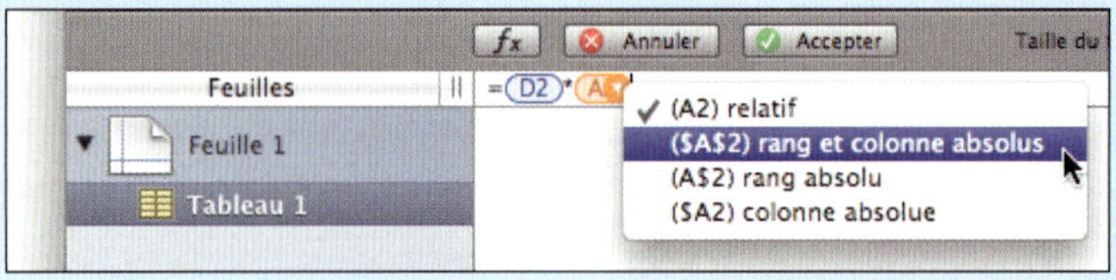

Copiez la formule ainsi corrigée sur les cellules du bas et vous verrez avec plaisir que tout rentre dans l'ordre. Ah ! C'est facile quand on sait !

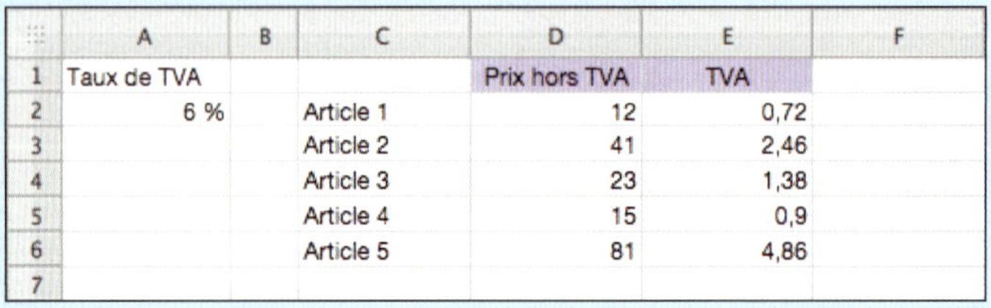

	A	B	C	D	E	F
1	Taux de TVA			Prix hors TVA	TVA	
2	6 %		Article 1	12	0,72	
3			Article 2	41	2,46	
4			Article 3	23	1,38	
5			Article 4	15	0,9	
6			Article 5	81	4,86	
7						

Les opérateurs

Numbers met à votre disposition les opérateurs arithmétiques classiques que sont la division (/), la multiplication (*), l'addition (+) et la soustraction (–).

Vous pouvez n'en utiliser qu'un ou en utiliser plusieurs (Figure 11.18).

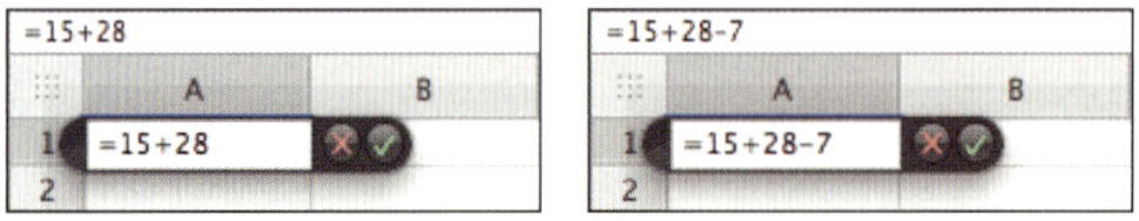

Figure 11.18 : Deux calculs simples.

Attention à la hiérarchie des opérateurs !

Ébrouez-vous : ce qui suit est important. En effet, conformément aux règles mathématiques traditionnelles, Numbers divise et multiplie avant d'additionner et de soustraire. On distingue donc les opérateurs de rang 1 (la division et la multiplication) des opérateurs de rang 2 (l'addition et la soustraction).

Par ailleurs, confronté à deux opérateurs de même rang, Numbers les traite de gauche à droite. Ainsi, dans le calcul suivant :

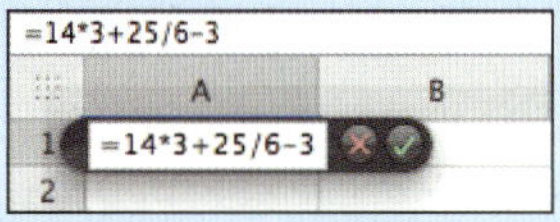

Numbers commence par multiplier 14 par 3, puis par diviser 25 par 6. Il additionne ensuite le résultat de la multiplication au résultat de la division, puis, enfin, soustrait 3 du total obtenu.

Pour le contraindre à fonctionner différemment, il faut recourir aux parenthèses sachant qu'elles sont prioritaires. Le traitement de leur contenu suit les règles classiques. Si plusieurs expressions sont mises entre parenthèses, celles-ci sont traitées de gauche à droite.

Dans l'exemple ci-après :

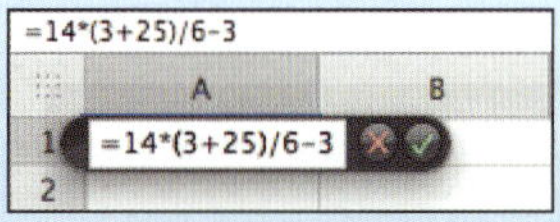

Numbers commence par additionner 3 à 25, puis multiplie par 14 le résultat de cette addition avant de le diviser par 6 et de lui soustraire 3. Ça change tout !

Les fonctions

Les opérateurs, c'est pratique. Mais ils vous cantonnent à des calculs simples, même si on va déjà loin avec des + et des –.

De plus, ils supposent un nombre élevé de manipulations. De fait, s'il ne s'agit que d'additionner quelques cellules, ça va, mais imaginez que vous ayez à totaliser le prix de 60 articles ? Vous n'allez quand même pas cliquer 60 fois !

D'où l'intérêt des fonctions. Plus évoluées, elles permettent en outre de faire intervenir des plages de cellules. Comparez :

=A1+A2+A3+A4+A5+A6+A7+A8+A9+A10+A11+A12+A13+A14

=SOMME(A1:A14)

Numbers propose plus de 250 fonctions, réparties en catégories : financières, statistiques, logiques… Nous nous bornerons à une brève incursion dans ce monde à part, mais si ça vous intéresse, sachez que se trouve là une des grandes forces du programme.

Toutes les fonctions de Numbers portent un nom et comptent, placés entre parenthèses, un ou plusieurs arguments, entendez les éléments sur lesquels la fonction doit agir. Si les arguments sont multiples, ils doivent être séparés les uns des autres par un point-virgule (;) s'il s'agit d'une liste et par deux-points (:) s'il s'agit d'une plage. Ainsi, la fonction SOMME suivante totalise les cellules A2, A8 ainsi que les cellules qui vont de B1 à B14 :

=SOMME(A2;A8;B1:B14)

Notez qu'il vous suffit de cliquer sur les cellules et de cliquer-glisser sur les plages pour que Numbers introduise lui-même ces caractères.

À noter encore qu'une fonction peut fort bien n'être qu'un élément d'un calcul parmi d'autres, comme dans cet exemple :

=SOMME(A1:B5)+24/3-SOMME(C1;F14)

À noter enfin qu'une fonction peut parfaitement servir d'argument à une autre fonction, comme dans l'exemple suivant où la fonction MOYENNE calcule la valeur moyenne d'une série d'arguments, dont le résultat est la SOMME de la plage qui va de B1 à B12 :

=MOYENNE(A5;SOMME(B1:B12);C10:C20)

Côté saisie, Numbers ne vous abandonne pas à vous-même ! Pour solliciter son aide depuis l'éditeur de formules, cliquez, dans la barre des formats, sur le bouton marqué *fx* : il vous ouvre la fenêtre Fonctions (Figure 11.19), qui regroupe toutes les fonctions du programme éventuellement présentées par catégories (volet gauche), vous en donne un commentaire succinct (volet inférieur) et vous permet d'introduire la fonction de votre choix au niveau du point d'insertion dans l'éditeur de formules (bouton Insérer une fonction). Vous y trouverez des paramètres fictifs que vous n'aurez qu'à sélectionner et à remplacer par les vrais acteurs du calcul.

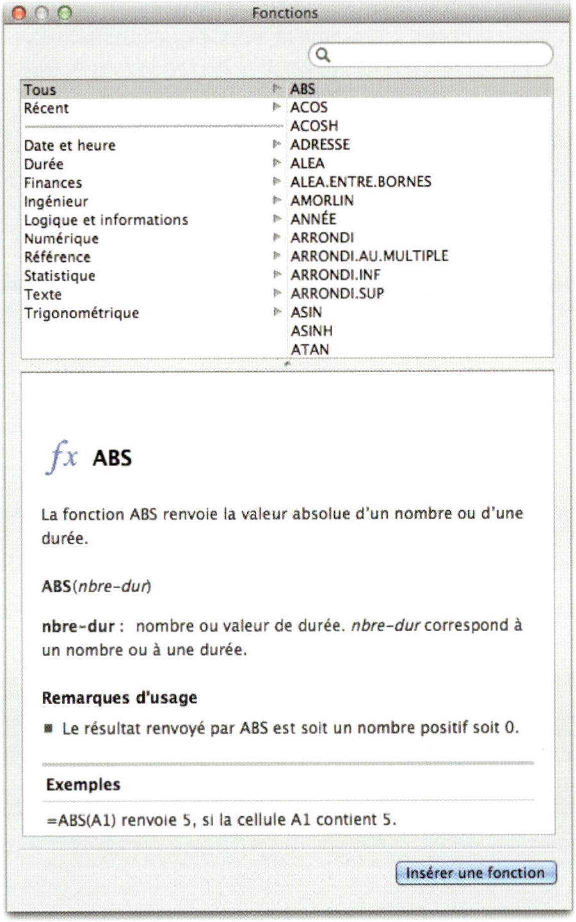

Figure 11.19 : Pour celles qui souffrent de majusculite aiguë.

Manipuler le contenu d'un tableau

Les techniques sont standard ; vous les connaissez déjà, pour la plupart.

- **Pour modifier le contenu d'une cellule** : Commencez par la sélectionner.

  Ensuite, pour ajouter des caractères : cliquez à l'endroit où l'insertion doit avoir lieu et tapez. Pour remplacer des caractères : sélectionnez ceux à remplacer et tapez ceux qui doivent les remplacer. Enfin, pour supprimer des caractères, sélectionnez-les, puis enfoncez la touche Suppression ou Retour arrière.

- **Pour déplacer des cellules** : Agissez par couper/coller ou, plus simplement, par cliquer-glisser : réalisez la sélection, puis positionnez votre pointeur sur un de ses bords ; dès qu'il prend la forme d'une main, faites glisser vers la nouvelle destination.
- **Pour dupliquer des cellules** : Agissez par couper/coller ou, plus simplement, par cliquer-glisser : opérez comme décrit ci-dessus en associant la touche Option à l'action.
- **Pour effacer le contenu d'une ou de plusieurs cellules** : Sélectionnez-les, puis enfoncez la touche Suppression ou Retour arrière.
- **Pour trier un tableau** : Sélectionnez une cellule quelconque du tableau en question, puis déroulez le menu local de l'en-tête de la colonne que vous voulez définir comme clé de tri et choisissez-y l'ordre de tri souhaité.

  Ainsi, pour trier le tableau suivant (Figure 11.20) par ordre décroissant sur le prénom, déroulez le menu local de la colonne B (celle où figurent les prénoms) et validez-y la commande Trier par ordre décroissant (Figure 11.21). Notez que les en-têtes ne participent pas au tri.

Nom	Prénom
Dutilleul	Agathe
Vernonceau	Michel
Arly	Clémentine
Minotin	Philippe
Artinaud	Antoine
Vanheck	André
Franquin	Patrick
Bartoli	Anouchka

Figure 11.20 : Il est grand temps de mettre de l'ordre dans tout ça.

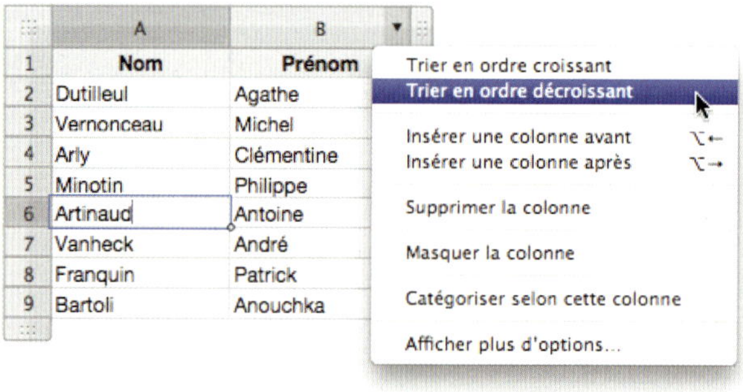

Figure 11.21 : Ça va se faire illico.

TRUC

Numbers est par ailleurs équipé d'une fonction de vérification orthographique : c'est la commande Orthographe du menu Édition qui vous y assure l'accès. Voyez le chapitre consacré à Pages pour savoir comment l'exploiter.

Modifier la structure d'un tableau

La structure des feuilles de calcul n'est pas figée. Vous pouvez à tout moment intervenir pour déplacer, ajouter ou supprimer des colonnes et des rangs, sans parler des ajustements en largeur et en hauteur.

- **Pour déplacer des colonnes ou des rangs** : Sélectionnez les colonnes ou les rangs à déplacer, puis faites glisser vers l'emplacement souhaité.

  Si vous associez la touche Option au cliquer-glisser, les colonnes et les rangs sont dupliqués.

- **Pour ajouter des colonnes ou des rangs** : La procédure diffère selon l'emplacement.

  Pour ajouter une colonne à droite du tableau, cliquez sur la poignée Colonne (Figure 11.22). Pour ajouter un rang sous le tableau, cliquez sur la poignée Rang. Répétez l'opération pour ajouter plusieurs colonnes ou plusieurs rangs.

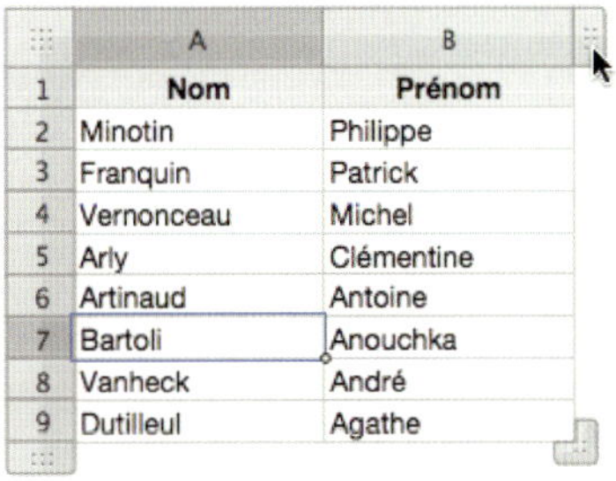

	A	B
1	Nom	Prénom
2	Minotin	Philippe
3	Franquin	Patrick
4	Vernonceau	Michel
5	Arly	Clémentine
6	Artinaud	Antoine
7	Bartoli	Anouchka
8	Vanheck	André
9	Dutilleul	Agathe

Figure 11.22 : Un clic qui vous change la vie.

Rappelez-vous (voir « Identifier les éléments de la fenêtre ») que la poignée d'angle vous permet, par cliquer-glisser, d'ajouter, en une seule opération, une ou plusieurs colonnes et/ou rangs.

Pour ajouter une colonne dans un tableau, sélectionnez l'onglet de la colonne à gauche ou à droite de laquelle l'insertion doit se faire, puis validez la commande Insérer une colonne avant ou Insérer une colonne après du menu local. Pour ajouter un rang dans un tableau, sélectionnez l'onglet du rang avant ou après lequel l'insertion doit se faire, puis validez la commande Insérer un rang au-dessus (Figure 11.23) ou Insérer un rang en dessous du menu local.

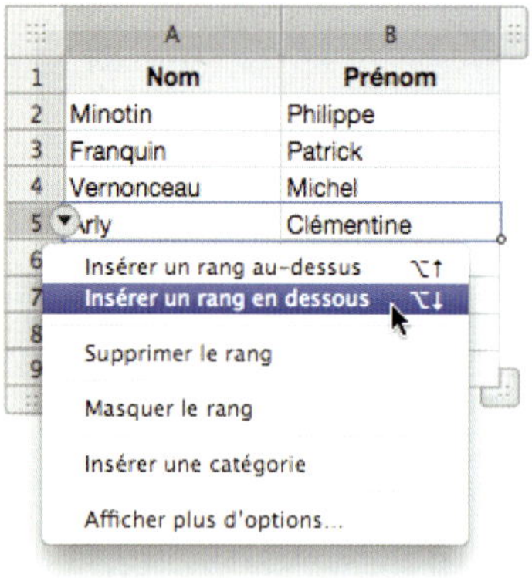

Figure 11.23 : Vous avez oublié quelqu'un.

- **Pour masquer des colonnes ou des rangs** : Sélectionnez les colonnes ou les rangs à masquer, puis choisissez Masquer dans le menu local. Selon votre sélection, la commande s'appelle Masquer la colonne/les colonnes sélectionnées/le rang/les rangs sélectionnés (Figure 11.24).

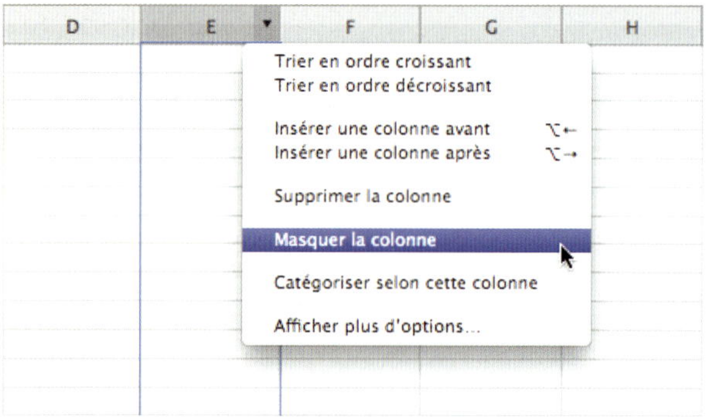

Figure 11.24 : Cachez cette colonne que je ne saurais voir...

TRUC

Vous masquerez des colonnes et des rangs que, pour une raison ou pour une autre, vous ne souhaitez pas voir (ni imprimer) sans toutefois vouloir les supprimer pour autant. Pour réafficher une colonne masquée, sélectionnez la colonne voisine (de gauche ou de droite) et choisissez Afficher la colonne x dans le menu local. Faites de même pour les rangs.

- **Pour supprimer des colonnes ou des rangs** : Sélectionnez le(s) colonnes ou le(s) rang(s) à supprimer, puis choisissez Supprimer dans le menu local. Selon votre sélection, la commande s'appelle Supprimer la colonne/les colonnes sélectionnées/le rang/les rangs sélectionnés.

- **Pour changer la largeur d'une colonne** : Sélectionnez la colonne à traiter, puis positionnez votre pointeur sur le bord droit de son onglet de référence. Dès qu'il prend la forme d'une double flèche, cliquez-glissez (vers la gauche pour rétrécir, vers la droite pour élargir). Une info-bulle vous renseigne sur la largeur en centimètres. Vous pouvez traiter plusieurs colonnes simultanément ; dans ce cas, vous cliquerez-glisserez sur le bord droit de n'importe quel onglet de la sélection.

TRUC

Un double-clic sur le bord droit quand la double flèche est affichée provoque l'ajustement automatique de la largeur de la colonne à celle de sa valeur la plus longue (Figure 11.25).

	A	B
1	Administration	102
2	Comptabilité	511
3	Direction	436
4	Production et servic	544

	A	B
1	Administration	102
2	Comptabilité	511
3	Direction	436
4	Production et services annexes	544

Figure 11.25 : Avant et après.

- **Pour changer la hauteur d'un rang** : Sélectionnez le rang à traiter, puis positionnez votre pointeur sur le bord inférieur de son onglet de référence. Dès qu'il prend la forme d'une double flèche, cliquez-glissez (vers le haut pour rétrécir, vers le bas pour élargir). Une info-bulle vous renseigne sur la hauteur en centimètres. Vous pouvez traiter plusieurs rangs simultanément ; dans ce cas, vous cliquerez-glisserez sur le bord inférieur de n'importe quel onglet de la sélection.

Soigner la présentation

Un tableau brut, c'est efficace, mais pas très parlant. Les options de présentation rendent souvent les tableaux plus faciles à lire et à interpréter.

L'aspect des nombres

En matière de format des nombres, limitons-nous à trois outils – bien pratiques au demeurant – de la barre des formats : Deux décimales, Devise et Pourcentage.

Leur utilisation est claire ; voyez, dans la figure suivante, le résultat qu'ils produisent sur une valeur brute (Figure 11.26).

Valeur brute	5101,387
Deux décimales	5.101,39
Devise	5.101,39 €
Pourcentage	510.138,70 %

Figure 11.26 : Des formatages de base.

Vous aimeriez fixer vous-même le nombre de décimales et, pourquoi pas, prévoir un espace comme séparateur de milliers ? Pas de problème !

1. **Sélectionnez le(s) nombre(s) à formater.**

2. **Choisissez Présentation/Afficher l'inspecteur ou activez l'icône Inspecteur de la barre d'outils.**

   L'inspecteur des cellules s'ouvre et propose des options relatives au formatage des nombres (Figure 11.27).

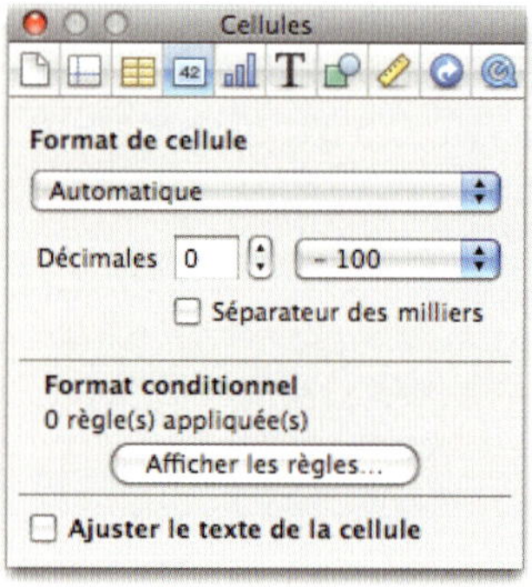

Figure 11.27 : D'autres réglages en vue !

3. **Dans la case Décimales de la rubrique Format de cellule, spécifiez le nombre de décimales souhaité, puis validez au moyen de la touche Entrée.**

   Un accès plus rapide : les icônes Augmenter le nombre de décimales et Diminuer le nombre de décimales de la barre des formats.

4. **Dans la même rubrique, validez l'option Séparateur de milliers pour ajouter un espace comme séparateur.**

5. **Fermez la fenêtre.**

L'aspect des dates

Si la façon dont Numbers affiche vos dates ne vous convient pas, dites-lui votre façon de penser (Figure 11.28).

Date saisie	3/5/2009
Date formatée par Numbers	05-mars-09
Quelques formatages	jeudi 5 mars 2009
	5 mars 2009
	05/03/09
	mars-09
	mars 5, 2009
	5-mars-09

Figure 11.28 : Quelques présentations parmi d'autres.

1. **Sélectionnez la/les date(s) à formater.**
2. **Choisissez Présentation/Afficher l'inspecteur ou activez l'icône Inspecteur de la barre d'outils.**

   L'inspecteur des cellules s'ouvre et propose des options relatives au formatage des dates.

3. **Choisissez un des formats proposés dans le menu local Date de la rubrique Format de cellule (Figure 11.29).**

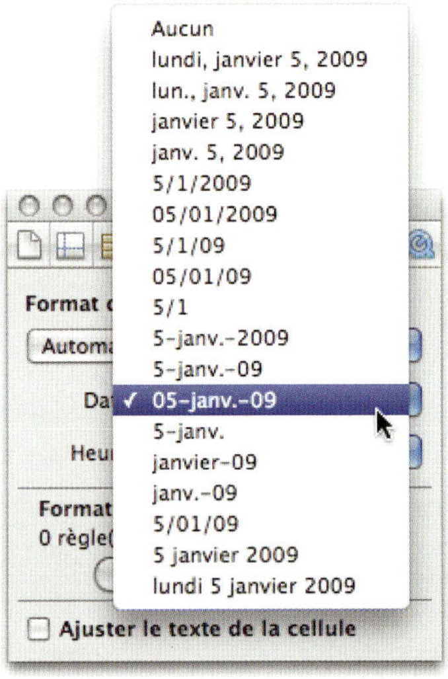

Figure 11.29 : Y a de la ressource.

4. **Fermez la fenêtre.**

L'aspect du texte

Les principaux attributs de caractères sont accessibles dans la partie gauche de la barre des formats (Figure 11.30). Vous y trouverez, dans l'ordre, la police, le style, la taille, la couleur ainsi que l'alignement.

Figure 11.30 : Les commandes courantes sont sous la main.

Le chapitre consacré à Pages fait la part belle à ces attributs ; merci de vous y référer pour tout complément d'informations.

En matière d'alignement (Figure 11.31), vous pouvez régler l'alignement horizontal, c'est-à-dire placer les valeurs à gauche, au centre ou à droite dans leur cellule d'accueil. Vous pouvez aussi régler l'alignement vertical en faisant en sorte que le contenu des cellules soit aligné sur le bord supérieur, au centre ou sur le bord inférieur de leur case.

Figure 11.31 : Alignement dans un sens et/ou dans l'autre.

L'aspect des cellules

Ça vous dirait d'ajouter à vos cellules des bordures et des trames ? Tout est possible, bien sûr (Figure 11.32). Les commandes sont à portée de souris. N'hésitez pas à vous en servir. Mais attention : l'excès nuit en tout !

Figure 11.32 : Comme c'est joli !

Le plus simple est d'agir dans l'inspecteur des tableaux.

1. **Sélectionnez la/les cellule(s) à traiter.**
2. **Choisissez Présentation/Afficher l'inspecteur ou activez l'icône Inspecteur de la barre d'outils.**

   L'inspecteur s'ouvre.
3. **Si son onglet Inspecteur des tableaux n'est pas affiché, activez-le (Figure 11.33).**

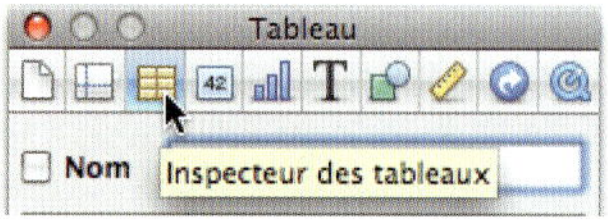

Figure 11.33 : Pour accéder aux réglages.

4. **Dans la rubrique Bordures de cellule, définissez successivement le type de bordure, l'épaisseur et la couleur du trait.**

5. **Dans la rubrique Arrière-plan de cellule, commencez par opter pour Remplissage couleur ou Remplissage dégradé, puis cliquez sur le carré pour accéder à la fenêtre Couleurs où vous ferez votre choix avant de refermer cette palette.**

6. **Fermez la fenêtre de l'inspecteur si elle ne vous est plus d'aucune utilité.**

TRUC

L'option Couleur de rang en alternance permet de choisir une couleur qui formatera l'arrière-plan de toutes les cellules du tableau à raison d'un rang sur deux (Figure 11.34).

Nom	Prénom	Ville
Minotin	Philippe	Paris
Franquin	Patrick	Bordeaux
Vernonceau	Michel	Reims
Arly	Clémentine	Paris
Artinaud	Antoine	Lyon
Bartoli	Anouchka	Montélimar
Vanheck	André	Paris
Dutilleul	Agathe	La Rochelle

Figure 11.34 : Vague réminiscence du papier pyjama.

1. **Sélectionnez le tableau proprement dit ou une de ses cellules.**

2. **Validez l'option Couleur de rang en alternance.**

3. **Cliquez dans la case Couleur adjacente pour accéder à la fenêtre Couleur où vous choisirez la couleur des rangs alternés avant de refermer cette palette.**

4. **Fermez la fenêtre de l'inspecteur si elle ne vous est plus d'aucune utilité.**

TRUC

Comme dans Pages, les commandes Copier le style et Coller le style du menu Format permettent de copier la mise en forme d'une cellule source pour la coller sur une sélection cible.

Tracer un graphique

Numbers est un tableur. Mais c'est aussi un grapheur. Là, nous sortons carrément du cadre de cet ouvrage. Mais décrivons malgré tout le mode « full automatique » :

1. Sélectionnez les données à tracer en excluant les en-têtes de votre sélection (Figure 11.35).

	A	B
1	Représentant	Ventes
2	Arly	258
3	Artinaud	152
4	Bartoli	326
5	Dutilleul	508
6	Franquin	189
7	Minotin	625

Figure 11.35 : Qui est le plus performant ?

2. Dans le menu local Graphiques de la barre d'outils, sélectionnez un type de graphe (les graphiques 2D sont symbolisés dans la colonne de gauche, les 3D dans celle de droite).

Numbers trace le graphe et l'introduit sur le canevas, à proximité du tableau dont il est issu (Figure 11.36). Il pousse le souci du détail jusqu'à reproduire, sur le tableau lui-même, le code couleur qu'il a adopté pour le graphe.

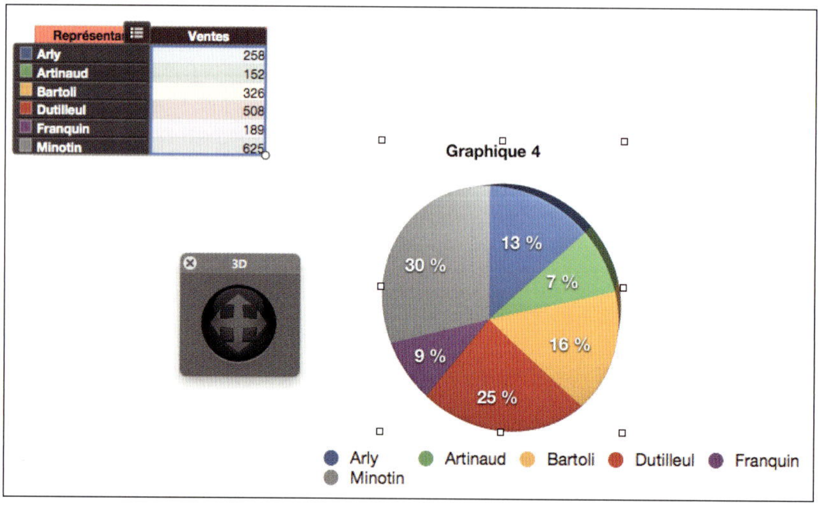

Figure 11.36 : Un petit dessin vaut mieux…

3. Dans le cas des graphiques 3D, modifiez le cas échéant l'angle d'affichage grâce à la fenêtre 3D (Figure 11.37) en cliquant-glissant sur une des 4 flèches depuis cette fenêtre 3D vers l'extérieur.

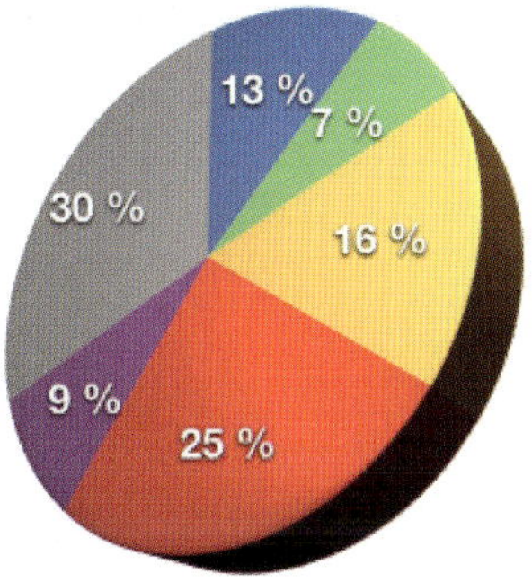

Figure 11.37 : C'est toujours intéressant de voir les choses sous un autre angle.

4. **Le cas échéant, changez, par cliquer-glisser, la position et la forme de la légende (Figure 11.38).**

5. **Le cas échéant, sélectionnez le titre générique et remplacez-le par celui de votre choix.**

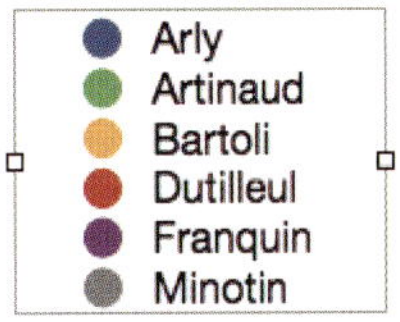

Figure 11.38 : Tout le monde en rang !

Toutes les commandes de mise en forme du texte sont disponibles.

Préparer l'impression

Avant d'imprimer, n'oubliez pas de voir d'abord comment les choses se présentent *via* la commande Afficher l'aperçu avant impression du menu Fichier.

Sous ce mode, le réglage Échelle du contenu de l'inspecteur des feuilles (Présentation/ Afficher l'inspecteur ou icône Inspecteur de la barre des formats, puis volet Feuilles) vous permet, *via* un curseur, de régler le taux de réduction/agrandissement, une option très pratique puisqu'elle vous autorise, de manière simple et visuelle, à faire en sorte que le contenu de la feuille s'adapte parfaitement au format du papier (Figure 11.39).

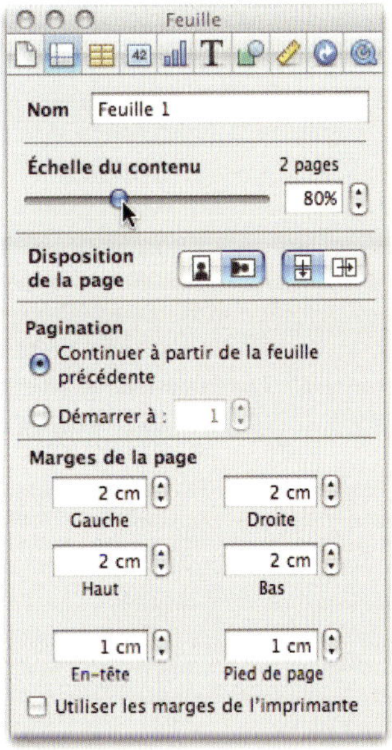

Figure 11.39 : Un réglage très pratique de l'échelle.

Vous trouverez, dans la même fenêtre, tous les outils nécessaires à la gestion de l'orientation, de la numérotation des pages et des valeurs des marges.

Quant à l'impression proprement dite, sachez que, outre les paramètres d'impression classiques, Numbers propose quelques options qui lui sont propres ; vous les trouverez dans le volet Numbers de la fenêtre d'impression (Figure 11.40).

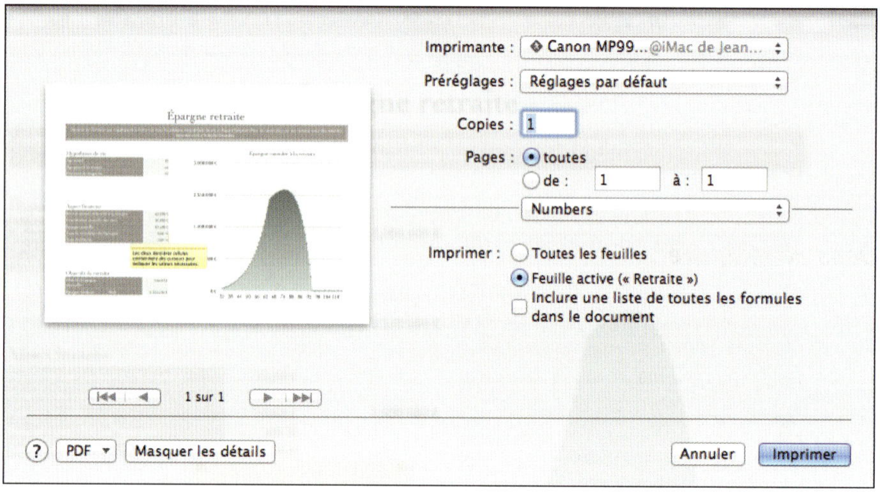

Figure 11.40 : Quelques options particulières.

- **Toutes les feuilles** : Pour imprimer toutes les feuilles que contient la feuille de calcul.
- **Feuille active** : Pour limiter l'impression à la feuille qui était sélectionnée à l'appel de la commande.
- **Inclure une liste de toutes les formules dans le document** : Pour imprimer la liste de toutes les formules contenues dans la feuille de calcul.

Voilà ébauché à grands traits le portrait du tableur d'iWork. Nous serions ravies de savoir que vous avez mordu à l'hameçon et que vous entrevoyez d'ores et déjà des tas d'usages pour ce formidable programme. Certes, il vous faudra approfondir quelque peu vos connaissances, mais si la gestion efficace de votre quotidien vous tient à cœur, vous vous plierez sûrement de bonne grâce à cet apprentissage qui n'est, finalement, pas si aride que ça.

Chapitre 12

J'écoute mes musiques – iTunes

Dans ce chapitre :

- Découvrir le chef d'orchestre.
- Collecter des titres.
- En avant la musique !
- De l'ordre dans la bibliothèque.
- Graver un CD de musique.

Mélomanes, à vos mannettes ! Le célébrissime logiciel iTunes vous permet de vous constituer une discothèque d'enfer, d'écouter ensuite vos titres en mode aléatoire, de les organiser en listes de lecture, de les graver enfin sur un support CD que vous ferez tourner sur le lecteur de votre salon ou de votre voiture.

TRUC

En fait, iTunes, c'est bien plus que ça puisque le programme vous permet de stocker, organiser et exécuter tous vos contenus digitaux : musiques, livres audio, podcasts, films, émissions de télévision, *etc.* Ajoutons que c'est le partenaire imposé des iPod, iPod touch, iPhone et iPad. Ça en fait des compétences ! Vous l'avez compris : nous ne ferons, ici, que lever un coin du voile.

Découvrir le chef d'orchestre

Apple a prévu une interface conviviale pour son célébrissime juke-box numérique (Figure 12.1).

Figure 12.1 : Mettez-vous à l'aise.

À la première mise en service du programme, il vous faudra commencer par accepter les termes du contrat de licence, puis passer outre la fenêtre Guides d'initiation.

Dans le volet gauche appelé « liste des sources » figurent plusieurs rubriques ; les principales sont :

- **Bibliothèque** : À tout seigneur, tout honneur ! Votre bibliothèque iTunes trône en haut du volet ; c'est à cet endroit que sont regroupés, par catégories, tous les fichiers que le programme est capable de jouer ou d'exécuter : musiques, films, séries TV, podcasts et radio Internet. Cliquez sur une catégorie et son contenu s'affiche dans le volet principal. Au départ, hormis une liste de stations radio, toutes ces fenêtres sont vides puisque vous n'avez encore rien importé dans iTunes.

  C'est sur l'aspect musique que nous centrerons notre propos.

- **Store** : Seront regroupés ici les éléments que vous achèterez sur l'iTunes Store.

- **Listes de lecture** : Sont répertoriées dans cette rubrique des compilations personnalisées de morceaux de musique. Il en existe de différents types, notamment standard, intelligentes et intuitives.

  Ce sont les listes standard que nous aborderons ici.

Si le volet droit vous encombre et si vous souhaitez augmenter l'espace dédié au contenu, cliquez sur la mention Masquer la barre latérale, positionnée en bas. Vous voilà plus à l'aise.

Collecter des titres

Trois techniques sont possibles pour ajouter des titres à votre bibliothèque :

- les transférer depuis un CD audio ;
- les importer depuis votre disque dur ;
- les acheter sur l'iTunes Store.

Transférer depuis un CD audio

Pour transférer vers iTunes des titres provenant d'un CD :

1. **Assurez-vous que vous êtes connectée à Internet.**

   En effet, lorsque la connexion Internet est active, iTunes tente, pendant le transfert, de trouver, sur le Net, des informations complémentaires sur le CD en cours d'extraction (intitulé de l'album, noms des artistes, titres des chansons, *etc.*). Pour ce faire, il se connecte à une base de données référençant la quasi-totalité des CD audio commercialisés dans le monde.

2. **Introduisez le CD audio dans le lecteur.**

   Une rubrique Appareils fait son apparition à gauche et mentionne le titre du CD ; son contenu s'affiche dans le volet principal ; en même temps, un message explicite vous est adressé (Figure 12.2).

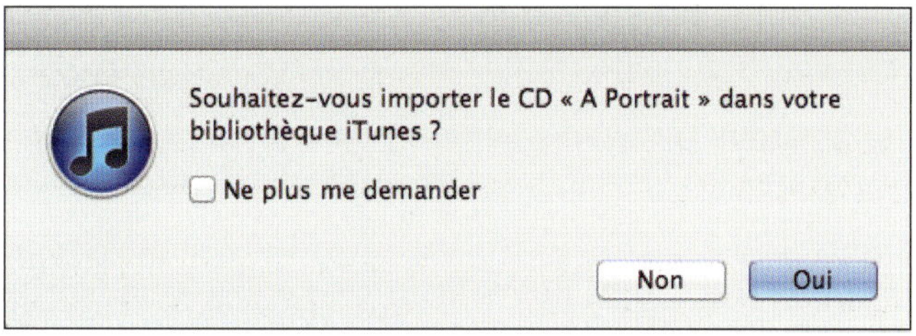

Figure 12.2 : An offer you can't refuse !

NOTE TECHNIQUE

Si ce message n'apparaît pas, ne vous affolez pas : lancez iTunes, puis cliquez, en bas à droite, sur le bouton Importer le CD.

TRUC

Si une fenêtre vous propose les services de Gracenote pour, notamment, grâce à son système d'identification de CD, vous fournir la pochette de l'album, cliquez sur Envoyer.

3. **Faites un choix :**

   - Pour importer tous les titres du CD, cliquez sur Oui.

     L'importation démarre : le programme commence d'emblée à extraire les pistes (Figure 12.3). Les morceaux sont traités les uns après les autres ; ceux qui sont déjà importés sont identifiés par une pastille verte, celui en cours de traitement par une pastille orange. Un signal sonore vous prévient lorsque l'importation est terminée.

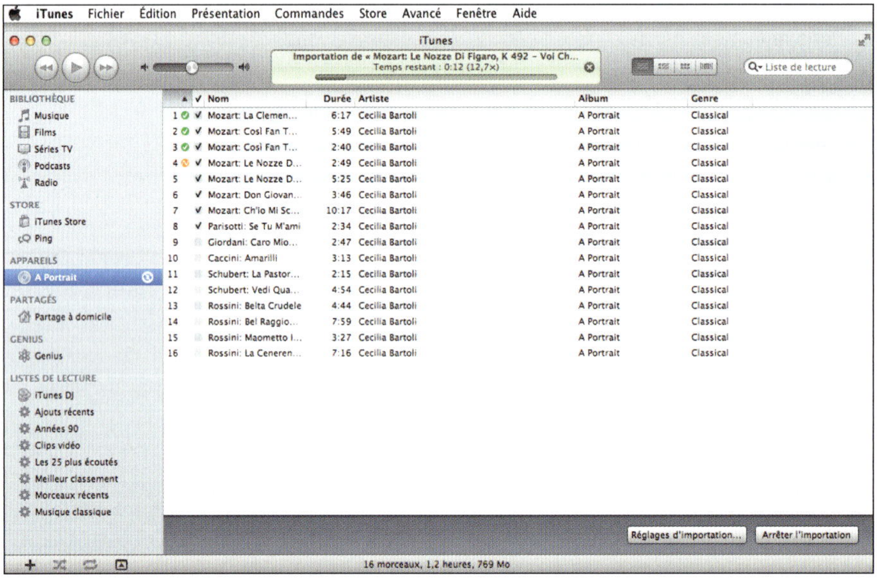

Figure 12.3 : iTunes part direct au charbon.

   - Pour limiter l'importation à certains titres, cliquez sur Non. Ensuite, décochez, dans la liste, les titres que vous ne désirez pas importer, puis cliquez sur Importer le CD.

TRUC

Vous hésitez ? Vous pouvez très bien écouter un morceau avant de prendre une décision : cliquez deux fois entre le numéro du morceau et la case à cocher correspondante. Un petit haut-parleur apparaît ; la lecture commence. Quand vous en avez entendu assez, cliquez sur le bouton Pause en haut à gauche de la fenêtre.

4. **Dans les deux cas, quand l'importation est terminée, éjectez le CD en cliquant sur le bouton Éjecter en regard de son nom dans la rubrique Appareils du volet gauche ou en faisant, depuis le Bureau, glisser son icône sur celle de la corbeille.**

TRUC

iTunes vous permet d'écouter vos CD sans vous contraindre, pour autant, à en importer les contenus. C'est simple : commencez par introduire le CD dans le lecteur et répondez Non à la proposition d'importation. Après vous être assurée que le CD en question est bien sélectionné dans la rubrique Appareils du volet gauche, exécutez la lecture comme vous l'explique la section « Écouter un morceau » plus loin dans ce chapitre. Quand vous avez terminé, éjectez le CD.

Mode « full automatique » : youpi !

Vous envisagez de transférer vers iTunes les 346 CD de votre discothèque et l'exposé ci-dessus vous fait frémir ? Ne vous affolez pas : chez Apple, on a pour habitude de penser large. En d'autres termes, toute la procédure peut être automatisée. Voilà une nouvelle qu'elle est bonne !

Dans la pratique : commencez par vous assurer, au niveau de la préférence Système CD et DVD, que l'option À l'insertion d'un CD de musique affiche bien Ouvrir iTunes ; sinon, sélectionnez-la. Appelez ensuite les préférences iTunes et choisissez Importer le CD, puis l'éjecter dans le menu local À l'insertion d'un CD dans l'onglet Général de la fenêtre correspondante.

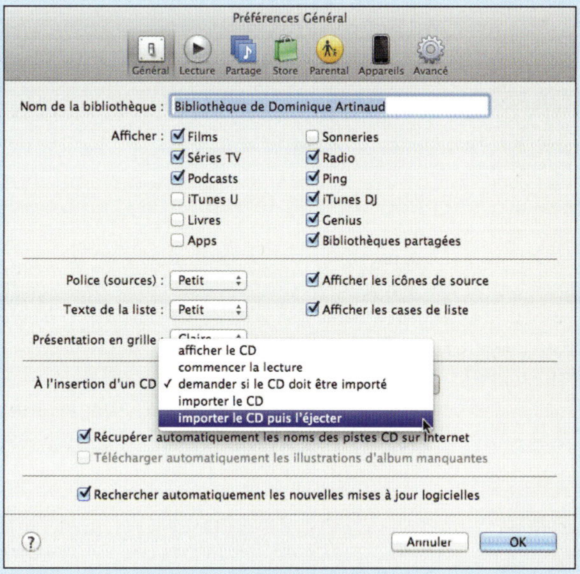

Désormais, vous n'aurez plus à intervenir : tout se fera automatiquement. Elle est pas belle, la vie ?

Importer depuis le disque dur

Il se peut que les morceaux qui vous intéressent se trouvent sur votre disque dur. Rien ne s'oppose à ce que vous les importiez dans iTunes.

Vous pouvez agir par menu :

1. **Choisissez Fichier/Ajouter à la bibliothèque ou enfoncez les touches Commande + O.**

   La fenêtre Ajouter à la bibliothèque s'ouvre (Figure 12.4).

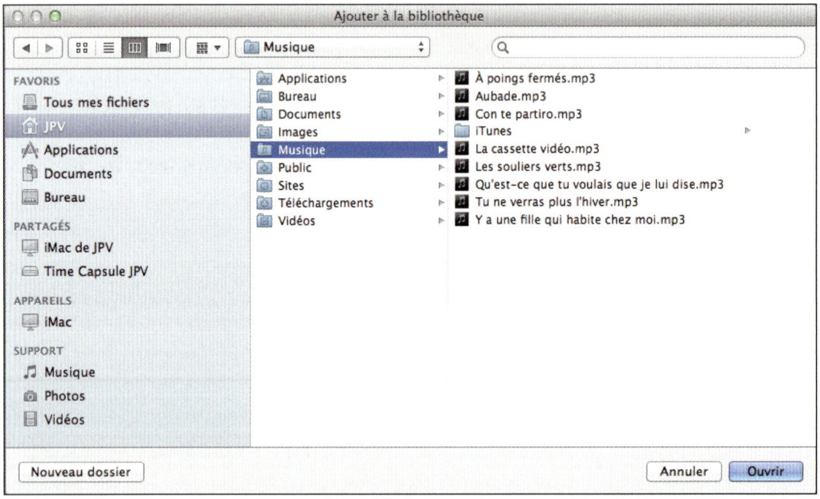

Figure 12.4 : Une fenêtre d'ouverture classique.

2. **Localisez, puis sélectionnez le(s) fichier(s) audio à importer.**

   Vous hésitez ? Vous pouvez très bien écouter un morceau avant de prendre une décision : sélectionnez le titre, puis, dans le volet d'aperçu, approchez votre pointeur du centre de l'image ; dès que le bouton Lecture apparaît, cliquez dessus (Figure 12.5). Le même bouton se transforme en pause et vous permet de mettre fin à l'audition.

3. **Cliquez sur Ouvrir.**

Vous pouvez agir par souris :

1. **Localisez, puis sélectionnez le(s) fichier(s) audio à importer.**

2. **Dans la fenêtre d'iTunes, assurez-vous que l'option Musique de la rubrique Bibliothèque est active ; sinon, activez-la.**

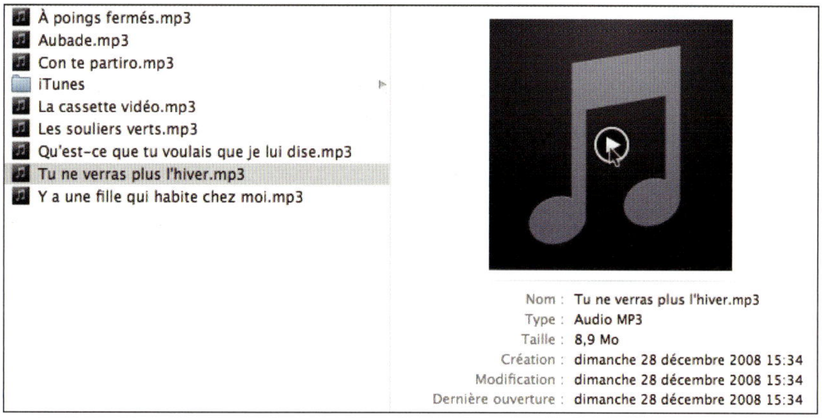

Figure 12.5 : Pour ne pas importer n'importe quoi.

3. **Faites glisser la/les icône(s) sélectionnée(s) de la fenêtre source vers le volet principal d'iTunes (Figure 12.6).**

Figure 12.6 : Un simple cliquer-glisser suffit.

Acheter à l'iTunes Store

Pour alimenter votre discothèque, vous n'êtes pas limitée à vos CD ; vous pouvez parfaitement glaner du contenu multimédia numérique sur le Net, en l'occurrence titres et albums.

Conçu pour établir des partenariats commerciaux avec des vendeurs de médias sur Internet, iTunes vous aide donc à y trouver des services consacrés à la musique et à vous abonner à ces services de vente en ligne de contenus multimédias.

C'est évidemment avec l'iTunes Store, le disquaire en ligne d'Apple, qu'il entretient des relations privilégiées. Vous pouvez y faire vos emplettes parmi 18 millions de chansons, louer ou acheter des films, vous fournir en livres audio, accéder à vos séries télé favorites, vous abonner à des podcasts gratuits…

L'accès à cet immense magasin dédié au divertissement ouvert 24 heures sur 24 et 7 jours sur 7 se fait par un simple clic sur le lien éponyme de la rubrique Store du volet gauche de la fenêtre.

Dès que vous échouez dans le magasin, activez sans coup férir son onglet Musique (Figure 12.7).

Figure 12.7 : Vous voilà dans le Saint des Saints.

La navigation s'effectue ici comme sur un site Web (voir la quatrième partie de cet ouvrage). C'est logiquement le champ Recherche Store qui vous permet d'effectuer des recherches dans le catalogue de ce magasin en ligne. Une fois localisé le titre ou l'album qui vous intéresse, il vous suffit de cliquer sur Acheter ou Acheter l'album. Les titres coûtent 0,99 €, les albums 12,99.

Seule contrainte : vous ne pourrez rien faire tant que vous n'aurez pas créé un compte Apple. Lancez-vous :

1. **Commencez par ouvrir une session en cliquant sur le bouton Ouvrir une session situé en haut à droite.**

   La fenêtre Inscrivez-vous s'affiche (Figure 12.8).

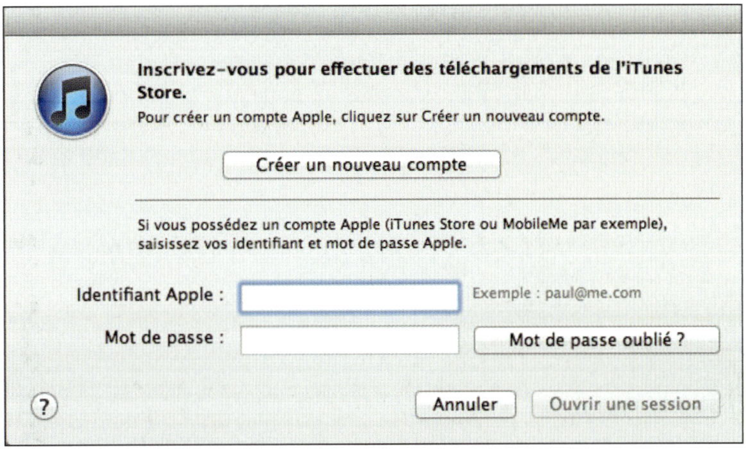

Figure 12.8 : Il faut bien commencer quelque part !

2. **Cliquez sur Créer un nouveau compte.**

   Une fenêtre de bienvenue vous est adressée.

3. **Cliquez sur Continuer.**

   Une fenêtre de conditions générales fait suite à la précédente.

4. **Cochez, en bas, le texte « J'ai lu et j'accepte ces conditions générales ».**

5. **Cliquez sur Accepter.**

   La fenêtre Saisissez les informations de votre identifiant Apple s'affiche.

6. **Introduisez les informations requises.**

7. **Cliquez sur Continuer.**

La fenêtre Indiquer un mode de paiement s'affiche.

8. **De nouveau, introduisez les informations requises.**

9. **Cliquez sur Continuer.**

   La fenêtre Félicitations vous est enfin adressée ; elle vous avise que votre compte a bien été créé.

10. **Cliquez sur Terminé.**

    Il ne vous reste plus qu'à faire votre shopping !

Vous trouverez, dans de nombreux points de vente (y compris dans les grandes surfaces), des chèques-cadeaux ou des cartes iTunes prépayées, qui vous permettent de faire vos emplettes sur l'iTunes Store à concurrence du montant correspondant. Pour les exploiter, vous devrez de toute façon commencer par créer un compte, mais serez dispensée de saisir les infos relatives à la carte de crédit. Pour en savoir plus au sujet de ces chèques et de ces cartes, n'hésitez pas à consulter l'aide en ligne du programme.

Ping, la dimension « réseau social » d'iTunes

Contrairement à son concurrent Microsoft, Apple n'a jamais porté grand intérêt au réseautage social. Avec Ping, elle a infléchi sa position. Quoique…

En fait, Ping est un réseau social destiné à la musique, qui a pour ambition de vous permettre de suivre l'actu de vos artistes préférés et de communiquer avec vos amis, de découvrir la musique dont ils parlent, qu'ils écoutent et qu'ils téléchargent.

Un pas en avant vers le Web social ? Pas vraiment puisque Ping s'inscrit résolument dans une stratégie distincte de celles des autres acteurs : cet outil communautaire n'est pas accessible sur le Web.

De fait, c'est uniquement par le biais de l'application iTunes qu'on peut y accéder et non *via* un navigateur Web. Ping évolue donc dans un environnement fermé exclusivement iTunes, dont l'unique finalité semble être d'inciter à l'achat. L'idée : les consommateurs de musique entrent en relation les uns avec les autres et se font part de leurs coups de cœur. On peut donc logiquement espérer que, si un utilisateur vante un album à ses contacts, ceux-ci auront envie de l'acheter sur l'iTunes Store. C'est donc davantage du « business social » que du « réseau social ».

Ajoutons que la recherche de contacts n'est pas facile (aucun lien avec votre carnet d'adresses), que les genres musicaux disponibles sont réduits à leur plus simple expression, *etc.* Bref, des options communautaires peu convaincantes qui laissent perplexe quant à l'avenir du concept. Un bide ? Sans doute !

En avant la musique !

Votre bibliothèque musicale regroupe désormais les titres que vous aimez ; écoutez-les ! Mais avant, commencez par choisir la présentation qui vous convient le mieux.

Choisir une présentation

Grâce aux icônes de la rubrique Afficher (et aux commandes correspondantes du menu Présentation), iTunes vous propose quatre manières distinctes d'afficher le contenu de votre bibliothèque principale et de vos listes de lecture :

- **Comme liste** : Affiche tous les titres dans une liste triable. Des colonnes bien pratiques vous renseignent sur le titre du morceau, sa durée, son interprète, son genre… (Figure 12.9).

Figure 12.9 : Présentation compacte et efficace.

TRUC

Vous pouvez trier selon n'importe quelle colonne, par ordre croissant ou décroissant. Pour réaliser le tri, il suffit de cliquer sur l'en-tête de la colonne correspondante ; pour modifier l'ordre du tri, il suffit de cliquer sur le triangle placé à droite.

- **Comme liste d'albums** : Trie les titres par album. Les pochettes d'album s'affichent en regard de la liste des morceaux correspondants (Figure 12.10).

Figure 12.10 : Présentation par album, avec possibilité de trier les albums par titre, artiste ou année.

- **Comme grille** : Affiche les pochettes des albums, disposées en grille. Quatre onglets vous permettent de présenter ce contenu par albums, artistes, genres ou compositeurs (Fenêtre 12.11).

Figure 12.11 : La présentation par grille et son onglet Albums.

- **Comme Cover Flow** : Divise la fenêtre en deux volets réglables : en haut la pochette, en bas, la liste (Figure 12.12). La barre de défilement horizontal du volet supérieur vous permet de faire défiler les morceaux ; le bouton de droite vous fait basculer en affichage plein écran. Saisissant !

Figure 12.12 : Toujours impressionnant, le Cover Flow.

(Vous avez déjà découvert cette présentation au niveau du Finder dans le Chapitre 4, à la section « Faisons les présentations ! »)

Une fois votre présentation préférée activée, vous pouvez enfin vous installer pour... écouter !

Écouter un morceau

C'est élémentaire !

Pour rappel, vous n'êtes pas obligée d'importer le contenu de vos CD pour pouvoir les écouter : vous pouvez fort bien utiliser iTunes comme un simple lecteur (voir plus haut la section intitulée « Transférer depuis un CD audio »). Les contrôles de lecture sont identiques, que les titres soient importés ou non.

1. **À gauche, sélectionnez l'endroit où se trouve le morceau que vous voulez écouter.**

   Il s'agira soit de Musique (bibliothèque principale où tout est regroupé), soit d'une liste de lecture que vous aurez créée (voir la suite de ce chapitre) et que vous sélectionnerez donc dans la rubrique Listes de lecture de ce volet gauche.

2. **Cliquez sur le bouton Lecture pour lancer la lecture du premier titre de la liste ou cliquez deux fois sur un titre quelconque.**

N'hésitez pas à exploiter la fonction de recherche pour localiser un titre, un interprète, un album.

3. **Contrôlez l'exécution de la lecture (Recul, Lecture/Pause, Avance et réglage du son) grâce aux boutons du haut de la fenêtre (Figure 12.13).**

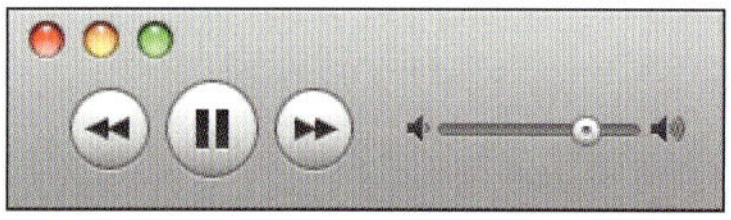

Figure 12.13 : Tout est sous contrôle.

- Cliquez sur le bouton Pause pour interrompre la lecture.
- Cliquez sur le bouton Lecture pour reprendre la lecture après une pause.
- Cliquez sur Avance pour sauter un morceau et passer directement au suivant.
- Cliquez sur Recul pour revenir au début du morceau en cours.
- Cliquez deux fois sur Recul pour revenir au titre précédent.

La barre d'espacement vous permet aussi d'interrompre, puis de reprendre une lecture.

Paramétrer la lecture

Par défaut, la lecture est linéaire : elle démarre au niveau du titre sélectionné et progresse vers le bas. Mais vous pouvez activer deux icônes (en bas à gauche) pour que les choses se passent autrement :

- **Lecture aléatoire** : Pour que les titres de la liste courante ou du CD soient lus dans un ordre aléatoire.

- **Lecture en boucle** : Pour que les titres de la liste courante ou du CD soient lus en boucle.

Il est possible de limiter la boucle à un seul titre : pour ce faire, commencez par sélectionner le titre à répéter à l'écoute, puis cliquez deux fois sur l'icône Répéter (jusqu'à ce que le chiffre 1 apparaisse).

Accéder aux informations

La commande Lire les informations du menu Fichier (Commande + I) vous ouvre une fenêtre aux volets multiples (Figure 12.14).

Figure 12.14 : Pour les maniaques.

C'est surtout son volet Infos qui nous intéresse ici, car il vous permet de corriger les données relatives au titre, d'introduire un commentaire et, surtout, de lui attribuer un genre ou de modifier celui qui lui est affecté pour l'instant. Utile si vous entendez trier vos titres par genre.

Supprimer un titre

Finalement, ce n'était pas une si bonne idée que ça d'ajouter à votre bibliothèque ces tambours du Burundi ! Débarrassez-vous-en !

Pour supprimer un titre, sélectionnez-le dans la liste, puis invoquez la commande Supprimer du menu Édition ou enfoncez la touche Suppression. Confirmez votre intention quand iTunes vous le demande, puis validez l'option Placer dans la corbeille.

De l'ordre dans la bibliothèque

Pourquoi ne pas regrouper vos morceaux préférés dans ce qu'il est convenu d'appeler une *liste de lecture* ? Sorte d'album audio, une liste est donc une *sélection*, c'est-à-dire un sous-ensemble de votre bibliothèque principale que vous constituez comme bon vous semble, selon des critères qui vous sont propres : compil' de vos titres de prédilection, morceaux jazz, airs latinos, musique romantique pour souper aux chandelles, *etc.*

Créer une liste

Deux techniques cohabitent : soit vous créez une liste vide que vous remplissez ensuite, soit vous opérez une sélection que vous érigez ensuite en liste.

Détaillons la première technique :

1. **Choisissez Fichier/Nouvelle liste de lecture ou enfoncez les touches Commande + N.**

   TRUC

   Vous pouvez aussi cliquer sur le signe + en bas à gauche du volet gauche.

   iTunes crée une liste qu'il ajoute aux listes existantes (notamment ses listes prédéfinies) dans la rubrique Listes de lecture de ce même volet et qu'il baptise provisoirement *liste sans titre.*

2. **Remplacez ce nom générique par le nom de votre choix.**

3. **Confirmez en enfonçant la touche Entrée.**

Ajouter des titres

Il ne vous reste qu'à ajouter des titres à la liste que vous venez de créer.

1. **À gauche, sélectionnez la source. Il peut s'agir de votre bibliothèque tout entière ou d'une liste de lecture quelconque.**

2. **À droite, sélectionnez le premier titre à ajouter.**

3. **Faites-le glisser du volet principal vers la liste cible de la rubrique Listes de lecture.**

   OU :

Opérez un clic secondaire sur le titre à traiter, puis choisissez Ajouter à la liste de lecture *nom de la liste* dans le menu contextuel (Figure 12.15).

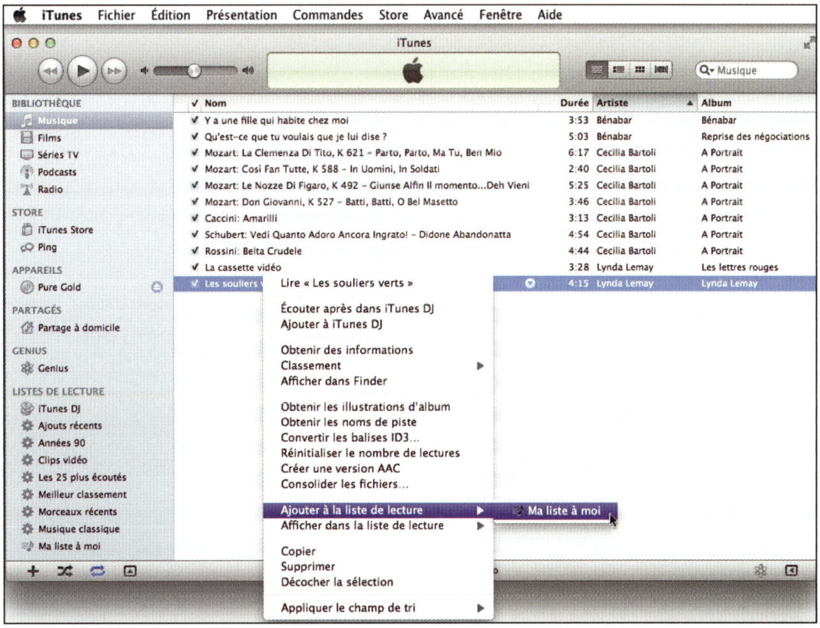

Figure 12.15 : Destination : une liste perso.

4. **Répétez l'opération pour les autres titres à ajouter.**

TRUC

Il est possible, par cliquer-glisser ou par Majuscule + clic, de sélectionner en une seule opération plusieurs titres contigus. Et par Commande + clic des titres non contigus.

TRUC

Un truc super : si plusieurs morceaux de musique sont regroupés dans un dossier d'une fenêtre Finder, le fait de faire glisser ce dossier vers la liste des sources crée automatiquement une liste de lecture qui regroupe les titres contenus dans le dossier ; le nom dont hérite alors la liste est celui du dossier.

Gérer les listes

Plusieurs manipulations sont autorisées :

- **Pour écouter une liste** : Sélectionnez son nom dans le volet de gauche, puis procédez comme décrit dans la section « Écouter un morceau ».

- **Pour renommer une liste** : Sélectionnez son nom, puis enfoncez la touche Entrée afin d'activer le mode Édition ; entrez le nouveau nom, puis confirmez le changement *via* la même touche.
- **Pour réorganiser une liste** : Déplacez les titres par cliquer-glisser.
- **Pour modifier une liste** : Ajoutez des titres comme décrit dans la section précédente. Supprimez-en *via* la commande Supprimer ou la touche Suppression (avec confirmation requise) en sachant que les titres ainsi traités sont supprimés de la liste, mais pas de la bibliothèque principale. C'est logique : la liste ne contient pas les titres proprement dits, mais uniquement des liens vers ces titres ; ce sont donc ces liens que vous supprimez.
- **Pour supprimer une liste** : Sélectionnez son nom, puis invoquez la commande Supprimer du menu Édition ou enfoncez la touche Suppression. Ici aussi, vous confirmerez votre intention quand le programme vous y invitera.

Graver un CD de musique

Vous aimeriez embarquer votre sélection de samba dans votre voiture ? Gravez-la sur CD !

TRUC

Si vous gravez en MP3, il faut, bien entendu, que le lecteur sur lequel vous comptez écouter le CD (véhicule ou salon) soit compatible.

Allez-y :

1. **Sélectionnez la liste de lecture qui contient les morceaux à graver ; assurez-vous que ceux que vous voulez graver sont bien cochés et qu'ils sont bien présentés dans l'ordre dans lequel vous souhaitez les écouter.**

   TRUC

   Le cas échéant, créez une liste pour l'occasion.

2. **Introduisez un CD vierge dans le lecteur.**
3. **Si iTunes est déjà en service et qu'une fenêtre vous invite à réagir, cliquez sur Ignorer (Figure 12.16).**

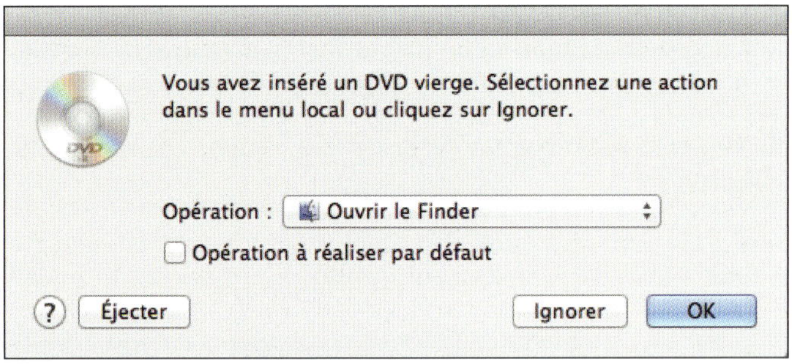

Figure 12.16 : N'en faites qu'à votre tête.

4. **Choisissez Fichier/Graver la liste de lecture sur un disque.**

   La fenêtre Réglages de gravure s'affiche (Figure 12.17).

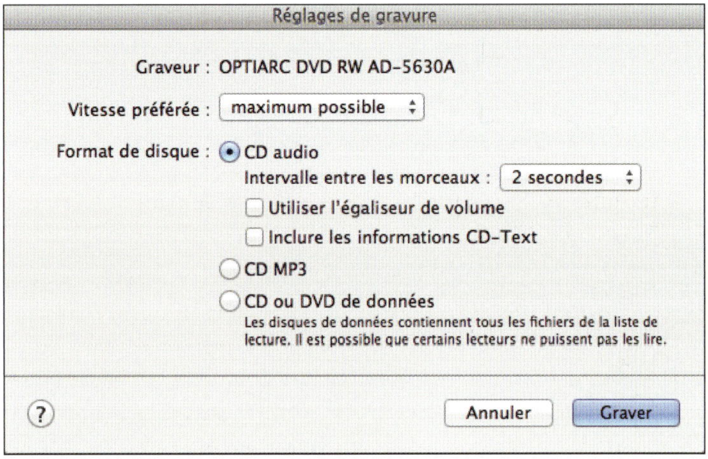

Figure 12.17 : Quelques réglages s'imposent.

5. **Paramétrez les options annexes :**

   - **Intervalle entre les morceaux** : Pour demander un intervalle et en fixer la durée.
   - **Utiliser l'égaliseur de volume** : Pour éviter les différences de volume entre fichiers.
   - **Inclure les informations CD-Text** : Pour faire en sorte que le lecteur CD audio soit capable de reconnaître les noms des pistes.

6. **Cliquez sur Graver.**

La gravure démarre ; vous êtes tenue au courant de la progression de l'opération. Quand elle prend fin, iTunes éjecte le disque. Le nom qu'il lui a attribué est celui de la liste que vous y avez enregistrée.

Vous venez d'apprendre à gérer les musiques. Apprenez maintenant à gérer les photos.

Chapitre 13

Je gère mes photos – iPhoto

Dans ce chapitre :

- Regarder.
- Lancer.
- Importer.
- Organiser.
- Rechercher.
- Retoucher.
- Lancer un diaporama.
- Partager.
- Supprimer.

Vous êtes du genre à fourrer toutes vos photos dans des boîtes à chaussures ? Si vous avez la ferme intention de continuer à ignorer la révolution de l'imagerie numérique, c'est votre choix. Dans ce cas, sautez ce chapitre.

Si, en revanche, vous vous dites que ces vieilles caisses en carton, ça commence à bien faire, alors emboîtez-nous le pas et apprenez à ranger numériquement. Vous verrez, c'est fun comme tout !

Regarder

Avant de nous lancer dans le vif du sujet, sachez que, si votre ambition se borne à regarder vos photos, vous disposez de trois moyens très simples :

- **La fonction Quick Look** disponible depuis toutes les fenêtres Finder (Chapitre 7).
- **Le mode de présentation Cover Flow** accessible, lui aussi, depuis toutes les fenêtres Finder (voir la section « Faisons les présentations ! » du Chapitre 4).
- **Le programme Aperçu**, qui ne se borne pas à afficher des documents PDF (Chapitre 21), mais prend aussi en charge la gestion d'une foule de formats de fichiers graphiques.

  Il a un autre avantage : sélectionnez autant de photos que vous le souhaitez, puis mettez-le en service ; validez la commande Vignettes ou Planche contact du menu Présentation et vous pourrez naviguer confortablement parmi tous ces fichiers ouverts sans être contrainte, pour les visualiser, d'en ouvrir un, puis de le fermer, puis d'en ouvrir un autre, puis de le fermer, et ainsi de suite.

  Autre corde à son arc, Aperçu affiche, dans le tréfonds de son menu Présentation, une commande Diaporama, qui vous propose un diaporama hyper basique certes, mais hyper facile à mettre en œuvre. Peut-être pas mal pour une première visualisation.

Lancer

Commencez par lancer iPhoto, le programme de gestion des photos de la suite iLife.

Passez outre son écran d'accueil pour gagner son interface.

Avant d'y parvenir, vous devrez prendre deux décisions.

La première (Figure 13.1) :

Figure 13.1 : Un dilemme dès l'entame.

- Répondez Oui pour que iPhoto démarre chaque fois que vous connecterez votre appareil photo numérique à votre Mac.
- Répondez Non pour qu'il n'en soit rien.
- Remettez votre décision à plus tard si, à ce stade, vous ne savez pas trop quel comportement adopter.

La seconde (Figure 13.2) :

Figure 13.2 : Et ce n'est pas fini !

iPhoto veut savoir si vous désirez visualiser vos photos sur une carte. Répondez oui :

- si votre appareil photo propose une fonction GPS (c'est le cas de l'iPhone 4 3G ou de l'iPad 2 3G) ;
- si vous souhaitez entrer ces données de localisation à la main.

Après ça, vous échouez enfin dans l'interface du programme (Figure 13.3).

A priori, le logiciel ne paye pas de mine. Pourtant, il est magique à bien des égards. Les sections suivantes sont apéritives : elles sont censées vous donner envie d'aller voir plus loin ce que ce formidable outil a dans le ventre.

Importer

Avant de pouvoir manipuler vos photos, il vous faut commencer par les importer :

- **Si les photos se trouvent sur votre disque dur** : Sélectionnez-les depuis leur fenêtre source, puis faites-les glisser vers la fenêtre d'iPhoto. Ou – ce qui revient au même – exploitez la commande Importer dans la bibliothèque du menu Fichier d'iPhoto, puis sélectionnez les photos à importer dans la fenêtre d'ouverture qui vous est alors proposée.

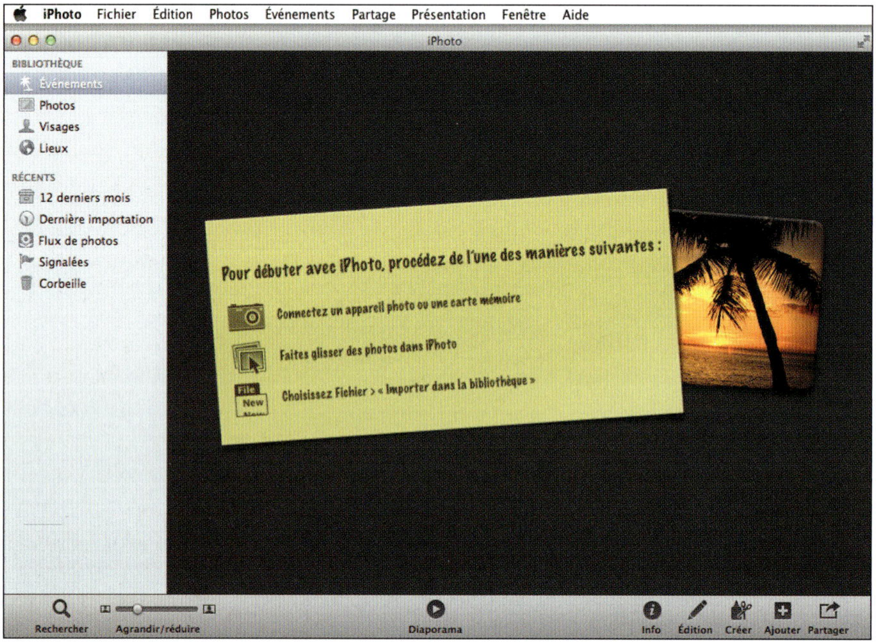

Figure 13.3 : Nous y voilà !

- **Si les photos se trouvent sur un CD ou sur un DVD** : Introduisez le CD ou le DVD dans le lecteur. Ensuite, procédez comme dans le cas précédent : ouvrez la fenêtre du disque, sélectionnez-y les photos, puis faites-les glisser vers iPhoto. Ou utilisez aux mêmes fins la commande Fichier/Importer dans la bibliothèque dont il est question ci-dessus.

- **Si les photos se trouvent sur votre appareil photo numérique (ou périphérique apparenté, comme un iPhone ou un iPad)** :

  1. Branchez le câble qui (normalement) vous a été fourni avec l'appareil (Figure 13.4) : connectez un bout (généralement le plus petit) à l'appareil photo et connectez l'autre bout (le plus souvent une prise USB) à un des ports USB de votre Mac.

  2. Allumez l'appareil photo.

     Si vous avez répondu Oui au message de la Figure 13.1, iPhoto démarre même s'il n'était pas en service.

Figure 13.4 : Ça ne paraît pas sorcier.

Dès qu'il détecte la présence de l'appareil, il bascule en mode Importation, inscrit le nom de l'appareil dans la rubrique Appareils du volet gauche et affiche, dans sa fenêtre principale, des vignettes de toutes les photos qui y sont stockées (Figure 13.5).

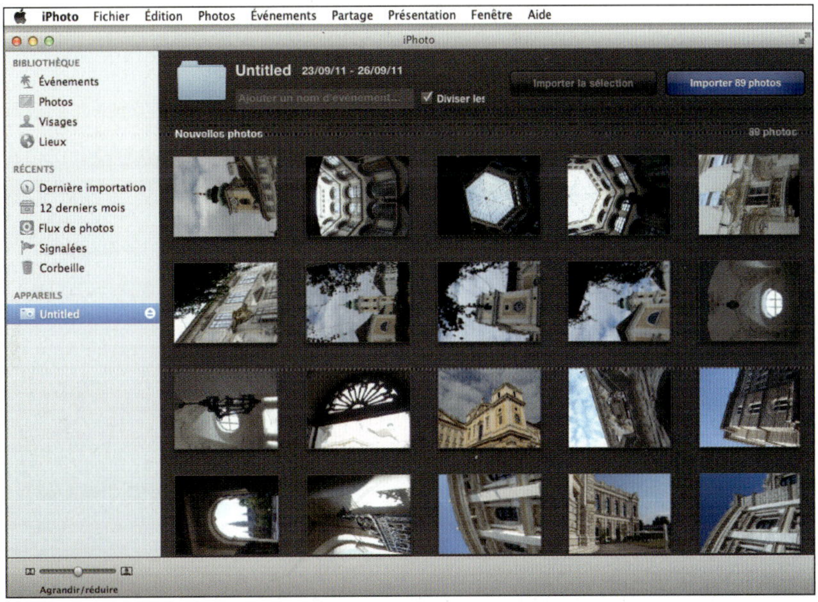

Figure 13.5 : Difficile de faire plus simple !

3. Cliquez dans la case Ajouter un nom d'événement, puis tapez le nom que vous voulez donner à la série de photos que vous vous préparez à importer (Figure 13.6).

Figure 13.6 : Trop top, ce petit *trip* à Vienne avec les copines.

4. Le cas échéant, désactivez l'option Diviser les événements après l'importation.

   Par défaut, iPhoto regroupe les photos par événement, c'est-à-dire en fonction de la date à laquelle elles ont été prises. Décochez l'option pour ignorer cette catégorisation.

5. Lancez l'importation :

   - **Pour importer toutes les photos** : Cliquez sur Importer *[nombre de photos présentes sur l'appareil]* photos.

- **Pour n'en importer que certaines** : Sélectionnez-les (sélection par rectangle ou par Majuscule + clic pour des vignettes contiguës, sélection par Commande + clic pour des vignettes non contiguës), puis cliquez sur Importer la sélection.

  iPhoto se met au travail, puis vous demande si vous souhaitez supprimer les photos importées de l'appareil (Figure 13.7).

Figure 13.7 : Prenez vos responsabilités !

6. Si oui, cliquez sur Supprimer les photos. Si non, cliquez sur Conserver les photos.

7. Quand l'importation est terminée, déconnectez l'appareil : faites glisser son icône vers celle de la corbeille, puis retirez le câble.

Voilà à quoi pourrait ressembler votre fenêtre après importation (Figure 13.8) :

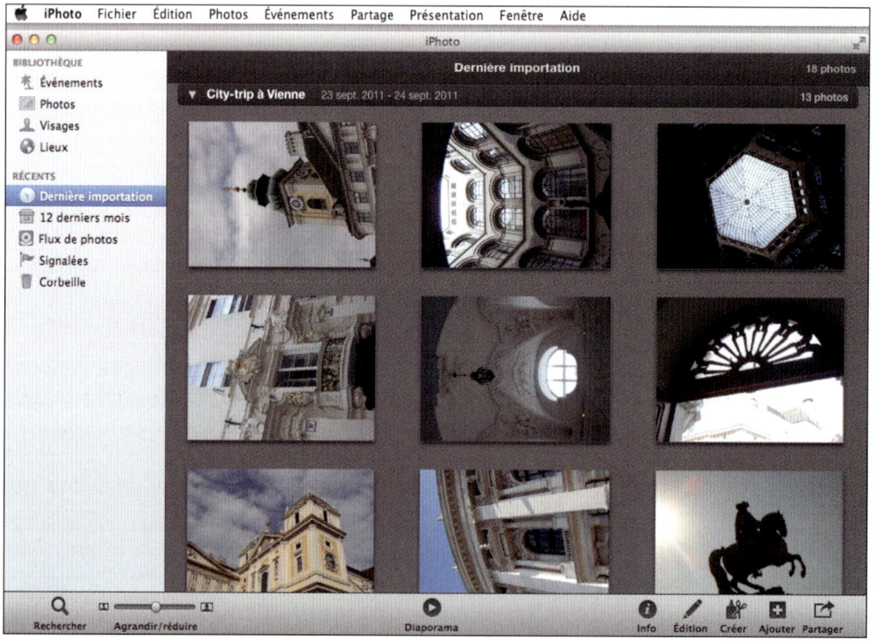

Figure 13.8 : Tout est là.

Lors du transfert de photos vers iPhoto, le programme stocke des copies à lui de vos clichés dans un dossier baptisé Bibliothèque iPhoto que vous trouverez dans votre dossier Images (Figure 13.9). Ne modifiez pas son contenu sous peine de mettre le logiciel en difficulté… et vous aussi par la même occasion !

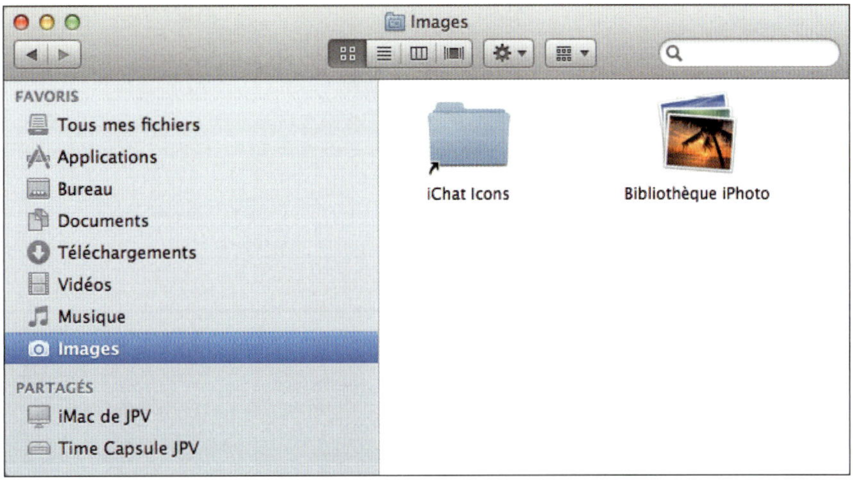

Figure 13.9 : Chasse gardée !

La plupart des appareils photo numériques stockent les photos sur une carte mémoire flash. Si votre Mac est équipé d'un lecteur de ce type – interne ou externe –, il vous suffit d'y glisser la carte. Sinon, vous établirez la connexion décrite à la première étape de cette procédure.

Organiser

Toutes les photos importées échouent dans la bibliothèque d'iPhoto.

- **Pour les visualiser par événements** : Choisissez Événements dans la rubrique Bibliothèque (Figure 13.10).

  En effet, par défaut, le programme regroupe vos photos par événements, c'est-à-dire en fonction de la période à laquelle les clichés ont été pris. Par défaut encore, les événements sont présentés réduits. Par défaut toujours, c'est la première photo de chaque événement qui est affichée et qui fait donc office de photo clé.

- **Pour les visualiser en vrac** : Choisissez Photos dans la rubrique Bibliothèque.

Contrairement à Événements, Photos vous permet de voir tous vos clichés, indépendamment des évènements auxquels ils appartiennent.

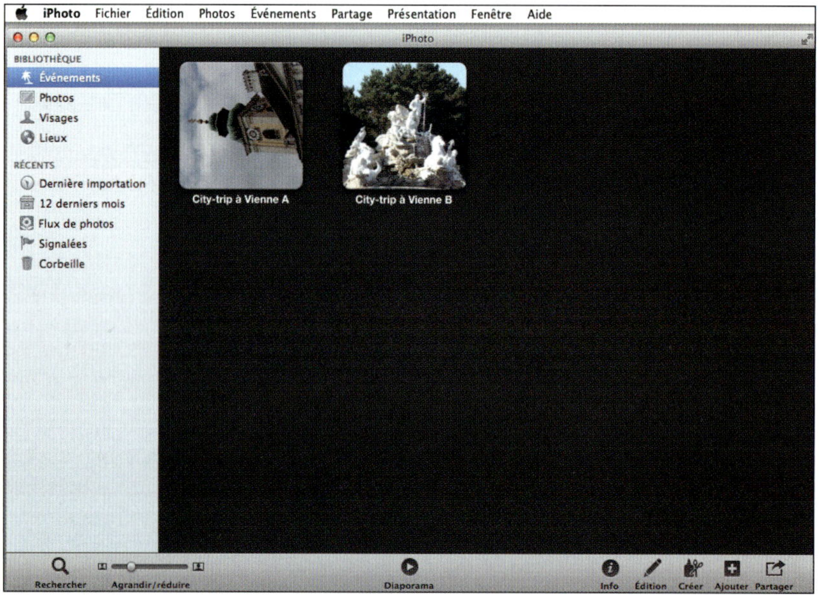

Figure 13.10 : Le contenu actuel de votre photothèque.

Reconnaissance faciale et repérage satellite

Deux autres catégories figurent dans la rubrique Bibliothèque du volet gauche : Visages et Lieux.

C'est que l'organisation des clichés par événements n'est pas la seule possible. iPhoto lui ajoute en effet la possibilité, sur base de la technologie de reconnaissance des visages, de grouper les photos par individus. Fastoche, une fois que c'est fait, d'isoler, parmi les milliers de clichés de votre photothèque, toutes celles de votre petit dernier.

Le programme est aussi capable de regrouper les photos en fonction de l'endroit où elles ont été prises. Cette catégorisation peut s'opérer de manière automatique si votre appareil photo numérique est équipé d'une fonction GPS, ou de façon manuelle dans le cas contraire. Idéal pour regrouper, dans la même fenêtre, des photos qui ont « Touraine » comme dénominateur commun : cette petite escapade en amoureux à Beaulieu-les-Loches en juillet 2011, cette visite du superbe château d'Amboise trois mois plus tard et, tout récemment, ce plantureux repas chez Charles Barrier dont les cœurs de ris de veau braisés au vin jaune vous ont littéralement transportée.

Apprenez à gérer les événements :

- **Pour développer un événement**, c'est-à-dire pour en afficher toutes les photos sous la forme de vignettes : Cliquez deux fois sur la photo clé de l'événement en question.
- **Pour, dans un événement développé, afficher une photo en grand** : Cliquez deux fois sur la photo en question.

  Les flèches gauche et droite placées dans l'angle supérieur droit ainsi que le bandeau du bas de la fenêtre vous permettent de circuler rapidement parmi les clichés de l'événement développé.

  Pour revenir à l'affichage de toutes les vignettes d'un événement, cliquez sur son nom en haut à gauche.

  Pour revenir à la fenêtre qui regroupe tous les évènements, cliquez, au même endroit, sur Tous les événements.
- **Pour survoler un événement**, c'est-à-dire pour faire défiler rapidement les photos qu'il contient : Positionnez votre pointeur sur la photo clé de l'événement en question et faites glisser la souris ou le doigt sur le trackpad légèrement vers la gauche ou vers la droite.
- **Pour choisir une autre photo clé** : Survolez l'événement jusqu'à afficher la photo que vous voulez ériger en nouvelle photo clé ; opérez ensuite un clic secondaire et validez la commande Marquer comme photo clé du menu contextuel (Figure 13.11).

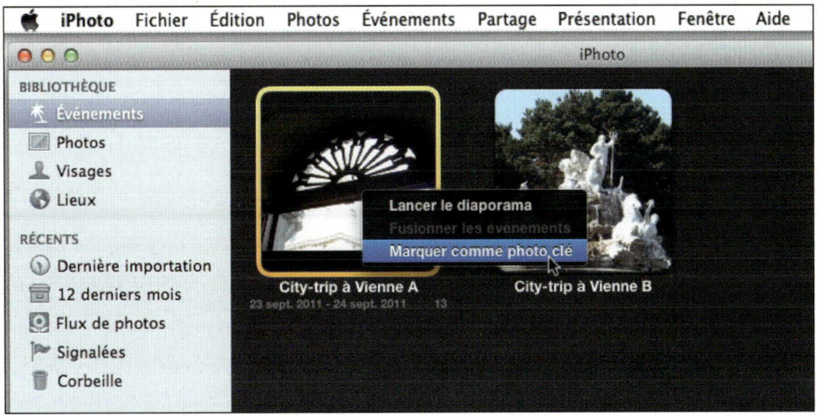

Figure 13.11 : Pratique, ce petit menu.

- **Pour rebaptiser un événement** : Cliquez sur son nom courant pour le sélectionner, puis tapez le nouveau nom.

- **Pour fusionner deux événements** : Sélectionnez les deux événements à fusionner, puis choisissez Fusionner les événements dans le menu Événements. Ou faites-les glisser l'un sur l'autre et cliquez sur Fusionner quand iPhoto vous demande de confirmer votre intention.
- **Pour scinder un événement** : Commencez par le développer, sélectionnez ensuite la première photo du futur événement, puis choisissez Événements/Scinder l'événement. Il ne vous reste plus qu'à donner un nom à l'événement issu de la division et à valider votre saisie *via* la touche Entrée.
- **Pour déplacer une photo d'un événement vers un autre** : Sélectionnez les deux événements (par rectangle ou par Majuscule + clic s'ils sont voisins, par Commande + clic s'ils ne le sont pas), puis double-cliquez sur l'un d'eux pour gagner l'affichage Photos. Sélectionnez la photo à déplacer dans l'événement source et faites glisser vers l'événement cible. Elle est déplacée vers la fin de celui-ci.
- **Pour supprimer un événement** : Sélectionnez-le, puis faites-le glisser sur l'icône de la corbeille dans la liste Récents du volet gauche.

TRUC

Vous pouvez récupérer le contenu de la corbeille tant que vous ne la videz pas *via* le bouton Vider la corbeille en haut à droite ou *via* la commande iPhoto/Vider la corbeille iPhoto. Pour ce faire, ouvrez-la, puis faites glisser l'événement à récupérer vers la rubrique Évènements du volet gauche.

Rechercher

Où est passé ce cliché génial où vous étiez à votre avantage dans cette vaporeuse robe mauve que vous portiez dans votre dernière pièce de théâtre ?

Pour mettre la main dessus, faites une recherche par titre ou par date :

1. **Choisissez Édition/Rechercher ou cliquez sur le bouton éponyme en bas à gauche.**

   Un champ Rechercher fait son apparition. Il est complété par un petit menu local que vous déroulerez en cliquant sur la flèche (Figure 13.12).

Figure 13.12 : Les critères de recherche.

2. **Réagissez :**

   - **Pour rechercher par titre** : Sélectionnez Tout dans ce menu local, puis tapez le titre de l'événement dans la case d'édition voisine et validez *via* la touche Entrée.

   - **Pour rechercher par date** : Sélectionnez Date dans ce menu local. Un minicalendrier s'affiche (Figure 13.13).

Figure 13.13 : Y a des mois pour les moules, y a des mois pour les photos.

Commencez, grâce aux flèches en haut à droite, par désigner l'année si celle qui est affichée n'est pas la bonne. Choisissez ensuite le mois. (Les mois qui comportent des photos sont affichés en gras.) Après cela, cliquez deux fois sur le mois en question pour accéder aux jours. (Les jours qui comportent des photos sont aussi affichés en gras.) Enfin, cliquez sur le jour qui vous intéresse pour visualiser les clichés pris à cette date.

iPhoto vous autorise à attribuer à vos photos un ou plusieurs mots-clés ainsi qu'un classement (exprimé en nombre d'étoiles, comme dans le *Michelin* !). Ces deux attributs peuvent faire office de clé de tri ; cela signifie que, si vous les avez exploités, vous pourrez, par la suite, retrouver facilement toutes les photos estampillées « toutou », « vacances », « communion » ou toutes celles distinguées par 2, 3 ou 4 étoiles.

Retoucher

iPhoto met différents outils de retouche à votre disposition, de quoi épater la galerie ! Voici où les trouver : commencez par sélectionner la photo à retoucher, puis activez l'icône Édition de la barre d'outils du bas de la fenêtre. Les outils d'édition s'affichent immédiatement (Figure 13.14).

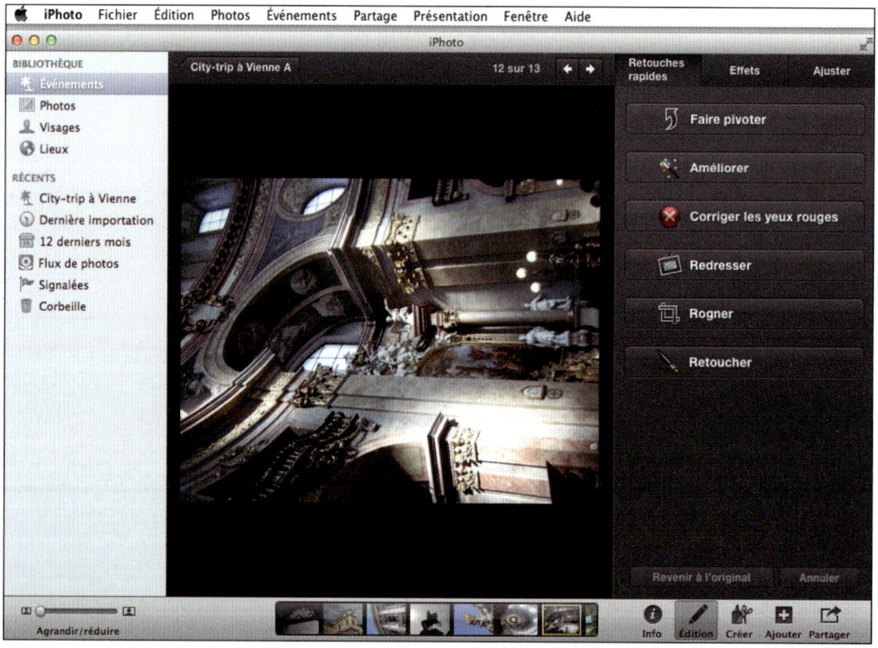

Figure 13.14 : Une trousse de secours, bien pratique.

Les flèches du haut et le bandeau du bas vous permettent de naviguer parmi les photos de l'événement courant. Le bouton Édition, pour sa part, vous permet de quitter le mode Édition tout en validant les modifications que vous y aurez apportées.

Les outils proposés ici autorisent toutes sortes de réglages. Concentrons-nous sur ceux proposés dans l'onglet Retouches rapides :

- **Faire pivoter** : Cliquez sur le bouton Faire pivoter pour faire pivoter la photo dans le sens inverse des aiguilles d'une montre ; Option + cliquez pour la faire pivoter dans l'autre sens.
- **Améliorer**, c'est-à-dire rattraper de manière automatique une image sur ou sous-exposée : Cliquez sur Améliorer et iPhoto se charge tout seul comme un grand de régler l'exposition (quantité de lumière dans une photo entière) et le contraste (différence entre tons clairs et tons foncés).

- **Corriger les yeux rouges** : Dès l'importation, le programme fait tout ce qu'il peut pour supprimer ce vilain effet provoqué par le reflet du flash sur la rétine. Si ce n'est pas suffisant, agissez depuis ce mode Édition.

  Figure 13.15 : La correction Anti-yeux rouges.

  Commencez par cliquer sur la commande pour accéder aux réglages (Figure 13.15).

  Essayez ensuite le mode auto en cliquant sur Correction automatique. Si ça ne marche pas (ou si ce mode n'est pas disponible), commencez par zoomer sur l'image (le zoom occupe l'angle inférieur gauche de la fenêtre) de manière à mieux voir la zone à traiter. Ensuite, déplacez votre pointeur sur l'image ; vous verrez qu'il a pris la forme d'un réticule. Commencez par en adapter la taille *via* le curseur Taille. Ensuite, centrez ce réticule sur la pupille de l'œil et cliquez. Normalement, ça devrait s'arranger. Débarrassez-vous de la fonction en cliquant sur Terminé.

- **Redresser** : Vous n'avez pas le compas dans l'œil ? Votre photo penche à gauche ? Redressez-la. Cliquez sur le bouton Redresser, puis faites glisser le curseur Angle vers la gauche ou vers la droite en vous aidant du quadrillage et de l'info numérique placée à sa droite

- **Rogner** : Cliquez sur le bouton Rogner ; un rectangle se superpose au cliché et des commandes s'affichent dans la rubrique (Figure 13.16).

  Pour rogner à un format particulier : Validez l'option Contrainte, puis faites votre choix dans le menu local correspondant. Il est bien fourni : option Écran pour adapter le cliché à votre moniteur, option iPhone pour l'adapter à celui de l'écran de votre téléphone iPhone, Carte postale, DVD, Poster, Personnalisé…

  Pour rogner à un format quelconque : Assurez-vous d'abord que l'option Contrainte n'est pas validée ; sinon, désactivez-la. Ensuite, cliquez-glissez sur les angles ou sur les bords du rectangle pour en modifier la taille ; cliquez-glissez à l'intérieur pour en modifier la position. Des guides verticaux et horizontaux vous aident à agir.

- **Retoucher** : C'est dommage, cette tache rouge sur le T-shirt de votre rejeton ! Pas de problème : l'outil Retouche va la faire disparaître mieux qu'une lessive aux enzymes gloutons. Activez l'outil, réglez la taille de la brosse en faisant glisser le curseur, puis cliquez plusieurs fois ou faites glisser sur l'élément à éliminer. Pfff ! Partie, la tache !

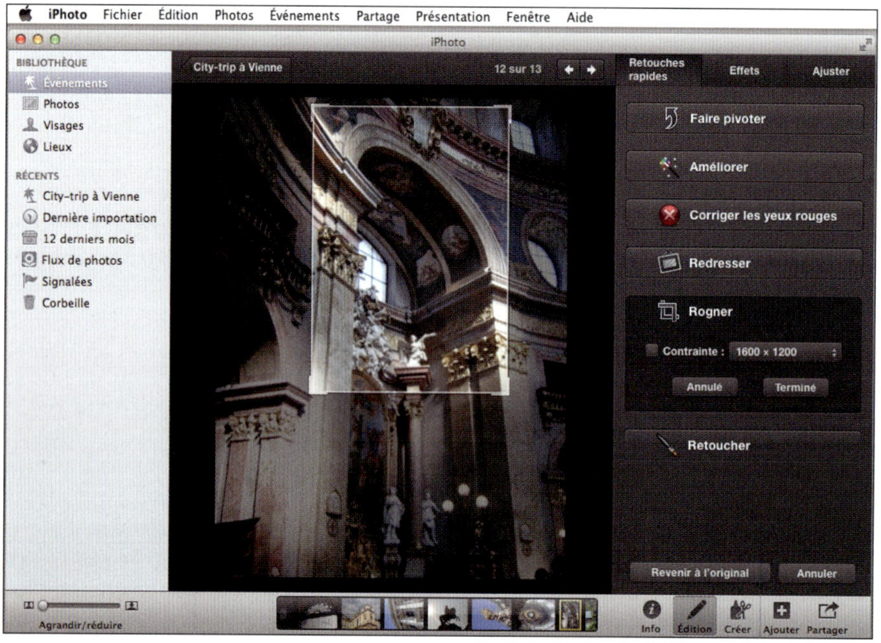

Figure 13.16 : C'est du sérieux !

L'onglet Effets n'est pas inintéressant non plus. Activez-le (Figure 13.17), puis amusez-vous !

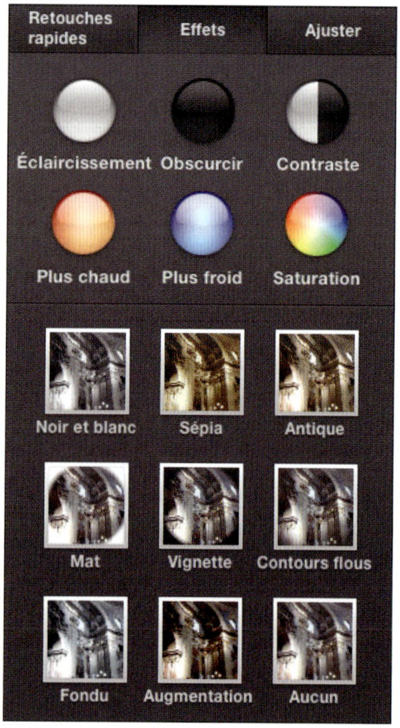

Figure 13.17 : Une palette qui fait son petit effet.

Enfin, l'onglet Ajuster vous permet d'opérer sur vos clichés des réglages plus pointus (Figure 13.18), comme Exposition, Contraste, Teinte ou Température.

iPhoto privilégie ce qu'il appelle la *retouche non destructive*. Vous trouverez donc un bouton Annuler et un bouton Revenir à l'original dans le bas du volet de retouche. Les deux sont doublés par une commande de menu, le premier dans le menu Édition et le deuxième dans le menu Photos.

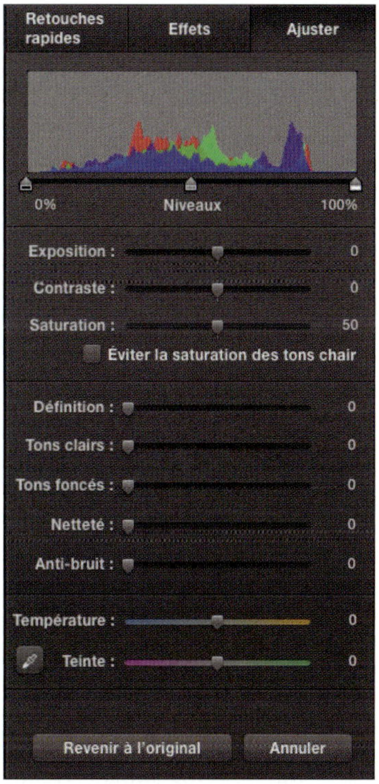

Figure 13.18 : On ne nous dit pas tout !

Lancer un diaporama

Le plus simple consiste à créer un diaporama instantané.

Préparer le diaporama

1. **Sélectionnez un ou plusieurs événement(s) (rubrique Événements) ou un groupe de photos (rubrique Photos).**

   Rappel : opérez par rectangle ou par Majuscule + clic pour sélectionner des éléments contigus ; opérez par Commande + clic pour sélectionner des éléments qui ne le sont pas.

2. **Activez l'icône Diaporama de la barre d'outils du bas de la fenêtre.**

   La première photo du futur diaporama s'affiche en mode Plein écran. Une palette d'outils vous est également proposée ; elle vous engage à paramétrer thèmes, musique et réglages (Figure 13.19).

Figure 13.19 : Des options éclatées en trois volets.

Cliquez sur Lire pour lancer le diaporama directement avec les réglages par défaut.

- **Thèmes** : Il définit la manière dont les photos s'affichent et s'enchaînent. N'hésitez pas à déplacer votre pointeur sur les vignettes pour voir à quoi ressemblent les thèmes correspondants.
- **Musique** : C'est l'onglet Musique qui s'occupe de tout (Figure 13.20). Vous aimez savourer en silence ? Décochez l'option Musique pendant le diaporama. Sinon, choisissez une source, puis désignez les morceaux dans la liste correspondante. Vous pourrez toujours, pendant le diaporama, décider, *via* les touches *ad hoc* de votre clavier, de supprimer le son, de l'augmenter ou de le diminuer.
- **Réglages** : Définissez, dans cette fenêtre (Figure 13.21), la durée d'affichage de chaque photo ainsi que le type et la durée des transitions *via* le menu local Transition et le curseur Vitesse. D'autres réglages sont disponibles ; découvrez-les à l'aise.

Quand tout est prêt, cliquez sur Lire. Le spectacle peut commencer !

Figure 13.20 : Pour regarder en mesure !

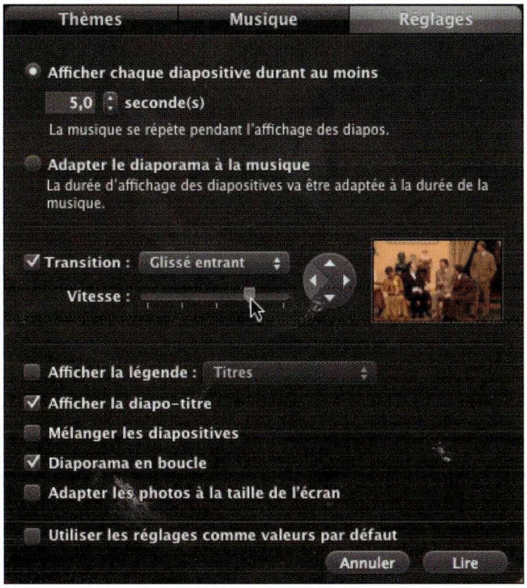

Figure 13.21 : Pour un Glisser entrant ultra rapide.

Contrôler son exécution

Regarder tranquillement, c'est trop vous demander ? Il faut absolument que vous tripotiez l'un ou l'autre bouton ? Pas de problème !

Commencez par afficher les commandes en déplaçant votre pointeur vers le bas de l'écran. Une palette de contrôle s'affiche (Figure 13.22).

Figure 13.22 : De quoi contrôler votre destin.

Approchez votre pointeur plus près encore du bord inférieur de votre moniteur et un bandeau s'affiche, qui reprend, sous forme de vignettes, toutes les photos sélectionnées.

- **Pour passer à la photo suivante** : Cliquez sur la flèche droite.
- **Pour revenir à la photo précédente** : Cliquez sur la flèche gauche.
- **Pour atteindre rapidement une photo donnée** : Cliquez, dans le bandeau, sur la vignette correspondante.
- **Pour interrompre un diaporama** : Cliquez sur le bouton Mettre le diaporama en pause ou enfoncez la barre d'espacement.
- **Pour relancer un diaporama interrompu** : Cliquez sur le bouton Lancer le diaporama ou enfoncez la barre d'espacement.
- **Pour accéder aux paramètres** : Cliquez, selon le cas, sur Affichez le navigateur de thèmes, Affichez le navigateur de musique ou Affichez le panneau des réglages.
- **Pour mettre un terme à un diaporama :** Cliquez sur le bouton Fermer le diaporama.

Partager

Ah ! Les joies du partage ! Elles ne manquent pas dans iPhoto.

Le programme, en effet, vous permet d'envoyer des photos par mail, d'imprimer vos clichés ou de les graver sur un CD ou sur un DVD que vous prêterez à qui bon vous semble. Vous pouvez aussi stocker vos photos sur un site d'hébergement en ligne (style Flickr ou Picasa) pour en permettre l'accès depuis n'importe quel navigateur Internet.

Envoyer par mail

Pour envoyer une photo par messagerie électronique, il suffit, depuis Mail, de demander à joindre une pièce, puis de désigner le fichier image à envoyer dans la fenêtre correspondante (voir le Chapitre 18, section « Envoyer un mail »).

Mais, au lieu d'agir depuis Mail, vous pouvez fort bien agir depuis iPhoto avec, comme avantage indéniable, la possibilité d'exploiter des modèles plus graphiques qu'une aride fenêtre de messagerie.

Vous allez voir : c'est simple… comme une lettre à la poste !

1. **Sélectionnez la photo à envoyer.**

   TRUC

   Vous pouvez en traiter plusieurs, mais la fonction n'est pas prévue pour faire circuler un grand nombre de clichés.

2. **Choisissez Partage/Courrier électronique.**

   NOTE TECHNIQUE

   Vous devrez commencer par vous configurer un compte si vous n'en avez pas encore. La première étape consistera à en choisir la nature ; la seconde à en définir les paramètres (Figure 13.23).

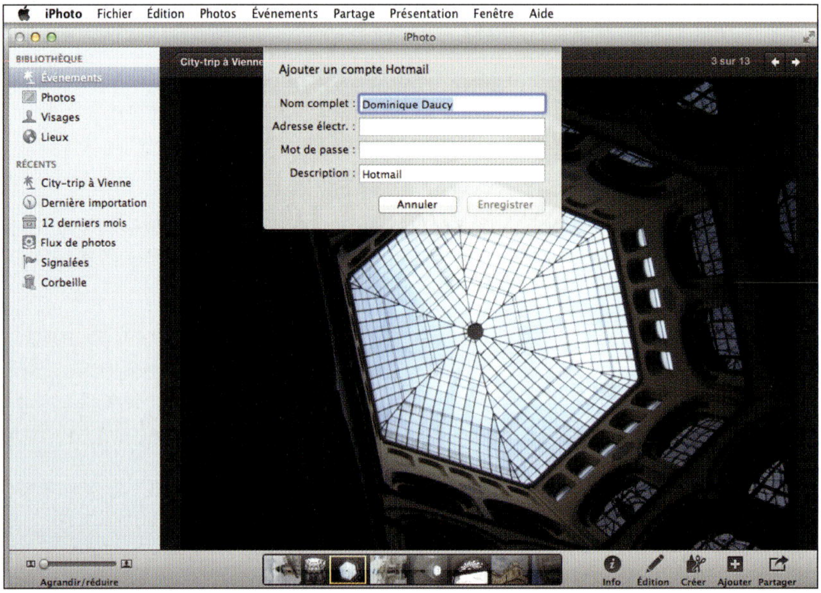

Figure 13.23 : Il faut un début à tout.

Imaginons que ces étapes préliminaires aient été franchies avec succès.

La fenêtre d'envoi par courrier électronique s'ouvre (Figure 13.24). Les classiques cases À et De sont, comme leur nom l'indique, réservées au(x) destinataire(s) et à l'expéditeur. La case Objet propose, par défaut, la mention Photo(s) de suivie du titre de l'événement duquel la/les photo(s) est/sont issue(s). Enfin, la zone du message propose la photo et, selon le modèle choisi à droite, une ou plusieurs zones d'édition (une seule placée en haut dans le cas du modèle Classique).

3. **Entrez l'adresse du/des destinataire(s) dans la case À.**
4. **Si nécessaire, modifiez l'objet.**
5. **Si le modèle proposé ne vous convient pas, sélectionnez-en un autre dans le volet droit.**
6. **Remplissez les zones de texte en sélectionnant le texte échantillon et en le remplaçant par du texte à vous.**

Des outils d'édition se manifestent ; faites-en usage si tel est votre souhait (Figure 13.25).

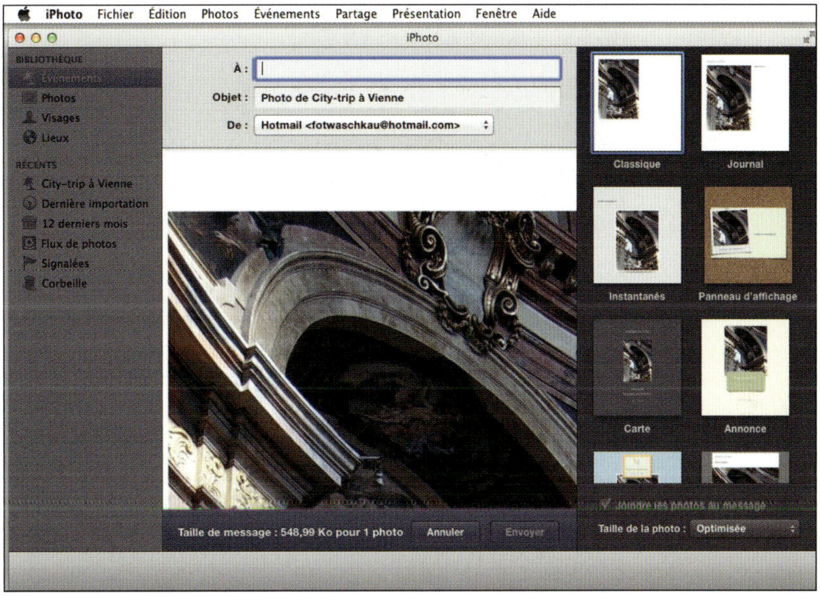

Figure 13.24 : iPhoto s'apprête à jouer au facteur.

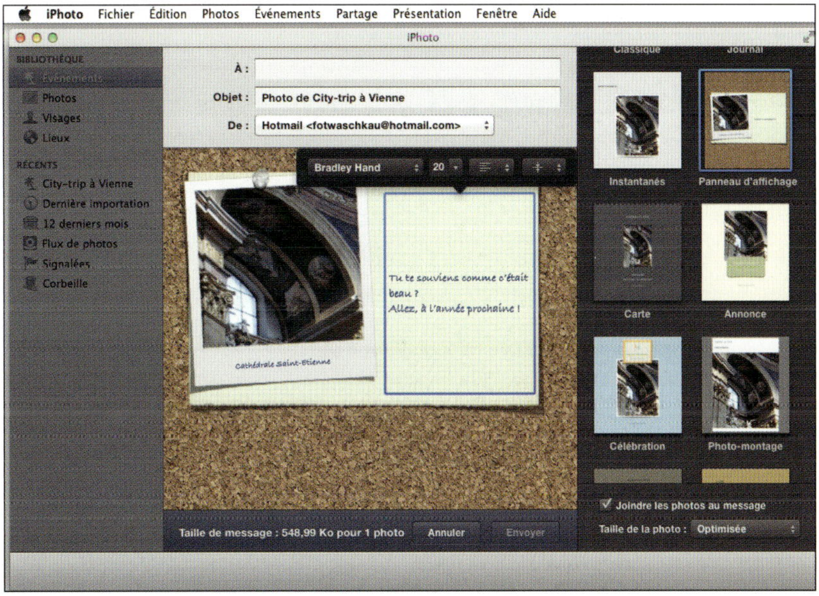

Figure 13.25 : Décidément, on n'arrête pas le progrès !

7. **Réglez la taille de la photo *via* le menu déroulant situé en bas à droite du volet droit (Figure 13.26).**

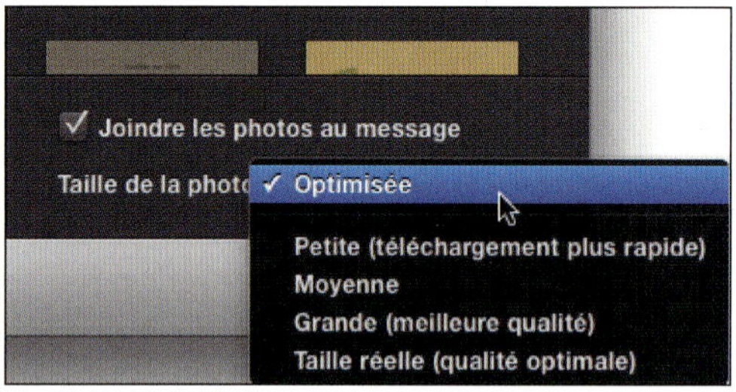

Figure 13.26 : Des choix cornéliens.

Les photos sont des documents lourds en Ko. Les boîtes de réception ont du mal à gérer ces fichiers encombrants, quand elles ne les refusent pas purement et simplement si leur poids dépasse le maximum autorisé par le fournisseur d'accès Internet. Préférez donc les options Petite ou Moyenne. Rassurez-vous : ces réglages n'affectent que la copie que vous envoyez ; ils sont sans effet sur le cliché original.

8. **Cliquez sur Envoyer.**

Et c'est parti !

Graver un CD de photos

Envoyer par mail, c'est facile quand il ne s'agit de partager que quelques photos. Sinon, c'est relativement impraticable.

Si vous voulez absolument transmettre à votre copine Camille les 300 photos de votre récent périple en Turquie, le plus simple consiste sans doute à les graver sur un CD ou sur un DVD que ladite Camille lira quand bon lui semblera. Sans compter que c'est là un excellent moyen d'archiver vos prises de vue.

1. **Sélectionnez les photos à graver.**
2. **Choisissez Partage/Graver.**

   Une fenêtre vous invite à insérer un disque vierge dans votre lecteur (CD-RW, CD-R ou DVD-R).

3. **Cliquez sur OK, puis insérez ce disque.**

   Un bandeau spécifique s'affiche dans la fenêtre d'iPhoto (Figure 13.27).

Figure 13.27 : Enfin… du solide !

4. **Cliquez sur Graver.**

   La fenêtre Graver le disque s'ouvre (Figure 13.28).

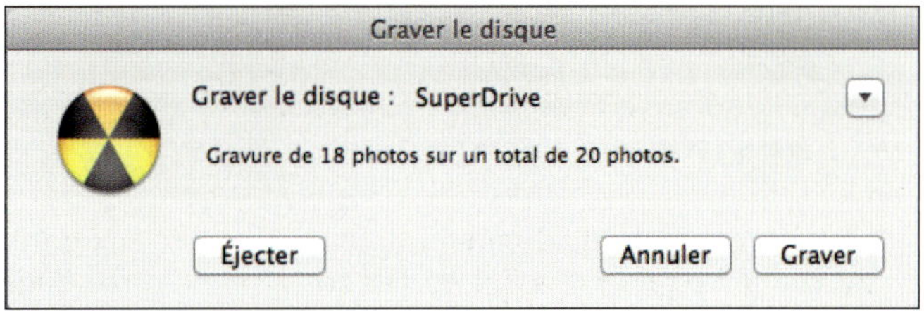

Figure 13.28 : On approche du but.

5. **Cliquez sur Graver.**

Imprimer

Le papier a la vie dure. Certes, ça vous plaît de vous faire votre petit diaporama dans votre coin, mais quand même… si vous aviez vos photos sur papier, ce serait mieux !

TRUC

C'est bien entendu en utilisant une imprimante spécialement prévue à cet effet que vous obtiendrez les plus beaux tirages.

1. **Sélectionnez la/les photo(s) à imprimer.**

2. **Choisissez Fichier/Imprimer ou enfoncez les touches Commande + P.**

   La fenêtre d'impression s'ouvre (Figure 13.29).

3. **Choisissez un thème dans la liste de gauche, sachant que l'option Planche contact vous permet d'imprimer plusieurs photos sur une même page, sous la forme de vignettes pour une référence rapide.**

4. **Dans les menus locaux correspondants du bas de la fenêtre, désignez successivement l'imprimante, le format du papier et les dimensions d'impression.**

   NOTE TECHNIQUE

   Des réglages plus évolués sont disponibles *via* le bouton Personnaliser. N'hésitez pas à aller y faire un tour.

5. **Cliquez sur OK.**

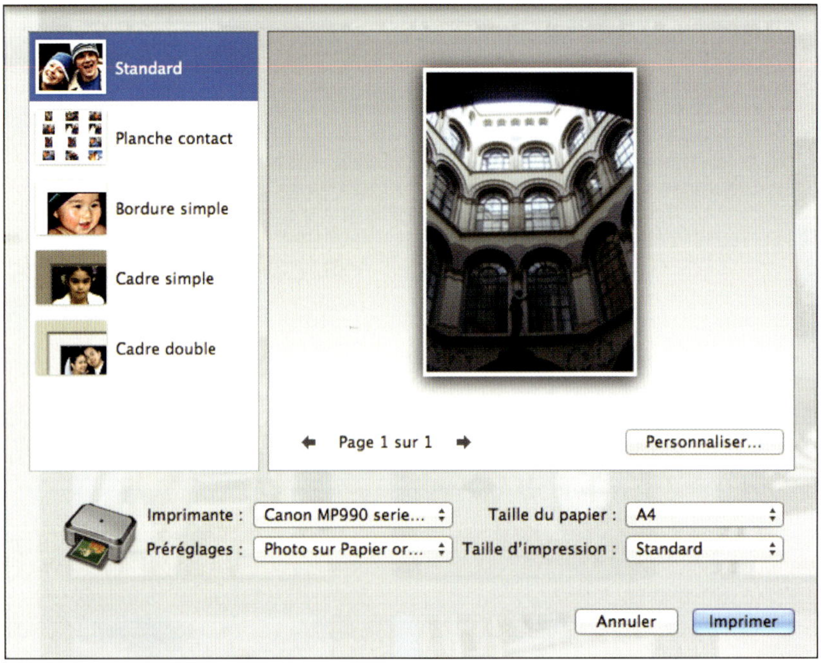

Figure 13.29 : Du connu… et du moins connu.

Le résultat ne vous convainc pas ? Sachez qu'iPhoto vous permet de commander directement des tirages de qualité professionnelle à des laboratoires spécialisés. C'est l'article Commander des tirages du menu Fichier qui joue les entremetteurs. Seule contrainte : il vous faudra vous configurer un compte avant de pouvoir passer votre première commande.

Et que dire de la possibilité que vous offre le programme de composer livres (albums), cartes et calendriers (Figure 13.30) avec de vraies options de scrapbooking ? Intéressée ? Ruez-vous sur l'aide pour savoir comment vous y prendre.

Stocker sur un site d'hébergement en ligne

Les galeries en ligne sont un des moyens les plus efficaces pour partager vos clichés. Et ces solutions de partage ne manquent pas (Facebook, Flickr, Picasa…).

Prenons Flickr puisque iPhoto nous le propose. La première étape consiste à configurer la fonction, la seconde à l'exploiter.

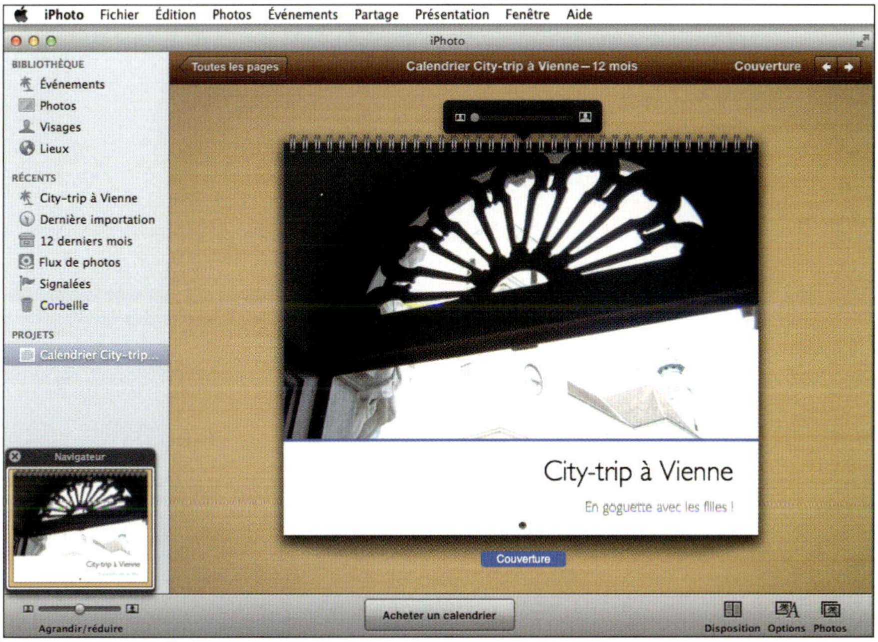

Figure 13.30 : Ça s'annonce plutôt bien.

Pour configurer :

1. **Sélectionnez les photos à stocker en ligne.**
2. **Choisissez Partage/Flickr.**

   Une fenêtre vous demande si vous voulez configurer iPhoto pour qu'il publie sur Flickr.

3. **Cliquez sur Configurer.**

   Safari démarre et vous propose de vous identifier (Figure 13.31).

   TRUC

   Attention : pour configurer la fonction, il faut disposer d'un compte Yahoo. Si vous n'en avez pas, cliquez sur Créer le compte et suivez la procédure.

4. **Entrez votre compte d'utilisateur Yahoo! et votre mot de passe dans les cases correspondantes.**

   Une fenêtre impose une vérification (Figure 13.32).

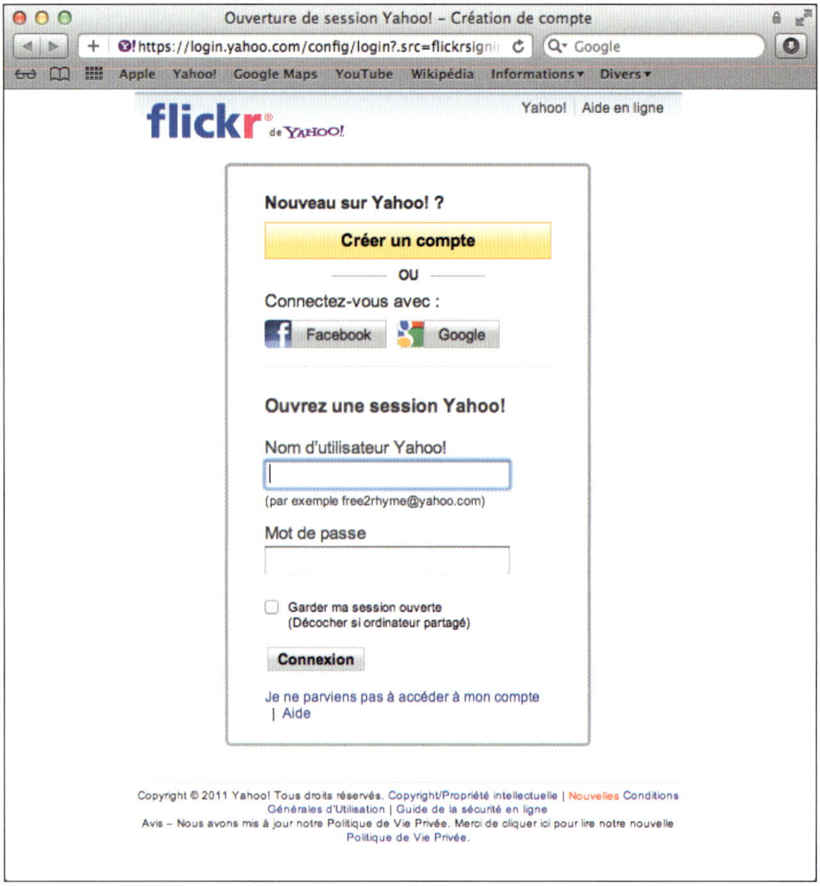

Figure 13.31 : Toc, toc… qui est là ?

5. **Tapez dans la case du bas le code affiché dans la case du haut, puis cliquez sur Continuer.**

TRUC

Si vous avez du mal à lire ce code, cliquez sur Essayer un nouveau code.

Flickr vous reconnaît et vous demande une dernière précision (Figure 13.33).

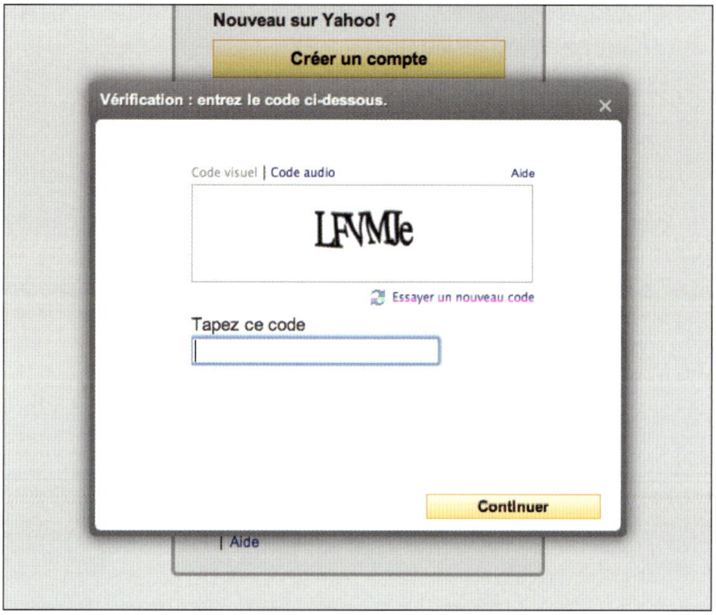

Figure 13.32 : Deux précautions valent mieux qu'une.

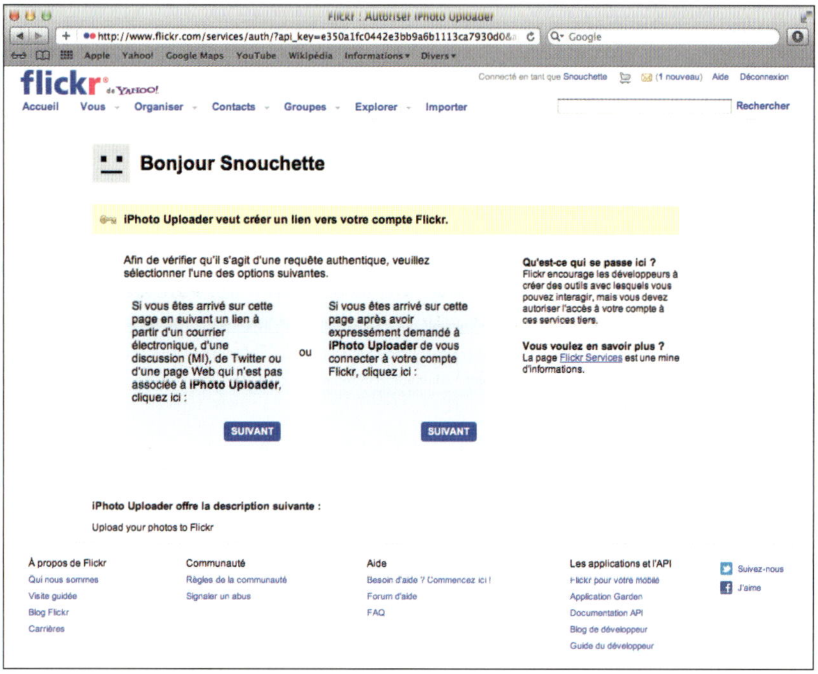

Figure 13.33 : Pour marier iPhoto et Flickr.

6. **Cliquez sur le bouton Suivant de droite, celui qui établit la connexion entre iPhoto et Flickr.**

   Il ne vous reste plus qu'à accepter les termes de la cohabitation (Figure 13.34).

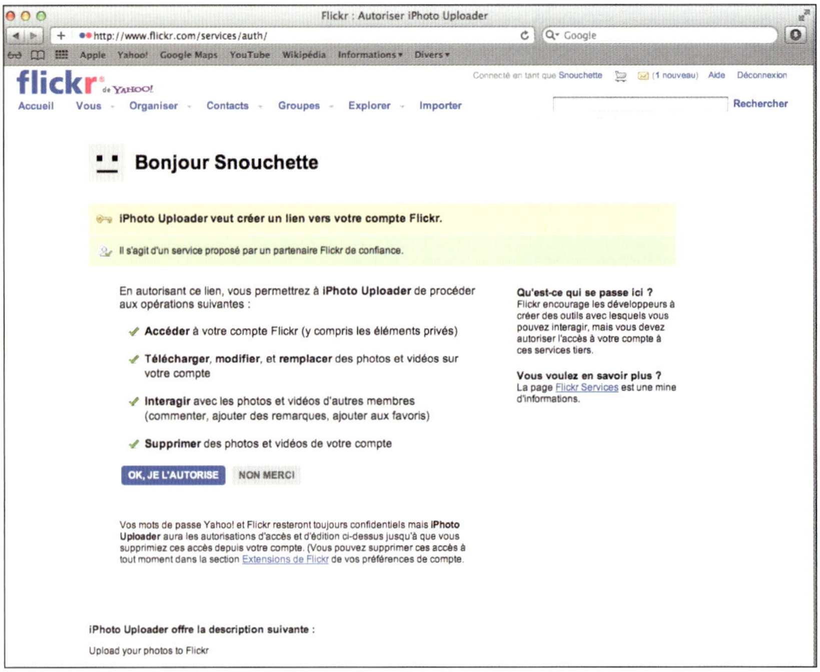

Figure 13.34 : Une façon non ambiguë de sceller des destins.

7. **Cliquez sur OK, je l'autorise.**

   Vous voilà enfin au bout de vos peines (Figure 13.35).

Pour partager :

1. **Sélectionnez les photos à stocker en ligne.**

2. **Choisissez Partage/Flickr.**

   Un volet de partage Flickr s'affiche en bas à droite (Figure 13.36).

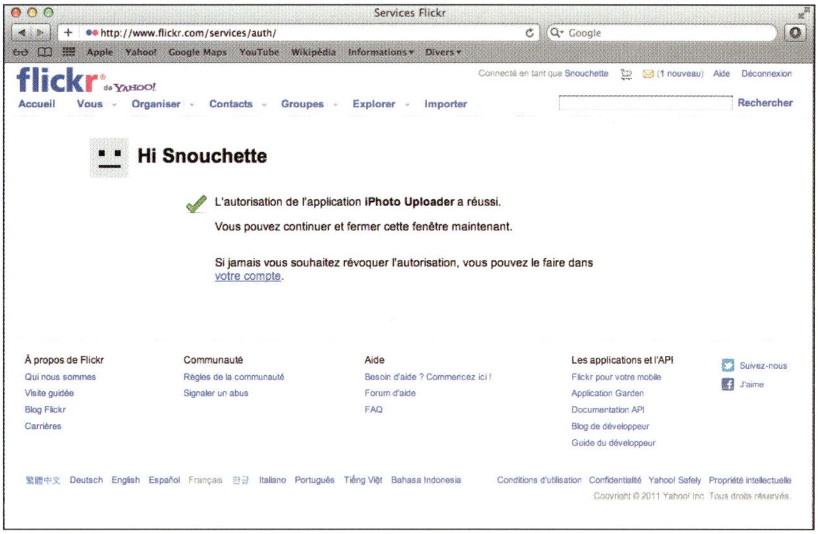

Figure 13.35 : Vous ne l'avez pas volé !

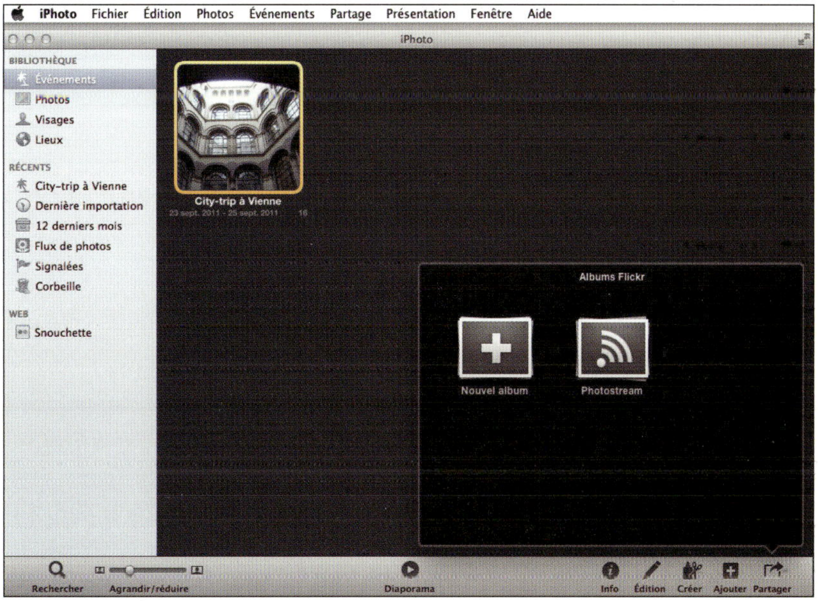

Figure 13.36 : Ils œuvrent main dans la main. C'est émouvant !

3. **Cliquez sur Nouvel album.**

   La fenêtre de publication sur Flickr s'ouvre (Figure 13.37).

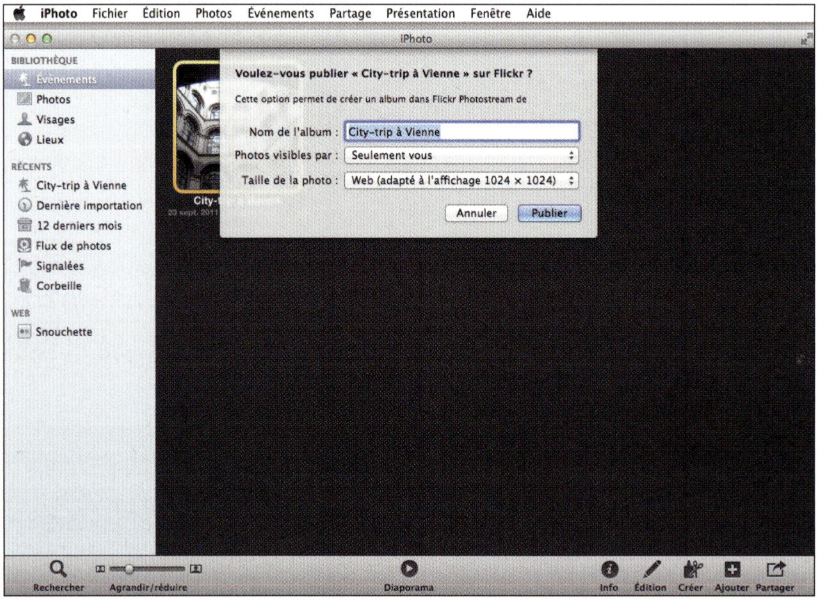

Figure 13.37 : Il a tout compris, c'est formidable !

4. **Dans la case Nom de l'album, entrez le nom de votre choix.**

5. **Dans le menu local Photos visibles par, sélectionnez l'option de votre choix.**

6. **Ne modifiez pas la taille proposée par défaut : elle est adaptée aux exigences du Web.**

7. **Cliquez sur Publier.**

   La sélection rejoint la fenêtre de Flickr (Figure 13.38).

   Par la même occasion, une rubrique Web a fait son apparition à gauche ; elle affiche votre compte Flickr.

8. **Cliquez sur ce compte pour en dévoiler le contenu (Figure 13.39).**

TRUC

Pour supprimer un album Flickr, opérez un clic secondaire sur son icône, puis choisissez Supprimer l'album ; terminez en cliquant sur Supprimer l'album et les photos.

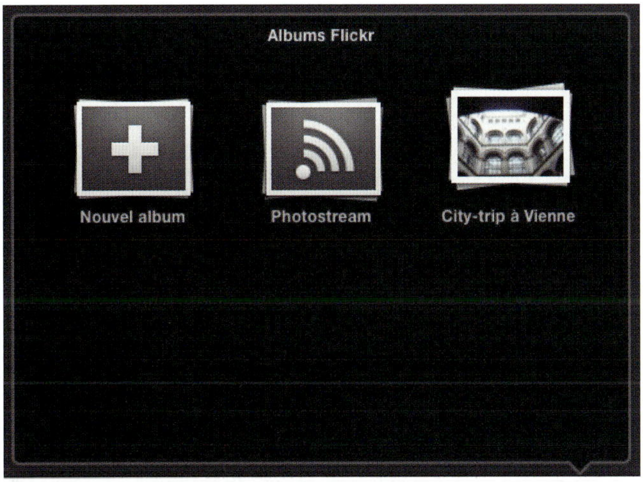

Figure 13.38 : Il a tout compris, c'est formidable !

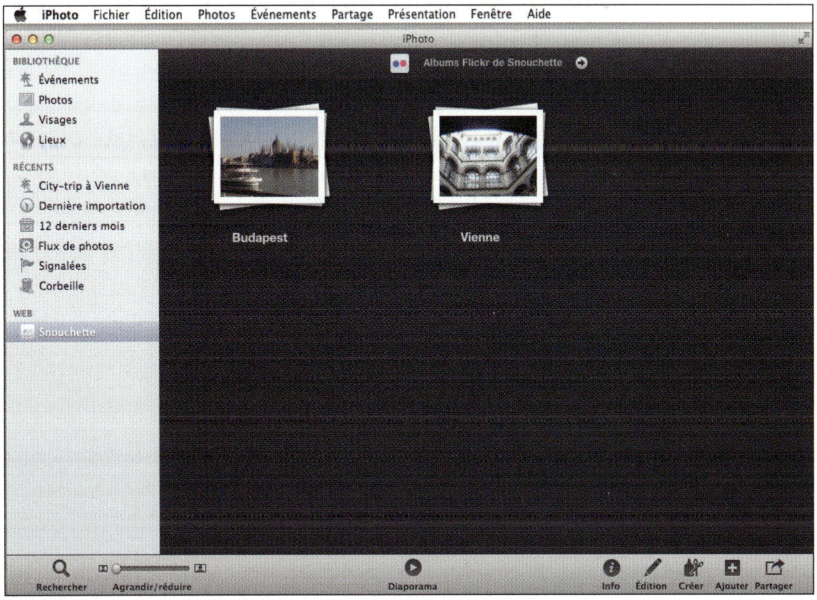

Figure 13.39 : Pour l'instant, vous partagez des souvenirs de Hongrie et d'Autriche.

Pour aviser vos copines que vos photos sont en ligne, gagnez Flickr en cliquant sur la flèche à droite de la mention Albums Flickr de *[nom de votre compte Flickr]*, cliquez sur votre galerie, copiez son adresse dans la barre d'adresse de Safari, puis préparez un mail à vos amies dans lequel vous collerez cette adresse. Elles n'auront plus qu'à suivre ce lien pour voir toutes ces petites merveilles.

Supprimer

Pour faire le ménage parmi vos photos, le plus simple :

1. **Dans la rubrique Bibliothèque du volet gauche, choisissez Évènements ou Photos.**
2. **Dans le volet droit, sélectionnez la/les photo(s) à supprimer.**
3. **Déroulez le menu local en cliquant sur la flèche en bas à droite de la photo (ou d'une des photos) sélectionnée(s).**
4. **Cliquez sur la corbeille (Figure 13.40).**

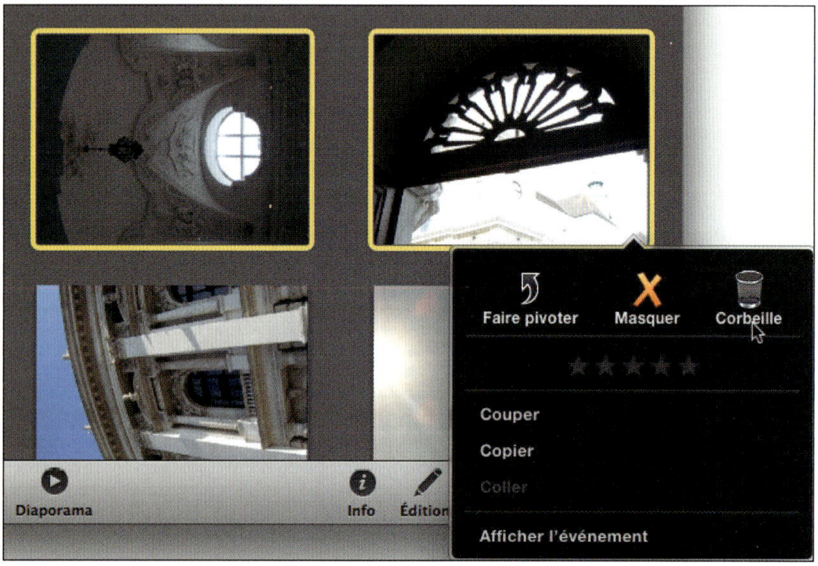

Figure 13.40 : Les jours de ces deux clichés sont comptés.

La/Les photo(s) ainsi traitée(s) valse(nt) à la corbeille. Pour vous en convaincre, choisissez Corbeille dans la rubrique Récents du volet gauche.

5. **Choisissez iPhoto/Vider la corbeille iPhoto ou cliquez, en haut à droite, sur le bouton Vider la corbeille.**
6. **Confirmez votre intention dès qu'on vous le demande.**

Chapitre 14

Je me fais mon cinéma – iMovie

Dans ce chapitre :

- Découvrir iMovie.
- Créer un projet.
- Importer.
- Organiser.
- Monter.
- Diffuser votre œuvre.

Le premier bain de Mathieu. Le mariage de la cousine Berthe. Le week-end de Pâques au Touquet. Tout ça est en boîte, sur votre caméscope numérique. Parfait. Alors, qu'est-ce que vous attendez pour monter ces films afin de pouvoir les diffuser enfin sur votre lecteur DVD de salon ?

Découvrir iMovie

Membre éminent de la suite logicielle iLife, iMovie, dans sa version 11, a de quoi réveiller la réalisatrice qui sommeille en vous.

Lancez le programme depuis le Dock ou depuis le Launchpad.

Après le traditionnel écran d'accueil, iMovie se présente comme suit lorsqu'il est au repos (Figure 14.1) :

Et si vous voulez juste voir ?

C'est vrai, après tout : vous n'avez peut-être aucune envie de faire du montage, mais tout simplement de regarder des DVD sur votre Mac.

C'est possible, évidemment, grâce au programme Lecteur DVD qui, comme son nom l'indique, vous permet de lire des DVD vidéo sur votre ordi. Insérez un DVD dans votre lecteur ; le programme démarre automatiquement et le film commence. (Si ce n'est pas le cas, assurez-vous que l'option À l'insertion d'un DVD vidéo affiche Ouvrir Lecteur DVD dans la fenêtre de la préférence Système CD et DVD). Contrôlez son exécution *via* la télécommande du programme qui vous garantit un contrôle absolu sur votre projection. Vous piloterez Lecteur DVD exactement comme vous le faites avec votre télécommande physique pour votre lecteur DVD de salon. Élémentaire. Bascule entre affichage classique et mode Plein écran, accessibilité par chapitres et gestion de signets sont des plus non négligeables.

Un autre utilitaire vous permet de visionner des fichiers vidéo, qu'ils soient stockés sur votre Mac (commande Ouvrir un fichier) ou qu'ils proviennent du Web (commande Ouvrir une adresse) : QuickTime Player. Le programme lit les fichiers MPEG4 ainsi que les autres formats vidéo standard. Il propose les contrôles classiques d'exécution et y ajoute quelques commandes intéressantes, comme la rotation gauche droite ou le retournement vertical ou horizontal.

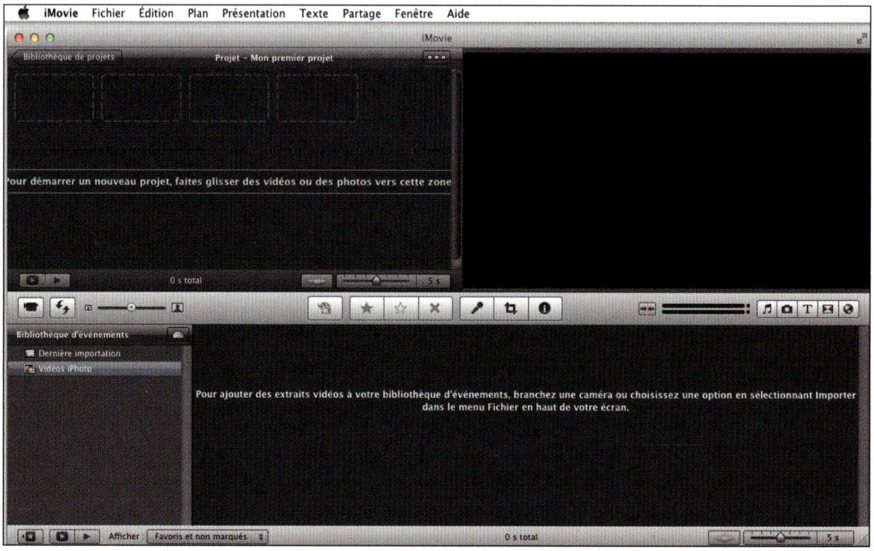

Figure 14.1 : Pour faire de vous une vraie pro de la postproduction.

- **La Bibliothèque d'événements** : Toutes les séquences vidéo que vous importez sont répertoriées dans ce volet inférieur gauche, où elles apparaissent sous la forme d'événements (regroupement par dates).

  La notion d'événement, vous connaissez si vous avez lu le chapitre consacré à iPhoto. Pas étonnant qu'iMovie pratique de la même manière, esprit « suite logicielle » oblige.

- **Le Navigateur d'événements** : Occupant toute la partie inférieure droite de la fenêtre, c'est l'endroit où s'affichent les événements et leurs différents plans.
- **La Bibliothèque de projets** : Situé en haut à gauche, c'est l'espace dans lequel vous montez vos films sur base des plans affichés en bas à droite.
- **Le Visualiseur** : Ancré en haut à droite, il vous permet de visualiser vos événements et vos films.
- **Le Navigateur multimédia** : Placé au centre à droite, il regroupe une série d'outils qui vous serviront à ajouter à vos réalisations divers éléments multimédias.

Monter un film est une opération qui s'établit en quatre temps :

- **Importer** les séquences filmées à l'aide du caméscope qui échoueront dans iMovie sous la forme d'événements.
- **Organiser** les événements importés : les visionner, les rebaptiser, les fusionner, les diviser, les marquer…
- **Monter** ces événements pour constituer le film. Vous pourrez, à ce stade, ajouter des musiques, des photos, des titres et des transitions.
- **Diffuser** le produit fini : exécuter votre réalisation en mode Plein écran ou la graver sur DVD.

Créer un projet

Au lancement du programme, un nouveau projet est créé spontanément. Pour en créer un autre :

1. **Choisissez Fichier/Nouveau projet ou enfoncez les touches Commande + N.**

   Une fenêtre de nouveau projet s'ouvre (Figure 14.2).

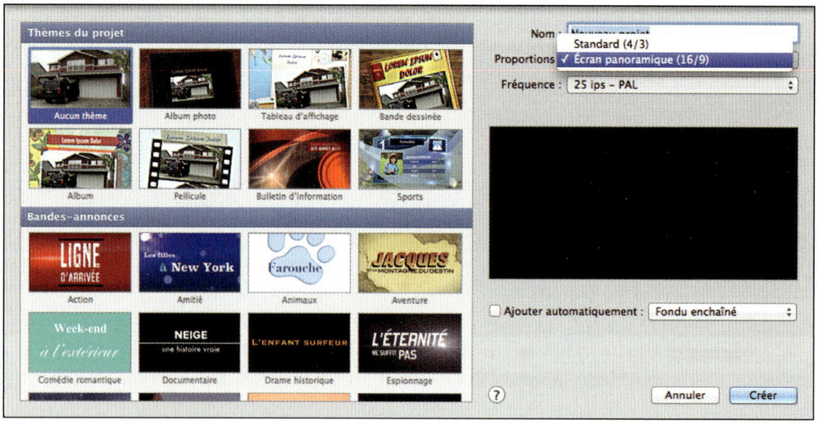

Figure 14.2 : Un petit air à la Spielberg.

2. **Dans la case Nom, entrez le nom du projet.**

3. **Dans le menu local Proportions, optez pour Standard ou pour Écran panoramique.**

4. **Pour que le programme ajoute des transitions entre les plans, validez l'option Ajouter automatiquement, puis désignez l'effet dans le menu local correspondant (voir plus loin la section intitulée « Ajouter des transitions »).**

5. **Le cas échéant, sélectionnez un thème à gauche (ensemble cohérent de titres et de transitions qui s'ajouteront automatiquement).**

   TRUC

   L'option qui gère les transitions automatiques est alors cochée… automatiquement !

6. **Cliquez sur Créer.**

TRUC

Quand plusieurs projets sont ouverts, c'est la commande Afficher la bibliothèque de projets du menu Fenêtre ou son bouton éponyme placé en haut à gauche qui vous permettent d'y accéder. Double-cliquez sur celui sur lequel vous voulez travailler.

Importer

Concentrons-nous à présent sur la procédure qui autorise le transfert depuis le caméscope (ou depuis un téléphone portable).

La vidéo est très gourmande en Ko, une heure de vidéo pouvant occuper plusieurs gigaoctets. Avant de commencer, assurez-vous de disposer de suffisamment d'espace de stockage.

La première chose à faire est de connecter cet appareil à l'ordinateur.

Les caméscopes qui, comme supports d'enregistrement, utilisent un DVD, un disque dur ou une carte mémoire se connectent généralement par câble USB. (C'est le cas des appareils à mémoire flash, comme les appareils photo numériques qui enregistrent de la vidéo). En revanche, ceux qui emploient des cassettes au format DV (standard) ou HDV (*High Resolution Video*) se branchent *via* le port FireWire.

1. **Raccordez le caméscope (ou le téléphone portable) au Mac.**

2. **Si la fenêtre d'importation ne s'ouvre pas spontanément, choisissez Fichier/Importer/Films et sélectionnez votre appareil dans la barre latérale de la fenêtre (Figure 14.3).**

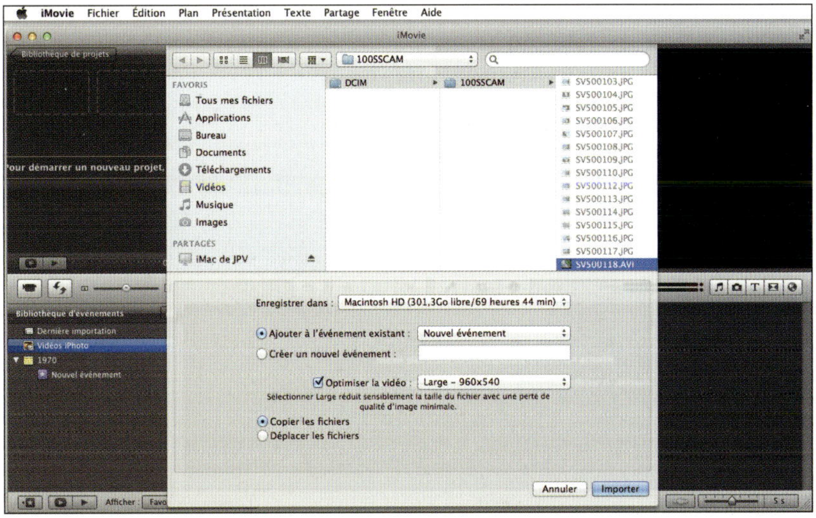

Figure 14.3 : C'est ici que ça commence.

Un grand nombre de formats vidéo sont reconnus ; vous ne devriez donc rencontrer aucun problème lors de l'importation.

La commande Importer depuis la caméra vous permet de capturer des images *via* la caméra intégrée du Mac et de les importer dans iMovie.

3. **Localisez, puis sélectionnez le film à importer.**

N'oubliez pas que la fonction Quick Look est disponible dans les fenêtres d'ouverture. En d'autres termes, si vous enfoncez la barre d'espacement alors qu'un film est sélectionné dans la liste, vous pourrez le visualiser avant de l'importer, histoire d'être bien sûre que c'est le bon !

4. **Validez l'option Créer un nouvel événement.**

   L'option Ajouter à l'événement existant vous permet d'ajouter la vidéo en importation à une vidéo déjà importée que vous désignerez dans la liste en regard.

5. **Cliquez sur Importer.**

   L'importation démarre. Le film est importé dans iMovie, lequel le divise en événements, eux-mêmes constitués de plans.

   Cette division s'opère de manière automatique, le programme se basant sur l'horodatage que la caméra introduit lors de l'enregistrement initial de la vidéo source ainsi que sur les modifications d'image significatives.

6. **Répétez l'opération autant de fois que nécessaire jusqu'à avoir importé tout le matériel utile à la réalisation de votre film.**

Organiser

Tout est là, c'est nickel. Mais avant d'entamer le montage, quelques manipulations s'imposent.

Visionner

Vous aimeriez voir (ou revoir) l'un ou l'autre événement de près, histoire de vous rafraîchir la mémoire ? Pas de problème.

En effet, la première opération consiste souvent à examiner les événements tels qu'ils ont échoué dans le volet correspondant du programme.

Sélectionnez donc un événement dans la Bibliothèque d'événements ; il s'affiche dans le Navigateur sous la forme d'un rouleau de pellicule.

- **Pour survoler un événement** : Faites tout simplement glisser votre pointeur sur la pellicule.
- **Pour visionner un événement** : Cliquez, dans le Navigateur, à l'endroit où la projection doit commencer, puis enfoncez la barre d'espacement. La vidéo s'exécute dans le Visualiseur (en haut à droite). Enfoncez la barre d'espacement pour la mettre en pause ; réenfoncez-la pour la relancer.

Gérer les événements

Quelques manipulations de base :

- **Pour baptiser ou rebaptiser un événement** : Dans la Bibliothèque d'événements, cliquez deux fois sur son nom courant pour le sélectionner, puis tapez le nouveau nom.
- **Pour ne retenir qu'une partie d'un événement** : Commencez par sélectionner l'événement dans la Bibliothèque d'événements ; ensuite, dans le navigateur d'événements, cliquez à l'endroit du début (un cadre jaune s'affiche), puis faites glisser le bord droit jusqu'à l'endroit de la fin.
- **Pour fusionner deux événements** : Dans la Bibliothèque d'événements toujours, faites glisser l'événement à fusionner sur celui avec lequel vous voulez le fusionner, puis, dans la fenêtre de fusion (Figure 14.4), donnez un nom au futur événement fusionné avant de confirmer en cliquant sur OK.

  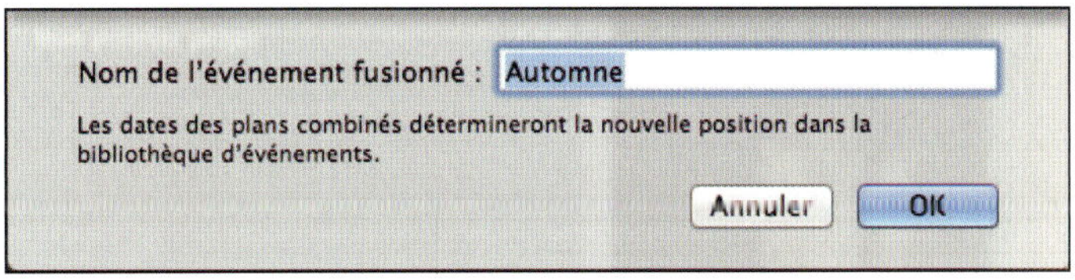

  Figure 14.4 : On ne vous demande pas grand-chose !

  Vous fusionnerez des événements pour constituer des entités plus grandes, que vous pourrez ainsi manipuler d'un seul tenant.
- **Pour supprimer un événement** : Sélectionnez-le dans la Bibliothèque d'événements, puis choisissez Fichier/Placer l'événement dans la Corbeille (Commande + Retour arrière).
- **Pour supprimer un plan** : Dans le Navigateur, cliquez n'importe où dans le plan à supprimer, puis choisissez Fichier/Placer le plan entier dans la Corbeille (Commande + Retour arrière).

Marquer les plans

Il est parfois difficile d'y voir clair dans le Navigateur tant il comporte de plans. Et comme il y a du bon et du moins bon, iMovie vous permet de faire le tri en marquant vos plans comme favoris ou comme rejetés.

1. **Depuis le Navigateur, sélectionnez le plan à marquer.**

Pour sélectionner un plan de 4 secondes : Cliquez au début du plan à sélectionner.

Un rectangle jaune s'affiche, qui délimite les 4 secondes sélectionnées.

Pour sélectionner une durée inférieure ou supérieure à 4 secondes : Cliquez-glissez.

La durée ainsi sélectionnée s'affiche à droite pendant l'opération.

Rien ne vous empêche, dans un cas comme dans l'autre, de faire glisser les bords gauche et/ou droit du rectangle jaune pour modifier la durée d'une sélection.

2. **Marquez le plan :**

Pour retenir un plan que vous aimez : Activez l'icône Marquer la vidéo sélectionnée comme favorite (Figure 14.5). Un trait vert s'affiche au-dessus du plan retenu.

Figure 14.5 : Un trait qui en dit long.

Pour rejeter un plan que vous n'aimez pas : Activez l'icône Refuser la vidéo sélectionnée. Le plan rejeté est masqué. Si vous validez l'option Tous les plans dans le menu local Afficher du bas de la fenêtre (voir ci-après), ce plan restera visible, mais sera signalé par un trait rouge.

Les plans rejetés ne sont pas supprimés ; ils sont tout simplement épinglés comme indésirables. Pour les supprimer, sélectionnez l'événement, puis invoquez la commande Supprimer plans refusés du menu Fichier. Quand on vous le demande, confirmez en cliquant sur Placer dans la corbeille.

3. **Répétez l'opération pour les différents plans à marquer.**

À tout moment, le bouton Supprimer le marqueur de la vidéo sélectionnée vous permet d'annuler le statut d'un plan.

Une fois le marquage effectué, les 4 premières commandes du menu Présentation ainsi que le menu Afficher du bas de la fenêtre (Figure 14.6) vous permettent de contrôler l'affichage en fonction du marquage ; vous pourrez ainsi voir tous les plans, seulement les favoris et non marqués, uniquement les favoris ou uniquement les refusés.

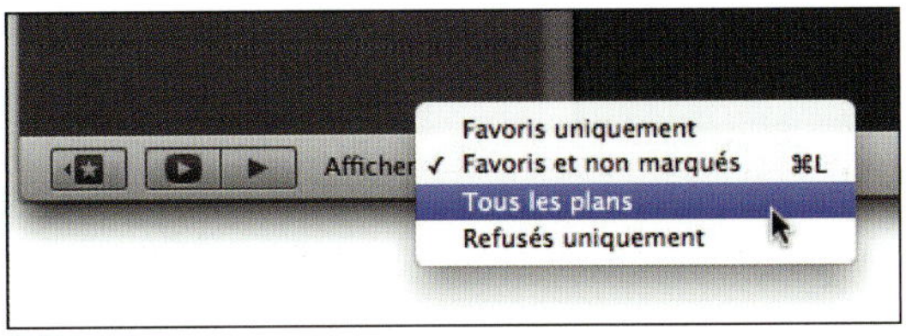

Figure 14.6 : Tous les marquages peuvent faire office de critères de sélection.

Monter

Vous avez envie que vos films soient montés, mais vous rechigniez à mettre la main à la pâte ? Après tout, ce n'est pas trop votre truc, cette postproduction ! Ne vous découragez pas : iMovie simplifie à l'extrême la délicate opération du montage.

Placer les plans

C'est dans la Bibliothèque de projets que vous réaliserez votre film en y faisant glisser les différents plans depuis le Navigateur.

1. **Dans le Navigateur, cliquez sur le premier plan à utiliser, puis faites glisser vers la Bibliothèque de Projets.**
2. **Répétez l'opération pour les différents plans à placer.**

Un plan n'est pas au bon endroit ? Faites-le glisser vers un autre emplacement.

Un plan que vous y avez ajouté ne vous emballe plus ? Excluez-le du montage en le sélectionnant, puis en enfonçant la touche Retour arrière de votre clavier.

L'enregistrement s'effectue de manière automatique, une bonne nouvelle pour les distraites.

Ajouter de la musique

Pour ajouter un fond sonore à votre film, agissez depuis le Navigateur multimédia.

1. **Dans ce navigateur, activez l'icône Musique (Afficher ou masquer le navigateur de musique et d'effets sonores).**

Le volet correspondant s'ouvre en bas à droite (Figure 14.7). Il vous propose le contenu de votre bibliothèque iTunes ainsi que le contenu de la discothèque intégrée d'iMovie.

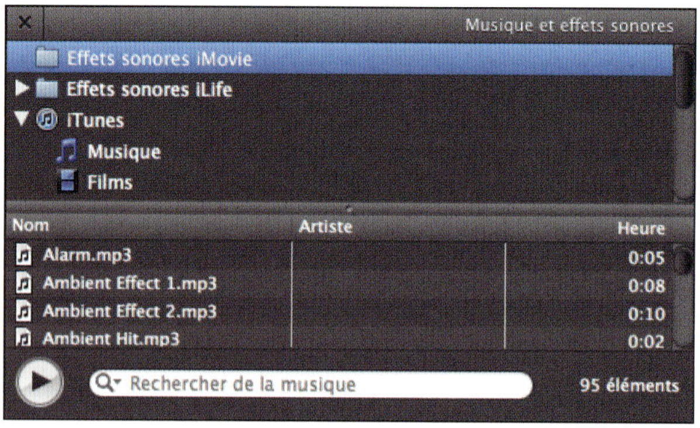

Figure 14.7 : La musique adoucit les mœurs, c'est bien connu.

2. **Cliquez deux fois sur un titre pour l'écouter.**

3. **Une fois le titre souhaité localisé, faites-le glisser vers la partie grisée de la Bibliothèque de projets en prenant soin de ne pas le superposer à un plan.**

   Il s'y affiche sous la forme d'un fond vert, derrière les séquences, montrant ainsi quand la musique commence et quand elle finit.

   Si le morceau est plus long que le film, iMovie interrompra la musique pour qu'elle prenne fin en même temps que la projection.

   Si le film est plus long que le morceau, il vous faudra ajouter un morceau supplémentaire si vous souhaitez que toute la projection soit dotée d'un fond sonore.

TRUC

Pour faire démarrer le morceau à un autre endroit, cliquez au début du bandeau vert et quand votre pointeur prend la forme d'une main, faites glisser vers la droite. Du vert, il vire au mauve, montrant ainsi que vous l'avez associé à un plan particulier. La preuve : si vous déplacez le plan, la musique suit.

NOTE TECHNIQUE

Pour régler le volume, cliquez deux fois sur le morceau, puis, dans la fenêtre de l'inspecteur, activez l'onglet Audio et faites glisser le curseur Volume du haut de la fenêtre et validez en cliquant sur Terminé (Figure 14.8).

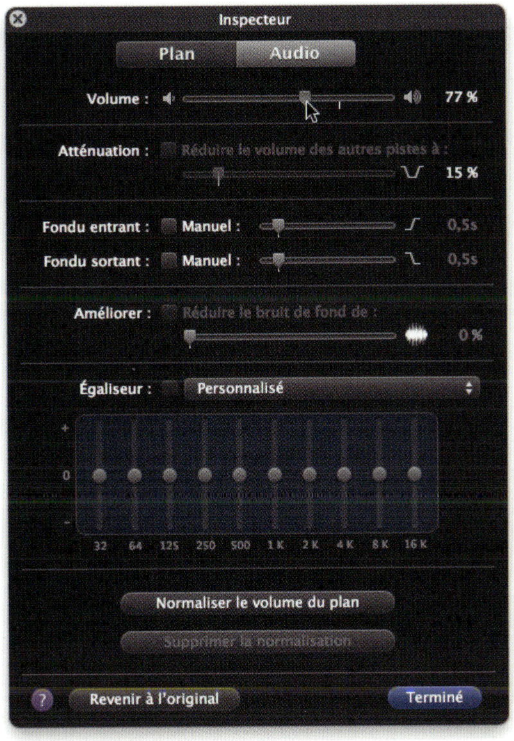

Figure 14.8 : En sourdine ou tonitruants, vous les aimez comment, vos morceaux ?

Ajouter des photos

Vous pouvez parfaitement intégrer au montage des images fixes (photos ou autres).

C'est de nouveau depuis le Navigateur multimédia que vous agirez.

1. **Dans ce navigateur, activez l'icône Photos (Afficher ou masquer le navigateur de photos).**

   Le volet correspondant s'ouvre en bas à droite (Figure 14.9). Il vous propose le contenu de votre bibliothèque iPhoto. Cliquez sur Évènements pour regrouper les clichés par événements tels que ceux-ci se présentent dans ce programme.

Figure 14.9 : Y a de la ressource !

2. **Survolez les événements pour visualiser leur contenu.**

   TRUC

   Vous pouvez limiter l'affichage aux événements photo dont la date correspond exactement à celle des événements vidéo en cochant l'option Afficher les photos et en validant l'option Entre les dates de l'événement du menu local correspondant dans le bas du volet. Pratique, la correspondance.

3. **Quand vous avez trouvé l'événement qui vous intéresse, cliquez deux fois dessus pour en visualiser le contenu.**

4. **Quand vous avez trouvé la photo qui vous intéresse, faites-la glisser vers l'endroit de la Bibliothèque de projets où vous voulez qu'elle figure.**

   TRUC

   Si vous la placez sur un plan, un menu local vous donnera le choix entre Remplacer, Insérer ou… Annuler. Ça nous paraît clair.

   Pendant l'exécution du film, iPhoto affichera la photo pendant 4 secondes et ajoutera, au début et à la fin de ce laps de temps, un effet Ken Burns. Ces deux paramètres sont bien entendu réglables ; voyez l'aide pour savoir comment.

Ajouter des titres

Titres et génériques contribuent à donner à votre production un look résolument pro.

C'est encore et toujours le Navigateur multimédia qui vous permet d'agir.

1. **Dans ce navigateur, activez l'icône Titres (Afficher ou masquer le navigateur de titres).**

   Le volet correspondant s'ouvre en bas à droite (Figure 14.10).

Figure 14.10 : Que l'embarras du choix !

2. **Positionnez votre pointeur sur les différentes options disponibles pour voir à quoi elles ressemblent.**
3. **Quand vous avez trouvé le titre qui vous intéresse, faites-le glisser sur un plan de la Bibliothèque de projets.**
4. **Choisissez un arrière-plan si on vous le demande (Figure 14.11).**

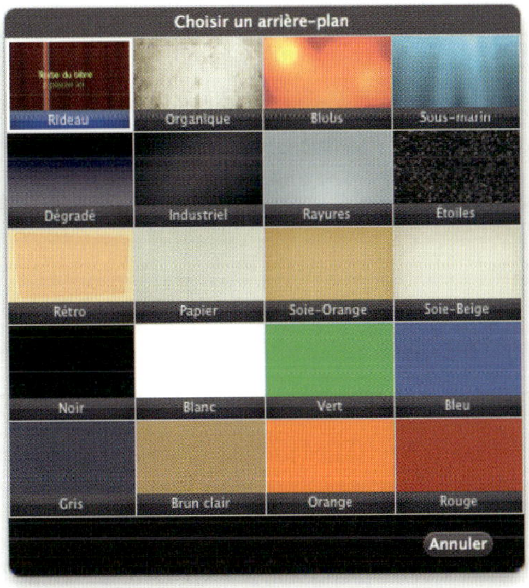

Figure 14.11 : Un univers chromatique à donner le tournis.

TRUC

Contentez-vous de déplacer votre pointeur sur ces propositions pour en avoir un aperçu dans le Visualiseur.

Une barre bleue vous indique quelle partie du film le titre couvrira pendant une durée prédéfinie de 4 secondes. Vous pouvez placer un titre au début ou à la fin d'un plan ou demander son affichage pendant toute la durée du plan.

5. **Pour remplacer le titre échantillon par le vôtre, sélectionnez-le dans le Visualiseur (Figure 14.12), puis tapez.**

Figure 14.12 : Mettez la main à la pâte.

Ça vous plaît ? Tant mieux. Ça ne vous plaît pas ? Choisissez un autre style de titre : ouvrez le volet des titres, puis faites glisser le nouveau style sur le titre de la Bibliothèque de projets. La substitution est instantanée !

D'autres manipulations sont possibles, notamment :

- **Pour formater un titre** : Dans le Visualiseur, cliquez sur Afficher les polices et validez les options qui vous intéressent dans la palette correspondante (police, taille et/ou couleur).
- **Pour modifier le temps pendant lequel il reste affiché** : Faites glisser le bord gauche ou droit de sa case.

- **Pour déplacer un titre** : Cliquez dans sa case, puis faites glisser dès que le pointeur se transforme en main.
- **Pour supprimer un titre** : Cliquez dans sa case, puis enfoncez la touche Retour arrière.

Ajouter des transitions

Si le cœur vous en dit, terminez votre film en ajoutant des transitions. Celles-ci ont pour but d'améliorer le passage d'un plan à l'autre. N'en abusez pas : utilisées sans discernement, elles finissent par nuire à la narration.

On ne vous dit plus où se cache l'outil : vous aurez deviné qu'il siège, lui aussi, dans le Navigateur multimédia.

1. **Dans ce navigateur, activez l'icône Transitions (Afficher ou masquer le navigateur de transitions).**

   Le volet correspondant s'ouvre en bas à droite (Figure 14.13).

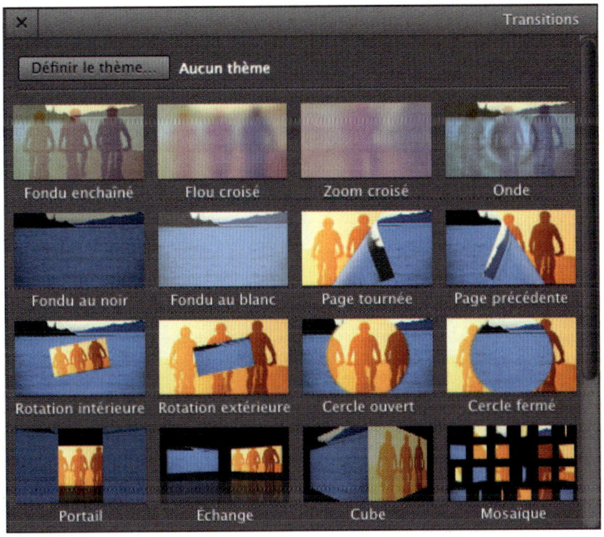

Figure 14.13 : Courage ! Vous êtes presque au bout !

2. **Positionnez votre pointeur sur les différentes options disponibles pour voir à quoi elles ressemblent.**
3. **Quand vous avez trouvé la transition qui vous intéresse, faites-la glisser entre les deux plans concernés de la Bibliothèque de projets.**

   Une barre et une icône symbolisent sa présence.

4. Pour voir à quoi la transition ressemble, cliquez juste avant et enfoncez la barre d'espacement.

Ça vous plaît ? Tant mieux. Ça ne vous plaît pas ? Choisissez une autre transition : ouvrez le volet des transitions, puis faites glisser la nouvelle transition sur la transition à remplacer dans la Bibliothèque de projets. La substitution est instantanée !

Vous estimez qu'après tout, cette transition ne vient rien faire ? Supprimez-la ! Cliquez sur son icône, puis enfoncez la touche Retour arrière. Pfttt ! Elle disparaît.

TRUC

En marge des transitions, iMovie propose une foule de commandes qui vous permettront de produire des films dont Kubrick lui-même n'aurait pas à rougir : stabilisation d'images, rognage, thèmes, effets audio et vidéo, voix off, ralenti et accéléré, incrustation d'images, cartes de voyage animées…

Diffuser votre œuvre

Les moyens ne manquent pas.

- **Pour visualiser un film dans le Visualiseur** : Choisissez Présentation/Lire depuis le début.
- **Pour visualiser un film en mode Plein écran** : Choisissez Présentation/Lire en mode de lecture plein écran. Enfoncez n'importe quelle touche pour quitter ce mode.
- **Pour exporter en format QuickTime** : Choisissez Partage/Exporter à l'aide de QuickTime.

  NOTE TECHNIQUE

  Ce format, développé par Apple, présente l'avantage d'être lu sur la majorité des plates-formes. Vous le reconnaîtrez à son extension : .mov.
- **Pour graver un film sur DVD** : Choisissez Partage/iDVD. iDVD démarre et affiche votre projet. Sélectionnez un thème dans le volet droit (il détermine le look général des menus du futur DVD), puis cliquez sur le bouton Aperçu pour avoir une vue d'ensemble (Figure 14.14).

  Satisfaite du résultat ? Cliquez sur l'icône Graver (elle est placée juste à droite du bouton Aperçu), introduisez un disque vierge, puis laissez iDVD faire son boulot. Le DVD ainsi produit pourra ensuite être lu par n'importe quel lecteur.

Figure 14.14 : Un dernier coup d'œil avant de graver.

D'autres possibilités existent, comme l'exportation du film vers un dossier du Finder où il sera accessible à toute application capable de l'exécuter, ou encore la publication directe sur le site Web YouTube, site indépendant qui héberge gratuitement les vidéos de ses membres ; seule condition : être membre !

Quatrième partie

Je surfe sur le Web !

Dans cette partie...

Internet fait désormais partie du quotidien de millions d'individus sur la planète. Et le Web est assurément un de ses services les plus sollicités.

En effet, le *World Wide Web*, la *toile* comme on dit familièrement, vous permet d'accéder à des tonnes d'infos, grâce à un système de consultation aisé basé sur le principe de l'hypertexte.

Il s'agit là d'un maillage de serveurs d'informations, qui permet de naviguer par simples clics sur des centaines de millions de pages qui abordent tous les sujets possibles et imaginables (encyclopédies, dictionnaires, recherche, vie pratique, loisirs...).

Chapitre 15

Je prépare le terrain

Dans ce chapitre :

- Internet, c'est quoi au juste ?
- Modem et FAI, les partenaires indispensables.
- Configurer la connexion.

Tout le monde parle d'Internet. Mais, c'est quoi, au juste ? Vous n'osez plus poser la question tant vous craignez de passer pour une gourde, mais ça vous tarabuste.

Eh bien, sachez qu'Internet, alliance de l'informatique et de la télématique, est un réseau informatique mondial qui permet de faire communiquer des ordinateurs à travers le monde *via* un protocole de communication appelé TCP/IP et de proposer aux utilisatrices une interface unique facile à piloter.

Le *World Wide Web* est un des services d'Internet. C'est de lui que nous allons nous occuper dans cette quatrième partie. D'autres services, comme la messagerie électronique ou les forums, seront traités dans la partie suivante.

Internet, c'est quoi au juste ?

C'est en 1969 qu'Internet a vu le jour, quand le Pentagone, désireux de protéger l'appareil de l'État en cette période de guerre froide, a favorisé la création d'une norme de communication à toute épreuve, le TCP/IP.

L'idée de base, proposée par l'expert Paul Baran, était géniale : mettre en place un réseau de communication qui n'aurait aucun centre. Car, dans un système classique, il existe toujours un cœur, point névralgique où sont centralisées les informations. Et c'est ce cœur, bien sûr, qui est éminemment vulnérable.

D'où l'idée de constituer un réseau décentralisé sur base d'une série de nœuds, tous égaux et tous reliés les uns aux autres. Dans ces conditions, même si plusieurs nœuds venaient à être détruits, le réseau, lui, resterait fonctionnel.

Depuis, l'idée s'est développée de manière féconde et exponentielle, d'abord dans les centres de recherche des universités américaines, avant de gagner très vite d'autres secteurs. Mais c'est surtout dans les années 1990 qu'Internet s'est imposé au grand public avec le réseau maillé *World Wide Web*, un système de communication aisé, dont l'usage a été facilité par l'émergence de logiciels de navigation comme Netscape Navigator.

En effet, alléché par le Web et encouragé par l'interface conviviale de ces premiers navigateurs, encore appelés *viewers* ou *browsers*, le grand public s'empare du Net. Les systèmes de recherche font leur apparition, notamment le célèbre Yahoo! et l'incontournable Google.

L'utilisateur lambda découvre qu'il lui suffit de s'équiper d'un modem pour partir, par un simple clic de souris, à la recherche d'informations sur la planète tout entière. Le Web, en effet, ne connaît aucune limite.

Et s'il paraît bien difficile d'imaginer des frontières à Internet, c'est sans doute parce que les utilisateurs n'y sont plus cantonnés à être des consommateurs d'informations, mais peuvent facilement devenir émetteurs. Chacun, en effet, peut créer son site ou son blog et offrir lui aussi des choses sur le Web. Quel autre système peut s'enorgueillir de proposer un tel potentiel de créativité ?

Revers de la médaille, on trouve de tout sur le Web : spams, virus, trojans, et même des pickpockets et des arnaqueurs. Internet, en effet, est assez mal fréquenté. C'est pourquoi on parle aujourd'hui d'Internet 2, un réseau actuellement en test aux États-Unis, censé succéder d'ici quelques années au Net actuel, mais qui constituerait un maillage plus ordonné et, surtout, plus sécurisé.

Vous êtes capable de téléphoner ? Ben tiens ! Ça fait belle lurette que vous savez que, si vous connaissez le numéro d'appel d'une personne, il suffit de le composer pour converser avec elle.

Le Web, c'est la même chose : si vous voulez accéder à des informations qui se trouvent stockées à un endroit précis (on appelle ces lieux des *sites*), il suffit de connaître l'adresse de cet endroit (l'adresse *Internet*). Ceux qui utilisent le service Web sont des *internautes* ou des *cybernautes*. Quand ils vont de site en site, on dit qu'ils *surfent* ou qu'ils *naviguent*.

Qu'attendez-vous pour surfer avec les autres ?

En fait, pour surfer, vous avez besoin de quatre choses :

- un ordinateur ;
- un navigateur ;
- un modem ;
- et un fournisseur d'accès Internet ou *FAI* (en anglais *ISP* pour *Internet Service Provider* – prestataire de services Internet).

L'ordinateur, vous l'avez. Le navigateur aussi : nommé Safari, il fait partie intégrante de Lion. Voyons ce qu'il en est du modem et du prestataire dans la section suivante.

Modem et FAI, les partenaires indispensables

Le rôle du modem est de permettre aux signaux de transiter d'un ordinateur à un autre. La connexion s'effectue :

- **à bas débit** si le modem est de type téléphonique ;
- **à haut débit** s'il est de type câble, ADSL ou satellitaire.

Les modems à bas débit (téléphoniques) sont internes, placés sur connecteur PCI ou greffés sur la carte mère. Leur débit de 56,6 kilobits par seconde (Kbps) est sans commune mesure avec celui des appareils à haut débit, une lenteur qui les condamne d'emblée pour ce genre d'exercice.

Les modèles à haut débit (câble, ADSL ou satellite) sont externes, logés dans un boîtier équipé de témoins qui vous tiennent informée du statut de l'appareil (branchement, connexion, échange de données...). Ils se raccordent d'un côté au Mac (port Ethernet ou port USB) et de l'autre dans la prise du câble ou du téléphone. Enfin, ils se branchent au réseau électrique. Seuls les modems à haut débit vous permettent de surfer dans de bonnes conditions.

Détaillons brièvement les trois modèles :

- **Câble** : La transmission emprunte la même voie que la télédistribution. Le modem se branche à la prise du câble, comme le téléviseur ; il est vendu ou loué en plus de l'abonnement au câble.

  C'est le modem le plus rapide, même si cette vitesse n'est pas garantie. En effet, si tout le voisinage se met à utiliser son modem câble en même temps, le débit risque de chuter vite fait. Ça n'arrive pas souvent, heureusement.

- **ADSL** : Votre ligne téléphonique est aménagée pour lui ajouter la fonction ADSL, laquelle vous permet de surfer à une vitesse oscillant entre 128 et 1 024 kilobits par seconde, la vitesse la plus fréquente s'établissant à 512 Kbps. À noter que la prise téléphonique doit être équipée d'un filtre ADSL si vous voulez pouvoir vous en servir pour téléphoner.

  ADSL signifie *Asymetrical Digital Subscriber Line* – ligne d'abonné numérique asymétrique. Asymétrique parce que la vitesse n'est pas la même dans les deux sens. De fait, vous réceptionnez des données à 512 Kbps (vitesse de réception ou voie descendante), mais ne les envoyez qu'à 128 (vitesse d'émission ou voie montante).

  Ce détail a son importance quand il s'agit de transmettre des fichiers volumineux. Si vous êtes régulièrement amenée à acheminer de gros fichiers vers d'autres utilisatrices, optez pour une ligne DSL, dite *symétrique* ou *bidirectionnelle*, c'est-à-dire une ligne où les données transitent à la même vitesse dans les deux sens. Attention : ça coûte beaucoup plus cher !

- **Satellite** : Technologie récente en France, le modem satellitaire reçoit et envoie des données *via* un modem particulier et une parabole. L'inconvénient majeur est que cette technique exige un équipement plus lourd. Mais c'est la solution idéale – parfois la seule envisageable – si vous habitez en rase campagne, dans un village non desservi par le câble ni par l'ADSL.

  Privilégiez la connexion satellitaire bidirectionnelle ; évitez donc celles qui ne fonctionnent qu'en voie descendante et qui, pour la voie montante, font intervenir un modem téléphonique.

Les modems à haut débit se vendent partout ; ils sont parfois loués, voire offerts par le fournisseur d'accès. Car, quel que soit le type de modem haut débit que vous choisirez, il vous faudra souscrire un abonnement auprès d'un fournisseur d'accès Internet. De fait, à ce stade, il ne vous manque plus que ce fameux FAI pour pouvoir, enfin, franchir les portes du cyberespace.

Celui-ci vous fournira les informations de compte dont vous aurez besoin à l'étape suivante, la configuration de la connexion. Parmi celles-ci figurent notamment votre nom d'utilisateur et votre mot de passe, le numéro de téléphone de votre fournisseur d'accès si vous utilisez un modem commuté ou encore l'adresse de son serveur DNS s'il vous en a communiqué une. Conservez toujours ces infos à portée de main : on ne sait jamais !

Comme l'offre est particulièrement vaste, informez-vous auprès de collègues ou d'amis ; squattez leur machine une heure ou deux, le temps d'aller… sur Internet consulter les meilleures offres des prestataires. La concurrence est féroce ; n'hésitez pas à comparer les prix. Prêtez une attention toute particulière aux forfaits : ils sont souvent avantageux.

TRUC

En général, l'accès est illimité ; vous pouvez donc rester connectée toute la journée pour pouvoir gagner le Web dès que votre activité l'impose ou prendre instantanément connaissance des courriers entrants.

Configurer la connexion

Dernière étape, mais non des moindres : configurer la connexion.

Avant de commencer, assurez-vous que vous avez sous la main toutes les données que vous aurez au préalable obtenues auprès de votre FAI.

Ensuite, sollicitez l'aide de l'Assistant réglages de réseau. Pour parvenir jusqu'à lui : Pomme/Préférences Système, rubrique Internet et sans fil, icône Réseau et fenêtre éponyme (Figure 15.1).

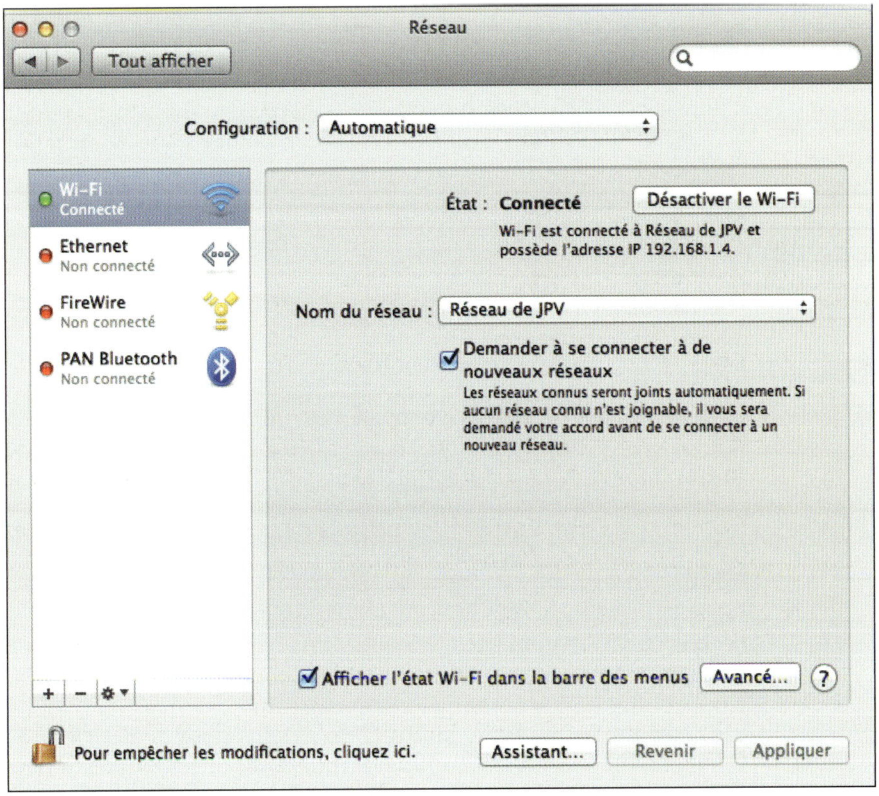

Figure 15.1 : C'est là qu'il se cache !

Il ne vous reste plus, à ce stade, qu'à mettre l'Assistant en service grâce au bouton Assistant du bas de la fenêtre. Vous transiterez par une première boîte de dialogue (Figure 15.2) dans laquelle vous confirmerez votre intention de vous faire seconder en cliquant de nouveau sur le bouton Assistant.

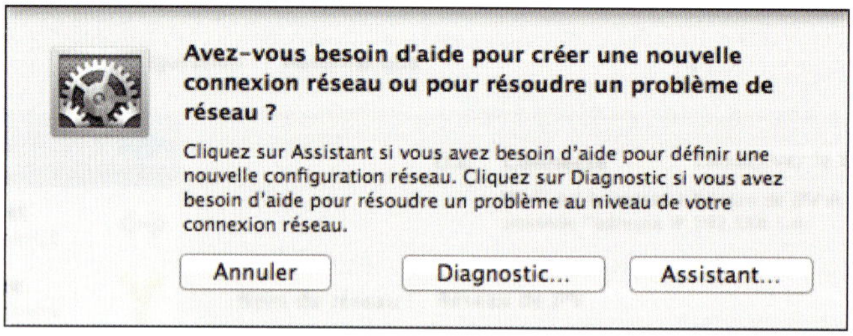

Figure 15.2 : Dans le genre « persiste et signe »...

Et voilà l'Assistant qui entre en action (Figure 15.3).

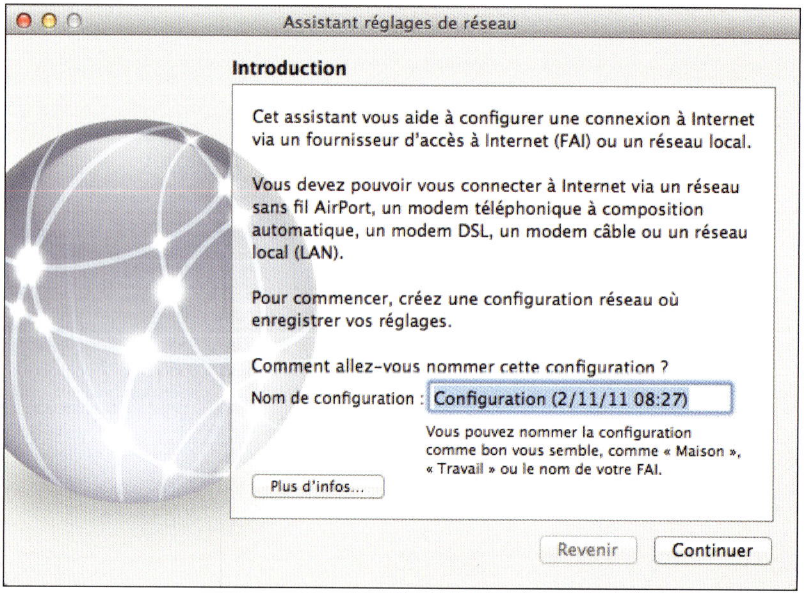

Figure 15.3 : C'est au pied du mur qu'on voit le maçon.

Dans les fenêtres qui vous seront alors successivement proposées, vous n'aurez plus qu'à répondre aux questions que cet Assistant vous posera. En cas de doute, exploitez le bouton Plus d'infos pour éclairer votre lanterne. Complètement larguée ? Contactez votre FAI par téléphone et demandez-lui de vous prêter main-forte en sachant que la récompense vous attend à la fin de la configuration : l'accès au monde fascinant de l'Internet !

Chapitre 16

Je découvre Safari, le capitaine

Dans ce chapitre :

- Partir en Safari.
- Naviguer.
- Se faciliter la vie : onglets et signets.
- Mener des recherches.
- Traiter les pages Web.
- Assurer la confidentialité.

Pour partir à la découverte du cyberespace, rien de tel que Safari, l'outil intégré d'Apple (qui, soit dit en passant, s'est acoquiné à Windows).

Notez qu'il existe d'autres navigateurs – ou *browsers* – sur le marché, comme Firefox de la fondation Mozilla, Opera et son client email intégré, l'excellent Camino ou l'original Shiira.

Partir en Safari

Activez l'icône de Safari depuis le Dock pour gagner l'interface du navigateur. Vous atterrissez, noblesse oblige, sur le site d'Apple (Figure 16.1).

Figure 16.1 : Les choses sérieuses vont commencer.

Le principe : un *site* est constitué d'une ou plusieurs *pages*. Chaque page possède une référence, c'est-à-dire une *adresse Web* ou *URL* (*Uniform Resource Locator*). La page sur laquelle vous échouez lorsque vous lancez votre navigateur s'appelle *page de démarrage*. Celle qui vous est proposée lorsque vous gagnez un site est appelée *page d'accueil*. Toutes les pages comportent des mots ou des expressions soulignés et présentés en bleu : ce sont les *liens*. Tel peut aussi être le statut des images. Activés par clic, ces liens vous permettent de *surfer*, c'est-à-dire de voyager de page en page, de site en site.

TRUC

Le chapitre suivant tente une espèce de *best of* des sites Internet. Il est forcément partisan, mais bon… vous êtes assez grande pour vous faire votre propre idée de la question. Bon vent !

Ça ne démarre pas bien !

Surfer, oui. Mais échouer systématiquement, au lancement de Safari, sur la page Apple, non ! Inutile de vous énerver : vous pouvez parfaitement désigner une autre page de démarrage.

Une technique qui en vaut d'autres :

1. **Gagnez la page Web que vous voulez sacrer page de démarrage.**
2. **Accédez aux préférences du programme (Safari/Préférences).**
3. **Dans la fenêtre correspondante, assurez-vous que c'est l'onglet Général qui est activé ; sinon, activez-le.**
4. **Dans la rubrique Page d'accueil, cliquez sur Utiliser la page active.**

   La nouvelle page remplace immédiatement l'ancienne.

   Notez qu'une option intitulée Une page vide du menu local Les nouvelles fenêtres s'ouvrent avec vous laisse toute latitude, au démarrage, pour décider de l'endroit où vous voulez aller.

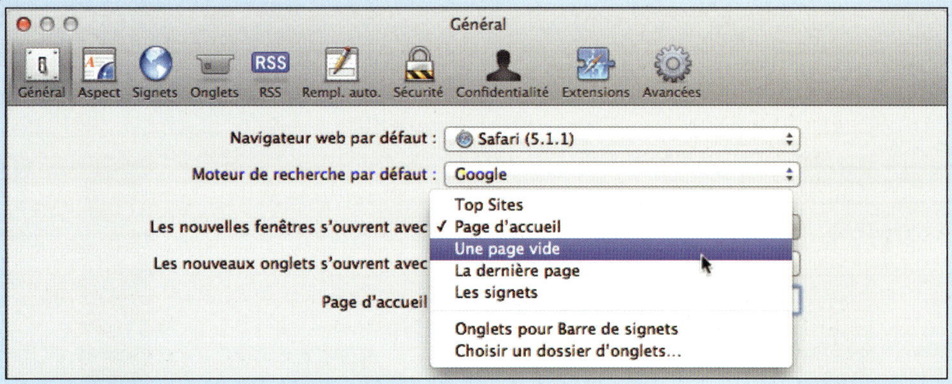

Il ne vous reste plus qu'à licencier la fenêtre en cliquant sur OK et le tour est joué. Désormais, vous échouerez systématiquement sur cette page à chaque mise en service du programme. De plus, la commande Accueil du menu Historique vous y ramènera chaque fois que vous en exprimerez le souhait.

Naviguer

Naviguer, voilà exactement la fonction de Safari. Le programme, en effet, est parfaitement à l'aise dans les milliards de pages stockées sur le Web, prêt à virer à babord ou à tribord à la moindre sollicitation de votre part.

Je n'y vois rien !

Si vous éprouvez des difficultés à lire le contenu d'une page, sachez que Safari propose, depuis le menu Présentation, une fonction intitulée Réduire/agrandir le texte seulement. Elle cohabite avec deux autres commandes bien pratiques : Zoom avant et Zoom arrière.

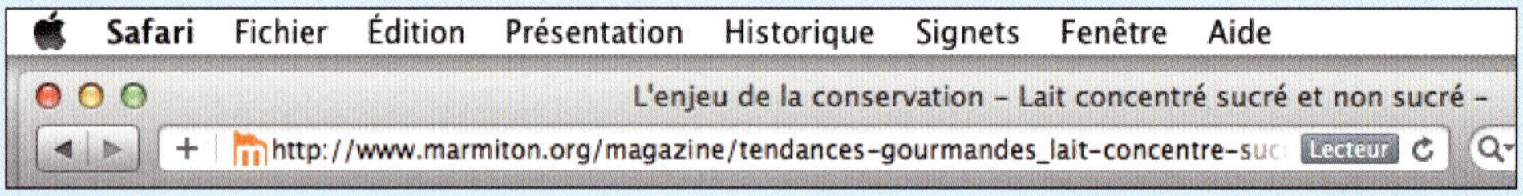

Autre possibilité : utilisez le Lecteur quand il est disponible. De fait, si vous échouez sur une page Web qui comporte un article texte, un bouton Lecteur fait son apparition au bout de la barre d'adresse : cliquez dessus pour passer en mode Lecteur.

Bien pratique si l'important, c'est le texte, puisque ce mode optimise la lecture en éliminant les pubs et les formatages divers.

En plus, si vous approchez votre pointeur du bas de la fenêtre, une barre d'outils vous propose un zoom *in* et un zoom *out*, la possibilité d'envoyer l'article par courrier ou encore de l'imprimer.

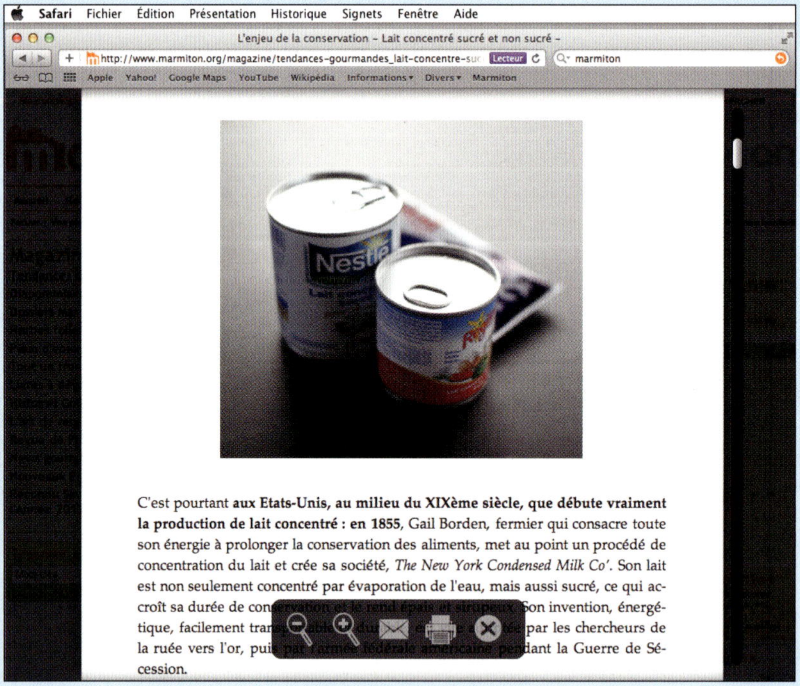

Le dernier bouton vous permet, pour sa part, de quitter le mode Lecteur ; le bouton éponyme de la barre d'adresse en fait autant.

Détaillons les différents outils de navigation :

- **Les liens** : C'est la technique de navigation la plus intuitive. Un mot souligné, un bouton, une image : cliquez sur tout ce qui bouge et surfez sans contrainte. Les liens peuvent conduire à une page du même site ou à un autre site.

  En fait, c'est le look qu'a votre pointeur quand il survole les éléments qui vous indique si tel élément est un lien ou non : si c'est le cas, le pointeur prend la forme d'une main dont l'index pointe vers le haut ; si ça ne l'est pas, il conserve sa forme classique de flèche ou de curseur d'insertion.

- **L'adresse Web** : Vous connaissez l'adresse de la page que vous voulez visiter ? Tapez-la dans la case Adresse du haut de la fenêtre (Figure 16.2), puis confirmez *via* la touche Entrée.

  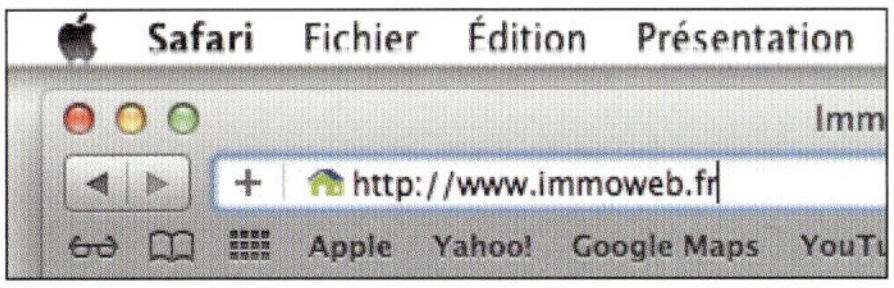

  Figure 16.2 : Pour un accès direct, sans embouteillages.

  Si Safari ne vous transporte pas *illico presto* vers la page spécifiée, c'est peut-être que le Web est saturé ; dans ce cas, patientez quelques instants, puis remettez ça. Sinon, c'est sans doute que vous avez fait une faute dans l'adresse ; dans ce cas, corrigez l'erreur, puis revalidez.

  La partie *http://* qui se trouve au début de pratiquement toutes les adresses Web est facultative ; Safari ne vous impose pas de taper ce préfixe.

- **Les boutons Précédent et Suivant** : On ne présente plus ces boutons de la barre d'outils. Le premier vous permet de revisiter les pages que vous venez de parcourir en reculant page par page ; le second vous fait voyager dans l'autre sens.

  Vous les retrouverez sous forme de commandes dans le haut du menu Historique ; ils y côtoient un article baptisé Accueil qui vous rapatrie en terrain connu, à la page de démarrage du programme.

  Opérez un clic maintenu sur ces boutons et un menu local vous permettra de gagner directement une page précédente ou une page suivante autre que la dernière en date (Figure 16.3).

  Ces boutons ne vous proposent que les pages visitées pendant la séance de travail en cours. Pour traiter des pages plus anciennes, c'est l'Historique qu'il vous faut exploiter.

Si vous possédez un Magic Trackpad, vous pouvez circuler parmi ces pages en faisant glisser deux doigts horizontalement vers la gauche ou vers la droite, selon que vous voulez visualiser la page suivante ou la page précédente.

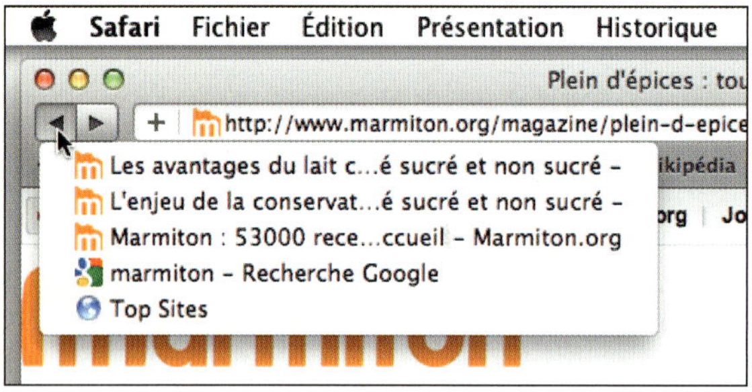

Figure 16.3 : Une marche arrière version turbo !

- **L'Historique** : On en arrive vite, de lien en lien, à perdre le fil ! Pour revenir à une page visitée précédemment, recourez à l'Historique, qui vous suit à la trace et garde en mémoire tous les endroits que vous avez fréquentés, même lors de séances de travail précédentes. Déroulez le menu Historique (Figure 16.4) ; vous n'avez plus qu'à remonter le temps comme ça vous chante. La troisième section dresse la liste des sites visités ce jour ; la section suivante regroupe, par dates, les sites visités les jours précédents.

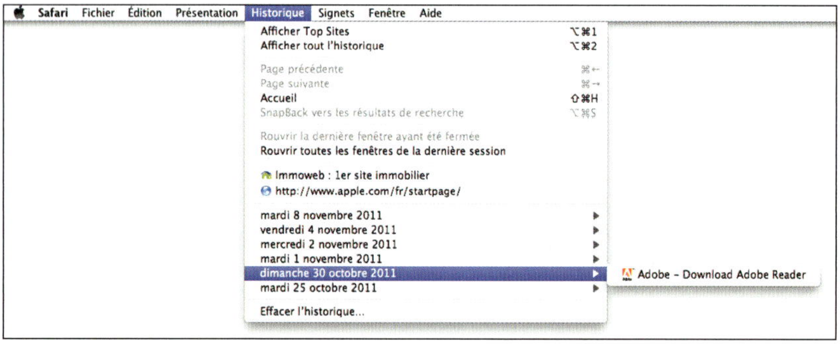

Figure 16.4 : Sherlock Holmes en pâlirait d'envie !

Dans les préférences générales du programme, un menu local baptisé Supprimer les éléments de l'historique vous permet de contrôler le laps de temps au terme duquel vos pérégrinations seront effacées automatiquement.

Jouer à cache-cache

Chaque fois que vous ouvrez une page Web, Safari l'enregistre dans un endroit spécial appelé *cache*. Ça lui facilite la vie puisque, si vous rappelez la page, il n'a qu'à aller la récupérer dans le cache plutôt que de la télécharger de nouveau depuis son site d'origine. Ce principe du cache permet donc de gagner un temps précieux.

Revers de la médaille : si la page en question fait l'objet de fréquentes mises à jour, vous n'en bénéficiez pas puisque Safari se contente de puiser la version qui se trouve dans le cache plutôt que de retourner sur le Web chercher la dernière version en date de la page concernée.

Pour le forcer à retourner sur le Web extraire la version la plus récente, invoquez, une fois la page ouverte, la commande Recharger la page du menu Présentation (équivalent clavier : Commande + R ou bouton Recharger la page active tout au bout de la barre d'adresse).

En agissant de la sorte, vous traitez une page unique. Si vous souhaitez agir de manière plus radicale, purgez carrément le cache en validant la commande Vider le cache du menu Safari, puis en confirmant votre intention *via* le bouton Vider de la boîte de dialogue correspondante.

Se faciliter la vie : onglets et signets

Pourquoi faire compliqué quand on peut faire simple ? Les sections suivantes vous expliquent comment surfer à moindre effort grâce aux onglets et aux signets.

Surfer par onglets

Par défaut, dès que vous activez un lien, la page depuis laquelle vous procédez à l'activation cède sa place à celle qui correspond au lien. Ça ne vous emballe pas de baguenauder de la sorte ? Vous préféreriez garder la page précédente sous la main tout en visualisant la page liée ? C'est faisable grâce au principe des *onglets*.

Cette fonctionnalité vous permet en effet d'ouvrir un ou plusieurs liens dans des onglets séparés de la même fenêtre Safari. Les différents onglets ainsi ouverts sont regroupés dans une barre appelée fort à propos *barre des onglets* où ils se tiennent docilement à portée de souris (Figure 16.5).

Figure 16.5 : Les onglets au garde-à-vous.

Mais comment gérer ces onglets ?

- **Pour créer un onglet** : Choisissez Fichier/Nouvel onglet ou enfoncez les touches Commande + T ou encore cliquez sur le signe + placé à l'extrémité droite de la barre des onglets.
- **Pour ouvrir un lien dans un onglet** : Commande + cliquez sur un lien ou opérez un clic secondaire sur le lien, puis validez la commande Ouvrir le lien dans un nouvel onglet du menu contextuel.

  Automatiquement, l'onglet est créé et la page correspondant au lien s'y affiche. L'intitulé de l'onglet (l'adresse de la page) apparaît dans la barre du même nom.

- **Pour activer un onglet** et donc gagner la page correspondante : Cliquez sur l'intitulé de l'onglet depuis la barre des onglets (Figure 16.6).

Figure 16.6 : Ah ! La cuisine de nos grands-mères !

NOTE TECHNIQUE

Il est possible de créer l'onglet et de l'activer en une seule opération *via* la combinaison de touches Commande + Majuscule + clic.

- **Pour modifier l'ordre dans lequel les onglets se présentent** : Opérez tout simplement par cliquer-glisser dans la barre des onglets.

NOTE TECHNIQUE

  Si cette barre n'est pas affichée, invoquez la commande Afficher la barre d'onglets du menu Présentation.

- **Pour déplacer un onglet dans une nouvelle fenêtre** : Choisissez Fenêtre/Placer l'onglet dans une nouvelle fenêtre.
- **Pour regrouper plusieurs fenêtres dans une seule fenêtre à onglets** : Choisissez Fenêtre/Fusionner toutes les fenêtres.

- **Pour fermer un onglet** : Cliquez sur le x qui s'affiche à gauche de son nom ou opérez un clic secondaire sur l'onglet et choisissez Fermer l'onglet dans le menu contextuel (Figure 16.7).

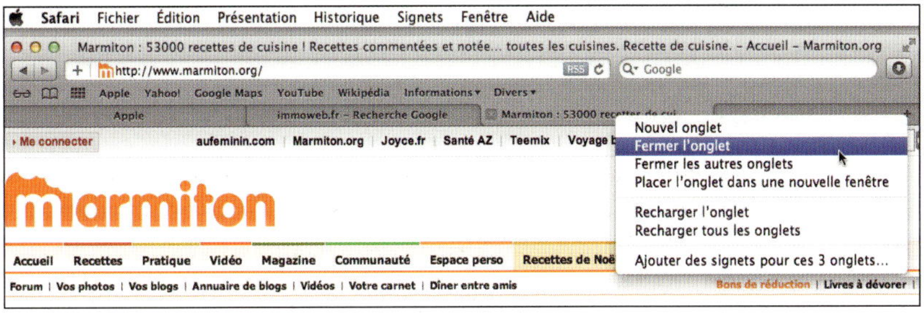

Figure 16.7 : Bye-bye !

- **Pour fermer tous les onglets sauf un** : Opérez un clic secondaire sur l'onglet à maintenir ouvert et choisissez Fermer les autres onglets dans le menu contextuel.

Exploiter les signets

Ah ! Il y a sûrement quelques sites que vous visitez souvent. Pour y retourner facilement, ajoutez-leur un *signet*.

Ajouter un signet

Pour affubler une page Web d'un signet :

1. **Gagnez la page Web en question.**

2. **Choisissez Signets/Ajouter un signet ou enfoncez les touches Commande + D ou encore activez l'icône Ajouter un signet pour la page active (Figure 16.8).**

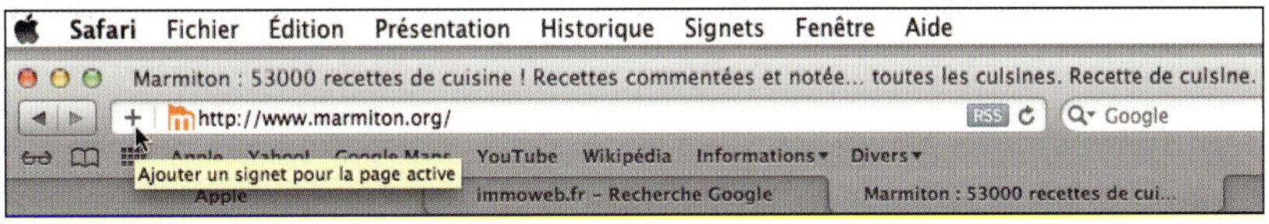

Figure 16.8 : C'est élémentaire.

La fenêtre Ajouter cette page à s'affiche.

3. **Attribuez une destination au signet grâce au menu local (Figure 16.9).**

Figure 16.9 : À vous de voir.

Vous avez le choix entre :

- **Barre de signets** : Pour ajouter le signet à la barre de signets, cette barre horizontale qui court sous la barre d'adresse (Figure 16.10).

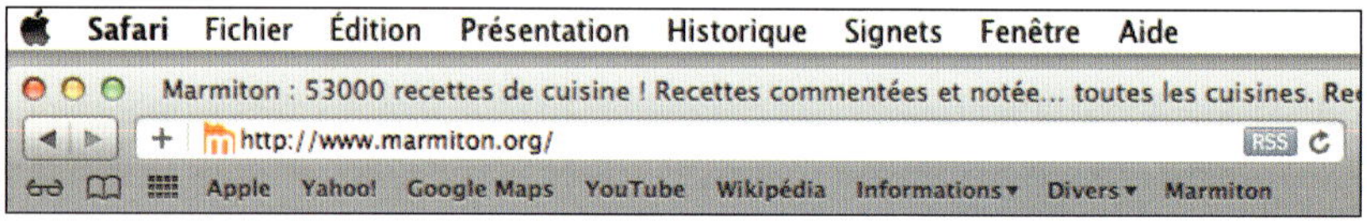

Figure 16.10 : Pour un accès direct au site Marmiton.

- **Menu Signets** : Pour ajouter le signet à une section du menu Signets (Figure 16.11).

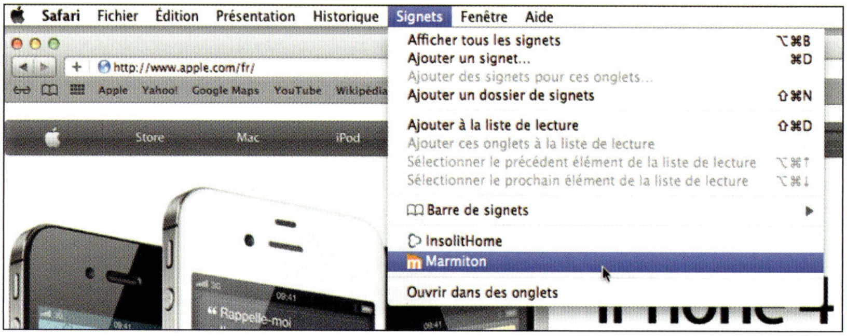

Figure 16.11 : Moins direct, mais malgré tout rapide.

- **Liste de lecture** : Pour ajouter le signet dans un volet dit « liste de lecture » (Figure 16.12) qui s'affiche à gauche du volet principal dès sollicitation de la commande Afficher la liste de lecture du menu Présentation ou activation de l'icône Afficher la liste de lecture de la barre de signets (première bouton en commençant par la gauche).

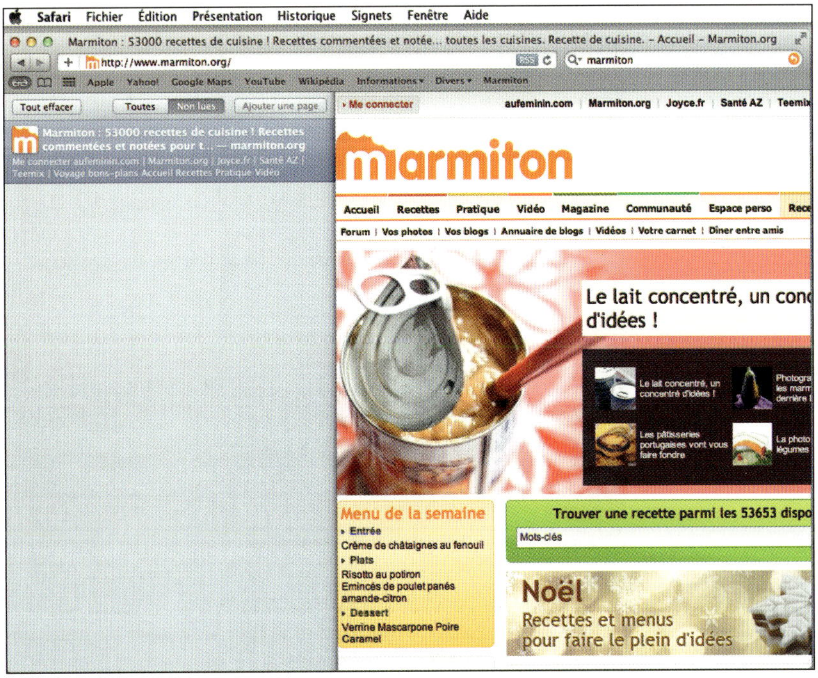

Figure 16.12 : Toujours le même principe, mais une autre présentation.

Notez qu'il n'est pas indispensable de passer par la définition d'un signet pour ajouter une page à cette liste : gagnez la page en question, activez l'icône Liste de lecture, puis cliquez sur Ajouter une page. Attention : la page ainsi désignée n'est pas stockée sur votre disque dur en vue d'une consultation ultérieure ; seule son URL est mémorisée. En d'autres termes, vous ne pourrez la lire depuis cette liste que si vous êtes connectée.

- **Top Sites** : Ajoute le signet à la page Top Sites, une page particulière qui regroupe vos sites préférés dans une présentation panoramique (Figure 16.13). Vous y accédez *via* la commande Afficher Top Sites du menu Historique ou *via* le bouton Afficher Top Sites de la barre de signets (troisième bouton en commençant par la gauche).

Figure 16.13 : Ça, c'est de l'interactivité !

Par défaut, Safari propose dans cette fenêtre les sites que vous visitez le plus souvent. Selon la taille sélectionnée en bas à droite, il recense à cet endroit jusqu'à 24 vignettes. Le bouton Modifier en bas à gauche vous permet, par cliquer-glisser, de disposer les vignettes comme bon vous semble. Un truc intéressant : une étoile s'affiche dans le coin supérieur droit des vignettes des pages qui ont subi des modifications depuis votre dernière visite.

4. **Acceptez le nom proposé par défaut ou fournissez-en un autre si on vous le demande, ce qui sera le cas si vous optez pour n'importe quelle destination autre que Liste de lecture.**

5. **Cliquez sur Ajouter.**

Atteindre un signet

C'est simple : il suffit de cliquer sur son nom à l'endroit où vous l'avez stocké. Et vous voici transportée, sans coup férir, vers le site en question.

TRUC

Si la barre des signets n'est pas affichée, demandez qu'elle le soit *via* la commande *ad hoc* du menu Présentation. Faites de même pour la liste de lecture.

Organiser les signets

Si vous ajoutez un grand nombre de signets sans prendre le temps de les répartir en dossiers selon les centres d'intérêt, vous risquez fort, au bout d'un temps assez court, de galérer dans vos listes de signets pour trouver ce que vous cherchez. Le paradoxe dans toute sa splendeur puisque cette fonctionnalité est censée vous faciliter l'accès à vos pages de prédilection !

Si vous vous retrouvez dans cette déplaisante situation, c'est qu'il est grand temps de faire le ménage, en d'autres termes de prévoir des dossiers thématiques et d'y répartir vos signets.

- **Pour accéder à la fenêtre des signets** : Choisissez Signets/Afficher tous les signets ou activez l'icône Afficher tous les signets de la barre des signets.

  La fenêtre Signets s'affiche. Les différentes collections de signets (dont font partie la barre et le menu) sont répertoriées dans le volet gauche.

- **Pour créer un dossier** : Cliquez sur le signe + en bas à gauche du volet gauche. Une rubrique Signets fait son apparition plus haut avec, comme contenu, un dossier sans titre – une *collection* – dont le nom générique est sélectionné. Tapez le nom que vous souhaitez donner à ce dossier (Figure 16.14), puis validez votre saisie *via* la touche Entrée.

  Répétez l'opération autant de fois que nécessaire.

- **Pour créer un sous-dossier** : Sélectionnez à gauche la collection concernée, puis cliquez sur le signe + en bas à gauche du volet droit. Procédez alors comme décrit ci-dessus jusqu'à obtention d'une organisation qui vous sied (Figure 16.15).

Figure 16.14 : C'est un bon début.

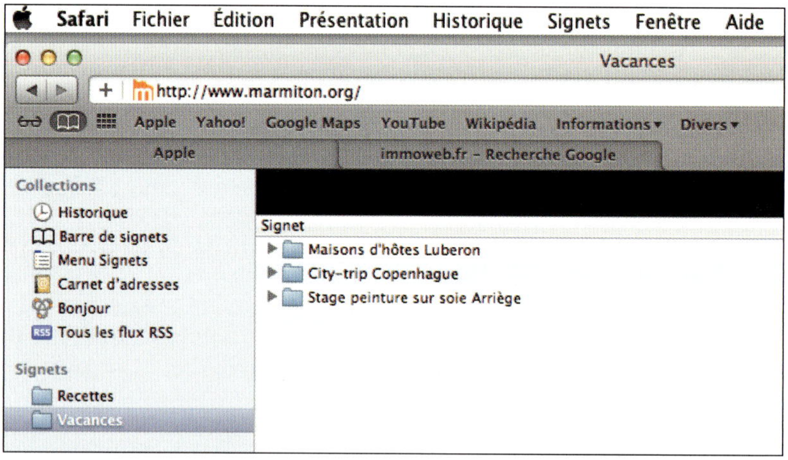

Figure 16.15 : On commence à y voir plus clair.

- **Pour déplacer un signet** : Il suffit de le faire glisser d'une collection vers une autre. Ainsi, pour déplacer un signet de la collection Barre de signets vers une collection intitulée Vacances, sélectionnez à gauche la collection Barre de signets, sélectionnez à droite le signet à traiter, puis faites-le glisser vers la collection Vacances (Figure 16.16).

Figure 16.16 : Un simple cliquer-glisser et le tour est joué.

NOTE TECHNIQUE

Pour archiver ensuite ce signet dans un sous-dossier de cette collection Vacances, procédez de nouveau par cliquer-glisser (Figure 16.17).

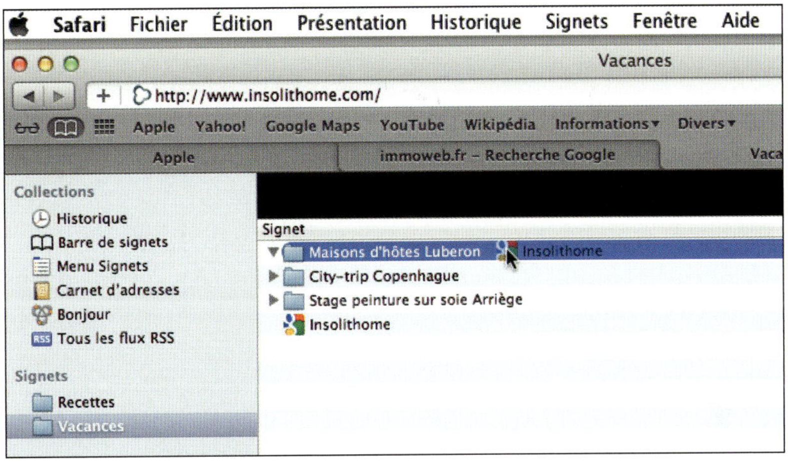

Figure 16.17 : On y prend goût !

- **Pour copier un signet** : Ajoutez tout simplement l'action de la touche Option au cliquer-glisser qui vous permet de réaliser le déplacement. Le signet ainsi traité sera copié, c'est-à-dire maintenu à sa place originale, mais dédoublé dans le dossier de destination.

- **Pour renommer un dossier ou un signet** : Opérez un clic secondaire sur l'élément, puis validez la commande Modifier le nom du menu contextuel avant de procéder aux modifications souhaitées.

- **Pour supprimer un dossier ou un signet** : Sélectionnez l'élément, puis enfoncez la touche Suppression ou Retour arrière, à moins que vous ne préfériez transiter par la commande Supprimer du menu local (clic secondaire, comme vous le savez).

Il y a une technique plus rapide pour vous défaire d'un signet ancré dans la barre : depuis la fenêtre classique de navigation, faites tout simplement glisser ce signet vers le bas, en dehors de la barre. Le voilà qui s'éclipse comme par enchantement !

Quand vous avez tout bien rangé, recliquez sur l'icône des signets ou invoquez la commande Masquer tous les signets pour revenir à l'affichage standard.

Mener des recherches

On a beau dire qu'abondance de biens ne nuit pas. Comment espérer, parmi les milliards de pages que compte le Web, atteindre sans équivoque celle qui vous intéresse ? Car Internet, c'est un vrai capharnaüm ; un chat d'ailleurs n'y retrouverait pas ses petits.

Fort heureusement, il existe des outils spécialement prévus pour ce genre de mission ; on les appelle *moteurs de recherche*. Voyons de plus près de quoi il retourne.

TRUC

La commande Rechercher du menu Édition sert, elle, à mener des recherches sur la page courante. Invoquez-la, puis tapez l'objet de votre recherche dans la case Recherche en haut à droite ; utilisez ensuite les flèches à gauche pour naviguer parmi les occurrences.

Gagner le site d'un moteur de recherche

Le principe est simple : vous gagnez le site d'un moteur de recherche, puis vous y introduisez un mot-clé sur la base duquel le moteur recense tous les sites qui abordent le sujet qui s'y réfère. Les résultats s'affichent sous forme de liste avec, pour chaque occurrence (*hit* en anglais), un descriptif succinct du contenu du site. Voici le résultat d'une recherche sur *liquidambar styraciflua* dans Google (Figure 16.18) :

Google (www.google.fr) est le moteur le plus exploité aujourd'hui. Il y en a d'autres : AltaVista (www.altavista.fr), Excite (www.excite.fr), Lycos (www.lycos.fr) ou encore Yahoo! (www.yahoo.fr). Dans tous les cas, le principe est le même : on introduit dans un champ de recherche le ou les mots censés cerner au mieux la requête, puis on met le moteur au travail en cliquant sur le bouton *ad hoc*, généralement intitulé Rechercher.

Attention :

- **Évitez tout ce qui n'est pas significatif** : Les termes *le, de, mais, avec* sont inutiles, par exemple.
- **Placez entre guillemets ce qui doit être traité globalement** : Ainsi, *vacances Bora Bora* renverra tout ce qui concerne et les vacances, et Bora Bora, tandis que « *vacances Bora Bora* » limitera la recherche aux séjours de rêve au bord du lagon turquoise Motu Tane.

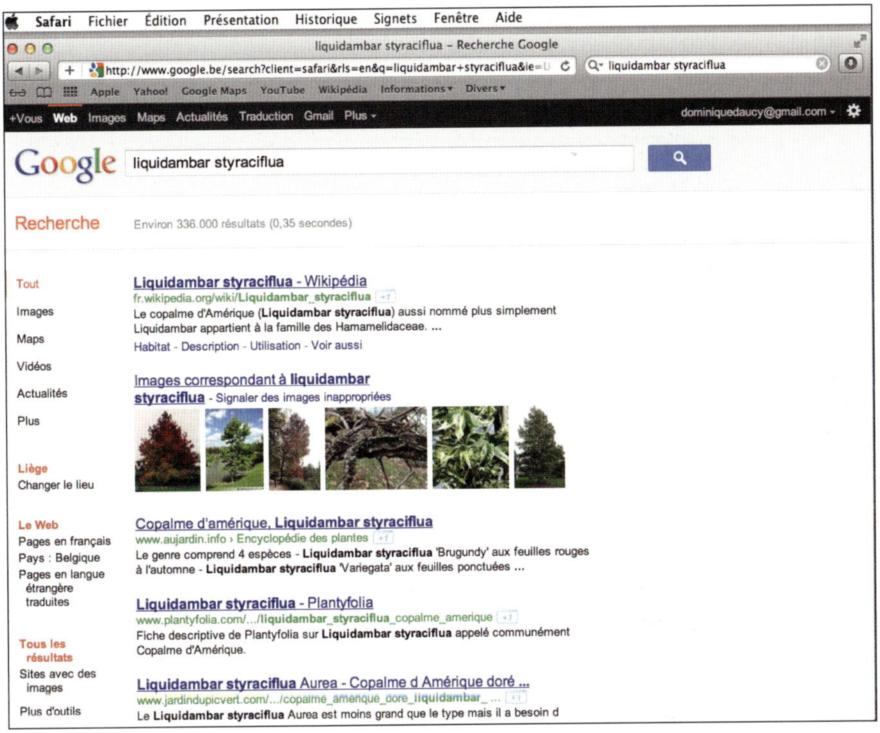

Figure 16.18 : Plein d'infos en vue sur le copalme d'Amérique.

Utiliser le champ Recherche

Vous en avez marre de transiter par la fenêtre d'un moteur de recherche pour trouver des sites Web ? Vous trouverez, dans la partie supérieure de la fenêtre de Safari, un petit champ Recherche, idéal pour les recherches à la volée.

NOTE TECHNIQUE

Par défaut, il utilise le moteur Google, mais, en cliquant sur la loupe placée à gauche, vous accéderez à deux autres choix : Yahoo! et Ping.

Dans la pratique :

1. **Cliquez dans le champ Recherche.**

   Le nom du moteur actif disparaît ; le point d'insertion clignote.

2. **Tapez l'objet de votre recherche.**

3. **Enfoncez la touche Entrée pour lancer la recherche.**

Ce n'est pas plus compliqué que ça ! Autre avantage : la fonction mémorise les recherches que vous avez menées par son entremise. Pour en relancer une, il suffit de cliquer sur la loupe et de faire votre choix dans la liste (Figure 16.19).

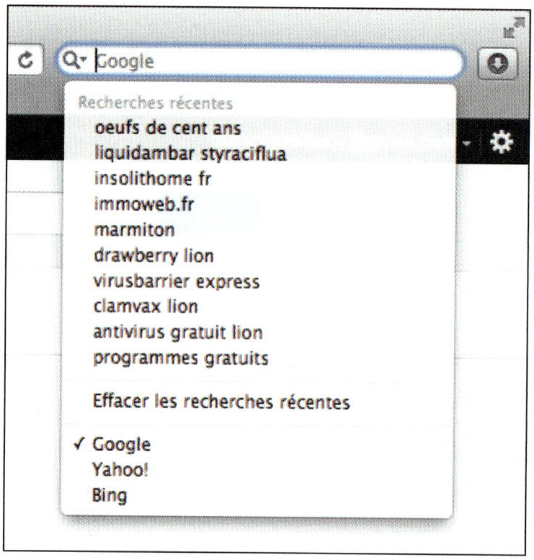

Figure 16.19 : Inutile de se fatiguer : tout est là !

Et si cette liste ne présente plus aucun intérêt à vos yeux, faites table rase *via* l'option Effacer les recherches récentes.

Traiter les pages Web

Les quatre manipulations que vous serez sans doute amenée à faire le plus souvent sont : enregistrer, envoyer par mail, imprimer et recharger.

Enregistrer

Le contenu d'une page vous intéresse, mais vous n'avez pas le temps de le lire tout de suite. Vous pouvez bien sûr marquer la page d'un signet, mais rien ne dit que son contenu n'aura pas été modifié quand vous aurez le temps d'y revenir. La solution : enregistrer la page. Vous la stockerez ainsi sur votre disque dur et pourrez en prendre connaissance plus tard, quand bon vous semblera.

Dans la pratique :

1. **Choisissez Fichier/Enregistrer sous.**

Une fenêtre d'enregistrement vous est proposée (Figure 16.20).

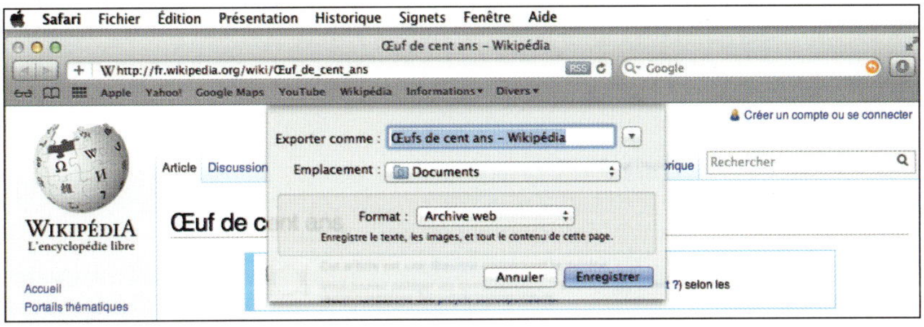

Figure 16.20 : C'est ici que ça se passe.

2. **Dans la case Exporter comme, modifiez, si vous le souhaitez, le nom de la page en cours d'enregistrement.**

3. **Dans le menu local Emplacement, modifiez, si vous le souhaitez, l'endroit où Lion se propose de stocker cette page.**

N'oubliez pas que le triangle affiché en haut à droite vous permet de développer la fenêtre pour bénéficier d'un accès commode à vos dossiers.

4. **Dans le menu local Format, assurez-vous que c'est l'option Archive web qui est validée ; sinon, sélectionnez-la.**

   Ce faisant, tout le contenu de la page sera enregistré dans un format que Safari est capable d'exploiter, y compris ses images et ses liens. Cela signifie que lorsque vous ouvrirez ce document, Safari démarrera et que les liens continueront de fonctionner pour peu que les pages Web de destination soient disponibles.

5. **Cliquez sur Enregistrer.**

   La page est enregistrée sur votre disque dur, à l'endroit désigné. Elle est facilement identifiable grâce à la mention « web » inscrite sur l'icône (Figure 16.21).

Figure 16.21 : Vive la traçabilité.

Seul un passage de texte vous intéresse ? Sélectionnez-le, puis faites-le glisser sur le Bureau. Tous les autres éléments des pages Web (comme les images ou les liens) peuvent aussi faire l'objet d'un cliquer-glisser. Pratique, non ?

NOTE TECHNIQUE

Dernière chose : vous pouvez enregistrer la page sous la forme d'un fichier PDF (voir la section « Aperçu : Lire des fichiers PDF » du Chapitre 21). C'est simple : invoquez la commande d'impression (voir la section suivante), puis choisissez Enregistrer au format PDF dans le menu local PDF en bas à gauche.

Imprimer

Autre manière de préserver le contenu d'une page qui vous intéresse : l'impression.

C'est, en toute logique, la commande Imprimer du menu Fichier qui prend l'opération en charge. Le bouton Afficher les détails vous donne, comme d'hab, accès à sa fenêtre au grand complet (Figure 16.22).

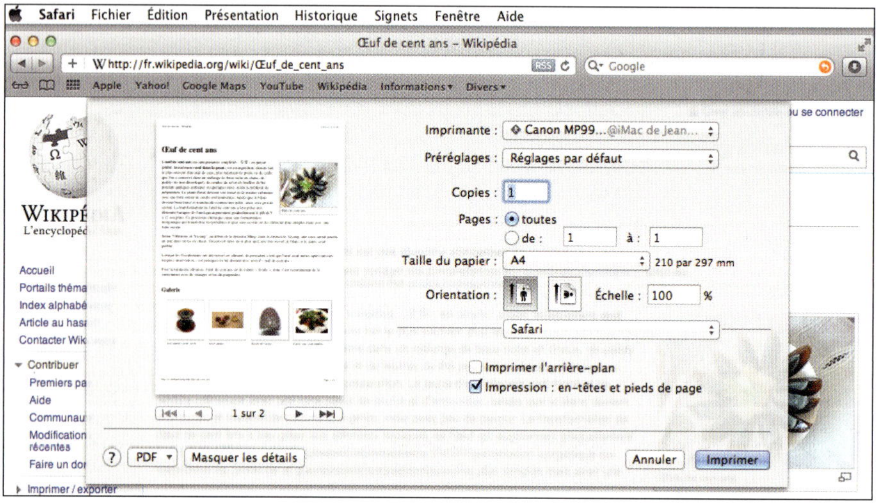

Figure 16.22 : Une fenêtre d'impression sans réelle surprise.

Les deux options particulières à Safari sont :

- **Imprimer l'arrière-plan** : Pour inclure/exclure l'image d'arrière-plan.
- **Impression : en-têtes et pieds de page** : Pour inclure/exclure l'adresse Web et la date.

L'impression des pages Web n'est pas toujours convaincante :

- La marge droite tronque souvent la fin des lignes.
- Les caractères sont parfois si petits qu'ils sont difficilement lisibles.
- La débauche de couleurs des tonnes de pubs qui jonchent les pages pompe vos cartouches d'encre en un rien de temps.

N'hésitez pas à préférer à la commande classique d'impression du menu Fichier l'option d'impression que proposent la plupart des pages Web. En général, celle-ci élimine tous les éléments superflus et recalcule la mise en page en fonction du format du papier.

Envoyer par mail

Avez-vous remarqué, dans le menu Fichier, la présence des commandes Envoyer le contenu de cette page par courrier électronique (Commande + I) et Envoyer un lien vers cette page par courrier électronique (Commande + Majuscule + I) ?

Leur activation lance Mail, crée un nouveau message, introduit, dans la case Objet, le nom de la page en question et affiche, dans la zone du message, soit le contenu ou le lien vers la page en question, selon la commande validée (Figure 16.23). Vous n'avez plus qu'à désigner la destinataire !

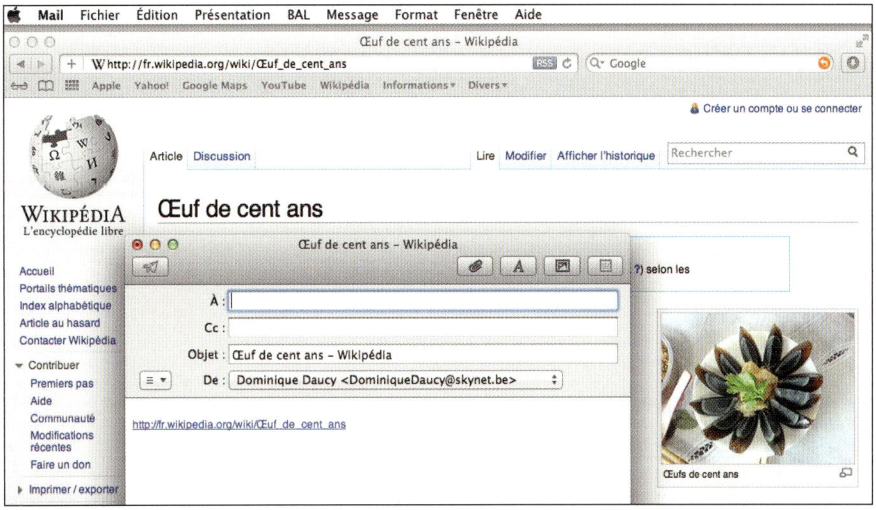

Figure 16.23 : Vite fait, bien fait.

N'hésitez pas à exploiter ces deux fonctions pour faire profiter votre meilleure copine des trucs géniaux que vous glanez sur le Net.

Assurer la confidentialité

Vous n'avez pas envie qu'on vous suive à la trace ? Exploitez les commandes suivantes pour préserver votre intimité.

Effacer l'historique

Comme vous le savez, Safari répertorie, dans son menu Historique, tous les endroits que vous avez fréquentés (voir la section « Naviguer », plus haut dans ce chapitre).

Sachez qu'il est possible de purger cet historique de navigation afin d'effacer toute trace de vos déambulations : votre mari risquerait de s'inquiéter s'il savait que vous êtes allée sept fois hier sur le site de Cartier !

Brouillez donc les pistes : déroulez le menu Historique et choisissez-y la commande Effacer l'historique. Ouf ! Vous l'avez échappé belle !

Effacer la liste des téléchargements

Décidément, Safari vous épie. Il conserve en effet à jour une liste des éléments que vous téléchargez.

Mais cette liste aussi peut être purgée. Cliquez sur le bouton Téléchargements, puis cliquez sur Effacer quand le menu local correspondant se déroule (Figure 16.24).

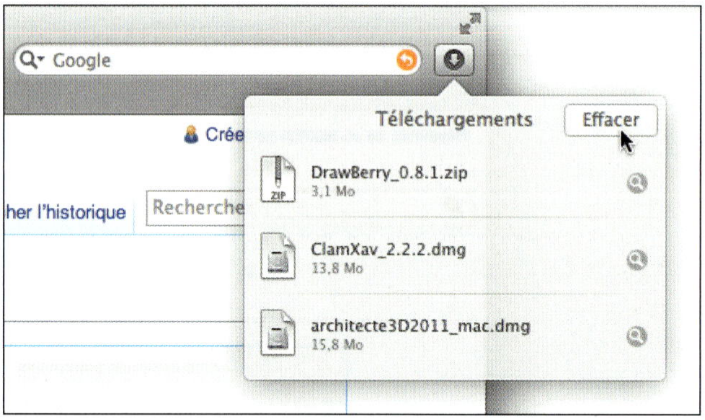

Figure 16.24 : Une fenêtre d'impression sans réelle surprise.

Atmosphère, stratosphère et… blogosphère

La mode des sites perso est belle et bien révolue. Aujourd'hui, c'est le blog qui vous permet de vous exprimer sur la toile. Mais, de quoi s'agit-il exactement ?

Eh bien, avant tout, d'un espace de liberté, puisque le blog permet à n'importe qui d'exprimer ses idées, de commenter son quotidien, de faire partager ses passions, ou encore d'échanger des médias (photos, vidéos), *etc.*

Quelques exemples parmi d'autres : un journal intime anonyme, les avant-projets d'un architecte, une série de photos d'élèves d'une classe de lycée, les anecdotes de la vie au quotidien d'une mère de famille…

Dans la pratique, un *blog* est un site Web constitué de *billets* écrits dans l'ordre chronologique et généralement classés par ordre antéchronologique (les plus récents d'abord). C'est le *blogueur* (celui qui tient le blog) qui ajoute ces billets, un peu comme s'il gérait son carnet de bord. Le contenu des blocs est le plus souvent textuel, agrémenté d'hyperliens et d'éléments multimédias ; souvent, il est permis aux lecteurs de donner leur avis et de faire des commentaires.

Les entreprises se sont rapidement emparées de l'outil, créant des blogs publics ou internes. Dans le premier cas, même si elles disposent déjà d'un site Web, elles estiment à juste titre que le blog autorise une communication moins officielle et plus réactive. Quant aux blogs internes, ils leur permettent de mesurer le climat social de la société et aussi de faciliter les échanges entre collaborateurs.

L'intérêt des blogs n'a pas non plus échappé au monde politique, au monde des affaires ainsi qu'au secteur associatif, qui ont résolument intégré ces tribunes d'un genre nouveau à leurs stratégies de communication.

Au niveau individuel, l'intérêt des blogs est moins évident. Narcissiques par essence, ils le sont assurément puisqu'ils se construisent, en général, autour des idées propres à leur auteur. Et tous ne valent pas le détour, loin de là. Pas étonnant, dans ces conditions, que des milliers de blogs perso soient abandonnés chaque mois.

Si l'aventure vous tente, sachez que la publication d'un blog est généralement facilitée par le recours à un logiciel spécialisé – le plus souvent gratuit – dit *hébergeur de blog* (Blogger, Over-Blog ou Skyblog par exemple) qui se charge de la mise en page, construit les archives de manière automatique, propose un outil de recherche au sein des billets et, enfin, gère des commentaires émis par les internautes lecteurs.

Car tout l'intérêt est là : permettre aux utilisateurs du blog de laisser des commentaires, suivant un formulaire Web automatisé. C'est ce qui fait du blog un lieu d'échange, ce qui le différencie fondamentalement de la page perso (l'auteur parle et personne ne répond) ou du forum de discussion (tout le monde parle à égalité).

Ça vous dirait de faire entendre votre voix sur le Web ? Adressez-vous aux hébergeurs cités plus haut, bien qu'il existe d'autres plates-formes gratuites de création de blogs, clés en main, dont www.blog4ever, www.bloguez.com, www.canalblog.com, www.centerblog.net, www.mabulle.com ou encore www.myspace.com.

Opter pour la navigation confidentielle

Effacer, effacer, c'est vite dit, mais c'est contraignant, estimez-vous. Optez alors pour la navigation confidentielle : choisissez Navigation privée dans le menu Safari, puis confirmez par OK.

Pendant toute la séance de travail en cours, aucune des pages que vous consultez n'est ajoutée à l'historique et aucun des téléchargements que vous effectuez n'apparaît dans la liste correspondante. Tout se passe, en fait, comme si vous n'aviez jamais utilisé le programme.

Pour revenir à du surf moins parano, validez de nouveau l'article depuis le même menu.

TRUC

À chaque licenciement du programme, la commande est automatiquement désactivée. Il vous faudra donc, si vous souhaitez naviguer sous ce mode, réactiver l'option à chaque démarrage du navigateur.

Chapitre 17

J'accoste sur les sites qui m'intéressent

Dans ce chapitre :

- Acheter.
- Se cultiver.
- S'informer.
- Faire des réservations.
- Exploiter les services de l'État et des municipalités.

Internet est un mât de Cocagne où il y en a pour tout le monde. Et c'est bien là le problème. Car, comment faire le tri dans tout ce fatras où le sérieux côtoie le ludique, l'indispensable le futile ?

Ce chapitre n'a pas la prétention de proposer une liste ne fût-ce que lacunaire des sites qui valent le détour. Son ambition est ailleurs : faire, avec vous, quelques pas sur ce chemin initiatique qu'est la découverte du Net pour entrouvrir des portes et vous donner l'envie d'aller voir ensuite ce qui se cache derrière.

Nous avons réparti les sites commentés de la manière suivante : achats, culture, infos, réservations et services à la population, soit cinq catégories qu'une sympathique enquête aussi sommaire qu'informelle menée auprès de nos copines nous a permis d'identifier. À vous de juger si elles répondent à vos attentes.

Les noms de domaines

Dans les adresses Web, la série de lettres qui s'affiche après le . (point) placé derrière l'adresse correspond à ce qu'il est convenu d'appeler le *nom de domaine.*

La plupart du temps, il s'agit d'un domaine national, exprimé en deux lettres. Ainsi, *fr* signifie France, *be* Belgique, *ch* Suisse, *it* Italie, et ainsi de suite.

Mais il y en a d'autres, qui permettent de fournir d'autres informations, du style :

- **.biz** (business) : Dédié aux affaires.
- **.com** (commercial) : Utilisé pour désigner les entités commerciales.
- **.edu** (éducation) : Réservé aux établissements d'enseignement accrédités aux États-Unis.
- **.eu** (Union européenne) : Au départ, sites officiels des institutions intergouvernementales de l'Union européenne ; aujourd'hui ouvert à tous (personnes physiques et personnes morales, organisations privées ou gouvernementales, sans condition de nationalité). Seule exigence : résider sur le territoire d'un des États membres de l'Union.
- **.org** (organisations) : Pour les organisations à but non commercial. Bien qu'ouvert sans restriction (tout le monde peut enregistrer un .org), ce nom de domaine est souvent employé par les ONG et autres associations.
- **.gouv** (gouvernement) : Il est réservé aux départements gouvernementaux.

Tout ça pour dire que, si vous lancez des recherches avec Google, c'est *www.google.fr* qu'il faut utiliser si vous êtes en France, *www.google.be* si vous êtes en Belgique, *www.google.ch* si vous êtes en Suisse, *etc.* D'une manière générale, les sites détaillés dans cet ouvrage sont français, mais il en existe vraisemblablement des équivalents dans tous les autres pays de la francophonie. Nous sommes convaincues que vous les trouverez sans difficulté.

Acheter

Internet est devenu une véritable galerie marchande à l'échelle planétaire. On peut pratiquement tout y acheter : alimentation, hi-fi, électroménager, vêtements, ustensiles de jardinage, séjours *all inclusive* à la Guadeloupe, *etc.* Allez, vous aussi, abandonnez-vous aux joies du e-commerce.

Il nous paraît difficile, voire impossible, de recommander certains sites plutôt que d'autres tant le choix est vaste.

Nous nous bornerons à quelques grands classiques, sachant qu'il en existe des milliers d'autres où faire votre marché.

Même si comparaison n'est pas raison…

Un nouveau type de sites a récemment fait son apparition, motivée sans doute par l'abondance de l'offre. Il s'agit des sites comparatifs : à condition que vous sachiez exactement ce que vous voulez acheter (nom, type, marque, options, *etc.*), ces sites *scannent* (examinent) tous les sites marchands potentiels, puis établissent une liste des magasins en ligne qui commercialisent l'article que vous recherchez et – c'est là que les choses deviennent intéressantes – vous informent sur l'état du stock et, surtout, sur le prix pratiqué. Facile, dans ces conditions, de comparer les offres pour sélectionner la meilleure.

Le site comparatif le plus connu est sans doute www.kelkoo.fr. Mais il en existe des tas d'autres, dont certains se sont spécialisés dans un type de produits comme les voyages, les locations de vacances ou les nouveautés technologiques.

Quelques pistes à explorer :

- http://hotelhotel.com (guide et comparateur de chambres d'hôtel ; vaste choix sur ce site qui agrège l'offre de plusieurs acteurs du secteur)
- www.acheter-moins-cher.com
- www.achetezfacile.com
- www.chasse-aux-livres.fr (comparateur de livres)
- www.ciao.fr
- www.hubluc.fr (comparateur de musiques)
- www.idealo.fr
- www.leguide.com
- www.leguidedescroisieres.com (comparateur de croisières)
- www.rogo.fr (comparateur de billets d'avion rapide, exhaustif et exempt de toute bannière de pub)
- www.touslesprix.com

Enfin, le site www.lescomparateurs.com compare… les comparateurs ! Quant à www.vozavi.com, il vous permet, avant un achat, de consulter les avis des internautes qui ont acheté le produit avant vous, agrégeant plus de 9 millions d'appréciations sur plus de 100 000 produits.

Sites généralistes

Commençons par le célébrissime eBay, ce site de vente d'objets d'occasion entre particuliers (et parfois professionnels) que vous connaissez sans doute.

Les acheteurs s'y côtoient selon un principe d'achat immédiat ou plus couramment d'enchères. Des milliers d'objets y cherchent acquéreur. Sur eBay, on vend et on achète de tout, du Chris-craft Corsair 25 avec cabine de deux couchettes à la baignoire balnéo à 8 jets massage acupuncture, en passant par les moules à madeleine en silicone et les accélérateurs au cobalt pour résine polyester.

Le principe en vigueur est donc avant tout celui de la vente aux enchères : prix de réserve, offre, contre-offre, succession d'enchères, modalités de paiement et de livraison… vous saurez tout en surfant vous-même sur www.ebay.fr (Figure 17.1). Pour tous ces services, il vous en coûtera 7 % du prix final (ou un forfait de 21 € si la transaction dépasse 300 €). De grâce, ne vous laissez pas tenter par tout ce qui passe : vos armoires sont déjà bien assez encombrées comme ça !

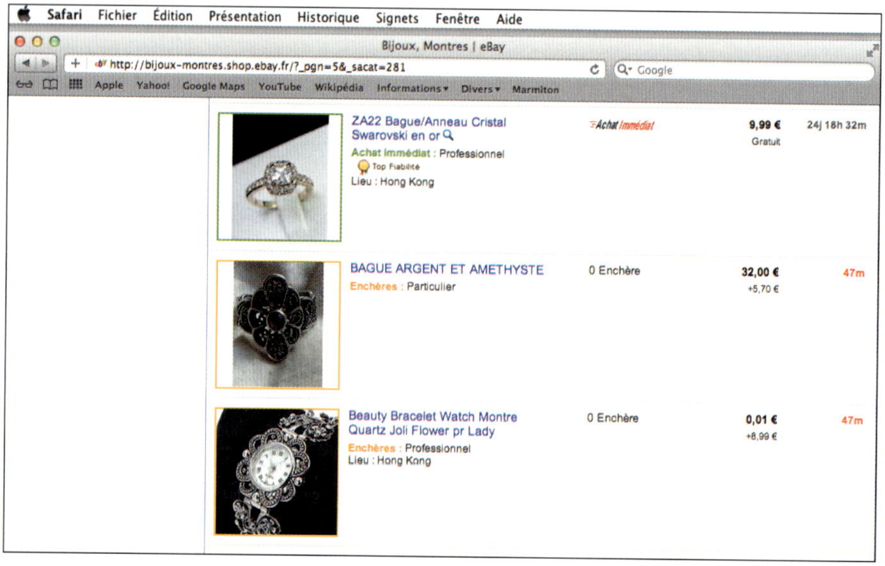

Figure 17.1 : Des milliers d'objets qui cherchent acquéreurs.

D'autres sites généralistes :

- www.leboncoin.fr (site très couru de petites annonces qui, contrairement à eBay, met acheteurs et vendeurs en relation direct sans percevoir de commission)
- www.maison-facile.com
- www.pixmania.com
- www.priceminister.com

Alimentation

Côté alimentation, la plupart des grandes enseignes vous permettent de commander en ligne : c'est notamment le cas d'Auchan (www.auchandirect.fr), Carrefour (www.ooshop.com) ou encore Cora (www.houra.fr).

Dans ces cybermarchés, tout est à portée de souris. Un exemple : l'interface d'Auchan (Figure 17.2). N'hésitez plus : troquez le Caddie qui roule systématiquement de traviole contre le panier virtuel qui pèse une plume !

Figure 17.2 : Le rayon bio comme si vous y étiez !

Dans tous les cas, la procédure est identique : vous choisissez un cybermarché, puis vous vérifiez qu'il assure bien la livraison à domicile là où vous vous trouvez. Ensuite, vous circulez dans les rayons virtuels de la grande surface et remplissez votre panier de courses au fur et à mesure. Quand vous avez terminé vos achats, vous spécifiez un créneau horaire pour la livraison, entrez vos coordonnées et réglez votre addition par carte bancaire *via* paiement en ligne sécurisé ou par chèque à la réception des marchandises. Vous n'avez plus qu'à attendre que le livreur vienne sonner. Attention : contrairement au facteur, il ne sonne généralement qu'une fois.

Si vous préférez le liquide au solide, pensez à surfer sur des sites comme www.rouge-blanc.com, www.lavinia.com ou encore www.wineandco.com.

Cadeaux

Vous vous souvenez de votre déception, l'an dernier, quand l'élu de votre cœur a complètement oublié votre anniversaire ? Ça n'arrivera plus ! Orientez-le vers le site www.trouversoncadeau.com (Figure 17.3), un site bourré d'idées pour les hommes qui n'en ont pas.

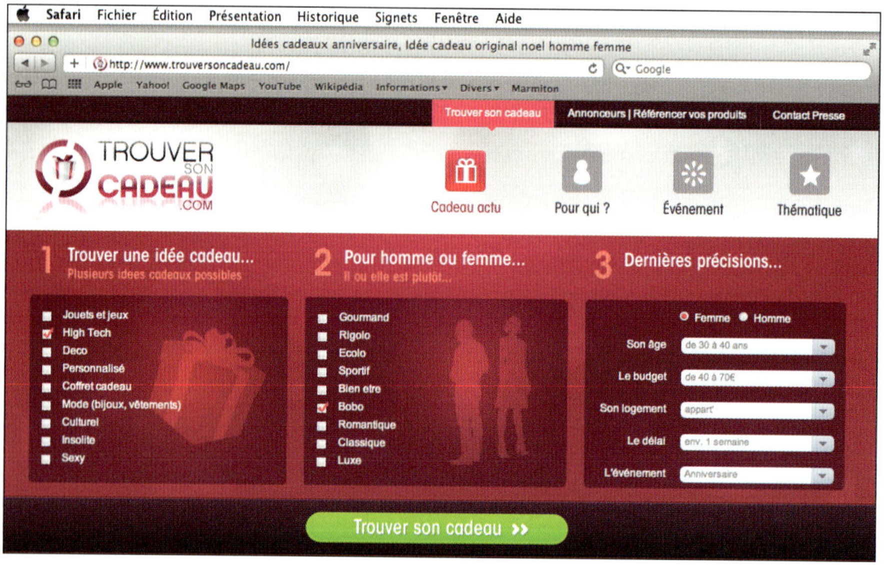

Figure 17.3 : Mari désemparé cherche désespérément cadeau high-tech pour trentenaire bobo vivant en appartement.

D'autres pistes :

- www.123ideecadeau.fr
- www.cadeaumalin.fr
- www.miss-cadeaux.fr
- www.youkidea.com

Et pour l'inéluctable bouquet de fleurs de la Saint-Valentin, plusieurs possibilités : www.123fleurs.com, www.aquarelle.com, www.bebloom.com, www.belflora.com, www.interflora.fr ou encore www.aunomdelarose.fr. On y trouve tout : bouquets en forme de cœur, rose blanche blottie au creux de 40 roses rouges, bouquet chocolat, arbre guimauve, mur végétal… Aucune excuse, donc, pour rentrer les mains vides !

Livres

Ah ! Vous rêvez de dévorer la dernière bande dessinée de Voutch, mais vous n'avez absolument pas le temps de passer à la librairie ? Achetez-la sur le site Internet de la Fnac (www.fnac.com). Et hop, vous n'aurez qu'à faire glisser *Les mystérieuses alchimies de l'amour* dans votre panier.

Vous trouverez également des livres à vendre sur les sites www.alapage.com, www.amazon.fr et www.chapitre.com ainsi que sur www.decitre.fr. Ce dernier nous a séduites par son interface compacte et épurée (Figure 17.4) : rayons à gauche, fiche détaillée à droite, rubriques Nouveautés et Meilleures ventes, le tout complété par une fonction très ergonomique de recherche avancée.

Figure 17.4 : Rien qui clignote, rien qui flashe. Enfin un peu de calme dans un monde de brutes !

Vous préférez les livres numériques, les fameux *ebooks* que vous lirez sur votre ordi, téléphone mobile ou tablette iPad ? Tournez-vous vers les sites qui les diffusent, comme :

- **www.ebooksgratuits.com** (disponibles, en téléchargement, quelque 2 000 textes entrés dans le domaine public ; richesse des formats proposés – ePub, PDF, MobiPocket notamment – qui permet de couvrir tous les appareils de lecture)
- **www.epagine.fr** (coups de cœur, romans français, littérature étrangère)
- **www.europeana.fr** (10 000 documents issus des collections numérisées de la Bibliothèque nationale de France)
- **www.fnac.com/telecharger-ebook.asp** (bouquins d'actualité et quelques prix littéraires en format ePub, parfois PDF en plus)
- **www.gallica.fr** (contenu numérique de la Bibliothèque nationale de France ; 90 000 ouvrages numérisés et gratuits)
- **www.hibouc.net** (livres numériques gratuits en formats Flash, PDF et ePub)
- **www.livrespourtous.com** (environ 1 500 ebooks gratuits, répartis par catégories et téléchargeables aux formats PDF et HTML)
- **www.numilog.com** (libraire numérique en ligne qui propose des références payantes, mais aussi quelque 130 titres gratuits et en français dans les formats habituels de livres numériques ; dispos aussi des livres audio aux formats MP3 et WMA)
- **www.wikisource.org** (bibliothèque libre de la fondation Wikimedia, qui propose des milliers de pages de textes passés dans le domaine public ou publiés sous licence libre)

TRUC

Un site amusant qui vaut le détour : www.mybookaffinity.fr. Sur base d'un petit test de personnalité (gratuit et sans inscription préalable), il établit un profil, puis propose, dans l'actualité littéraire du moment, le livre idéal à offrir ou… à acheter pour vous car ne dit-on pas que charité bien ordonnée commence par soi-même ?

Votre truc, c'est les magazines ?

Foncez sur www.relay.com. Son principe d'écoforfait illimité vous permet de télécharger à volonté les derniers numéros de 400 magazines pour un abonnement plafonné à 20 euros par mois. Vous n'êtes pas aussi boulimique ? Aucun problème : préférez le forfait First (10 euros par mois) qui vous accorde dix crédits, à exploiter à raison d'un crédit par magazine. Possibilité de lire, même si vous n'êtes pas connectée. Seconde copie sur clé USB incluse pour emporter vos revues partout. Appli spéciale pour iPad. Site pour mobiles et tablettes d'autres marques. Le top, quoi !

Musiques

Même scénario : vous avez envie du dernier Lynda Lemay, mais vous êtes débordée. Tournez-vous vers les cyberdisquaires, ces sites qui vendent de la musique en ligne :

- www.abeillemusique.com
- www.alapage.com
- www.amazonmp3.fr (15 millions de titres !)
- www.fnacmusic.com
- www.M6music.fr
- www.priceminister.com
- www.qobuz.com (orienté classique et jazz)
- www.virginmega.fr (5 millions de titres)

La plupart du temps, ces sites pratiquent l'achat à la carte par morceau (environ 1 €) ou par album (environ 10 €). Certains proposent une formule de forfait mensuel.

TRUC

Certains sites proposent des sonneries de GSM. C'est notamment le cas de www.jamba.fr et de www.sonneries-gsm.com. Si vous aimez vous faire remarquer…

Incontournable : l'iTunes Store

Innovation Apple, l'iTunes Store (www.itunes.com) est un service d'achat ouvert 7 jours sur 7 et 24 heures sur 24, qui vous propose pas moins de six millions de titres (vendus à 0,99 € par morceau ou 9,99 € par album), sans compter livres audio et podcasts (*baladodiffusion*, c'est-à-dire émissions radio diffusées par Internet).

L'iTunes Store est assurément le leader de la musique en ligne. Depuis son lancement en 2003, il a en effet su s'imposer comme première plate-forme de vente de musique numérique. Ce succès est bien entendu directement lié à celui de l'iPod, le fameux baladeur MP3 d'Apple.

Des cartes iTunes Store sont en vente un peu partout. Achetez-en une d'un montant donné ; ce faisant, vous obtenez un code qui vous permet de télécharger des fichiers audio depuis la discothèque en ligne iTunes Store jusqu'à épuisement du crédit.

Films

Ah ! Quel délice, après une journée éprouvante, de se lover dans le coin d'un canapé mœlleux et de se faire une toile, comme ça, sans chichis. Sans se déplacer jusqu'au vidéo club pour constater que le film qu'on veut n'est pas là. Sans tempêter parce que le disque est rayé. Sans devoir, le lendemain, se retaper la route pour rendre le film avec, à la clé, une pénalité si, par malheur, vous n'arrivez pas dans les temps.

Tout cela est possible grâce à la VoD *(Video on Demand).*

Vous trouverez, sur Internet, des catalogues proposant des milliers de films, généralement disponibles en VoD quatre mois à peine après leur sortie en salle. Ces films sont disponibles en permanence (même si des milliers d'autres cinéphiles veulent voir le même film en même temps). De plus, la qualité est constante puisqu'il s'agit d'une copie numérique téléchargée et non d'un support physique, par définition vulnérable. Enfin, de plus en plus de titres sont proposés en HD, même si la majorité se cantonnent encore au SD (*Simple Definition*).

NOTE TECHNIQUE

Certains sites de VoD utilisent la transmission en direct (*streaming*), ce qui vous oblige à rester en ligne pendant la projection. Mais la plupart optent pour le téléchargement du film sur votre disque, ce qui permet un visionnage hors ligne. Le plus souvent, vous disposez de 30 jours pour lire le film et de 48 heures à partir du moment où vous en avez entamé la lecture.

Le principe est simple : vous faites votre choix parmi les milliers de titres proposés, réglez votre achat (par carte bancaire si vous agissez depuis votre ordi ou par report sur votre abonnement si vous transitez par la box Internet), puis… vous savourez.

Les prix : environ 3 € pour un film ancien et 6 € pour une nouveauté. À ce principe de paiement à la séance, vous pouvez préférer un abonnement qui, selon la formule, vous garantira, par exemple, un illimité à une sélection renouvelée chaque mois.

Une fois le film vu, il est verrouillé pour que nous ne puissiez plus ni le regarder ni le copier. Tout ce qu'il vous reste à faire, c'est vous débarrasser de ce fichier devenu inutile en l'effaçant de votre disque dur.

Quelques sites de VoD parmi d'autres :

- **www.allocine.fr** : Ce célèbre site d'actu cinématographique propose désormais un service de VoD (des centaines de films pour quelques euros la séance).
- **www.filmsclassiques.fr** : Vous invite à redécouvrir les chefs-d'œuvre du 7e art.
- **www.megavod.fr** : Catalogue de 800 films et séries ; abonnement hebdomadaire de 3 € qui donne droit à un film par semaine à regarder sous 48 heures.
- **www.numericable.tv/vod** : Classique, pour les FAI, de relayer les offres des principales plates-formes de VoD.
- **www.tf1vision.com** : Plate-forme de VoD de TF1, qui, en plus des films, propose des séries cultes américaines.
- **www.vodeo.tv** : S'attache à remettre à l'honneur un genre un peu oublié, le documentaire.

Vêtements

Enfin, en ce qui concerne les achats de vêtements, on connaît, bien entendu, les enseignes classiques de vente par correspondance :

- www.3suisses.fr
- www.laredoute.fr
- www.quelle.fr

Séries télé à gogo

Comment regarder vos séries préférées sur l'écran de votre ordinateur ? Il vous suffit, en effet, de vous rendre sur des sites qui sont, en fait, des plates-formes vidéo. Le trio de tête : www.youtube.fr, www.wat.tv et www.dailymotion.com/fr. Ajoutons encore Google Video (video.google.fr) pour faire bonne mesure.

La plupart du temps, vous regardez, sur ces plates-formes, les images en *streaming* ou lecture en continu, une technique en vertu de laquelle un contenu vous est transmis en direct ou en léger différé. Cette technique, très exploitée sur Internet, vous permet en effet de lire un flux vidéo à mesure qu'il est diffusé, contrairement à la diffusion par téléchargement, qui vous impose de regrouper toutes les données d'un extrait vidéo avant de pouvoir le regarder.

Lost ou l'odyssée des rescapés du vol transatlantique 815 d'Oceanic Airlines. *Dr House* ou les diagnostics percutants de cet accro au Vicodin, tout à la fois cynique, arrogant, misanthrope et redoutablement compétent. *Desperate Housewives* ou les mésaventures quotidiennes de quatre Américaines limite hystériques sur fond d'intrigue policière. Ou l'original *Caméra Café* à l'humour hexagonal décalé, tantôt potache, tantôt corrosif. Ah ! Que de bons moments en perspective !

Et, bien sûr, les sites des marques ; quelques exemples :

- www.cyrillus.fr
- www.esprit.fr
- www.etam.com
- www.promod.fr

Mais il y en a d'autres. Personnellement, nous avons apprécié l'interface dépouillée du site www.bonprix.fr. Son écran d'accueil annonce la couleur : les hommes, les femmes et les enfants ont chacun leur onglet. Cliquez sur Femme et une série de rubriques s'affichent à gauche, notamment :

- **Mode femme de A à Z** : Jeans, tailleurs, sweat-shirts ; il y en a pour toutes les occasions.
- **Accessoires & bijoux** : Ceintures, sacs, bonnets, foulards vous attendent au tournant (Figure 17. 5).
- **Promotions** : Intéressant si vous souffrez du syndrome de la bonne affaire.
- **Tendances** : Pâques à la folie, Flash couleur ou Café en ville… Choisissez un thème en guise de présélection.

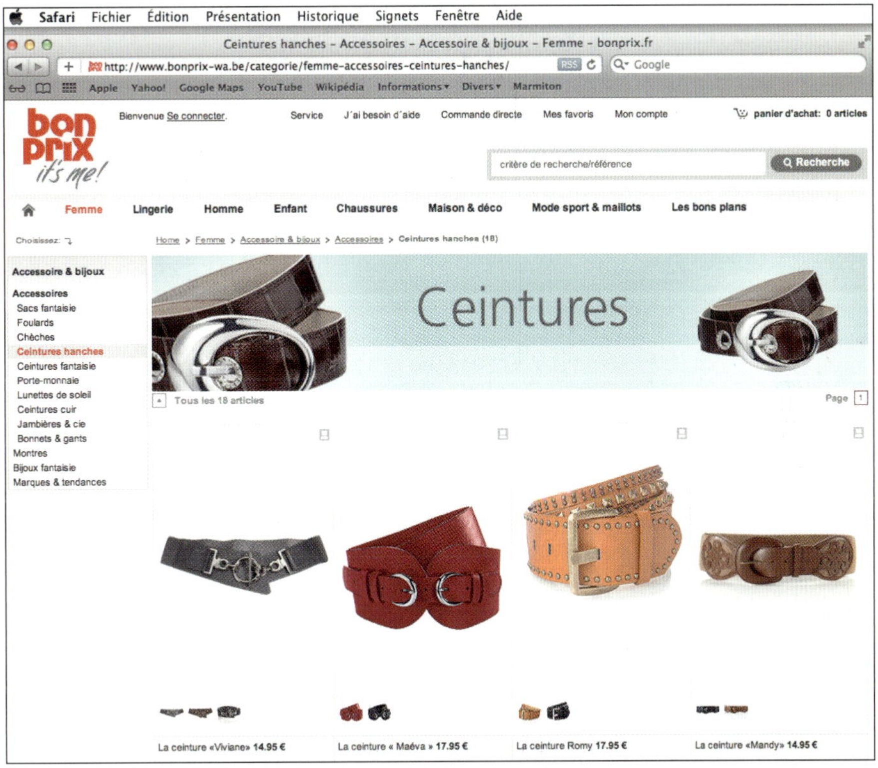

Figure 17.5 : Pour celles qui aiment se serrer la ceinture.

D'autres adresses dans le même esprit :

- www.italymarks.com (grandes marques à bas prix)
- www.kiabi.com
- www.marinamode.com (déstockage à prix discount pour, comme ils disent, le shopping de luxe à prix malin)
- www.originalemode.com (du peps et du piquant)
- www.placedestendances.com
- www.vetement-mode.fr

TRUC

Et pour nos tout petits, www.sacres-momes.com regroupe plus de 30 boutiques spécialisées dans les articles pour enfants.

Pour acheter malin : les bons plans du Net

Vos finances sont limitées ? Vous n'êtes pas la seule. Alors… achetez futé !

- **Sites d'informations** : Commencez par fréquenter les sites comparatifs dont nous avons parlé plus haut.

  N'hésitez pas non plus à mettre vos amis virtuels à contribution si vous êtes membres d'un réseau social : demandez-leur leur avis et leurs tuyaux.

  Dans le même esprit, pensez à exploiter la dimension communautaire que de plus en plus de sites d'achats proposent à ceux qui les fréquentent, comme la possibilité de laisser un commentaire argumenté qui guidera le choix des futurs acquéreurs.

- **Sites d'occasion et de déstockage** : En marge de ces mesures préventives, fréquentez les sites d'occasion ou de déstockage qui se sont spécialisés dans les « bons plans ». C'est notamment le cas de www.2xmoinscher.com, www.cdiscount.com ou www.rueducommerce.com. Les prix pratiqués sont, en général, très intéressants.

- **Discounters en ligne et ventes flash** : Les discounters en ligne acquièrent à des prix défiant toute concurrence des fins de séries ou des produits issus de liquidations et les revendent pendant une période très courte lors de séances appelées *ventes flash* avec des ristournes pouvant atteindre 70 %. Ça vaut la peine !

- **Les ventes privées** cartonnent aussi. Sous cette expression un peu trompeuse se cachent en fait de simples sites de discount qui vous proposent des bonnes affaires. Certains sont généralistes (comme www.brandalley.com ou www.vente-privee.com) ; d'autres se sont spécialisés dans la mode (comme www.bazarchic.com ou www.linvitedesmarques.com), le high-tech (www.vente-du-diable.com) ou encore les voyages (www.voyage-prive.com).

- **Les achats groupés** représentent un autre moyen de faire de bonnes affaires. Le principe est simple : vous vous inscrivez sur un site qui se livre à ce genre de pratiques et rejoignez un groupe de personnes qui cherchent la même chose que vous. Quand le groupe compte suffisamment d'acheteurs, il est possible de négocier une ristourne qui peut atteindre 50 % du prix de base. C'est le principe même du très populaire www.groupon.fr et du très prisé www.dealsdansmaville.com.

- **Le cashback** (en français *retour en argent*) est un système de réduction qui s'apparente à une sorte de carte de fidélité à grande échelle. Le principe : vous vous inscrivez sur un site de cashback, puis faites vos emplettes sur un site marchand partenaire. Considéré comme apporteur d'affaires, le site de cashback est rémunéré par le site marchand, commission qu'il partage ensuite avec les cyberacheteurs, une rétrocession *a posteriori* dont la valeur est généralement proportionnelle au montant des achats effectués. Quelques sites de cashback : fr.igraal.com, www.cashstore.fr, www.fabuleos.fr.

- **Les coupons de réduction** fonctionnent ici comme en VPC : ils permettent de profiter de remises ponctuelles sur des produits spécifiques. Vous en trouverez sur www.bazando.fr, www.1001reductions.com ou encore www.ma-reduc.com. Sur ce dernier site, vous trouverez pas moins de 14 000 codes de réduction dans 11 000 boutiques ; ce sont soit des réductions immédiates, soit des frais de port offerts, soit encore des chèques-cadeaux ; outil de recherche, alerte sur vos marques préférées et échange de bons et de coupons sont aussi au programme. Enfin, surfez sur http://malistedecourses.net pour gagner ce site de coupons mais qui fonctionne par enseignes (Auchan, Casino, Carrefour…).

Bon ! Partons du principe que, malgré nos mises en garde et conseils avisés, vous avez claqué le budget. Vous avez donc intérêt à vous tenir à carreau pendant un petit moment. L'occasion, pourquoi pas, de vous cultiver un peu, comme la section suivante vous invite à le faire.

Se cultiver

Des tonnes de sites culturels mettent à votre disposition dictionnaires, encyclopédies, ouvrages multiples en version intégrale, *etc.* Sans compter les quotidiens et revues diverses en ligne, identiques à leur version papier.

Dictionnaires

Les dictionnaires abondent, tant explicatifs que traductifs, assortis le plus souvent de recherche de l'étymologie ainsi que de liste de synonymes et antonymes.

- **www.lexilogos.com** : Donne des définitions en vous laissant le choix du dictionnaire (Littré, Académie française, Linternaute). Orthographe, synonymes et antonymes, dictionnaires anciens, encyclopédiques ou thématiques, argot, proverbes, contrepèteries… tout y est !

- **www.linternaute.com** : Fournit définitions, synonymes, noms propres, citations et expressions (Figure 17.6). Accès à un classement par thème (biologie, linguistique, viticulture…) ainsi que par usage (argot, familier, littéraire…).

- **www.mediadico.com** : Définitions (qui peuvent vous être lues), synonymes, conjugaisons, expressions, traductions français/anglais et anglais/français.

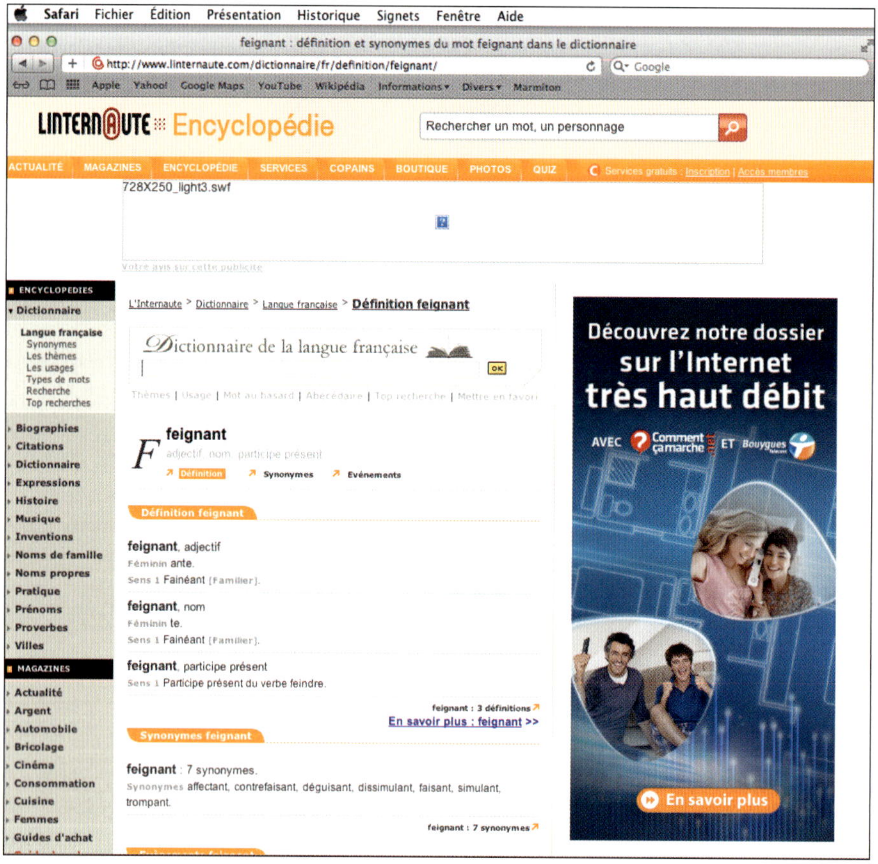

Figure 17.6 : Le dico de l'Internaute.

TRUC

Le site www.dicorama.com est un annuaire qui répertorie plus de 1 000 dictionnaires et plus de 250 traducteurs automatiques. Quant au site www.les-dicos.com à la belle interface sobre et épurée, il fait de même, proposant l'accès à des dictionnaires français, anglais, espagnol, allemand, italien, chinois… ainsi qu'à différentes encyclopédies. Un *must*. Vous y trouverez votre bonheur, c'est certain.

Encyclopédies

Même si nous avons coutume de chercher la réponse à nos questions *via* un moteur de recherche, nous aurions tort de négliger une solution plus classique, mais qui a fait ses preuves : la consultation d'une encyclopédie. Le Web en propose des dizaines, généralistes ou spécialisées.

Vous voulez tout comprendre des enjeux d'hier, d'aujourd'hui et surtout de demain ? Consultez donc ces encyclopédies en ligne. Comme leur équivalent papier, elles mettent la connaissance à portée de tous.

- **fr.wikipedia.org** : Sur le Net, qui dit encyclopédie, dit… Wikipédia, évidemment ! Ce n'est pas la seule – on vient de le voir –, mais c'est assurément la plus populaire et l'unique qui soit entièrement gratuite. Site collaboratif par excellence, elle compte des milliers de rédacteurs qui mettent ainsi le savoir à portée immédiate de souris (Figure 17.7). Certes, le site pèche par un manque flagrant d'agréments multimédias (photos, vidéos, animations), mais il compense largement cette lacune par la quantité de savoir qu'il met à notre disposition.

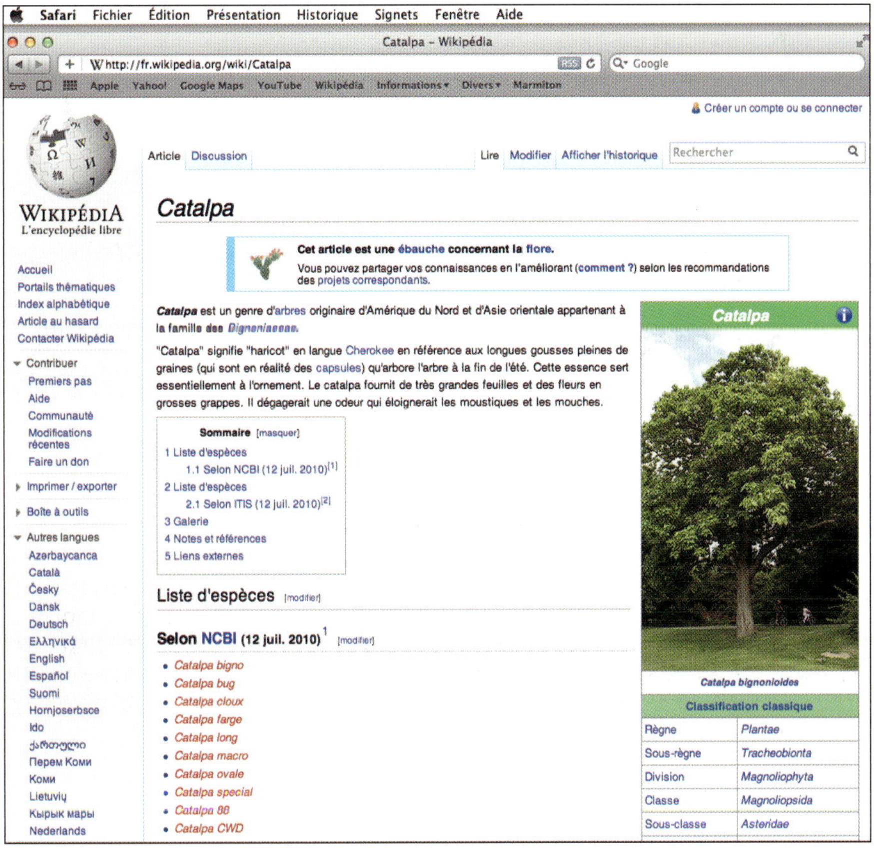

Figure 17.7 : Même si les arbres ne montent pas jusqu'au ciel.

- **www.ehmelhm.hachette-multimedia.fr** : L'encyclopédie Hachette multimédia en ligne (EHMEL) regroupe pas moins de 50 000 articles encyclopédiques, un dictionnaire de langue française, un atlas mondial, le tout illustré par des milliers de photos, vidéos, sons et animations en tous genres, complétés par des liens vers les sites liés aux articles. Disponibles en ligne : une version gratuite bridée et une version complète avec abonnement.

- **www.larousse.fr** : Entièrement payante (5 € par mois, 50 € pour l'année), la célébrissime encyclopédie Larousse ne pouvait manquer le passage au numérique. Commercialisée sur CD-ROM, son interface quelque peu austère propose 150 000 articles, des animations 2D et 3D, des cartes géographiques et des chronologies interactives.
- **www.universalis.fr** : Articles, photos, dessins, tableaux, schémas… l'encyclopédie Universalis, à l'interface très « fashion », propose des contenus agréables à parcourir, même si cette interface n'est pas des plus accueillantes. L'accès est payant : abonnement requis après une période d'essai gratuite de 7 jours. Comptez 15 € par mois, 85 € par an.

Presse

Vous préférez feuilleter votre quotidien devant votre écran plutôt que devant un p'tit déj au bar-tabac du coin ? Abonnez-vous à la version électronique de votre journal favori. Et si vous téléchargez le fichier PDF sur votre ordinateur de poche, portable ou iPad, vous pourrez avoir et la presse et le grand crème.

Côté journaux :

- www.lefigaro.fr
- www.lemonde.fr
- www.liberation.fr

Côté magazines féminins :

- www.cosmopolitan.fr
- www.elle.fr
- www.femmeactuelle.fr
- www.glamourparis.com

Côté déco :

- www.art-decoration.fr
- www.marieclairemaison.com
- www.villas-decoration.com

TRUC

Le site www.giga-presse.com vous aide à faire le point. Il propose en effet une sélection des meilleurs journaux et magazines gratuits disponibles sur le Net.

S'informer

Le Web regorge d'outils vous permettant de vous informer sans quitter votre bureau : visites virtuelles de la maison de vos rêves, consultation de la météo avant de planifier le barbecue de samedi, calcul de l'itinéraire pour savoir à quelle heure vous arriverez dans cette fabuleuse chambre d'hôtes du Luberon, recettes de cuisine filmées pour mitonner à votre chéri un succulent cassoulet de derrière les fagots, *etc.*

Cinéma

Vous avez envie de vous faire une toile ? Surfez sur le site du complexe le plus proche de chez vous pour connaître les films qui sortent en salle, les horaires, les promos. N'hésitez pas non plus à télécharger les bandes-annonces, examiner les distributions, lire les critiques...

Né en 1993, le site www.allocine.fr (Figure 17.8) est devenu, depuis, LE portail de référence en matière d'actualité du 7e art. Il propose en effet les programmes ciné de toute la France, présentés par circuit, par département, par ville, par arrondissement, par quartier. Sorties ciné de la semaine, bandes-annonces, interviews, mémorisation des salles, horaires, réservations, critiques presse et critiques spectateurs..., tout est sur Allociné.

TRUC

Vous préférez le petit écran ? Alors n'hésitez pas à demander le programme. Surfez à cette fin sur un des multiples sites qui détaillent les programmes télé (certains avec abonnement), comme :

- www.cesoirtv.com
- www.guidetele.com
- www.le-programme-tv.fr
- www.programme-television.org
- www.programme-tv.net
- www.telerama.fr

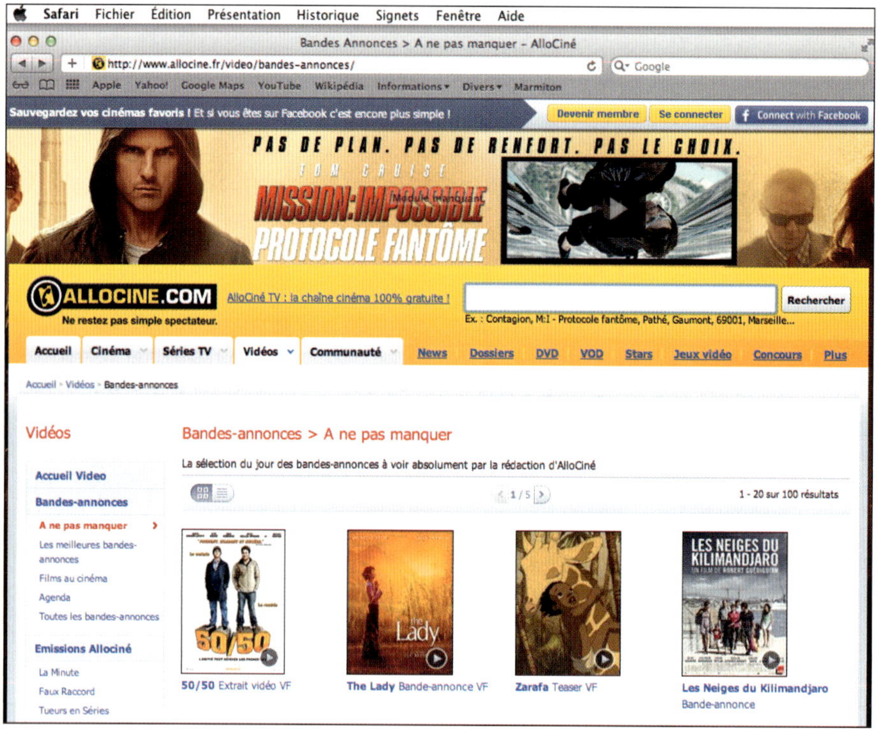

Figure 17.8 : Bandes-annonces à gogo.

Immobilier

À la recherche d'un loft ultra contemporain dans le XVe ? D'un ancien moulin à eau en Charente ? D'une chaleureuse maison de hameau dans l'Ariège ? D'un riad avec cour en zellige à Marrakech ? Visitez tous ces biens en moins d'un quart d'heure grâce aux sites immobiliers qui pullulent sur le Net.

Certains sont généralistes et autorisent une recherche sur toute la France métropolitaine et d'outre-mer :

- www.achat-location.fr
- www.explorimmo.com
- www.lesiteimmobilier.com
- www.logic-immo.com
- www.seloger.com

TRUC

En Belgique, le site le mieux structuré est sans conteste www.immoweb.be.

D'autres ciblent une région particulière ; par exemple :

- www.lesclesdumidi.com
- www.immo-maroc.com
- www.proprietesdefrance.com (Figure 17.9)

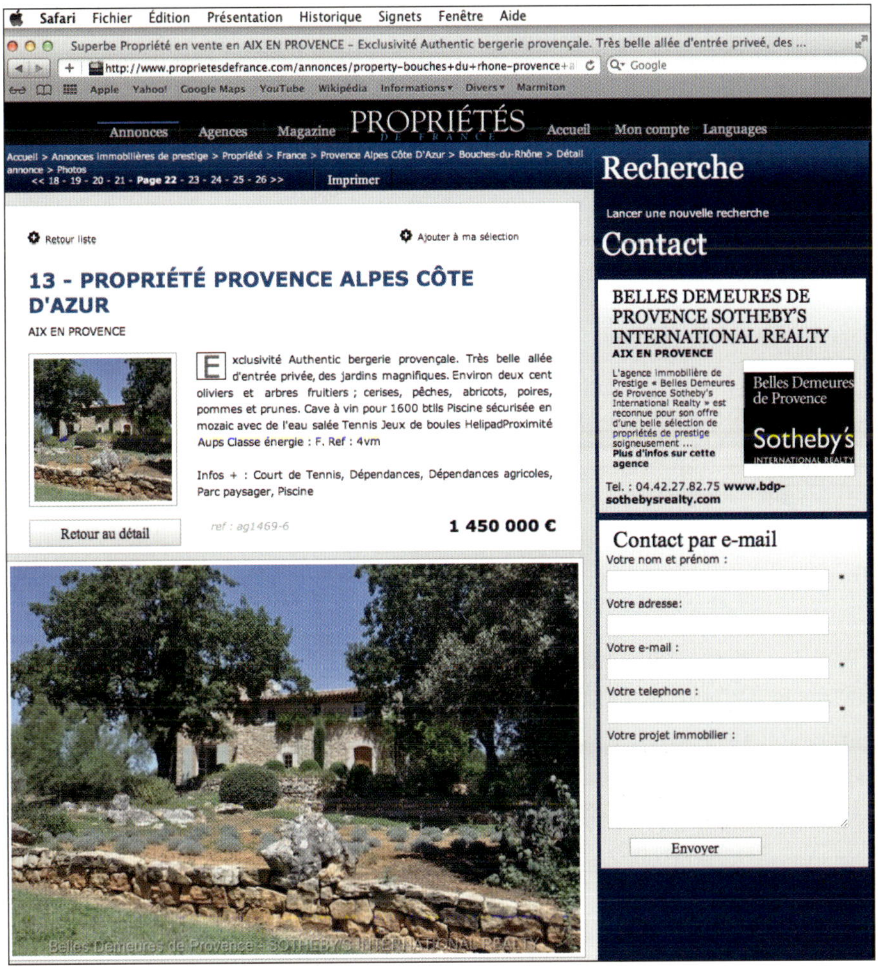

Figure 17.9 : Ça vous dirait, une bergerie provençale du côté d'Aix ?

D'autres enfin sont liés à des agences ou réseaux d'agences ; c'est notamment le cas de :

- www.agencemercure.fr
- www.century21.fr
- www.fnaim.fr
- www.orpi.com

Finalement, si les agences, ce n'est pas votre truc, traitez directement avec le vendeur, sans intermédiaire :

- www.aparapar.com
- www.entreparticuliers.com
- www.pap.fr

Itinéraires

Le ton qui monte, en voiture, quand on se goure d'itinéraire, vous connaissez ? Vous lui aviez pourtant bien dit de rester sur la rocade, mais c'est lui qui s'est obstiné à prendre la départementale D383 !

Comme tout le monde n'a pas un GPS, nous vous conseillons de préparer vos trajets en faisant appel aux différents services de cartographie et de calcul d'itinéraires que vous trouverez sur Internet.

Les grands classiques :

- fr.mappy.com
- maps.google.fr
- www.itimap.com
- www.viamichelin.fr

En général, tous ces outils (Figure 17.10) établissent l'itinéraire, proposent une option d'impression, affichent la carte correspondante avec différents facteurs de zoom, évaluent la distance à parcourir, estiment la durée du trajet et en calculent le coût (carburant et péages compris).

TRUC

Vaut le détour : l'excellent logiciel de cartographie en ligne Google Earth. Grâce à ce produit gratuit aussi précis que réaliste, vous survolerez la Terre, repérerez des bâtiments 3D modélisés, observerez des galaxies lointaines, pénétrerez dans les profondeurs des océans… Ça donne le vertige !

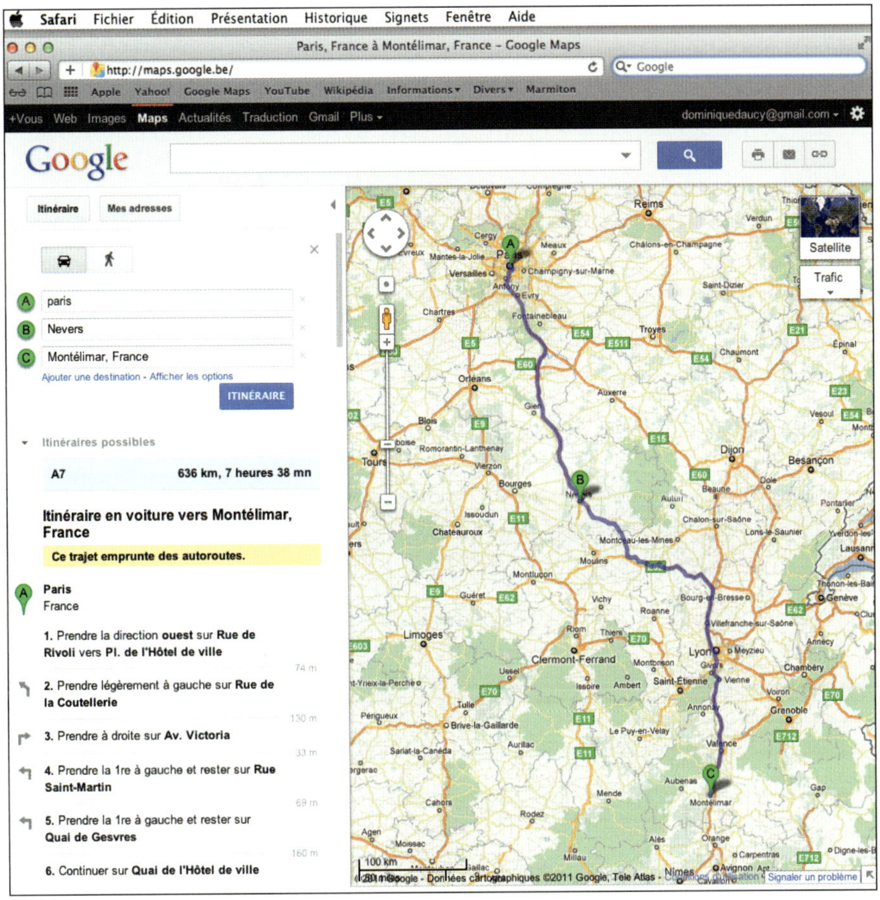

Figure 17.10 : Paris – Montélimar par le chemin des écoliers.

Loisirs

Envie de flâner à Strasbourg au fil de l'eau, du barrage Vauban au Palais de l'Europe ? Découvrez la ville en bateau.

Vous avez des talents d'acteur ? Pourquoi ne pas développer votre palette par un stage de doublage ?

Vous avez un joli timbre de voix et aimez pousser la chansonnette ? Participez de manière débridée à une soirée karaoké.

Vos photos s'entassent dans une vieille boîte en carton ? Ce n'est pas une fatalité ! Initiez-vous aux joies du scrapbooking et mettez tous ces souvenirs en page de manière originale et créative.

Oui, mais : où ? quand ? comment ?

Vous saurez tout en surfant sur des sites dédiés aux loisirs, hobbies et autres passe-temps. Le meilleur, selon nous, est www.jebouge.fr. Limpide et structuré, ce site fournit en effet, sur la France entière ou par région, des tonnes d'infos relatives aux concerts, conférences, expos, sports, spectacles et stages en tous genres. De la soirée à thème aux activités pour célibataires en passant par les stages de kung-fu, vous n'aurez que l'embarras du choix !

Sélectionnez un type de loisirs dans l'agenda en haut à gauche, choisissez une région et fixez une fourchette de dates dans la partie supérieure de la fenêtre principale, puis cliquez sur Chercher. La liste des résultats s'affiche instantanément (Figure 17.11) ; un clic suffit alors à ouvrir une fenêtre détaillée, regroupant toutes les données relatives à l'activité sélectionnée. Que demande le peuple !

Figure 17.11 : Envie de vous initier au crochet tunisien ?

Pour compléter le tableau, le volet gauche propose, dans sa partie inférieure, un réseau efficace de petites annonces de tous ordres (baby-sitting, cours particuliers, locations de vacances…) ainsi que quelques services annexes (météo notamment).

Amies belges, sachez que ce site existe aussi en Belgique, mais sous un autre nom : www.quefaire.be.

Météo

Temps grincheux ou beau fixe ? Averses intermittentes ou canicule ? Vous aimeriez autant savoir à quoi vous en tenir. Facile : consultez la météo en ligne !

Prévisions en France et en Europe, météo des montagnes et météo des plages, images satellite, guide vigilance, statistiques… sont autant d'éléments que vous trouverez sur tous les sites qui font la pluie et le beau temps.

La référence en la matière est, bien entendu, http://france.meteofrance.com (Figure 17.12).

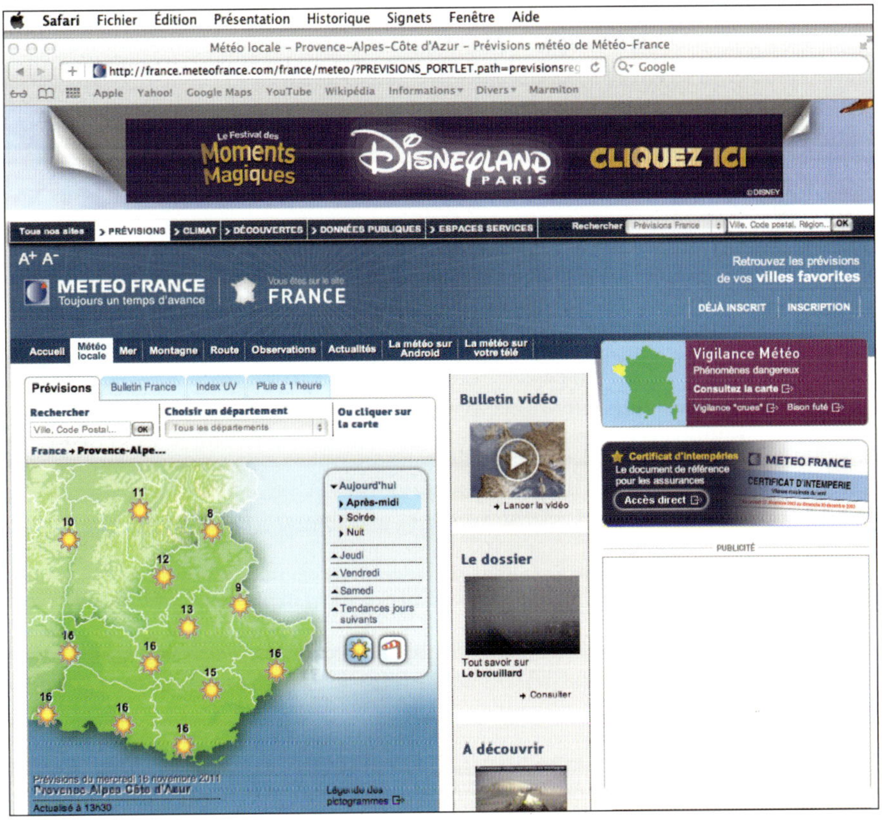

Figure 17.12 : Plutôt encourageantes, ces prévisions pour la région PACA.

D'autres sources de renseignements :

- http://france.meteoconsult.fr
- www.autoroutes.fr (prévisions météo sur le réseau)
- www.infoclimat.fr
- www.lameteo.org
- www.infosski.com (pour savoir s'il y aura de la neige sur vos pistes)

Recettes de cuisine

Les sites consacrés à la cuisine abondent. Quelques « coups de cœur » :

- www.750g.com
- www.cuisineaz.com
- www.cuisineetvinsdefrance.com
- www.francechef.tv
- www.goosto.fr
- www.meilleurduchef.com
- www.supertoinette.com

TRUC

Vous y trouverez même des recettes de cuisine moléculaire. Que diriez-vous d'une bille de Campari en apéro ? Un peu d'alginate pour la sphérification et le tour est joué. À ce train-là, Ferrán Adriá n'a plus qu'à bien se tenir !

De tous ceux que nous avons consultés, c'est www.marmiton.org qui a remporté notre adhésion. Voilà sans doute le plus connu des sites de recettes de cuisine. Et pour cause.

Son volet Recettes est déjà fort alléchant :

- Une fonction baptisée « Que faire avec… et sans… » vous permet d'adapter votre menu à votre garde-manger.
- Régulièrement confrontée à l'horripilant « keskonmange », vous apprécierez, c'est sûr, le bouton Recette au hasard. Et tant pis si vous n'aimez pas les lentilles !
- Dans le même esprit, le bouton Menus de la semaine vous dispensera de vous creuser pour trouver ce que vous allez bien pouvoir frichtiquer dans les prochains jours.

- En ce qui concerne la rubrique Menus de saison, elle vous évitera de vous entêter à cuisiner des asperges en novembre ou des potirons en juillet.

Quant au volet Pratique, ne le boudez pas. Vous y trouverez des tas de choses intéressantes, comme :

- la liste des produits de saison par mois ;
- un guide « Santé et plaisir » pour trouver des réponses fournies par des nutritionnistes aux questions santé que vous vous posez ;
- des tables de conversion (thermostats, mesures et contenances) ;
- et surtout des techniques culinaires en vidéo sur trois niveaux (débutant, moyen ou presque pro) (Figure 17.13).

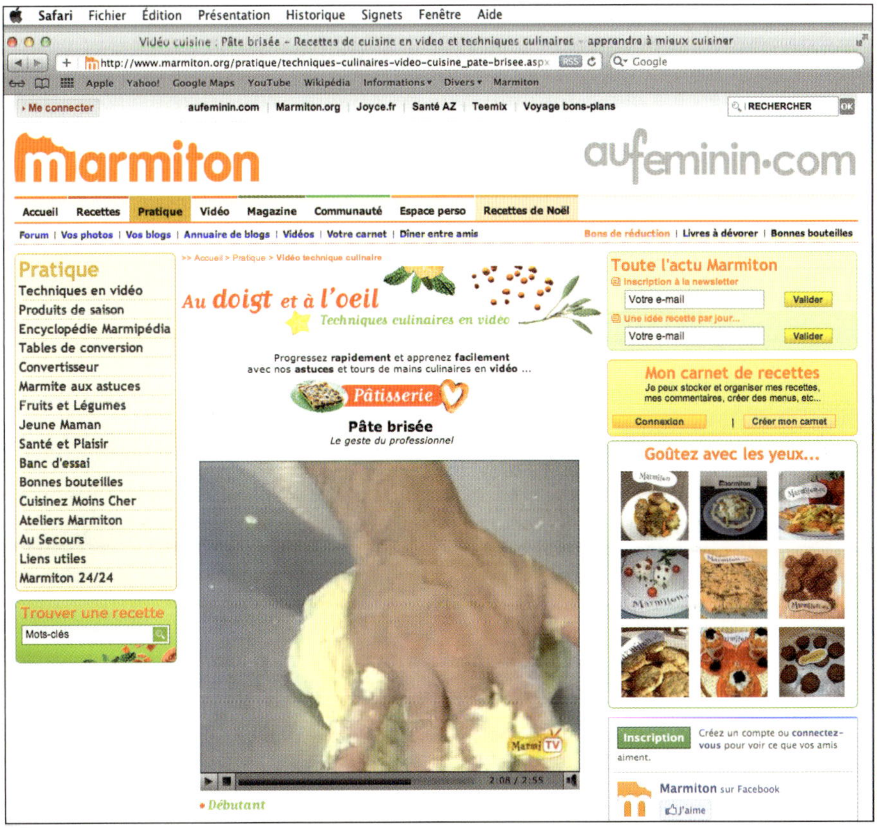

Figure 17.13 : Mettez la main à la pâte.

De quoi combler la cuisinière la plus exigeante. Alors, ne perdez pas une seconde : à vos casseroles !

TRUC

Vous trouvez aussi qu'un bon repas doit être bien arrosé ? Parcourez donc les sites d'œnologie. Pour une première approche, surfez sur www.œnologie.fr.

Santé

Côté santé, le site www.doctissimo.fr nous paraît incontournable.

C'est son onglet Santé qui, en l'occurrence, a retenu toute notre attention. Outre une recherche par article ou par médicament et un accès aisé à toutes sortes d'infos (encyclopédie, atlas du corps humain, dictionnaire médical...), il classe les soucis de santé par tranches d'âge (bébés, ados, seniors...) ou par types, notamment :

- **les grands dossiers** (attaques cérébrales, hépatites, ostéoporose) ;
- **les principales maladies** (Alzheimer, hypertension, polyarthrite) ;
- **les maux quotidiens** (constipation, herpès, psoriasis) (Figure 17.14) ;
- **les drogues et dépendances** (alcool, cocaïne, ecstasy).

Figure 17.14 : Jambes lourdes : vive les veinotoniques.

D'autres onglets vous informent sur des sujets divers : médicaments, grossesse, psychologie, nutrition, sexualité...

Sous ces onglets, une barre vous assure un accès direct à des topiques en rapport avec l'onglet sélectionné.

Enfin, chat, blogs et forums vous permettent de partager vos expériences.

Même si les hommes préfèrent les grosses...

Nous avons parlé *santé*, mais nous n'avons pas parlé *régimes*. Les régimes, ce n'est pas ce qui manque sur Internet. Vous en trouverez des tonnes. Un site, modeste mais clair, a le mérite de faire le point sur la question : www.abcregime.com.

Outre un abécédaire de la nutrition et une collection de recettes minceur, il s'attache à commenter sans tabous les différents types de régime. Que penser, en effet, des régimes chrono, Okinawa ou Forking, des diètes protéinées ou des cures de jeûne ?

Vous y trouverez en outre des réponses à des questions fondamentales, comme : Qu'est-ce que la cellulite ? Est-il judicieux de sauter des repas ? Les produits allégés sont-ils la solution à vos problèmes d'embonpoint ?

À lire absolument et sans idée préconçue avant d'entamer un éventuel cycle infernal avec effet yoyo garanti.

Voiture

Votre vieille tuture ne passera pas le prochain contrôle technique, c'est sûr. Les amortisseurs sont nases et le bas de caisse est pourri. Anticipez en partant à la recherche d'une bonne occasion sur le Net.

Vous n'aurez que l'embarras du choix ; quelques sites parmi beaucoup d'autres :

- www.argusauto.com
- www.automarche.fr
- www.auto-occasion.fr
- www.autoreflex.com
- www.autoscout24.fr
- www.carachat.com

- www.caradisiac.com
- www.clicauto.fr
- www.lacentrale.fr
- www.webcarcenter.com

Parfois, la recherche est élémentaire : type (berlines, cabriolets, monospaces, SUV…), marque, modèle et prix. Le plus souvent, elle permet de faire intervenir des critères plus avancés (Figure 17.15), comme âge du véhicule, kilométrage, carburant, type de boîte de vitesse, couleur extérieure (nous y sommes toutes sensibles, mesdames), équipements divers ou encore localisation dans un rayon de x kilomètres à partir d'un code postal donné.

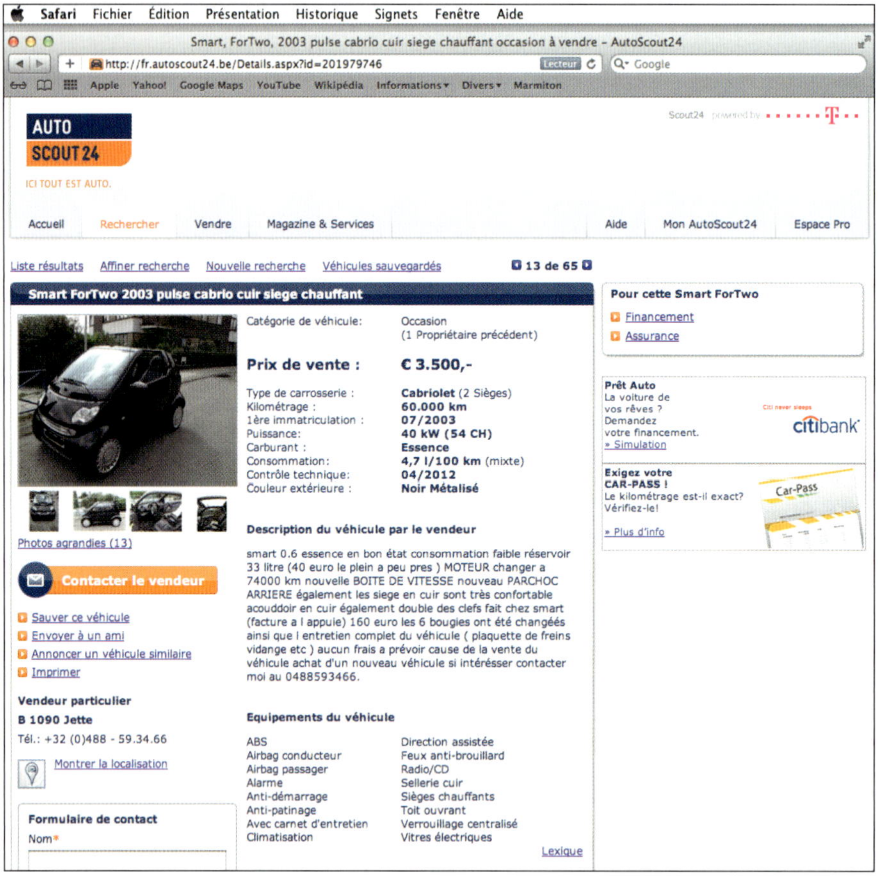

Figure 17.15 : Craquante, cette petite Smart ForTwo toute noire et full options.

Véritable outil d'aide à l'achat de voitures neuves, le site www.neowebcar.com va plus loin : fiches techniques ultra détaillées (avec tarif des options et infos sur la consommation), comparaison de modèles situés dans une même fourchette de prix et localisation d'un concessionnaire *via* Google Maps. Mention spéciale aussi pour l'excellent comparateur www.carwego.com.

C'est plutôt la location qui vous intéresse ? Surfez donc sur www.mobizen.fr si vous souhaitez louer un véhicule dans Paris (70 points de retrait) ou en province (quelques points seulement). Naviguez aussi sur www.cargo.fr qui, lui, couvre presque tout le territoire français et offre un maillage de loueurs indépendants qui proposent un choix très large de véhicules (5 000 véhicules de tourisme et utilitaires répartis dans 400 agences) et pratiquent des tarifs défiant toute concurrence. Pour terminer, mentionnons www.voiturelib.com, un système original qui vous permet de louer la voiture d'un particulier qui habite près de chez vous.

Tout bien réfléchi, vous préférez laisser la voiture au garage ? Surfez sur www.ratp.fr pour connaître les horaires des RER, métros, bus, tramways… Ça vous évitera de faire bêtement le pied de grue à un arrêt de bus ou à une station de métro.

Faire des réservations

Ah ! Réserver sans se déplacer, quel pied !

Hôtels

Ça y est ? Il est d'accord ? Vous sautez dans la voiture et vous partez vous mettre au vert quelques jours ? Génial. Mais où ?

Beaucoup d'hôtels ont leur propre site Internet. Mais, pour connaître leur adresse, il faut généralement transiter par des sites généralistes (Figure 17.16).

Quelques exemples :

- fr.hotels.com
- www.booking.com
- www.quel-hotel.com
- www.sites-hotels.com

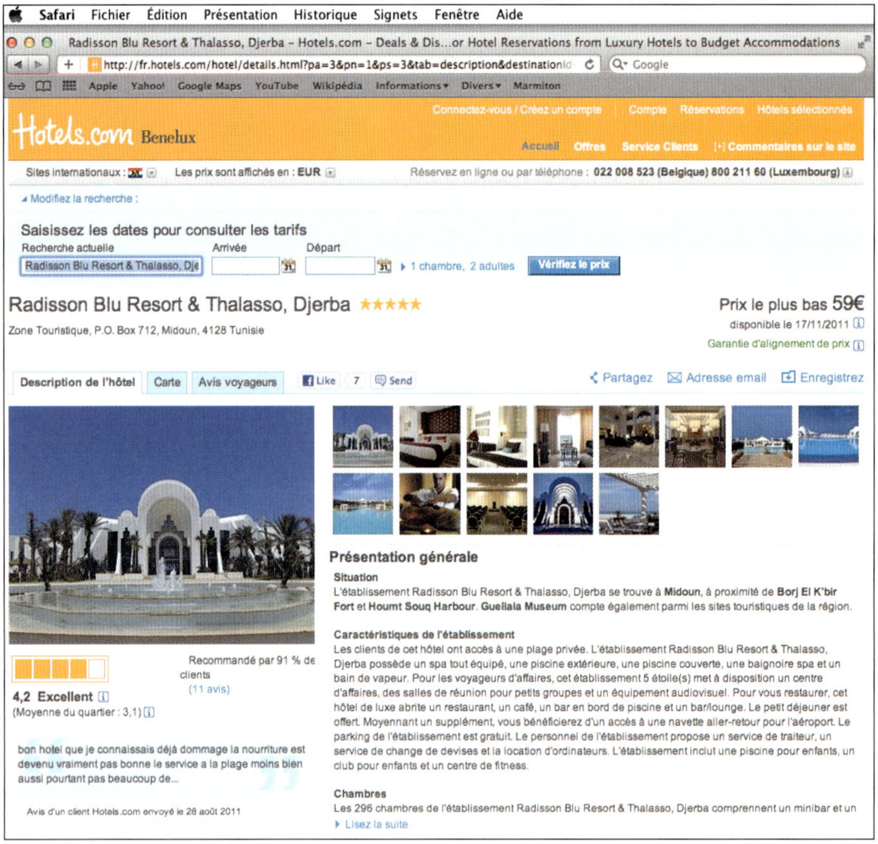

Figure 17.16 : Succombez au charme oriental de cette oasis arabo-andalouse.

Gagnez des sites plus spécifiques si vous savez où vous allez :

- www.hotels-bourgogne.com
- www.hotels-oleron.com
- www.hotels-paris.com
- www.provenceweb.fr

Les chaînes conviendront sans doute pour les étapes sans trop d'âme :

- www.accorhotels.com (tous les hôtels du groupe Accor dans le monde)
- www.campanile.fr (Campanile)
- www.etaphotel.com (Hôtels Etap à petit prix)
- www.ibishotel.com (Ibis)

- www.ichotelsgroup.com (chaîne Holiday Inn)

Vous appréciez les cadres somptueux, les déco raffinées, les émotions à l'infini ? Choisissez alors, si vos moyens vous le permettent, des endroits d'exception qui cultivent l'art de vivre (Figure 17.17) :

- www.authentic-privacy.fr
- www.chateauxdemeures.fr
- www.chateauxhotels.com
- www.clesdor.com
- www.guidesdecharme.com
- www.hotels-de-luxe.com

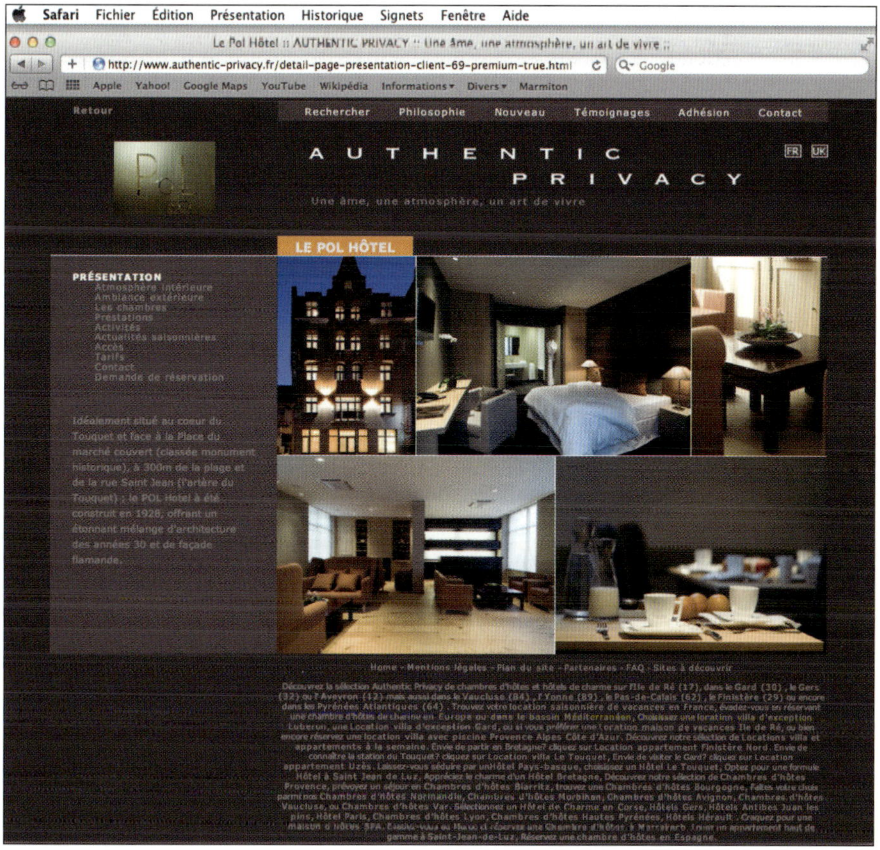

Figure 17.17 : Un univers de couleurs unique, signé Flamant Interiors, au Pol Hôtel du Touquet.

Locations de vacances

Pour celles que les vacances à l'hôtel n'emballent pas, il y a, bien entendu, les locations saisonnières.

La plupart des sites les répartissent en catégories :

- **Par type** : Chalet, appartement, villa, propriété…
- **Par destination** : Campagne, montagne, mer, ville, îles…
- **Par pays** : Des plus traditionnels (France, Espagne, Italie…) aux plus exotiques (île Maurice, Thaïlande, Madagascar…).
- **Par thème** : Gastronomie, thermalisme, parc de loisirs…

D'autres fonctions sont souvent proposées, comme la location de mobil homes ou l'accès à des recherches avancées (activités indispensables à proximité, équipements électroménagers requis, *etc.*).

Surfez donc sur les sites suivants :

- www.abritel.fr
- www.casamundo.fr
- www.location-de-vacances.eu
- www.location-et-vacances.com
- www.odalys-vacances.com
- www.vacances-a-la-carte.com

Vaut le détour : www.wimdu.fr ou le logement par affinité. Sur ce site de location de vacances entre particuliers (30 000 logements), vous évoluerez dans une interface sobre et élégante ; offres ciblées selon votre profil, destinations principalement citadines (Réveillon à Berlin, Charmante Lisbonne ou Superbe Sydney), hébergements hors des sentiers battus (chambre en mezzanine dans le marais, loft hyperbranché à Barcelone, appartement cosy sur Marble Arch à Londres).

Terminons par un autre site qui nous a emballées, www.papvacances.fr, notamment parce qu'il propose des habitats insolites tout à fait hors du commun. C'est aussi le cas du site www.insolithome.com (Figure 17.18).

Figure 17.18 : Un nid haut perché près de la côte d'Émeraude.

Que pensez-vous de ces logements :

- **Fuste** chaleureux dans le cadre privilégié du Périgord vert.
- **Roulotte** bariolée à l'intérieur douillet au lit en alcôve.
- **Chaland** évoluant au gré d'un plan d'eau du bassin d'Arcachon.
- **Atelier d'artiste** à l'architecture abracadabrantesque.
- **Tipi** au bord de l'eau dans la vallée de la Sarthe.
- **Péniche** Freycinet à quai ou en navigation avec lits marins et pont soleil.

Si vous aimez l'originalité, vous allez être servie !

TRUC

Autre formule : l'échange de maison ou d'appartement. Vous trouverez des dizaines d'offres sur www.9flats.com, www.echangedemaison.com, www.echangeimmo.com ou encore www.trocmaison.com notamment.

Restaurants

Des sites de restaurants, on en trouve plein sur le Web. Et croyez-nous : il y a à boire et à manger.

Les meilleurs sites sont ceux qui autorisent des recherches multicritères :

- **Localisation** : Recherche par région, par quartier, par arrondissement, par station de métro…
- **Genre d'établissement** : Bar à vins, brasserie, grande table…
- **Type de cuisine** : Méditerranéenne, exotique, cambodgienne, diététique, tex-mex…
- **Thème** : Au bord de l'eau, dans un jardin, avec spectacle…
- **Spécialité** : Andouillette, bouillabaisse, risotto, soufflé…
- **Budget** : Fourchette (!) de prix pour repas au menu ou à la carte.
- **Cote** : Nouveautés, coups de cœur, les plus visités, les mieux notés, les « peut mieux faire », les « à éviter »…
- **Divers** : Clim, salon privé, menu enfant, accès handicapés, brunch, produits bio, ouverture récente, service après 22 h…

Sélectionnez le resto qui vous intéresse, lisez sa carte, consultez son menu… puis réservez en ligne !

Deux références en la matière :

- **www.lesrestos.com** : Le site généraliste que nous avons préféré (Figure 17.19).
- **www.bestrestaurantsparis.com** : Tous les restos tendance à Paris, insolites, chics ou décalés.

TRUC

Le célèbre *Guide Michelin* rouge décline ses services sur le Web. Vous trouverez cette sélection de référence depuis plus de cent ans à l'adresse www.viamichelin.fr. Le *Gault et Millau* a lui aussi poussé la porte du Net ; si vous vous abonnez à sa liste de diffusion, vous recevrez tous les mois dossiers, recettes et actualités du guide.

Figure 17.19 : On trouve tout ce qu'on veut : y a qu'à demander !

Spectacles

Vous en avez marre que Charles passe toutes ses soirées devant la télé. Encore heureux qu'il ne vous impose pas les charentaises ! Mais c'est décidé, samedi, vous sortez. Un opéra ? Un one-man show ? Une comédie de boulevard ? À vous de choisir.

Allez jeter un œil sur les sites suivants :

- www.fnacspectacles.com
- www.ticketac.com (tous les spectacles proposés à Paris et en région parisienne à prix réduit)
- www.webguichet.com

Mais c'est assurément le site www.theatreonline.com (Figure 17.20) qui remporte la palme. Son guide des spectacles propose différents classements :

- **Par genres** : Boulevard, classique, contemporain, danse, café-théâtre…
- **Par théâtres** : Gaîté Montparnasse, Renaissance, Michodière…
- **Par auteurs** : Feydeau, Beckett, Pinter… et plus si affinités.
- **Par comédiens** : Pierre Arditi, Michèle Garcia, Anne Roumanoff… ils sont venus, ils sont tous là… enfin, presque.
- **Par metteurs en scène** : Eux aussi sont mis en vedette sur le site.

Figure 17.20 : Pour les fans de François-Xavier Demaison puisque le rire est le propre de l'homme… euh, de la femme !

Faites ensuite appel au service billetterie : sélectionnez votre spectacle, visionnez-en un extrait si la commande Voir la vidéo est disponible, spécifiez le nombre de places ainsi que leur catégorie, notez l'adresse du théâtre et consultez son plan d'accès. Vous êtes parée !

Autres services mis à votre disposition : journal du théâtre, avis du public et annuaire Web (Théâtre autrement, Théâtre d'ailleurs, Festivals, Formations, Coin des professionnels, Coin des amateurs…).

TRUC

Vous vous y prenez à la dernière minute ? Ruez-vous sur la première « rush-billeterie » française sur Internet à l'adresse www.2heuresavant.com. Réduction de 50 à 75 % sur les prix publics les moins chers.

Voyages

Pour les avions, le site d'Air France paraît tout indiqué (www.airfrance.fr). Pour les trains, c'est évidemment celui de la SNCF (www.sncf.fr) et du TGV (www.tgv-europe.fr).

Mais il y en a des tas d'autres, qui combinent différentes formules de transports (vols secs, voyages dégriffés, *fly and drive*) à d'autres options (packages week-ends, croisières, coups de cœur, villes phares, promos…) La plupart mettent l'accent sur les prix, conjoncture économique défavorable oblige (Figure 17.21).

Quelques pistes :

- www.ailleurs.com
- www.easyjet.fr
- www.fr.lastminute.com
- www.govoyages.com
- www.nouvelles-frontieres.fr
- www.partirdemain.com
- www.reserver-billet-avion.fr
- www.thomascook.fr
- www.voyage-reservation.com

TRUC

N'hésitez pas à comparer les prix des voyagistes sur des sites comparatifs, notamment www.alibabuy.com.

Figure 17.21 : Et si on allait admirer les Goya au Prado ?

Mais vous préférez peut-être les vacances à thème ? Quelques idées si vous en manquez :

- **Vacances bien-être** : Initiation au voyage à travers les sens par des massages aux huiles chaudes ou stage de découverte des techniques de fabrication des cosmétiques naturels.

- **Vacances créatives** : Stage de cuisine dans le Sud-Ouest pour tout savoir de la découpe du canard et de la confection des rillettes, initiation à la marqueterie dans une maison à pans de bois du pays d'Auge, ou encore atelier de calligraphie pour découvrir le style cursif et l'écriture au calame.

- **Vacances culturelles** : Tout savoir sur la France secrète, de la promenade en barque dans la Venise verte du marais poitevin à la randonnée dans la vallée de la Vézère sur les traces de nos ancêtres préhistoriques.

- **Vacances insolites** : À la découverte des oiseaux dans les parcs naturels de Vendée ou rafraîchissant bol d'air à la campagne avec initiation aux techniques de base du potager.
- **Vacances romantiques** : Lune de miel dans une suite nuptiale féerique avec souper gastronomique aux chandelles ou week-end en amoureux à Venise avec promenade en gondole sur les canaux sinueux de la Sérénissime.
- **Vacances sportives** : Week-end raquettes dans le Sancy ; passion trekking dans le désert jordanien du Wadi Rum ; cours approfondi de putting au Vilamoura, en plein cœur de l'Algarve…

Ça fait rêver, non ? Vous avez d'autres idées en tête ? Concrétisez-les sur les sites spécialisés en voyages thématiques, dont font partie :

- www.best-voyages.fr
- www.pour-les-vacances.com
- www.terres-de-vacances.com
- www.vacancesfrance.com

TRUC

Si votre truc c'est le ski, fréquentez des sites comme www.stations2ski.fr, qui vous permettent de trouver la station que vous recherchez sur base de critères multiples avec possibilité de pondération de ces critères.

Exploiter les services de l'État et des municipalités

Liberté, égalité, fraternité. Internet facilite le contact entre l'Administration et ses administrés. Vive la dématérialisation de l'Administration !

Les sites gouvernementaux

Il y en a des tas ; quelques-uns, pas tout à fait au hasard :

- **http://mon.service.public.fr** : Accès à différents services publics : signaler un changement d'adresse, connaître sa situation vis-à-vis de la CAF, conserver ses documents administratifs numérisés…
- **wwwdmp.gouv.fr** : Possibilité, pour tout assuré social, d'accéder à son dossier médical personnel ou DMP à condition d'en avoir fait la demande auprès d'un médecin ou d'un hôpital.

- **www.impots.gouv.fr** : Faites-vous membre de l'espace Abonnés, puis profitez pleinement de tous les services en ligne : obtenir des informations, vérifier si vous bénéficiez du bouclier fiscal, remplir votre déclaration, adhérer au prélèvement automatique à l'échéance ou mensuel, consulter votre compte, *etc.*
- **www.logement.gouv.fr** : Vous envisagez d'agrandir votre maison ; cette véranda, ça fait cinq ans que vous en rêvez. Obtenez ici toutes sortes de renseignements urbanistiques ainsi que des demandes de certificat d'urbanisme.
- **www.premier-ministre.gouv.fr** : Pour obtenir des infos sur tous ceux qui nous gouvernent.

Citons encore :

- **www.acte-de-naissance.fr** : Pratique pour commander une copie ou un extrait d'acte d'état civil pour toute personne née en France métropolitaine ou dans les DOM-TOM.
- **www.annuairemairie.com** : Source inépuisable de renseignements, ce site vous permet notamment d'accéder à liste des mairies de France, à des données relatives aux ambassades, au répertoire des sites publics français, aux dates des vacances scolaires…

Les sites municipaux

En marge de ces services nationaux, il faut savoir que la plupart des municipalités proposent un site qui regorge d'infos de tout acabit ; à titre d'exemple, www.nancy.fr (Figure 17.22).

En général, vous y trouverez les catégories suivantes :

- **Actualités** : Agenda des concerts, expositions, spectacles…
- **Culture** : Bibliothèque et médiathèque (horaires, tarifs, catalogues en ligne), archives municipales, salles de spectacle, musées…
- **Environnement** : Nuisances sonores, propreté des animaux urbains, ordures (guide de tri, calendrier des collectes, distribution d'écosacs, déchetteries…)
- **Famille** : Accueil des tout-petits (crèches et autres lieux d'accueil, conditions d'admission, haltes-garderies, baby-sitting…), accueil des jeunes (liste des établissements scolaires publics et privés, détails des vacances, consultation des menus…) et, enfin, accueil des seniors (accueil de jour, foyers-résidences, université de la culture permanente…).

- **Pratique** : Stationnement dans la ville, balisage des démarches administratives, règles d'urbanisme, recherche d'un logement, offres d'emploi…
- **Sport** : Infrastructures, animations pour les jeunes, manifestations du moment…

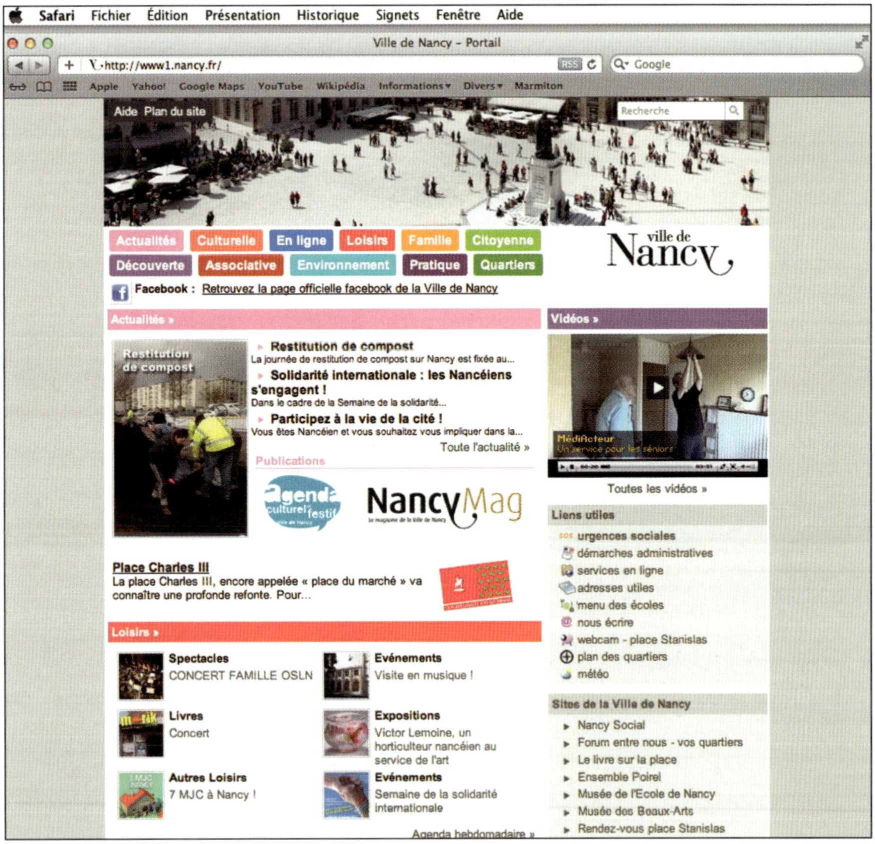

Figure 17.22 : Le site officiel de la ville de Nancy.

Les offices du tourisme

Ces sites détaillent tout ce qu'une touriste lambda a besoin de savoir quand elle débarque dans une ville qu'elle ne connaît pas : sites, monuments, parcs, musées, hébergement, restauration, agenda des événements, boutiques, plan d'accès…

Grâce à Google ou à un moteur de recherche quelconque, cherchez l'adresse de l'Office du tourisme de votre destination ; il devrait la trouver sans problème. Bonne visite !

Le phénomène « Facebook »

Juste avant de passer à autre chose, un mot sur un site à part : Facebook.

Facebook est « un site Web de réseautage social destiné à rassembler des personnes proches ou inconnues » comme se plaît à l'expliquer Wikipédia, les informations partagées concernant avant tout l'état civil, les études et les centres d'intérêt avec, comme résultante, un partage de correspondances et de documents multimédias.

Œuvre de Mark Zuckerberg née en février 2004 et créée à l'origine pour réunir les étudiants de la fameuse université de Harvard, Facebook s'est très vite étendu aux autres universités américaines avant de gagner le réseau Internet mondial où il s'est rapidement imposé comme un outil de socialisation incontournable, surtout chez les jeunes.

Vous rêvez de retrouver vos copines de 5e primaire ou de savoir ce que sont devenus les sympathiques membres de votre club de spéléo ? Ruez-vous sur Facebook ! Il semble d'ailleurs établi, à ce jour, que les femmes sont plus actives que les hommes sur les réseaux sociaux, toutes formules confondues : participations à des événements (clubs, conférences, pots à la sortie du bureau, dîners entre amis), mais aussi mails, SMS, Skype, messagerie instantanée et réseaux sociaux en ligne, comme Facebook ou LinkedIn, qu'elles utilisent de manière très régulière pour garder le contact et donner des nouvelles.

Sachez toutefois que Facebook, fait, depuis sa création, l'objet d'une polémique relative au respect de la vie privée des utilisateurs puisqu'il est avéré que cet outil utilise les informations qui lui sont confiées en les vendant à des entreprises privées qui, à leur tour, les exploitent à des fins commerciales, par exemple pour déterminer des profils et, sur leur base, envoyer des publicités ciblées.

À vous de voir si vous avez envie de rejoindre les 70 millions de membres que compte aujourd'hui ce trombinoscope en ligne. Avant de vous décider, mettez dans un plateau de la balance le plaisir de vous trouver des « amis » ou prétendus comme tels et, dans l'autre, une méfiance bien légitime vis-à-vis de la virtualisation de la socialisation que ce genre de réseau suppose immanquablement.

Cinquième partie

J'exploite d'autres services Internet

Dans cette partie...

Vous êtes encore toute émoustillée par votre fougueuse séance de navigation tous azimuts ? On vous comprend : le Web, ça défrise.

Mais il existe d'autres services Internet pas piqués des hannetons : la messagerie électronique, les forums de discussion et le téléchargement.

Ça vous dit d'aller y faire un tour ? Allez, montez, on vous emmène !

Chapitre 18

Je fais mon courrier électronique – Mail

Dans ce chapitre :

- Distinguer les deux protocoles d'accès.
- Ajouter un compte de messagerie.
- Démarrer.
- Lire votre courrier.
- Traiter les messages lus.
- Envoyer un mail.
- Aller plus loin.

Mail transforme votre Macintosh en un véritable service postal où vous ne serez jamais à court de timbres. Ce programme vous permet en effet d'échanger des courriers électroniques avec toute personne disposant d'une adresse Internet de messagerie, qu'elle occupe le bureau voisin ou qu'elle se trouve aux antipodes, le tout en quelques minutes à peine.

TRUC

Pour les têtes en l'air, Mail nécessite bien entendu une connexion Internet.

Distinguer les deux protocoles d'accès

Donc, Internet vous permet de vous adonner aux joies de la messagerie électronique.

Les messages que les autres internautes vous adressent échouent dans une boîte aux lettres à votre nom qui se trouve stockée dans un endroit particulier appelé *serveur de messagerie*.

Pour consulter ces messages, vous devez exploiter un programme spécial appelé *client de messagerie* ; Mail en est un.

Il existe, pour ces clients de messagerie, deux façons d'accéder à cette boîte aux lettres – on parle de *protocoles d'accès :*

- **le protocole POP** (*Post Office Protocol* ou protocole du bureau de poste) ;
- **le protocole IMAP** (*Internet Message Access Protocol*).

Dans le premier cas, le client de messagerie se connecte au serveur, copie les nouveaux messages, les transfère sur votre disque dur, puis les efface du serveur. On parle de messagerie locale.

Dans le deuxième, le client se connecte aussi au serveur, mais ne copie pas les nouveaux messages : il se borne à vous permettre de les voir en vous imposant – c'est logique – de rester en ligne pour cette consultation. On parle de messagerie Web.

Mail gère les deux protocoles, selon le type de compte dont vous disposez.

Ajouter un compte de messagerie

Mail

Nous vous sentons déçues ! Eh ben non, vous n'allez pas pouvoir *mailer* tout de suite. Il va d'abord vous falloir configurer votre programme de messagerie électronique pour lui ajouter un compte.

Configurer est un bien grand mot ; en fait, tout se borne à vous laisser prendre en main par un gentil Assistant qui, à travers quatre fenêtres successives, va vous arranger le coup vite fait bien fait.

Offrez-vous une messagerie Web

Comme l'explique très clairement Wikipédia, une messagerie Web (ou *webmail*) est une interface Web qui rend possible l'émission, la consultation et la manipulation de courriers électroniques directement sur le Web depuis un navigateur.

Donc, au lieu de confier ces tâches à un logiciel installé localement sur un ordinateur personnel, on les confie à un *logiciel de webmail*, appelé *client de messagerie* puisqu'il s'exécute sur un serveur Web et sert d'interface entre ce serveur et le navigateur.

Même si les fonctions de base sont globalement les mêmes que dans une messagerie classique et s'implémentent *grosso modo* de la même manière, le webmail vous permet de faire votre courrier n'importe où sur n'importe quel ordinateur sans avoir à installer de solution logicielle. Sans compter que le webmail vous évite, dans la foulée, la corvée de la configuration de compte.

L'accès à cette messagerie particulière est hyper facile puisqu'il vous suffit de vous rendre sur le site depuis lequel vous l'avez créée. En d'autres termes, à condition d'avoir accès au Web, vous pouvez très facilement envoyer et recevoir du courrier électronique depuis n'importe quel ordinateur où que vous soyez dans le monde. Génial si vous voulez rester en contact avec vos copines pendant que vous sirotez une caipirinha bien frappée sur une plage des Antilles !

Toutefois, rien ne vous empêche de posséder à la fois une messagerie classique et une messagerie Web. D'abord, parce qu'abondance de biens ne nuit pas. Ensuite, il faut savoir que beaucoup de sites exigent une inscription et que les données que vous y fournissez risquent d'être exploitées par des personnes peu scrupuleuses qui les y récupèrent pour mieux vous bombarder ensuite de messages publicitaires. Si vous disposez d'un webmail, vous n'aurez qu'à donner l'adresse de cette boîte de secours pour protéger votre boîte principale des spams et autres courriels non sollicités. Bien fait pour eux !

Pratiquement tous les fournisseurs d'accès Internet proposent un service webmail ; quelques exemples : Yahoo! Mail, Windows Live Hotmail, AOL Mail, La Poste et, surtout, l'incontournable Gmail, webmail gratuit de la constellation Google.

Car, contrairement à ce que vous pensez peut-être, Google n'est pas qu'un moteur de recherche, mais un ensemble de services performants, dont un webmail plébiscité parce que pratique et efficace. Envie d'aller y voir de plus près ? Gagnez donc le site www.google.fr, puis activez le lien Gmail. Pliez-vous ensuite de bonne grâce aux formalités d'inscription. Créez votre compte et vous voilà à pied d'œuvre. Par la suite, pour accéder à votre boîte Gmail, vous n'aurez qu'à gagner le site www.google.fr, cliquer sur Gmail, vous identifier (identifiant Gmail et mot de passe) et à vous la grande vie !

Autre solution : agir depuis votre messagerie locale, à savoir le programme Mail, puisqu'il est capable de relever tous vos courriers, quelle qu'en soit la provenance. Si ça c'est pas du service à la clientèle !

Ajouter un compte POP

Quand vous prenez un abonnement auprès d'un FAI, celui-ci crée pour vous un compte de messagerie et vous communique les infos qui y sont relatives. Ce sont ces infos qu'il va vous falloir fournir à Mail – on parle d'*ajouter un compte de messagerie* –, ce que le programme vous invite à faire lors de sa première mise en service.

Avant de vous lancer, assurez-vous que vous avez sous la main ces infos que votre prestataire de services Internet vous a fournies et que l'Assistant ne manquera pas de vous réclamer :

- **votre nom** – celui qui s'affichera dans le champ **De** des messages que vous enverrez ;
- **votre mot de passe** – celui que votre fournisseur Internet vous a attribué ;
- **votre adresse de messagerie** – vous pouvez, en général, choisir la partie à gauche du signe @, celle située à droite correspondant, le plus souvent, au nom du prestataire qui gère votre compte ;
- **le type de serveur de messagerie qui s'occupe du courrier entrant** – il réceptionne vos emails (généralement POP) ;
- **le type de serveur de messagerie pour prend en charge le courrier sortant** – il expédie vos emails (généralement SMTP) ;

Allez-y :

1. **Lancez Mail depuis le Dock ou depuis le Launchpad.**

   La fenêtre Bienvenue dans Mail s'ouvre (Figure 18.1).

   Si, au lieu d'être présentée à l'Assistant, vous échouez directement dans le programme, c'est qu'un compte de messagerie a déjà été ajouté. Pour en ajouter un autre, exploitez la commande Ajouter un compte du menu Fichier.

2. **Dans la case Adresse électronique, entrez l'adresse de messagerie que vous a attribuée votre FAI.**

3. **Dans la case Mot de passe, entrez la clé d'accès que votre FAI lui a assortie.**

4. **Cliquez sur Continuer.**

Figure 18.1 : L'Assistant, plein de sollicitude, prend la main.

La fenêtre Serveur de réception s'ouvre (Figure 18.2).

Figure 18.2 : Infos relatives au courrier entrant.

5. **Dans la case Serveur de réception, introduisez les données relatives au serveur de courrier entrant que vous a communiquées votre FAI.**

6. **Cliquez sur Continuer.**

   La fenêtre Sécurité du courrier reçu s'ouvre.

7. **Cliquez sur Continuer.**

8. **Assurez-vous que l'authentification affiche bien Mot de passe.**

9. **Cliquez sur Continuer.**

   La fenêtre Serveur d'envoi s'ouvre (Figure 18.3).

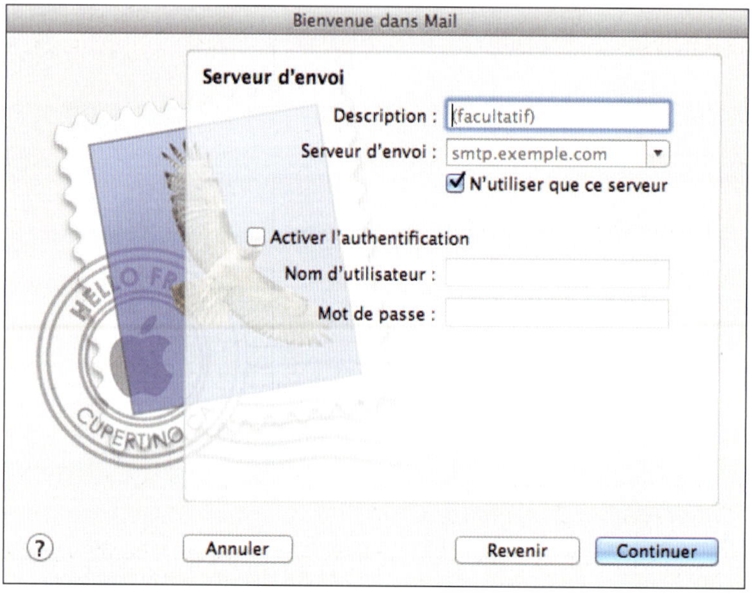

Figure 18.3 : Infos relatives au courrier sortant.

10. **Dans la case Serveur d'envoi, introduisez les données relatives au serveur de courrier sortant que vous a communiquées votre FAI.**

11. **Cliquez sur Continuer.**

    La fenêtre Résumé du compte s'ouvre. Elle reprend toutes les données relatives au compte de messagerie POP que vous venez de paramétrer.

12. **Cliquez sur Créer.**

    Mail crée le compte de messagerie, ouvre sa fenêtre principale et… relève le courrier ! Après quoi, il vous repasse les commandes ; comme c'est gentil de sa part !

Pas terrible terrible comme adresse !

Les adresses de messagerie fournies par les FAI ne sont pas toujours très parlantes, style `fb051979@noos.fr`. Vous préféreriez quelque chose du genre NadegeDurieux@noos.fr ?

Vous devez d'abord agir au niveau de votre prestataire : connectez-vous sur son site grâce à votre identifiant et votre mot de passe, puis localisez la section consacrée à la gestion de vos boîtes emails et, plus spécifiquement, de vos adresses emails/alias et opérez-y la modification.

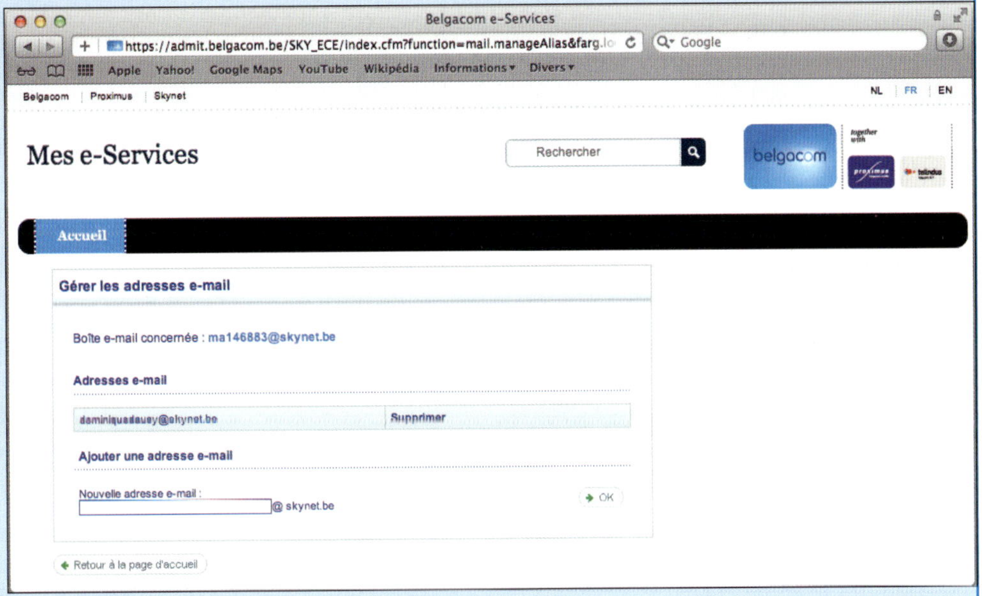

Vous devrez ensuite agir au niveau de Mail :

1. **Choisissez Mail/Préférences ou enfoncez les touches Commande + , (virgule).**

   La fenêtre des préférences de Mail s'ouvre.

2. **Si son onglet Comptes n'est pas affiché, activez-le.**
3. **Si son volet Données du compte n'est pas affiché, activez-le.**
4. **Modifiez la première partie de votre adresse électronique (celle située à gauche du signe @) dans la case du même nom.**
5. **Par la même occasion, n'hésitez pas à entrer, dans la case Nom complet, le nom que vous voulez voir figurer dans la case** De **des courriers sortants.**
6. **Fermez la fenêtre quand vous avez terminé.**

Ajouter un compte IMAP

Commencez par vous offrir une messagerie Web depuis le site Internet de votre choix (voir encadré), puis ajoutez ce compte à Mail pour pouvoir, depuis ce programme, gérer les courriers correspondants :

1. **Lancez Mail depuis le Dock ou depuis le Launchpad.**

   La fenêtre Bienvenue dans Mail s'ouvre.

   Si, au lieu d'être présentée à l'Assistant, vous échouez directement dans le programme, c'est qu'un compte de messagerie a déjà été ajouté. Pour en ajouter un autre, exploitez la commande Ajouter un compte du menu Fichier.

2. **Dans la case Adresse électronique, entrez l'adresse de messagerie que vous a attribuée votre FAI.**

3. **Dans la case Mot de passe, entrez la clé d'accès que votre FAI lui a assortie.**

4. **Cliquez sur Créer.**

   La fenêtre Résumé du compte s'ouvre (Figure 18.4). Elle reprend toutes les données relatives au compte de messagerie IMAP que vous venez de paramétrer.

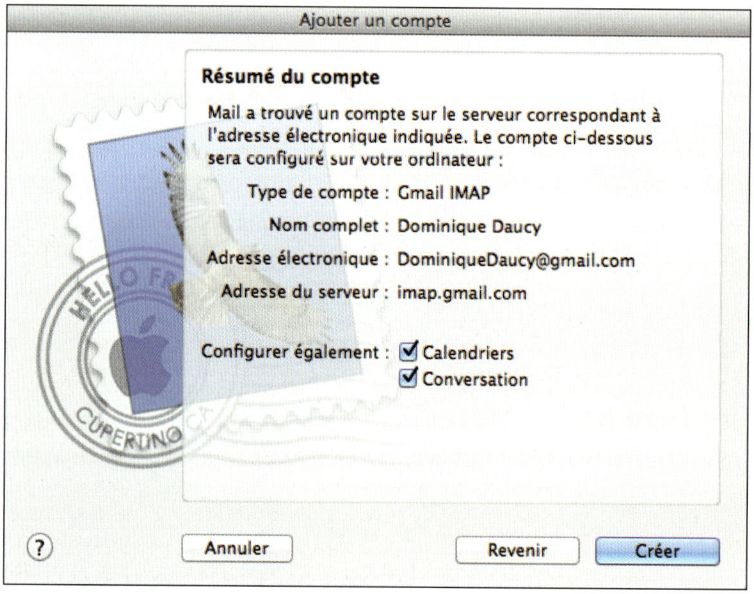

Figure 18.4 : Ajout d'un compte Gmail.

5. **Cliquez sur Créer.**

Démarrer

Une fois bouclées les démarches d'ajout de compte, vous atterrissez dans votre messagerie électronique. C'est dans cette interface (Figure 18.5) que vous allez recevoir des mails, en prendre connaissance, les mettre sans vergogne à la corbeille, répondre à vos correspondants, leur joindre des photos…

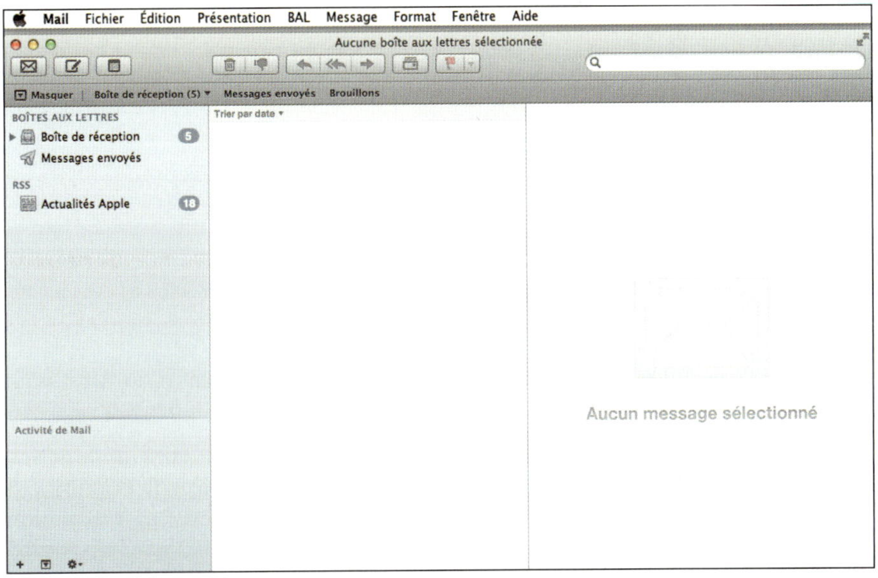

Figure 18.5 : Ah ! Ça ouvre des perspectives, assurément !

La fenêtre se divise en trois volets :

- **À gauche, le volet des dossiers** : C'est l'espace rangement où Mail classe méthodiquement vos missives.

  Dès le départ, vous y localiserez en effet :

  - **Boîtes aux lettres** : On peut les comparer, métaphore oblige, aux traditionnels bacs à courrier en plastique.

    NOTE TECHNIQUE

    La Boîte de réception regroupe tous les comptes que vous avez ajoutés. Si vous développez son contenu (en cliquant sur le triangle à gauche de son intitulé), vous verrez s'afficher tous ces comptes. Dans notre exemple (Figure 18.6), ils sont au nombre de deux : un compte Skynet (messagerie locale) et un compte Gmail (messagerie Web) – ce qui explique la présence, dans le bas du volet, d'une rubrique Gmail.

- **RSS** : La Boîte RSS (*Really Simple Syndication*) regroupe des pages RSS, c'est-à-dire des listes d'articles inédits et récents : elles affichent une ligne ou deux de ces articles et proposent un lien vers les articles complets. Vous pouvez vous abonner à des pages RSS et faire en sorte que ces pages échouent dans cette boîte de réception particulière où vous pourrez les parcourir facilement.

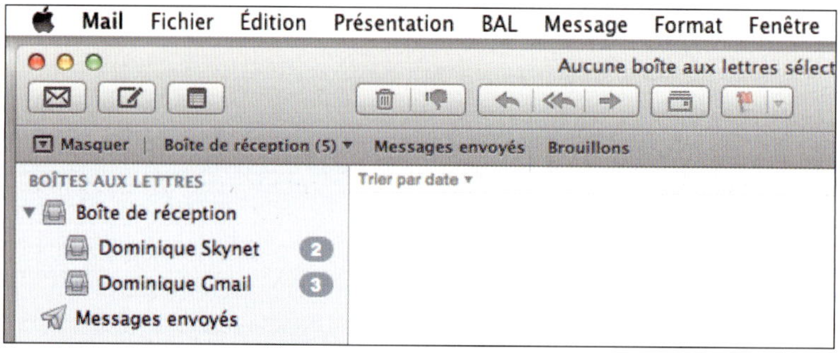

Figure 18.6 : Deux comptes de messagerie ont été ajoutés à Mail : un compte Skynet et un compte Gmail.

Une barre dite *des favoris* court sous la barre d'outils et vous facilite l'accès à ces différents dossiers.

- **Au centre, le volet de messagerie** : Il affiche le contenu du dossier sélectionné à gauche. S'il s'agit de votre boîte de réception, il vous propose les messages qu'elle a réceptionnés. Les infos affichées : expéditeur, heure, objet et début du texte. Détail : les messages dont vous n'avez pas encore pris connaissance sont identifiés par une puce bleue. Les messages auxquels vous avez répondu sont signalés par une flèche orientée vers la gauche.

- **À droite, le volet de visualisation** : Il propose le contenu du courrier sélectionné au centre.

Par cliquer-glisser sur le trait qui sépare les trois volets de l'interface, vous pouvez régler l'importance que vous voulez donner à chacun d'eux.

Lire votre courrier

Dès sa mise en service, Mail va voir s'il y a du courrier. C'est un tic. Pratique, notez, pour un programme qui n'est, au fond, qu'une boîte aux lettres, aussi perfectionnée soit-elle.

Et si le programme reste ouvert pendant que vous êtes connectée à Internet, il a le bon goût de vous informer par un signal sonore de toute arrivée de courrier. Il affiche même le nombre de mails réceptionnés dans l'angle supérieur droit de son icône du Dock (Figure 18.7).

Figure 18.7 : Vous avez du courrier !

Par défaut, Mail vérifie toutes les 5 minutes l'arrivée de nouveaux messages. Vous pouvez modifier l'intervalle entre deux relèves de courrier en agissant dans l'onglet Générales des options du programme *via* la commande Mail/Préférences (Figure 18.8).

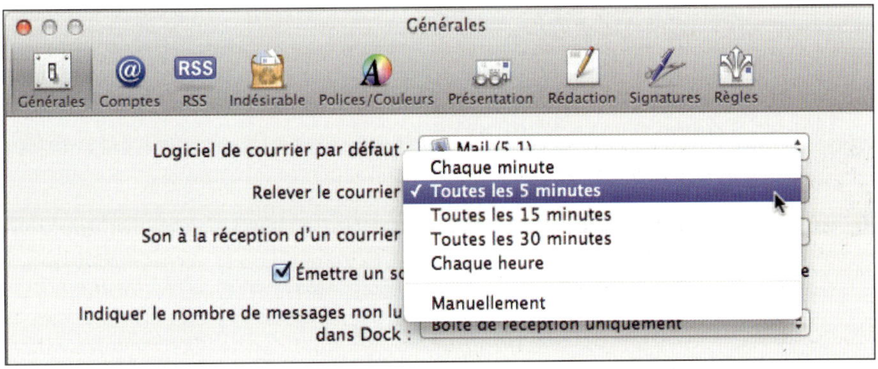

Figure 18.8 : Le facteur est à votre botte.

Dans tous les cas, vous pouvez à chaque instant savoir si des mails sont arrivés ; validez pour ce faire la commande Relever tout le courrier du menu BAL (Commande + Majuscule + N) ou activez l'icône Relever le courrier de tous les comptes de la barre d'outils de la fenêtre de Mail.

Mail relève l'éventuel courrier sur le service de messagerie distant et l'analyse :

- **Les courriers qui lui paraissent légitimes** sont regroupés dans votre boîte de réception.
- **Les courriers qu'il trouve suspects** (par exemple parce qu'il ignore tout du correspondant) sont soit laissés dans cette boîte de réception, mais affichés en marron, soit envoyés en quarantaine dans un dossier baptisé fort à propos Courrier indésirable si vous avez validé l'option *ad hoc* du volet Indésirable des préférences de Mail (Figure 18.9).

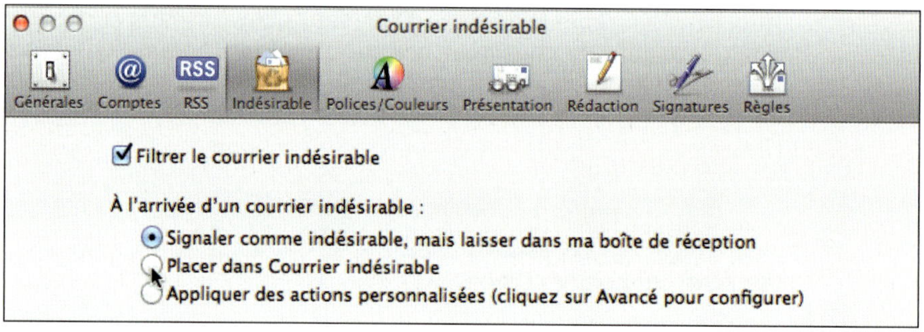

Figure 18.9 : Chacun chez soi et les moutons seront bien gardés.

Lire un message

Mais laissons provisoirement ces tracasseries de côté et lisons notre courrier. Ici, nul besoin d'un coupe-papier : il suffit de sélectionner une boîte à gauche (si vous en possédez plusieurs), puis de cliquer, au centre, sur le message dont vous voulez prendre connaissance. Il s'affiche instantanément à droite (Figure 18.10).

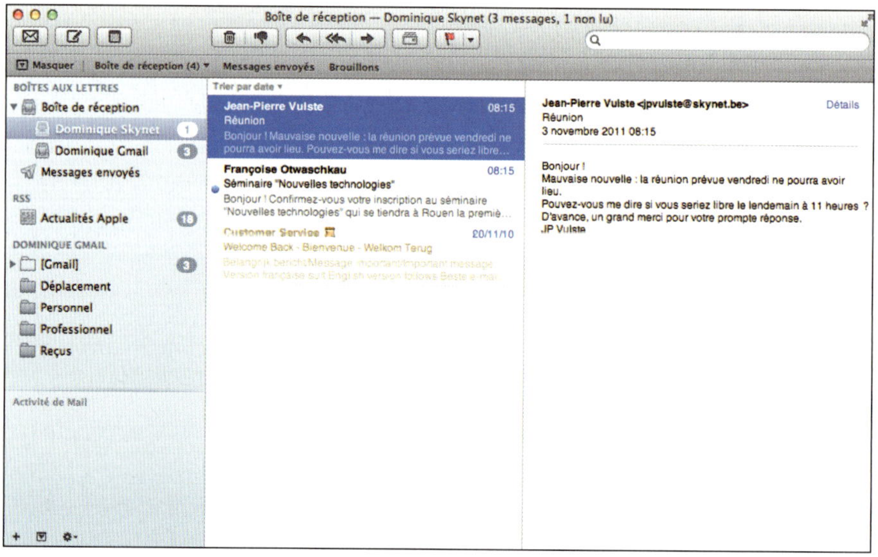

Figure 18.10 : Affichage dans le volet de visualisation.

Vous préférez l'ouvrir dans sa propre fenêtre (Figure 18.11) ? Remplacez le clic par un double-clic.

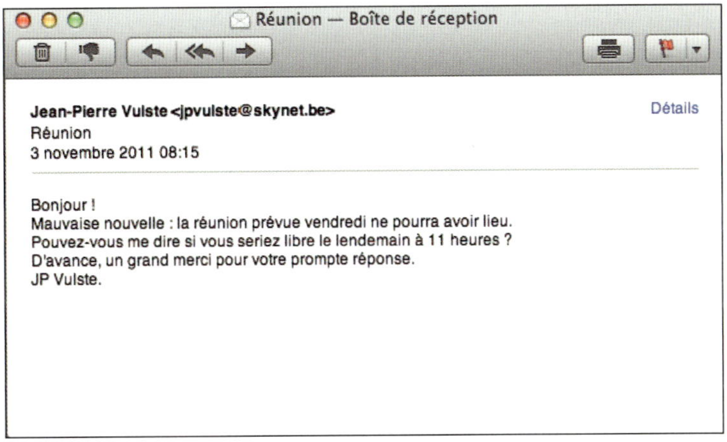

Figure 18.11 : Affichage dans une fenêtre indépendante.

Ouvrir une pièce jointe

Votre meilleure copine vous envoie un petit mot avec la photo de l'adorable petit chaton qu'elle vient d'adopter.

Pour visualiser ces pièces, commencez par sélectionner le message dans le volet du centre afin qu'il s'affiche dans le volet de droite.

Vous savez d'emblée qu'un mail entrant est accompagné d'un ou de plusieurs fichiers dit *pièces jointes* si, dans la partie supérieure de ce volet, un trombone s'affiche (Figure 18.12).

Figure 18.12 : Vous voilà au parfum.

À ce stade, deux possibilités :

- **Si la pièce jointe est une image** : À condition d'être au format JPEG ou GIF, elle s'affiche dans le volet de visualisation (Figure 18.13).

  Pour l'afficher dans sa propre fenêtre, sélectionnez-la, puis enfoncez la barre d'espacement (vous activez Coup d'œil – Chapitre 7) ou cliquez deux fois dessus pour lancer un programme capable de l'ouvrir (il s'agira sans doute de Aperçu – Chapitre 21).

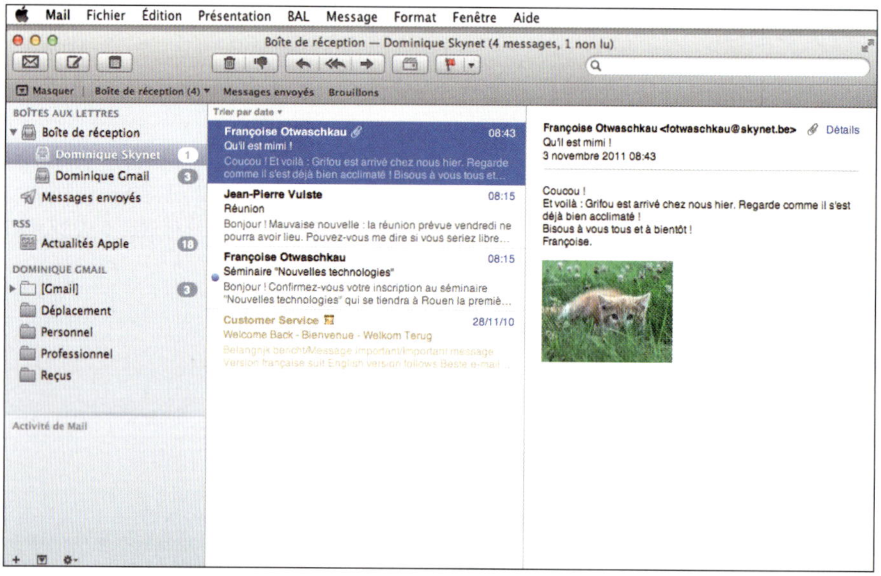

Figure 18.13 : C'est mignon tout plein, ça !

- **Si la pièce jointe n'est pas une image** : Dans tous les autres cas (fichiers images présentés dans d'autres formats, fichiers texte, audio, vidéo, feuilles de calcul, diaporama...), le contenu de la pièce jointe ne s'affiche pas dans le corps du message ; seule son icône y apparaît (Figure 18.14).

  Activez Coup d'œil pour visualiser la pièce ou double-cliquez sur l'icône de la pièce jointe pour lancer le programme qui a servi à la créer ou, à tout le moins, un programme capable de l'ouvrir.

Si vous recevez une pièce jointe que Mail n'est pas capable d'ouvrir, demandez à l'auteur du message de vous la réexpédier dans un autre format.

Vous aimeriez conserver une pièce ? Opérez un clic secondaire sur son icône et choisissez Enregistrer la pièce jointe. Une fenêtre vous demandera sous quel nom et à quel emplacement la sauvegarde doit se faire. Autre technique, peut-être plus immédiate : faites tout simplement glisser l'icône de la pièce sur le Bureau.

N'ouvrez que les pièces jointes dont vous connaissez la provenance. Pour les autres, faites preuve d'une extrême prudence. Vous en saurez plus à ce sujet en lisant la section « Ouvrir un programme joint à un mail » du Chapitre 22, intitulé fort à propos « Dix bourdes à ne pas commettre ».

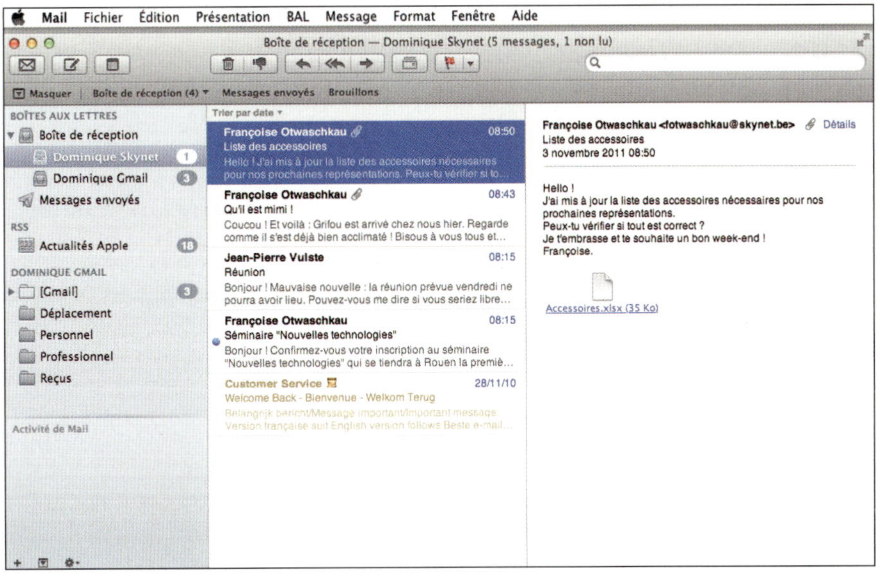

Figure 18.14 : Plus aride, hein ?

Traiter les messages lus

Quand vous avez pris connaissance du contenu d'un message, vous pouvez décider de sa destinée : répondre, faire suivre, imprimer, supprimer… ou ne rien faire du tout, auquel cas le message reste dans la Boîte de réception jusqu'à ce que vous statuiez sur son sort.

- **Répondre** : Cliquez sur le bouton Répondre à l'expéditeur du message sélectionné de la barre d'outils ou choisissez la commande Répondre du menu Message (Commande + R). Une fenêtre de rédaction pré-adressée s'affiche (Figure 18.15).

  En effet, Mail a la délicatesse de remplir pour vous les champs À (l'expéditeur auquel vous souhaitez répondre) et Objet (l'objet original précédé de la mention *Re* pour *Réponse*). Il a en outre recopié le message original en bas, à titre de rappel pour le correspondant. Le cas échéant, modifiez ce message original pour n'en conserver que les parties significatives.

  Rédigez ensuite votre message (voir la section suivante), puis procédez à l'envoi.

Le bouton Répondre à tous les destinataires du message sélectionné et la commande correspondante du menu Message (Commande + Majuscule + R) vous permettent de faire parvenir votre réponse à tous les destinataires d'un message envoyé en Cc (voir plus loin).

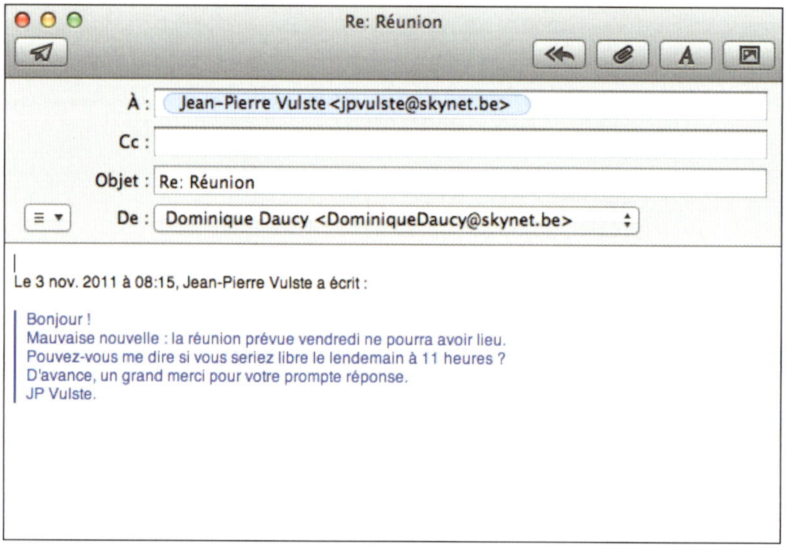

Figure 18.15 : Simple comme une lettre à la poste !

- **Réexpédier** : Pour faire suivre à d'autres personnes une copie d'un message qui, selon vous, les concerne (on dit *forwarder*), utilisez le bouton Réexpédier les messages sélectionnés ou la commande équivalente du menu Message (Commande + Majuscule + F). La mention *Fwd :* pour *Forward* est ajoutée automatiquement au début de l'objet. Rien ne s'oppose à ce que vous modifiiez le contenu du mail redirigé si vous l'estimez opportun ; rien ne s'oppose non plus à ce que vous ajoutiez du texte si le cœur vous en dit. Procédez ensuite à l'expédition comme décrit dans la section suivante.

La commande Réexpédier en tant que pièce jointe vous permet de forwarder le message complet sous la forme d'une pièce jointe (Figure 18.16).

- **Rediriger** : Vous recevez un courrier qui, de toute évidence, ne vous est pas destiné. Choisissez Rediriger dans le menu Message (Commande + Majuscule + E), entrez l'adresse du destinataire, puis procédez à l'envoi.

- **Trier** : Un menu local placé en haut du volet central vous déroule une série de critères de tri parmi lesquels vous n'aurez que l'embarras du choix.

Figure 18.16 : Chez le destinataire, à gauche le message réexpédié, à droite le message réexpédié en tant que pièce jointe.

- **Rechercher** : Cette fois, c'est le champ Recherche en haut à droite qui s'y colle. Il vous permet de rechercher tous les messages émanant d'un même expéditeur (tapez le début du nom, puis sélectionnez-le dans la liste Personne du menu local), tous ceux partageant un même objet (tapez le début de l'objet, puis sélectionnez-le dans la liste Objets) ou encore tous ceux qui, dans le corps du message, comportent la chaîne spécifiée.
- **Imprimer** : C'est, comme d'hab, la commande Imprimer du menu Fichier qui s'y colle (Commande + P). Et voilà un mail de plus d'immortalisé !
- **Supprimer** : Ne laissez pas vos boîtes déborder, qu'il s'agisse des messages reçus ou des messages envoyés : débarrassez-vous de tous ceux dont vous n'avez plus que faire. Bouton Supprimer, commande Edition/Supprimer, touche Suppression ou Retour arrière, ou encore article Supprimer du menu contextuel sont autant de techniques qui

vous aident à faire le ménage. Le message ainsi banni est déplacé vers la corbeille qui s'affiche pour l'occasion dans le volet des dossiers. Un remord ? Allez l'y récupérer. Pas d'état d'âme ? Débarrassez-vous-en définitivement *via* l'article Effacer les éléments supprimés du menu BAL.

- **Sauvegarder :** Pour sauvegarder un mail, invoquez la commande Enregistrer sous du menu Fichier ; elle vous donnera l'occasion de sauver le mail avec ses éventuelles pièces jointes. Autre commande intéressante, la commande Archiver du menu Message, qui met de côté tout le contenu de la boîte aux lettres sélectionnée à l'appel de la commande dans un dossier particulier qu'il baptise Archive et affiche… dans le volet gauche, évidemment !

Il vous arrivera d'égarer des courriers, c'est sûr. Recourez alors à la fonction de recherche de la barre des menus : cliquez dans le champ Rechercher en haut à droite, puis tapez le nom de l'expéditeur, voire quelques mots du mail avant de lancer la recherche en enfonçant la touche Entrée. La commande Rechercher du menu Édition sert aux mêmes fins.

Envoyer un mail

Première chose à faire : manifester votre intention ! Ensuite, rédiger le contenu du message, puis, finalement, l'envoyer vers son ou ses destinataires.

Accéder à la fenêtre

Commençons par le commencement :

- Choisissez Fichier/Nouveau message (Commande + N).

  OU :

- Cliquez sur le bouton Rédiger un nouveau message de la barre d'outils.

  Une fenêtre Nouveau message s'ouvre (Figure 18.17).

Utiliser un modèle

Si vous aimez les fioritures, n'hésitez pas à exploiter les modèles intégrés de Mail.

1. **Cliquez sur le bouton Afficher ou masquer la sous-fenêtre des modèles de la barre d'outils de la fenêtre Nouveau message.**

   La sous-fenêtre s'ouvre (Figure 18.18).

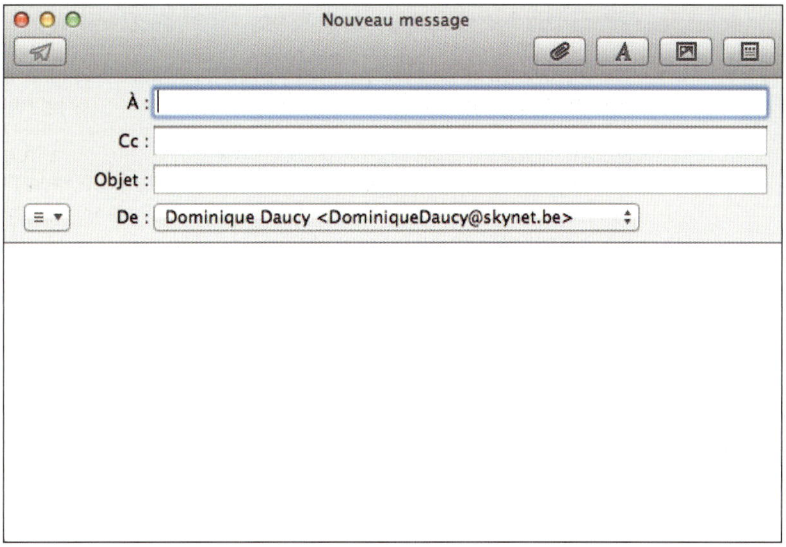

Figure 18.17 : Vous allez pouvoir en raconter des choses !

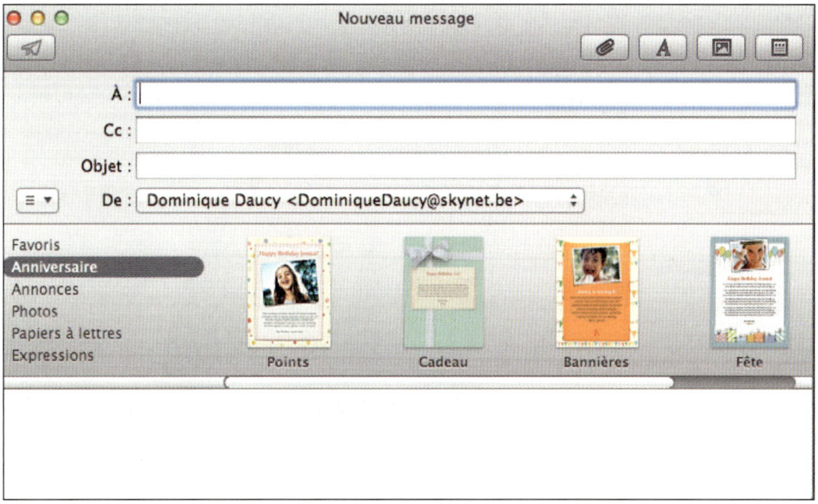

Figure 18.18 : Quand on vous dit que la nature a horreur du vide !

2. **Sélectionnez une catégorie à gauche en cliquant sur l'un ou l'autre intitulé.**

3. **Sélectionnez un modèle à droite en cliquant sur l'une ou l'autre vignette.**

   Vous pourrez toujours changer d'avis par la suite. Donc, à ce stade… rien de mal fait.

TRUC

Remplacez les photos fictives des modèles (Figure 18.19) par des photos à vous en les faisant tout simplement glisser depuis le Bureau du Finder. Et n'hésitez pas non plus à déplacer vers la catégorie Favoris les modèles que vous utilisez le plus souvent : ils se trouveront ainsi à portée de main.

Figure 18.19 : Du tout cuit !

4. Le cas échéant, recliquez sur le bouton Afficher ou masquer la sous-fenêtre des modèles pour gagner de la place dans la fenêtre de rédaction.

Si d'aventure l'idée d'un modèle ne vous emballe soudainement plus du tout, débarrassez-vous-en en validant l'option Original de la catégorie Papiers à lettres. Ouf ! C'est plus zen !

Fournir les infos requises

Introduisez ensuite les infos nécessaires avant de pouvoir vous concentrer sur l'essentiel, le texte du message.

- **Champ À** : Spécifiez-y le destinataire en tapant son adresse.
- **Champ Cc** : Si vous souhaitez faire parvenir une copie du message à une autre personne, entrez également son adresse dans le champ Cc (Copie carbone) ; elle recevra un exemplaire du message tout en sachant qu'elle n'en est pas le destinataire principal.

  Vous pouvez introduire plusieurs adresses dans les champs À et Cc ; il suffit de les séparer par un point-virgule.

  Vous préférez que les différents destinataires ignorent que le mail a été expédié à plusieurs personnes et ne puissent, pour des raisons de confidentialité, en connaître ni la liste ni les adresses ? Demandez l'affichage d'un champ Cci (Copie carbone invisible) *via* la commande Champ Cci du menu Présentation ou *via* le menu local en bas à gauche de la zone d'en-tête (Figure 18.20).

  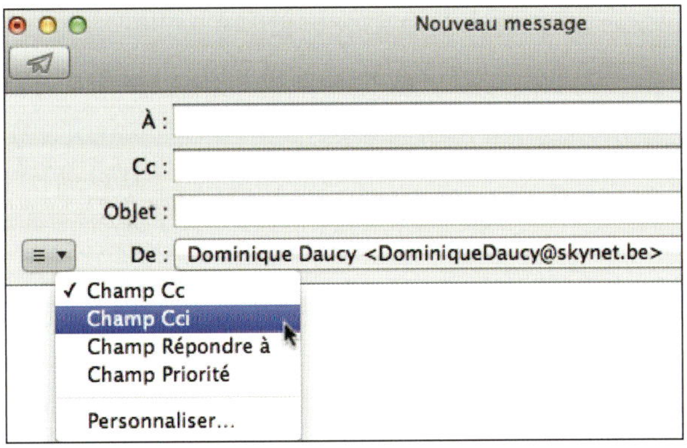

  Figure 18.20 : Merci de préserver la vie privée de tous.

- **Champ Objet** : Pour terminer, introduisez l'objet du message dans la case du même nom.

- **Champ De** : Si vous ne possédez qu'un seul compte de messagerie, ce champ l'affiche spontanément. Si vous en possédez plusieurs, il propose celui qui correspond à la boîte de réception sélectionnée à gauche, mais vous donne malgré tout, *via* un menu local, la possibilité d'en choisir un autre (Figure 18.21).

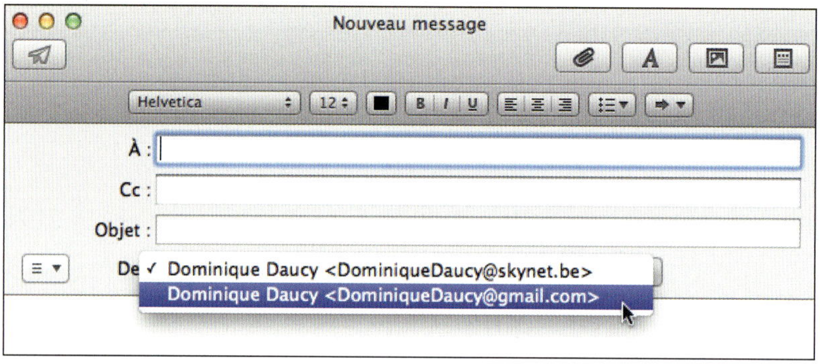

Figure 18.21 : C'est vous qui décidez.

Introduire les adresses, c'est vite dit. Encore faut-il les connaître ! En général, les adresses électroniques figurent sur les cartes de visite, les courriers classiques, les sites Web… à moins qu'on ne vous les ait griffonnées sur un bout de papier quelconque.

Une fois que vous aurez tapé une adresse, vous n'aurez plus à la retaper. Mail, en effet, tient à jour une liste de tous les destinataires auxquels vous avez expédié du courrier et si, d'aventure, vous désirez de nouveau adresser un mail à un de ceux-ci, il vous suffira de taper les premiers caractères de son adresse pour que le programme complète automatiquement la saisie. Il fait de même avec les adresses qui figurent dans votre Carnet d'adresses (voir encadré). Décidément, le monde est bien fait !

TRUC

Vous pouvez afficher cette liste de destinataires *via* la commande Fenêtre/ Destinataires précédents (Figure 18.22).

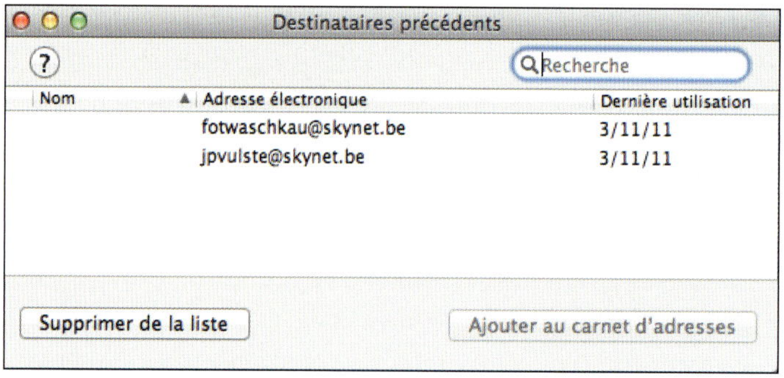

Figure 18.22 : Pour l'instant, on ne se bouscule pas au portillon !

Dans cette fenêtre, vous pouvez trier les adresses (en cliquant sur les en-têtes de colonnes), rechercher des destinataires (*via* le bouton Recherche de la barre d'outils), supprimer de la liste ceux avec lesquels vous ne comptez plus communiquer ou ceux dont vous avez mal tapé les coordonnées (bouton Supprimer de la liste) ou encore ajouter l'une ou l'autre personne à votre Carnet d'adresses (bouton Ajouter au carnet d'adresses) ; ces privilégiés seront affublés, à gauche, d'une minicarte de visite pour un repérage facile.

Le Carnet d'adresses

Le Carnet d'adresses est un programme à part entière (que vous trouverez d'ailleurs dans votre dossier Applications).

Tout son intérêt vient du fait qu'il fonctionne non seulement en solo, mais en tandem avec différents utilitaires, comme Mail, iCal, iChat… avec lesquels il partage volontiers ses données.

Plusieurs techniques vous permettent d'ajouter des contacts dans ce carnet.

La première, la plus indolore, consiste à utiliser la commande Ajouter au Carnet d'adresses à laquelle vous accéderez en cliquant à droite d'une adresse dans le volet de visualisation d'un mail. Faites-le systématiquement pour tous vos correspondants habituels ; de la sorte, vous retrouverez facilement leurs coordonnées.

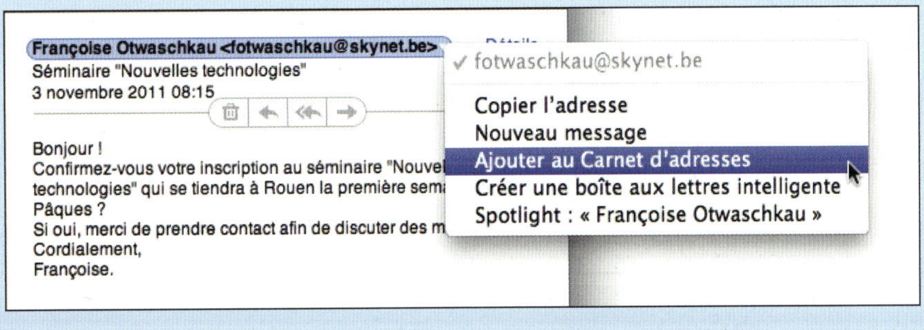

La deuxième consiste à agir depuis la fenêtre des Destinataires précédents, comme vous avez appris à le faire plus haut. Non, ne me dites pas que vous avez déjà oublié !

La troisième, enfin, consiste à lancer le programme Carnet d'adresses proprement dit, puis à agir dans sa fenêtre. Cliquez sur + dans le bas de la page de gauche, puis introduisez les infos souhaitées dans le volet droit de la fenêtre avant de confirmer en cliquant sur Modifier.

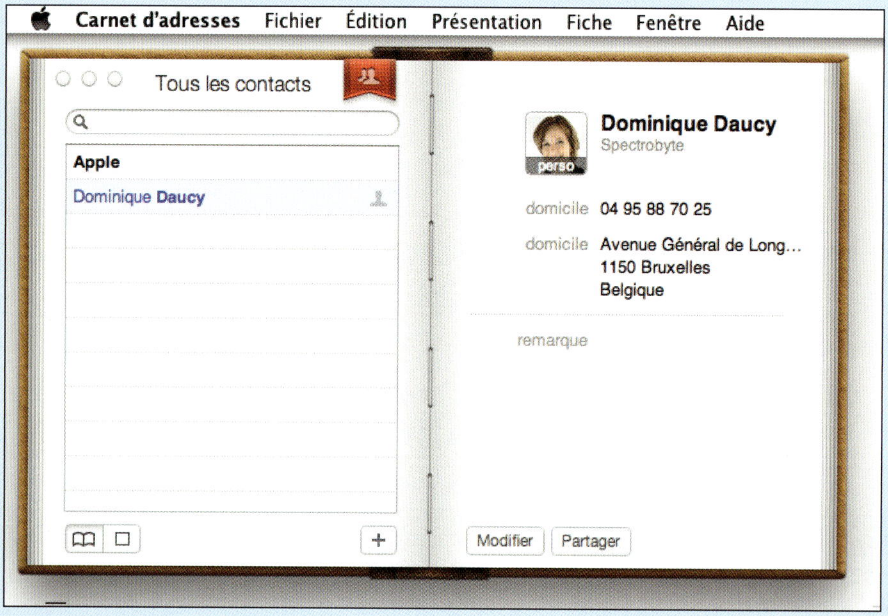

Des tas d'opérations sont possibles depuis cette fenêtre de contacts, notamment la création de fiches de contacts regroupant infos diverses et photos, ou la constitution de groupes (toutes vos copines du centre de fitness ou celles avec lesquelles vous faites de la pâtisserie tous les premiers mercredis du mois).

Enfin, vous pouvez imprimer tout ou partie de ce carnet grâce à la commande Imprimer du menu Fichier. Vous pouvez traiter ainsi tout ou partie de vos contacts, choisir un format (étiquette, enveloppe, liste ou carnet d'adresses de poche), définir un ordre (alphabétique ou code postal), *etc.* Voilà qui ouvre des perspectives !

Rédiger le message

C'est simple : il suffit de taper.

Par le passé, les choses s'arrêtaient là : les mails étaient, par essence, des textes bruts non formatés, ce qu'ils auraient dû continuer à être, à notre sens.

Mais le monde change ; autant s'y faire ! Désormais, Mail propose, dans ce volet de rédaction, une foule d'outils de mise en forme, qu'il décline sous forme de commandes dans le menu Format ou de boutons en barre d'outils (accessibles *via* le bouton Afficher la barre des formats des fenêtres Nouveau message) (Figure 18.23).

Figure 18.23 : Quelle panoplie !

Vous en ferez un usage modéré : un message électronique n'a rien à voir avec un document de traitement de texte, encore moins de PAO. D'autant que la messagerie de votre destinataire n'est peut-être pas en mesure d'afficher ces formatages. Alors, économisez-vous !

En revanche, vous serez bien avisée d'exploiter plus souvent qu'à votre tour la commande Orthographe et grammaire du menu Édition. Au risque de paraître vieux jeu, il nous paraît plus important d'écrire sans faute que de mettre le texte en violet ou d'ajouter une émoticône !

Pour rappel : si vous avez choisi un papier à lettres qui, après mûre réflexion, ne vous emballe pas, activez l'icône Afficher ou masquer la sous-fenêtre des modèles et choisissez-en un autre ou optez résolument pour la sobriété *via* l'article Original de la catégorie Papiers à lettres.

Joindre une pièce

C'est la commande intitulée Joindre des fichiers (Commande + Majuscule + A) du menu Fichier qui vous permet d'annexer des pièces à vos mails. Ou, ce qui revient au même, l'icône Joindre un document à ce message de la barre d'outils des fenêtres Nouveau message.

Les deux vous donnent en effet accès à une fenêtre d'ouverture dans laquelle vous désignez le(s) fichier(s) à joindre. De retour dans l'interface de Mail, vous constatez que le fichier a été introduit au niveau du point d'insertion (Figure 18.24).

Vous trouvez ça pénible de transiter par la fenêtre de la commande Joindre un fichier ? Vous avez mille fois raisons. Simplifiez-vous la vie : opérez par cliquer-glisser, ça marche aussi !

C'est pas la bonne ? Supprimez-la : cliquez à droite de l'image et enfoncez la touche Retour arrière, ou cliquez à gauche de l'image et enfoncez la touche Suppression. Et zou !

Figure 18.24 : Le Danube bleu, tout bleu, tout bleu…

N'envoyez que des images aux formats JPEG et GIF. Les autres sont trop lourdes : l'envoi prend un temps fou, sans compter que la plupart des fournisseurs d'accès Internet limitent la taille des pièces jointes à 5 Mo, ce qui devrait suffire, mais tout de même. Pensez aussi, si vous envoyez plusieurs photos en même temps, à les regrouper dans un seul et même dossier que vous compresserez avant de procéder à l'envoi grâce à la commande Compresser du menu Fichier.

Envoyer

Il suffit de cliquer sur… Envoyer. Bon sang, mais c'est bien sûr ! Le courrier part, mais rejoint aussi la boîte des messages envoyés qui stocke une copie de tous vos courriers sortants.

Vous ne souhaitez pas faire partir le message tout de suite ? Fermez sa fenêtre. Le message est alors transféré vers un dossier Brouillons qui s'affiche, lui aussi, dans le volet gauche. Il vous suffira, pour le poster, d'ouvrir ce dossier et de cliquer deux fois sur l'intitulé du message, puis, dans sa fenêtre ainsi accessible, de cliquer sur… Envoyer bien entendu !

NOTE TECHNIQUE

Le message vous revient avec la mention *Undelivered mail returned to sender* ? Il s'agit d'un courrier non distribué qui est renvoyé à l'expéditeur, vous en l'occurrence ! Dans 99 % des cas, c'est qu'il y a une faute dans l'adresse. Ou alors le destinataire est parti à la cloche de bois. À vérifier avant un nouvel envoi.

Aller plus loin

Avant de passer à autre chose, penchons-nous sur deux aspects importants de la messagerie : la personnalisation de sa barre d'outils et le paramétrage de son filtre Courrier indésirable.

Personnaliser la barre d'outils

C'est bien entendu la commande Personnaliser la barre d'outils qui s'y colle. Vous la trouverez dans le bas du menu Présentation.

Sa fenêtre est facile à gérer (Figure 18.25).

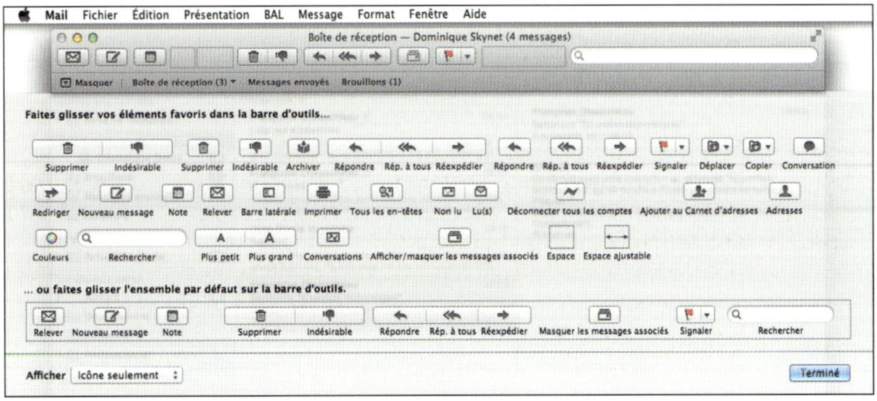

Figure 18.25 : On va enfin pouvoir se mettre à l'aise !

Le menu local Afficher (en bas à gauche) vous permet d'abord de choisir entre trois types de boutons : icône seulement, texte seulement ou icône et texte. Une fois cette décision prise, il vous suffit de faire glisser hors de la barre les boutons dont vous voulez vous débarrasser et de faire glisser vers la barre ceux que vous voulez y voir trôner.

Une foule de commandes peuvent ainsi trouver place dans cette barre d'outils. Par exemple, les boutons Plus petit et Plus grand. Quel bonheur quand on commence à trouver que les caractères sont difficiles à lire (c'est souvent le cas quand on approche de la cinquantaine) ! Et regardez : tout est prévu, même les espaces et les séparateurs ! Personnalisez donc à cœur joie !

Paramétrer le filtre Courrier indésirable

Vous pouvez commencer par agir au niveau des préférences du programme, dans le volet Indésirable bien entendu (Figure 18.26).

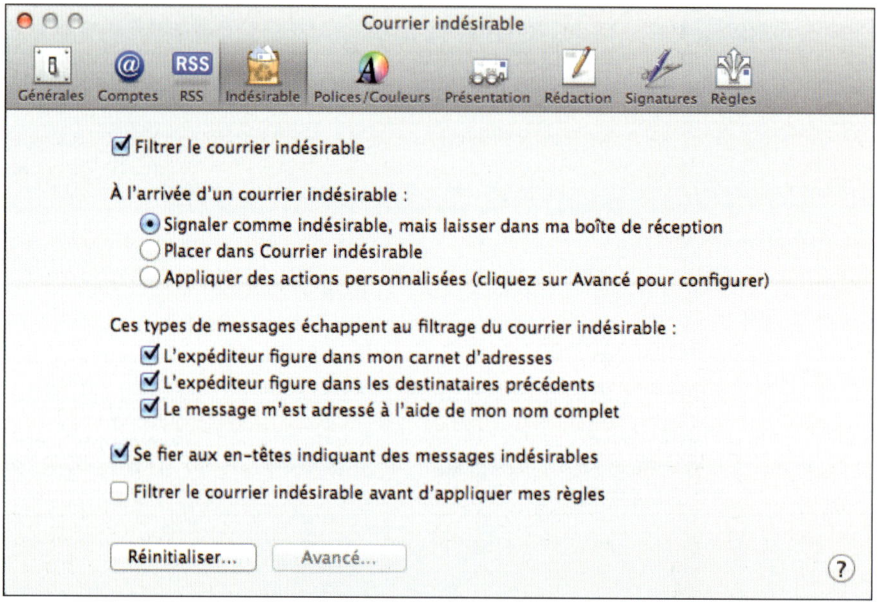

Figure 18.26 : C'est ici que ça se passe.

La première option vous permet de brancher ou de débrancher le filtre. Vous pouvez ensuite, dans la rubrique Ces types de message échappent au filtrage du courrier indésirable, demander que ne soient jamais épinglés comme tels :

- les mails qui proviennent de membres de votre carnet d'adresses ;
- ceux qui émanent d'expéditeurs figurant dans votre liste de destinataires précédents ;
- et ceux, enfin, qui vous sont envoyés avec votre nom complet.

D'autres options, plus puissantes, sont disponibles ici, qui vous permettent de contrôler le niveau de protection de votre messagerie, bref la hauteur de vos remparts. Lisez l'aide en ligne pour savoir comment les paramétrer sans virer parano pour autant.

Cependant, dans tous les cas, il y a fort à parier que les réglages que vous aurez mis en place ne suffiront pas pour paramétrer finement le filtre. Il vous faudra donc vous astreindre à une période d'apprentissage en agissant de deux manières distinctes :

- **Si Mail épingle à tort un courrier comme indésirable** : Sélectionnez-le, puis invoquez la commande Message/Signaler/comme courrier désirable (Commande + Majuscule + J) ou activez l'icône Désirable de la barre d'outils.
- **Si Mail laisse passer à tort un courrier indésirable** : Sélectionnez-le, puis invoquez la commande Message/Signaler/comme courrier indésirable (Commande + Majuscule + J) ou activez l'icône Indésirable de la barre d'outils.

En agissant de la sorte, vous aiderez le programme à améliorer sa capacité à identifier les indésirables et votre filtre gagnera en efficacité au fil du temps.

Messagerie instantanée pour papoter en tapotant

La messagerie instantanée est une méthode de communication en ligne, en général plus immédiate que la messagerie électronique classique.

Pour la pratiquer, Lion vous propose iChat, son système de messagerie personnelle grâce auquel vous pourrez chatter avec vos copines sans modération, qu'elles évoluent sous Mac ou qu'elles possèdent un PC tournant sous Linux ou sous Windows.

Ce programme, en effet, vous permet d'organiser des conférences en mode texte, audio ou vidéo en simultané avec une ou plusieurs personnes. Vous pouvez, de fait, choisir de discuter en tête à tête ou, au contraire, réunir plus de monde en lançant un appel multicanal. Que de séances de bavardage en perspective ! Seule contrainte, identique à celle de Mail : il vous faudra d'abord vous configurer un compte.

Pour désigner ce type de pratique, on parle parfois de *chat*. Mais c'est une erreur, car la messagerie instantanée se réfère à une conversation privée entre deux ou plusieurs personnes, tandis que le chat est généralement une activité de groupe qui se déroule dans une salle de discussion Internet. Voilà qui est dit.

Dans le même cadre, à noter la présence d'un utilitaire sympa réservé aux communications entre dispositifs Macintosh : FaceTime. Originellement développé pour l'iPhone, ce programme est à présent géré par tous les Macs sur lesquels il permet de passer des appels vidéo vers un autre Mac, un iPhone 4, un iPad 2 ou un iPod Touch dernière génération. Comme dans le cas de iChat, c'est évidemment la caméra intégrée du Mac qui autorise cette formidable expérience de communication vidéo.

Chapitre 19

Je fréquente des forums

Dans ce chapitre :

- Savoir où vous mettez les pieds.
- Accéder à un forum.
- Participer.

Les forums de discussion sont des lieux de rencontres et d'échanges. Parfois sites à part entière, parfois simplement éléments de sites proposant d'autres services, ces vecteurs de communication sont donc des ouvertures au dialogue.

Envie de vous mêler à la conversation ? Allez donc voir de plus près comment les choses se passent.

Savoir où vous mettez les pieds

Les forums sont donc des espaces virtuels de discussion informelle sur Internet qui fonctionnent de manière asynchrone, comme s'il s'agissait d'une boîte aux lettres publique dans laquelle chacun est libre de consulter les messages et, s'il le souhaite, d'y répondre.

Ce ne sont donc pas des espaces de discussion en direct : lorsque vous vous connectez, vous pouvez prendre connaissance de tous les messages déposés par les autres participants depuis plusieurs jours, voire plusieurs semaines. Et ceux que vous laisserez sur le forum seront visibles par les autres membres pendant un laps de temps équivalent.

Toutes ces discussions se déroulent sous la forme de *fils de discussion* (*threads*), c'est-à-dire des séries de messages ou *articles* (Figure 19.1). Le mot *article* n'a ici rien à voir avec le travail d'un journaliste ; il désigne tout simplement une contribution publiée par un utilisateur.

Figure 19.1 : Pour tout savoir sur la pierre d'alun.

À chaque forum correspond un thème, pointu ou vaste. Dans cette dernière éventualité, le thème se décline alors en sujets, c'est-à-dire en regroupements thématiques afin de faciliter l'accès à un aspect particulier.

Tous ces forums indépendants sont soit publics, soit privés. On distingue alors les forums professionnels (ils offrent des services à leur clientèle, notamment une assistance technique) et les forums amateurs (gérés le plus souvent par des particuliers passionnés, ils réunissent des personnes qui cherchent à se ménager, provisoirement ou non, un lieu d'échange).

Accéder à un forum

Vous êtes impatiente d'en découdre ? Sachez que, pour gagner un forum :

- **Soit vous connaissez son adresse Internet** et vous y parvenez alors directement.
- **Soit vous isolez, grâce à Google par exemple, des annuaires de forums**, généralistes ou plus ou moins spécialisés. Quelques exemples :
  - forumfr.com (vie quotidienne, loisirs, culture, sports)
  - www.annuairedeforums.com
  - www.annuaire-des-forums.com
  - www.aufeminin.com (forums censés intéresser les femmes avant tout)
  - www.lesannuaires.com
- **Soit vous tapez, dans la zone de recherche de votre moteur, le sujet** qui vous tient à cœur, puis mettez le moteur en marche. Dans la liste des résultats figureront immanquablement différents forums qui abordent ce thème. Si vos hortensias connaissent des problèmes de croissance, tapez donc *forum hortensia* et parcourez la liste à la recherche du forum qui vous inspire (Figure 19.2).

À ce stade, vous pouvez parfaitement prendre connaissance des sujets et des échanges en cours puisque les discussions sont généralement visibles par tous. En effet, les contributions personnelles sont accessibles en lecture par tous les visiteurs du forum.

ATTENTION

Il est évident que le nombre de membres fréquentant le forum est un élément déterminant de son succès : s'il est trop réduit, les visiteurs n'y trouveront guère d'intérêt et n'auront donc pas envie d'y revenir. En revanche, s'il est trop élevé, les fils de discussion risquent d'être trop nombreux et de se développer tellement vite qu'il devient difficile d'y répondre.

Participer

Pour apporter votre contribution, vous devrez d'abord vous inscrire. En effet, avant toute participation, vous devrez fournir un pseudo et compléter un formulaire électronique.

Figure 19.2 : Pour partager vos expériences en matière de Quercifolia Harmony.

De plus, il vous sera en général demandé de marquer votre accord quant au respect d'une *charte*, sorte de code de bonne conduite qui régit l'usage du forum auquel vous envisagez de participer.

Une fois que vous vous serez acquittée de ces démarches préliminaires, vous serez enfin prête à vous mêler à la conversation.

Sur le terrain, c'est un *modérateur* qui est chargé de faire respecter la charte, d'éliminer les messages qui ne lui sont pas conformes et, le cas échéant, d'aplanir les différends qui pourraient surgir entre participants. En un mot : il est là pour éviter la pagaille.

Ce modérateur joue aussi, le plus souvent, le rôle d'*animateur*, chargé d'animer les débats, c'est-à-dire de stimuler et de relancer les échanges de vues. Pipelettes, à vos marques !

Évitez toutefois, même si la tentation est grande, de participer avec trop d'entrain aux discussions. Commencez par lire les contributions des autres membres, puis, avant de réagir, accordez-vous un délai de réflexion. Vous aurez l'air malin si vous posez, à la cantonade, une question dont la réponse figure quelques articles plus haut ! N'oubliez pas non plus que vous vous adressez à des milliers de personnes : tournez donc votre langue sept fois dans votre bouche avant de vous exprimer.

Chapitre 20

Je télécharge

Dans ce chapitre :

- Télécharger oui, mais quoi ?
- Télécharger oui, mais d'où ?
- Télécharger oui, mais comment ?

Télécharger – *downloader* en bon franglais –, c'est recevoir depuis Internet, c'est-à-dire copier sur votre disque dur un élément qui se trouve sur un site, qu'il s'agisse d'un document ou d'un programme.

Une mise en garde avant d'aller plus loin : le téléchargement doit toujours se faire sous haute surveillance. Gare aux virus !

Télécharger oui, mais quoi ?

Vous trouverez sur plusieurs sites des documents à télécharger, comme le catalogue d'un fabricant de baignoires à bulles. Ces fichiers sont, le plus souvent, au format PDF ; vous prendrez donc connaissance de leur contenu *via* le programme Aperçu (voir le Chapitre 21).

Il peut aussi s'agir de programmes qui, pour l'occasion, se répartissent en trois catégories :

- **Logiciels gratuits ou freewares** : Vous trouverez en effet sur le Net une foule de programmes entièrement gratuits. Ah ! C'est beau, la philanthropie !
- **Logiciels contributifs ou sharewares** : Ici, on vous demande une petite participation, généralement symbolique. La licence d'exploitation se négocie le plus souvent directement avec l'auteur du programme, sans

intermédiaire, ce qui explique que le prix de ces logiciels soit extrêmement compétitif.

- **Logiciels commerciaux** : Vous traitez alors avec des éditeurs classiques qui ont pignon sur rue. Dès réception de votre paiement, ils vous fournissent une clé vous permettant de déverrouiller et donc d'exploiter le produit.

Télécharger oui, mais d'où ?

De partout et de nulle part. Réponse de Normande, me direz-vous. Si vous ne savez par où commencer, demandez à Google de vous prêter main-forte. Lancez-le sur une piste, genre *programmes à télécharger*, et laissez-le faire ce qu'il est censé faire : chercher à votre place.

Il ne tardera pas à vous localiser une foule de sites depuis lesquels vous pourrez télécharger à tout berzingue. En général, ces sites répartissent les programmes par catégories pour vous faciliter la vie (bureautique, antivirus, jeux vidéo…). Certains vous indiquent le type du logiciel (freeware, shareware ou commercial), le temps de téléchargement, la langue, l'éditeur, *etc.*

Quelques adresses parmi d'autres :

- www.01net.com
- www.bhmag.fr/telechargements.html
- www.jetelecharge.com
- www.telechargerlogiciel.com

NOTE TECHNIQUE

Par défaut, Lion regroupe dans un sous-dossier baptisé Téléchargements tous les éléments que vous récupérez du Net. Ne le contrariez pas ; après tout, ce sous-dossier en vaut bien un autre. Vous voulez savoir où il se trouve ? Tout simplement au fond de votre dossier utilisateur. Pour un accès plus commode, il est aussi présent dans la barre latérale de toutes vos fenêtres Finder ainsi que dans votre Dock, à droite du séparateur, un espace qu'il partage avec son copain, le dossier Documents.

Télécharger oui, mais comment ?

Le plus souvent, ça se limite à cliquer sur un bouton intitulé Download Now ou Télécharger (Figure 20.1).

Figure 20.1 : C'est parti, mon kiki !

Le téléchargement démarre aussi sec. Sa durée est variable ; tout dépend, en fait, de la taille du fichier. Pendant que ça se passe, n'hésitez pas à poursuivre votre travail ou à visiter d'autres sites. La seule chose à laquelle vous devez veiller, c'est à ne pas interrompre la connexion Internet pendant toute la durée de l'opération. Et l'élément finit par échouer dans le dossier Téléchargements.

Quand le téléchargement est arrivé à son terme, accédez au dossier Téléchargements directement depuis Safari . cliquez sur l'icône Téléchargements que vous trouverez à droite de la case de recherche, juste sous le bouton Plein écran (Figure 20.2).

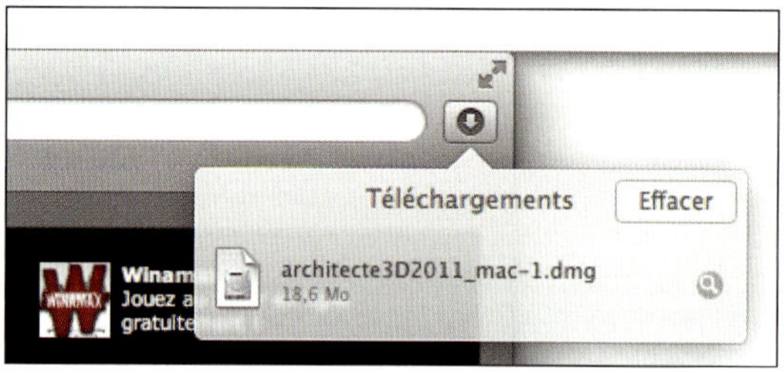

Figure 20.2 : La tour de contrôle.

Les logiciels téléchargés échouent généralement ici sous la forme d'images disque (fichier .dmg).

C'est en cliquant deux fois sur cette icône que vous lancerez leur installation. Ce double clic a pour effet de monter l'image disque sur votre Bureau (Figure 20.3).

Figure 20.3 : On voit déjà plus à quoi ça ressemble.

Cliquez deux fois sur cette image disque pour accéder à son contenu, dans notre exemple le programme Architecte3D2011 (Figure 20.4).

Si vous cherchez ensuite à mettre ce logiciel en service, vous recevrez sans doute un message d'alerte (Figure 20.4).

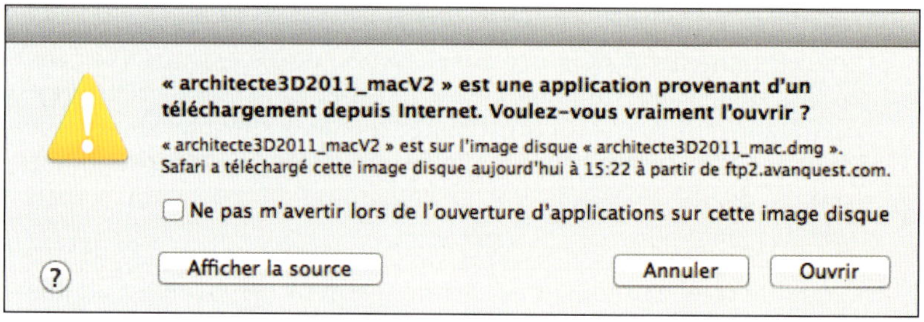

Figure 20.4 : On vous met en garde.

Si le programme vous botte, glissez-le dans votre dossier Applications. Quant à l'image disque, comme elle ne sert désormais plus à rien, faites-la glisser sur l'icône de la corbeille pour vous en débarrasser.

Il faut savoir que beaucoup de programmes (et parfois de documents) qui vous arrivent du Net ont été compressés à la source – on dit aussi *zippés* – dans le but de réduire la durée du téléchargement. Vous les reconnaîtrez à leur extension .ZIP ou .RAR. Avant de les mettre en service, il vous faudra les décompresser ; en général, un double-clic suffit vu que Lion est équipé des fonctionnalités nécessaires pour mener à bien la décompression. Les éléments décompressés (ils ont de la chance, eux !) retrouvent, après traitement, leur extension originale.

Sixième partie

Les dix commandements

« Ces nouvelles chaises WiFi sont incroyables, on reste connectées partout ! »

Dans cette partie...

Tous les ouvrages de la collection Pour les Nuls se terminent par une partie intitulée « Les dix commandements ». Nous respectons, bien entendu, cette tradition.

D'autant que nous n'aimerions pas prendre congé de vous sans avoir abordé trois thèmes que cette ultime partie nous donne l'occasion de traiter : 10 utilitaires extrêmement intéressants, 10 périphériques qui valent le coup et 10 bourdes à éviter... autant que faire se peut !

Chapitre 21

Dix utilitaires à ne pas rater

Dans ce chapitre :

- Aperçu : Lire des fichiers PDF.
- Aide-mémoire : Fourrer des pense-bêtes partout.
- Calculette : Calculer vite fait.
- ClamXav : Vous protéger des virus.
- Dashboard : Vous gaver de widgets.
- DrawBerry : Dessiner.
- iCal : Gérer votre agenda.
- Logiciel bancaire : Faire vos virements.
- Skype : Téléphoner pas cher.
- Visualiseur de caractères : Introduire un caractère spécial.

Une de fois de plus, le dicton « On a toujours besoin d'un plus petit que soi » se vérifie. Ce chapitre se propose de vous présenter quelques programmes utilitaires qui vous simplifieront la vie. Prenant en charge des tâches que les logiciels poids lourds dédaignent, ils assurent en effet une part importante du travail au quotidien.

Aperçu : Lire des fichiers PDF

Aperçu

Parmi les formats de documents, il en est un particulier, le format *PDF* (*Portable Document Format*), développé par la société Adobe.

Ses deux caractéristiques majeures sont :

- **Portabilité** : Comme le nom PDF l'indique, les documents enregistrés sous ce format se veulent avant tout légers en Ko de manière à faciliter leur transmission par courrier électronique ou leur transfert *via* Internet. Le format PDF est donc avant tout un format de partage.

- **Fidélité** : Les documents PDF présentent en outre l'énorme avantage de respecter scrupuleusement tous les paramètres du fichier original dont ils sont issus (mise en page et typographie), et ce quels que soient la plate-forme ou le système d'exploitation sous lesquels ils sont consultés. Il s'agit donc d'un format de fichier électronique à présentation fixe.

Cette fidélité de restitution rend d'ailleurs ce format très utile pour les documents destinés à être reproduits *via* des techniques d'impression professionnelles.

Seul inconvénient : faciles à partager et à imprimer, ces documents ne supportent toutefois aucune modification : ils sont le plus souvent figés dans l'état où ils se trouvaient à leur création. Comme quoi on ne peut pas tout avoir !

Ouvrir un document PDF

Pour lire un document PDF, il suffit de disposer du programme Aperçu. C'est le cas : il est livré avec Lion.

Vous n'avez donc qu'à double-cliquer sur l'icône du document PDF en question pour le mettre en service.

Une fois dans son environnement, voici comment les choses se présentent (Figure 21.1) :

Parcourir un document PDF

Dans son menu Présentation, Aperçu propose différentes options destinées à contrôler la consultation et l'affichage :

- **Zoom** : Zoom avant et zoom arrière depuis la barre d'outils ; des commandes plus pointues dans le menu, comme Taille réelle ou Zoom pour adapter à la fenêtre.

  Une loupe hyper puissante vous attend aussi au détour du menu Outils. Baptisée Afficher la loupe, elle vous permet de grossir tout ce qui se trouve sous votre pointeur.

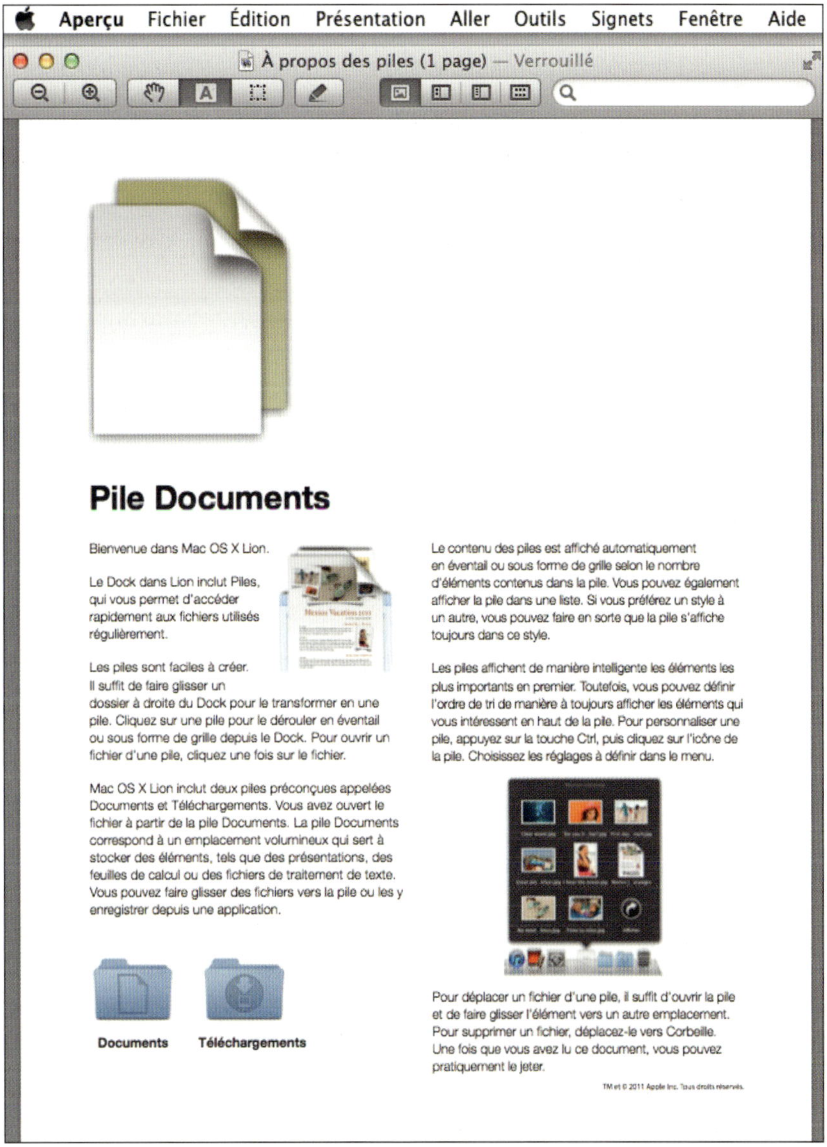

Figure 21.1 : Aperçu au travail.

- **Page unique ou deux pages** : Affichage d'une seule page ou, à la manière d'un livre, de deux pages en côte à côte.

- **Table des matières** : Possibilité d'afficher, dans un volet à gauche, la table des matières du document PDF actif. Vous en développerez les titres en cliquant sur les triangles (Figure 21.2). Chaque élément de cette table est un lien qui vous transporte, *illico presto*, vers la partie correspondante du fichier.

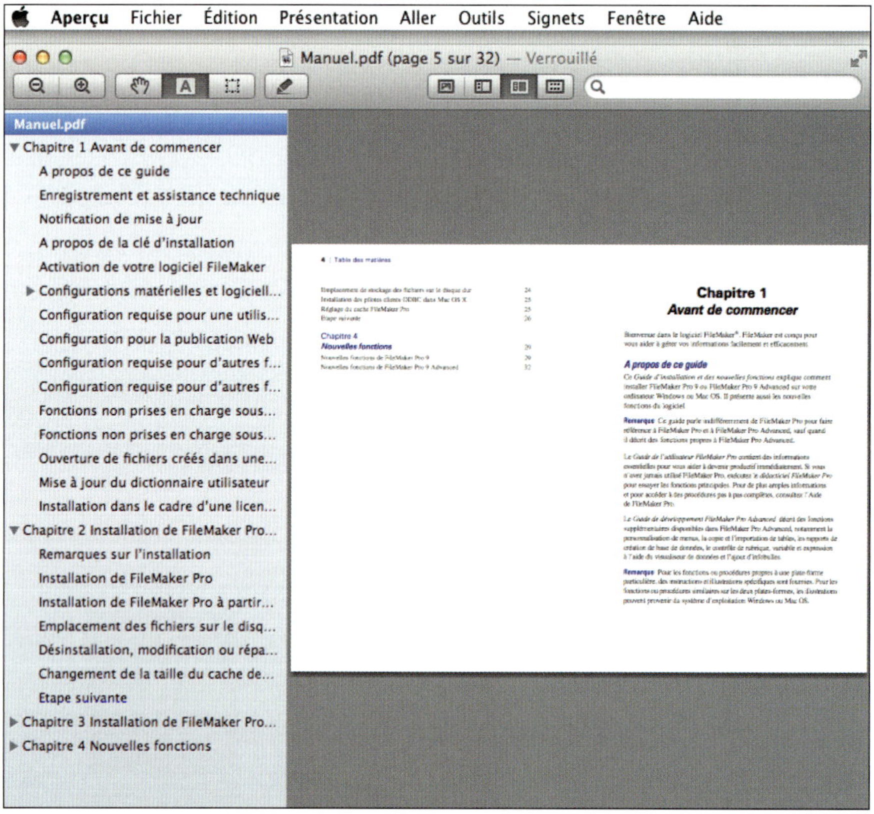

Figure 21.2 : Pour naviguer sans se fatiguer.

- **Vignettes** : Possibilité d'afficher, dans le volet gauche toujours, autant de vignettes que le document PDF actif comporte de pages. Ces vignettes sont elles aussi des liens qui vous amènent directement à la page correspondante.

TRUC

Dans la barre d'outils, les icônes placées à gauche du champ Rechercher vous assurent un accès rapide à ces commandes ; dans l'ordre : Contenu seul, Vignettes, puis Table des matières.

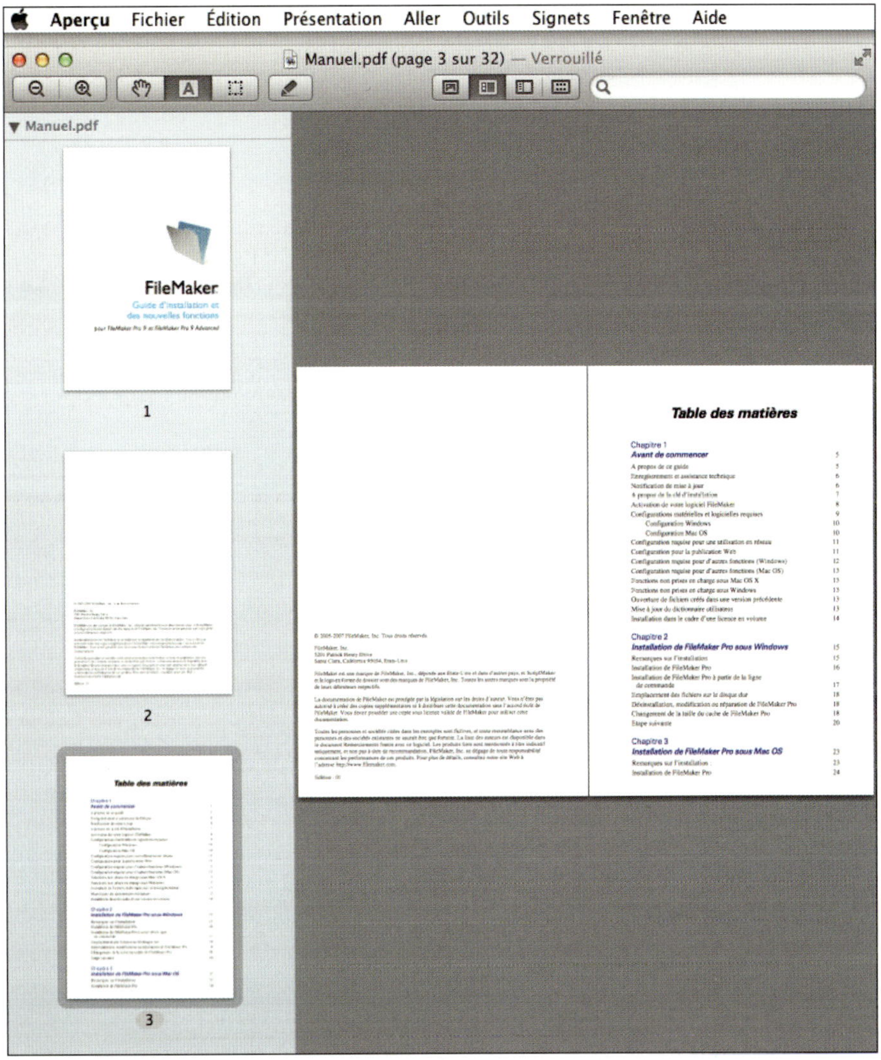

Figure 21.3 : Même principe, mêmes effets.

Rechercher dans un document PDF

Une case Rechercher dans la barre d'outils et une commande du même nom logée dans le menu Édition vous permettent d'effectuer des recherches au sein de vos PDF.

Le plus simple : cliquez dans cette case, tapez ce que vous recherchez, puis enfoncez la touche Entrée (Figure 21.4).

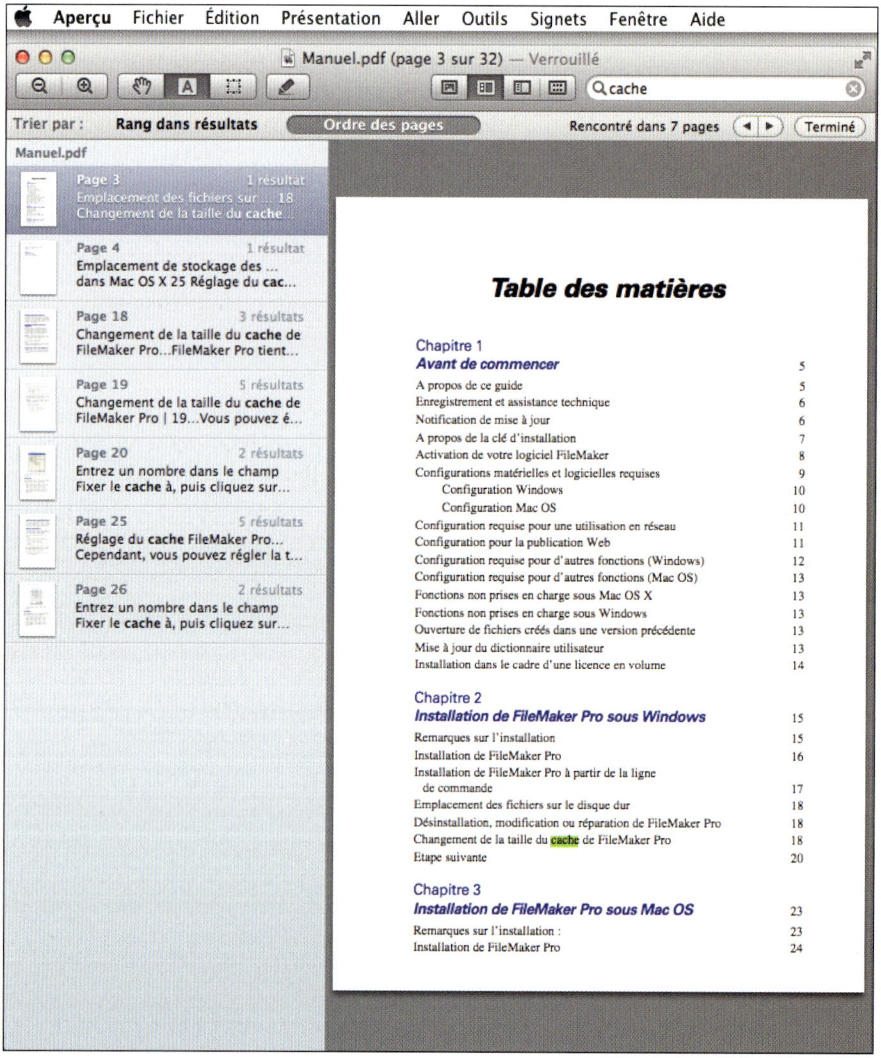

Figure 21.4 : Simple comme bonjour.

Une nouvelle barre fait son apparition sous la barre d'outils. Sa partie droite vous informe du nombre d'occurrences trouvées et ses deux boutons Précédent et Suivant vous permettent de naviguer parmi celles-ci.

Par ailleurs, un volet s'affiche à gauche, qui recense ces occurrences : numéro des pages sur lesquelles elles apparaissent, nombre d'occurrences sur chaque page et extrait du texte correspondant. Toutes les entrées du volet sont des liens qui, comme dans le cas des titres et des vignettes, vous conduisent direct à l'occurrence correspondante.

Cliquez sur Terminé pour regagner le mode normal.

Enregistrer un document en format PDF

Vous avez tapé, dans Pages, le compte-rendu détaillé de votre voyage en Jordanie et vous avez envie de l'envoyer à votre copine Marielle. Mais ça donnera quoi sur son ordi ? Si elle n'a pas Pages ? Si elle ne dispose pas des mêmes polices de caractères que vous ? Pire… si elle utilise un PC ?

En femme avisée que vous êtes, prenez donc les devants et convertissez votre fichier Pages en PDF. Comme ça, no soucy.

La plupart des logiciels offrent cette possibilité, localisée tantôt dans la fenêtre d'enregistrement, tantôt dans la fenêtre d'impression, quand ce n'est pas une commande baptisée Exporter qui, logiquement, prend l'opération en charge. C'est le cas de Pages. Alors, allez-y (Figure 21.5).

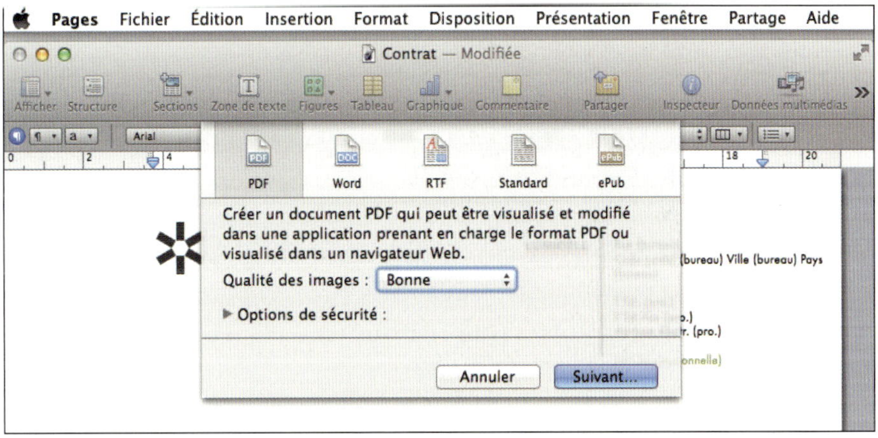

Figure 21.5 : Les formats d'exportation sont répertoriés en haut, PDF en tête.

Un conseil : sauvegardez d'abord votre document de manière classique, puis enregistrez-en une version en format PDF.

Aide-mémoire : Fourrer des pense-bêtes partout

Aide-mémoire

Vous avez toujours un bout de papier et un crayon sous la main ? Vous ne pouvez pas vivre sans noter tout ce qui vous passe par la tête ? Pensez alors à exploiter l'utilitaire Aide-mémoire.

Résolument orienté Post-it, ce petit programme vous permet de coller des notes partout où ça vous chante.

N'hésitez pas à l'ajouter au Dock si vous vous en servez souvent (voir le Chapitre 9, section « Personnaliser le Dock »).

Dès sa mise en service, il vous affiche deux notes qui résument ses fonctionnalités. Lisez-les, puis lancez-vous.

- **Pour créer une note** : Choisissez Fichier/Nouvelle note ou enfoncez les touches Commande + N.
- **Pour taper une note** : Dès qu'une note est créée, le point d'insertion clignote dans l'angle supérieur gauche de sa fenêtre. Il vous suffit donc de taper (Figure 21.6).

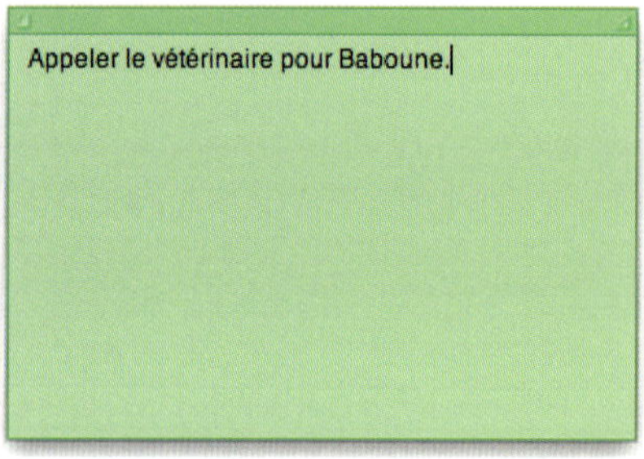

Figure 21.6 : Un Post-it comme sur le frigo !

Pour agir dans une note qui n'est pas active, commencez par cliquer dans sa fenêtre pour l'activer, puis cliquez à l'endroit où vous voulez vous manifester et tapez.

- **Pour redimensionner une note** : Cliquez-glissez sur un de ses bords ou sur un de ses angles.
- **Pour déplacer une note** : Cliquez-glissez sur sa barre de titre.
- **Pour condenser une note** : Double-cliquez sur sa barre de titre. Voilà la note réduite à sa plus simple expression. Un nouveau double-clic lui fait retrouver sa taille normale.
- **Pour changer la couleur d'une note** : Faites un choix dans le menu Couleur.
- **Pour imprimer une note** : Exploitez la commande Imprimer du menu Fichier.

- **Pour supprimer une note** : Activez la fenêtre de la note à supprimer, puis cliquez dans sa case de fermeture. Confirmez votre intention en cliquant sur Ne pas enregistrer dans la boîte de dialogue que le programme vous adresse à la suite de cette action.

Vous pouvez à tout moment quitter Aide-mémoire sans vous préoccuper de sauvegarder quoi que ce soit : c'est le programme qui s'en charge. Faites le test : créez vos notes, formatez-les, déplacez-les, puis quittez Aide-mémoire. Relancez-le : tout est là, c'est formidable !

Calculette : Calculer vite fait

Calculette

Il n'est pas toujours nécessaire de solliciter Numbers, surtout s'il ne s'agit que d'un petit calcul en passant.

Vous trouverez une calculette dans votre dossier Applications (Figure 21.7).

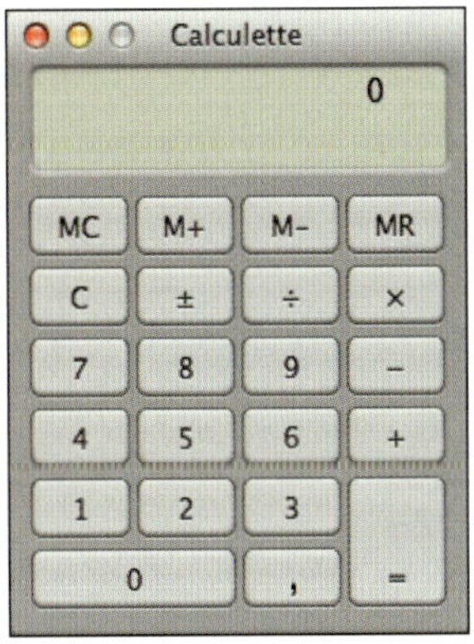

Figure 21.7 : On dirait une vraie ! Mais… c'est une vraie !

TRUC

Comme dans le cas d'Aide-mémoire, ajoutez la Calculette au Dock si vous calculez à tout bout de champ (voir le Chapitre 9, section « Personnaliser le Dock »).

Comme notre but est de montrer ici comment réaliser des calculs arithmétiques élémentaires, assurez-vous d'abord que c'est bien l'option Élémentaire qui est validée dans le menu Présentation.

Ensuite :

- **Pour effectuer un calcul simple** : Cliquez sur les touches de cette calculette ou utilisez votre pavé numérique. Notez, dans ce cas, que la touche Entrée équivaut à = (égal).
- **Pour effacer le calcul en cours** : Cliquez sur C.
- **Pour supprimer le dernier chiffre du nombre affiché** : Enfoncez la touche Retour arrière.

La Calculette a, bien sûr, d'autres cordes à son arc, notamment un outil très pratique de conversion de mesures. Vous le trouverez, c'est logique, dans le menu Convertir (Figure 21.8).

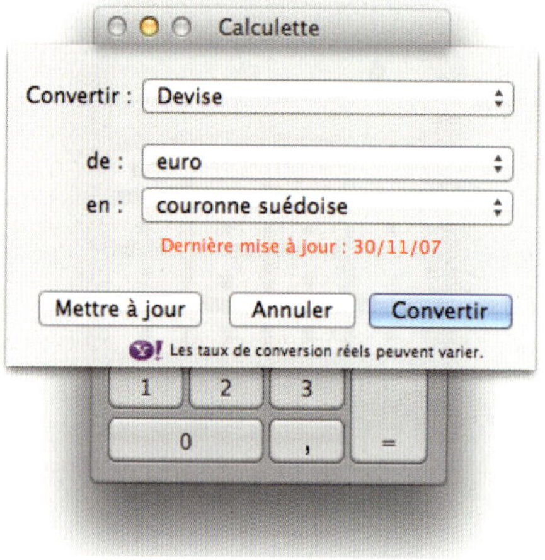

Figure 21.8 : Pour ne plus brûler les gigots !

ClamXav : Vous protéger des virus

Les *virus* sont des programmes qui s'introduisent dans les ordinateurs, ne sont pas contrôlables et sont susceptibles de causer de gros dégâts sur les postes de travail qu'ils parasitent, comme détruire des fichiers, bloquer l'accès au disque dur, communiquer aux programmeurs malveillants qui les ont mis au point des données confidentielles ou des mots de passe, voire – action la plus pernicieuse –, prendre le contrôle total de la machine.

Fort heureusement, les virus, c'est presque exclusivement aux PC (*Personal Computers*) qu'ils s'en prennent, pratiquement jamais aux Mac. Vous êtes donc du bon côté du gué.

Mais comme on ne sait jamais, autant vous prémunir contre toute attaque virale inopinée (c'est surtout avec les programmes que vous importez du Net que le risque est le plus élevé). Et, dans le même temps, autant éviter de transmettre, sans le savoir, des fichiers infectés à des copines qui évoluent sur PC.

Inutile de vous mettre en frais : il existe, sur le marché, un petit utilitaire gratuit que vous localiserez grâce à Google (www.clamvax.com/download.php) et téléchargerez en version 2.2.2. (si vous évoluez sous Lion). Son nom : ClamXav (Figure 21.9).

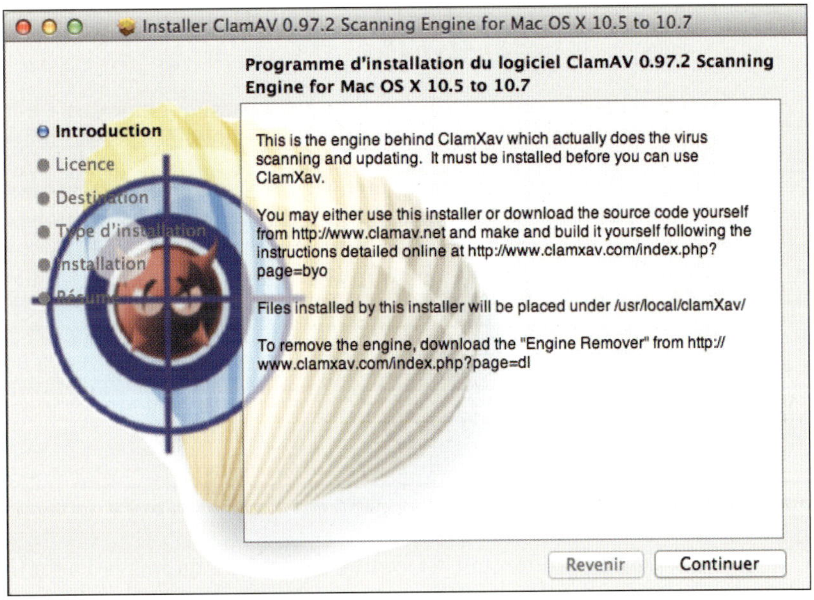

Figure 21.9 : Installez, puis exploitez.

Info ou int'hoax ?

Phénomène relativement récent, les hoax sont des canulars, c'est-à-dire de fausses annonces que vous recevez par mail et qu'on vous demande de relayer sans tarder vers toutes vos connaissances.

La plupart du temps, ce sont des messages alarmants, qui vous mettent en garde, par exemple, contre l'arrivée imminente d'un nouveau virus tout à fait dévastateur. Mais il peut aussi s'agir de fausses chaînes de solidarité, de fausses promesses, de fausses infos.

Le but de ces fausses alertes : engorgement des réseaux et désinformation. Décidément, la malveillance n'a pas de limite ! Surtout que les hoax n'ont pas toujours pour seule ambition de piéger les naïves. Ils peuvent aussi être porteurs de risques bien plus considérables, atteintes à la vie privée et autres dérapages du même genre. Sans compter que, en raison de leur popularité, certains hoax finissent par intéresser les pirates, qui se les approprient et leur adjoignent un virus. Relayé par des millions d'internautes candides, le canular devient alors une véritable épidémie !

Dashboard : Vous gaver de widgets

Dashboard

Les ordinateurs n'ont pas toujours bonne presse ; il faut dire qu'il est parfois bien difficile de s'y retrouver et de gérer efficacement l'environnement.

Pour vous faciliter la vie, les ingénieurs de chez Apple ont mis en place un petit utilitaire baptisé *Dashboard*, qui regroupe des outils intéressants – les *widgets* – qui ont la particularité de ne remplir qu'une seule tâche, d'être accessibles en un seul clic de souris et d'être, de surcroît, très faciles à mettre en œuvre.

OS X intègre, par défaut, une collection de 16 widgets que vous pouvez enrichir à tout moment. Vous trouverez, en effet, plus de 4 000 widgets en tous genres disponibles au téléchargement.

Ouvrir

Ouvrez Dashboard depuis le Dock (s'il y figure), depuis le Launchpad ou depuis le dossier Applications… ou, tout simplement, en enfonçant la touche F4 qui lui est associée. Si vous disposez d'un trackpad, vous pouvez aussi le traverser horizontalement avec trois doigts de gauche à droite.

Aussitôt, l'écran passe au noir et les widgets prédéfinis s'affichent (Figure 21.10) : une calculette, un calendrier, une horloge et une météo.

Figure 21.10 : Une transition surprenante !

TRUC

Dashboard ne se quitte pas comme les autres applications OS X. Pour le fermer, cliquez sur la flèche orientée vers la droite qui s'affiche dans l'angle inférieur droit de votre écran. Ou faites glisser trois doigts sur votre trackpad, dans l'autre sens… bien sûr !

Régler l'horloge mondiale

Pour connaître l'heure d'une ville particulière :

1. **Cliquez sur l'icône *i* qui se manifeste dans le coin inférieur droit du widget Horloge mondiale quand vous y laissez stationner votre pointeur.**
2. **Dans le menu local Région, choisissez un continent.**
3. **Dans le menu local Ville, choisissez une ville.**
4. **Cliquez sur Terminé.**

   L'horloge se met à l'heure instantanément.

TRUC

Comme Dashboard permet d'ouvrir plusieurs instances d'un même widget (voir la section « Ajouter d'autres widgets » plus loin dans ce chapitre), vous pouvez ajouter plusieurs widgets Horloge mondiale pour afficher simultanément l'heure de plusieurs pays du monde (Figure 21.11).

Figure 21.11 : On se croirait à la Bourse !

Consulter la météo

Pour connaître la météo d'un endroit particulier :

1. **Cliquez sur l'icône *i* qui se manifeste dans le coin inférieur droit du widget Weather quand vous y laissez stationner votre pointeur.**
2. **Dans le champ City, State, ou ZIP code, entrez la ville, l'état, ou le code postal de l'endroit dont vous désirez connaitre la météo.**

Souvent, le widget complète les infos à votre place. Ainsi, si vous tapez « Toulouse », il ajoute spontanément « Midi-Pyrénées (France) ».

3. **Faites votre choix dans l'éventuelle liste d'endroits qui vous est proposée.**
4. **Dans le menu local Degrees, assurez-vous que la température s'affiche bien en degrés centigrades (°C).**
5. **Pour obtenir une prévision des températures les plus basses sur les six prochains jours, validez l'option Include lows in 6-day forecast.**
6. **Cliquez sur Done.**

   Le temps et les températures s'affichent.

Un clic à proximité du nom de la ville lance automatiquement Safari sur la page Yahoo! News Weather, qui vous donne de plus amples informations au sujet des conditions météo dans la zone spécifiée.

Comme dans le cas de l'horloge, vos pouvez suivre la météo de plusieurs zones géographiques en ouvrant plusieurs occurrences du widget Weather et en leur assignant à chacune un emplacement distinct (voir ci-après).

Ajouter d'autres widgets

Vous n'êtes heureusement pas cantonnée à ces 4 widgets de base, sinon ça n'aurait aucun intérêt.

Dashboard, en effet, propose d'autres widgets qui ne sont pas affichés par défaut : mémo, convertisseur, dictionnaire, traducteur, cotations boursières…

Pour les obliger à se manifester :

1. **Cliquez sur le signe + en bas à gauche.**

   Un bandeau s'affiche dans le bas de la fenêtre, qui recense les widgets disponibles (Figure 21.12).

Figure 21.12 : C'est Byzance !

Si la largeur de l'écran n'est pas suffisante pour les afficher tous, des flèches apparaissent, qui vous permettent de parcourir cette liste horizontalement.

2. **Cliquez sur le widget à ajouter.**

   Il s'affiche instantanément sur le Dashboard.

3. **Si nécessaire, faites-le glisser à l'emplacement qui vous convient.**

   Vous pouvez glisser-déplacer des widgets à n'importe quel moment sur le Dashboard. Inutile pour cela d'ouvrir la liste des widgets en bas de l'écran.

   Et voilà le travail !

   Pour fermer un widget, cliquez sur son bouton X. Vous pourrez le rouvrir quand bon vous semblera.

Débarrassez-vous de ce grenier à widgets en cliquant sur la croix en bas à gauche.

En cliquant sur le bouton Gestion des widgets, vous aurez accès à la commande Plus de widgets qui, sans coup férir, vous emmènera sur le site Web d'Apple à la partie consacrée aux widgets. N'hésitez pas non plus à visiter le site http://www.dashboardwidgets.com. Vous pourrez en télécharger à tout berzingue !

DrawBerry : Dessiner

DrawBerry

Vous avez envie de vous amuser un peu à faire du dessin, mais les logiciels spécialisés vous intimident. D'autant que vous n'avez nul besoin de toutes les fonctionnalités avancées qu'ils proposent. Non, ce que vous voulez, vous, c'est un petit programme, immédiat et pratique, qui vous permette d'exploiter vos talents créatifs sans vous imposer, pour y arriver, une formation de six jours !

Allez donc chercher DrawBerry sur le Net. Ce petit utilitaire de dessin vectoriel vous rendra bien des services. Au lancement, vous vous retrouverez bombardée d'une foule de palettes ; faites le ménage : cliquez sur Créer dans la palette Nouveau, puis, une fois le document ouvert, ne conservez que les palettes Outils et Forme : fermez les autres. Ouf, on respire (Figure 21.13) !

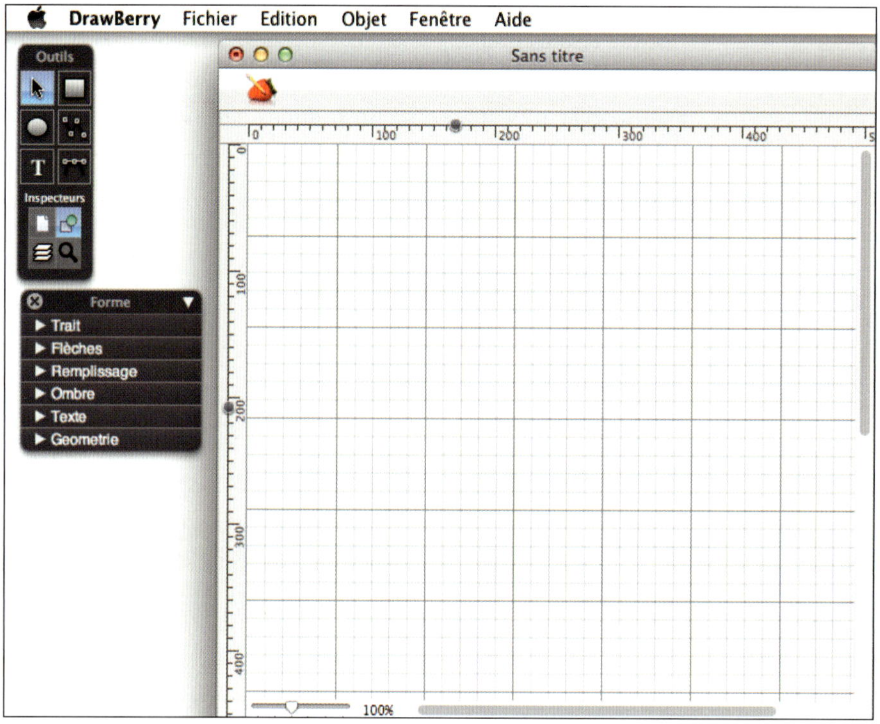

Figure 21.13 : Ici, c'est sûr, vous allez vous sentir à l'aise.

Attardons-nous quelques instants sur la palette d'outils :

- **Outil Rectangle** : Cliquez-glissez pour tracer des rectangles ; Majuscule + cliquez-glissez pour tracer des carrés.
- **Outil Oval** : Cliquez-glissez pour tracer des ovales ; Majuscule + cliquez-glissez pour tracer des cercles.
- **Outil Ligne** : Pour tracer un trait, cliquez où le trait doit commencer, relâchez le bouton de la souris, puis double-cliquez où il doit prendre fin. Pour tracer un polygone, il suffit, entre le clic du début et le double-clic de la fin, de cliquer afin d'ancrer les différents sommets du polygone jusqu'à réalisation de la figure souhaitée (Figure 21.14).

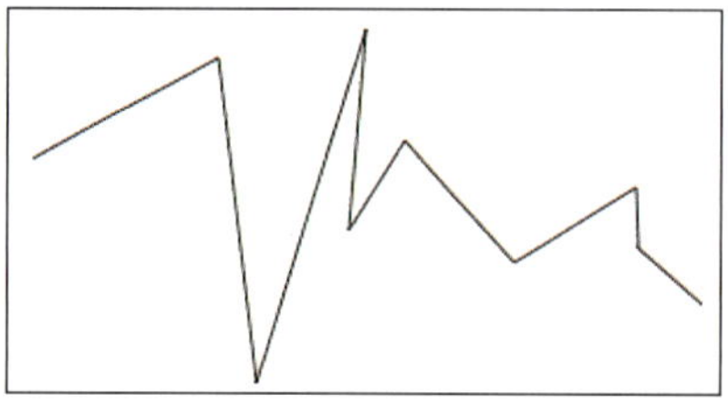

Figure 21.14 : Tout est permis, du plus sage au plus psychédélique.

- **Outil Texte** : Cliquez-glissez pour tracer une zone de texte ; ensuite, double-cliquez dans le texte échantillon pour le sélectionner et tapez votre propre texte.
- **Outil Courbe** : Utilisez cet outil pour tracer des courbes de Bézier (ruez-vous sur Internet pour en apprendre davantage à ce sujet).

Pour agir sur un élément tracé, il faut au préalable le sélectionner. Exploitez à cette fin l'outil Sélection (la flèche en haut à gauche de la palette d'outils). Une fois la sélection opérée, toutes sortes de traitements peuvent être appliqués à l'élément, comme :

- **Formater les traits** : C'est le volet Trait de la palette Forme qui fournit les outils nécessaires : couleur, épaisseur, bout…
- **Formater les flèches** : C'est le volet Flèches, dans ce cas, qui regroupe les options disponibles de formatage du début et de la fin : forme, couleur de remplissage, contour…
- **Attribuer une couleur de fond et/ou un ombrage** : Agissez dans les volets Remplissage et Ombre de la même palette.
- **Supprimer** : Sélectionnez l'élément dont vous voulez vous défaire, puis enfoncez la touche Retour arrière.

D'autres fonctions sont proposées, comme amener un plan devant, envoyer un plan derrière, aligner horizontalement et verticalement… Nous vous laissons le soin de les découvrir si le programme vous inspire.

iCal : Gérer votre agenda

iCal

Logiciel de gestion du temps susceptible de remplacer avantageusement les Post-it collés sur le réfrigérateur, iCal vous attend dans votre dossier Applications.

Il vous propose d'emblée :

- **Un menu local Calendriers** en haut à gauche. Cliquez dessus et vous verrez que, par défaut, le programme vous propose deux calendriers distincts : Personnel et Travail. (Quand vous maîtriserez mieux iCal, vous apprendrez à créer, modifier, supprimer des calendriers.)
- **Un affichage central** par jour, par semaine ou par mois selon l'option sélectionnée dans le haut de la fenêtre ou la commande validée dans le menu Présentation.

Son interface (Figure 21.15) :

TRUC

L'affichage par année pratique le code couleur pour traduire la densité de vos occupations : plus il y a de rouge, plus vous êtes débordée ! En fait, la gradation se fait du blanc (activité nulle ou très réduite) au rouge (activité intense) en passant successivement par le jaune et l'orange (activité moyenne à soutenue).

- **Deux flèches qui encadrent la mention Aujourd'hui** et qui vous permettent de reculer ou d'avancer dans le temps ainsi que d'atteindre la date courante.

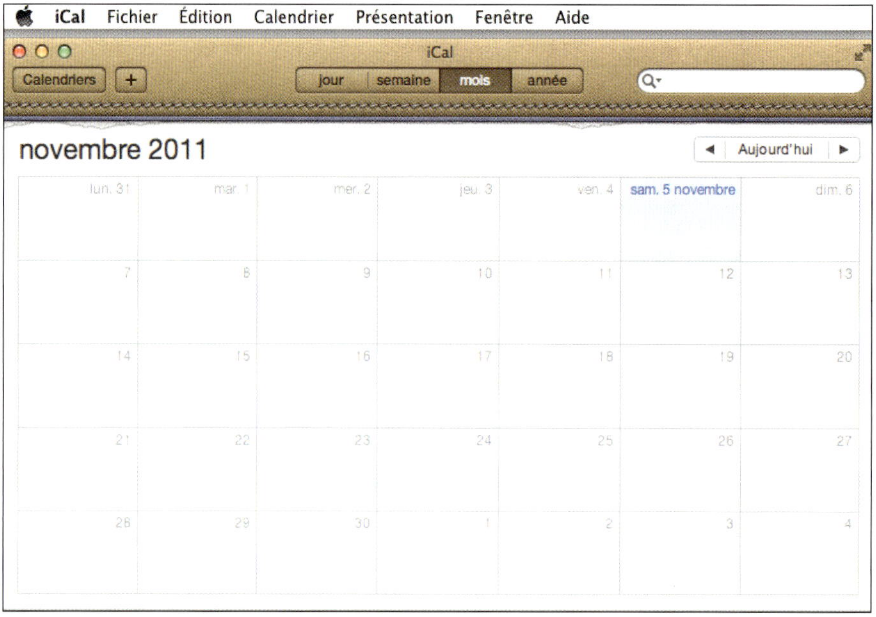

Figure 21.15 : Tout le petit nécessaire pour gérer efficacement votre emploi du temps.

Atteindre une date

Plusieurs outils vous garantissent un accès direct à une date donnée :

- **Avec la commande Aller à la date du menu Présentation (Commande + Majuscule + T)** : Entrez la date à atteindre dans le champ Date de la fenêtre correspondante (Figure 21.16), puis validez Afficher.
- **Avec la commande Aujourd'hui du menu Présentation (Commande + T) ou le bouton Aujourd'hui en haut à droite** : Pour gagner la date courante.
- **Avec les flèches du haut de la fenêtre** : Pour atteindre le jour, la semaine ou le mois précédent ou suivant.

Figure 21.16 : Accès direct.

Noter un rendez-vous

C'est une des opérations de base du programme. Trois infos à spécifier : la date, l'heure et la durée.

La procédure diffère légèrement selon la présentation depuis laquelle vous opérez :

1. **En haut à gauche, déroulez le menu local Calendriers et sélectionnez le calendrier concerné (Personnel pour privé et Travail pour professionnel).**

2. **Dans la partie principale de la fenêtre, gagnez la date concernée (voir ci-dessus).**

3. **Définissez le rendez-vous.**

   En mode Jour ou Semaine :

   1. Cliquez-glissez pour définir la durée du rendez-vous.

      Vous pouvez aussi double-cliquer. Double-cliquez dans la case Événements toute la journée pour introduire un événement qui dure la journée entière ; double-cliquez dans la liste des plages horaires pour introduire un événement d'une durée prédéfinie de 1 heure.

      Une zone Nouvel événement s'affiche. Sa couleur correspond à celle du calendrier sélectionné (Figure 21.17).

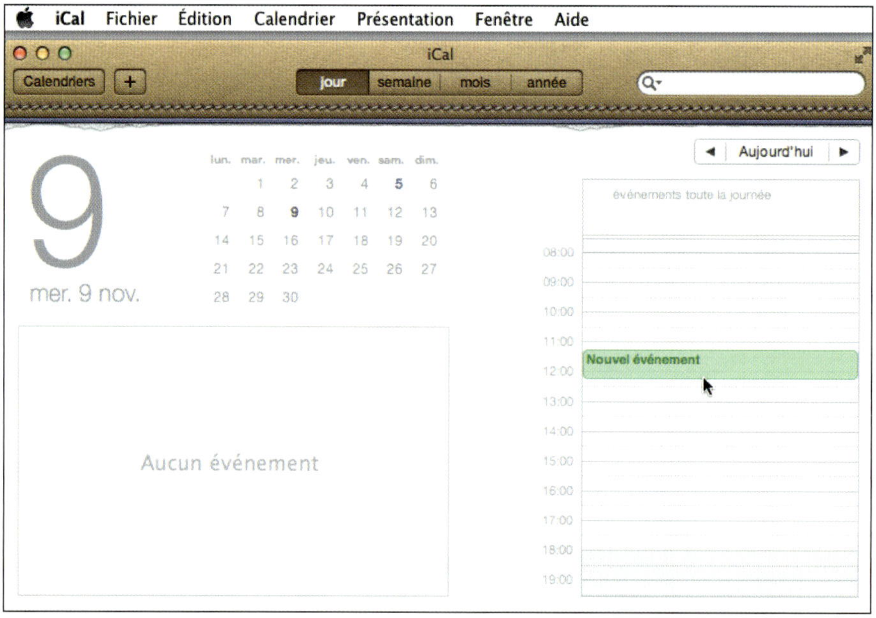

Figure 21.17 : Commencez par dire « quand ».

Dès que vous relâchez, la mention Nouvel événement est sélectionnée à droite et une zone apparaît à gauche, qui mentionne la date courante (en haut), puis la date de l'événement, puis (en bas) l'événement lui-même et sa plage horaire (Figure 21.18).

2. Dans le calendrier (à droite), remplacez l'intitulé générique Nouvel événement sélectionné par défaut par l'intitulé de votre choix.

3. Validez par la touche Entrée.

En mode Mois :

1. Cliquez deux fois sur la case du jour concerné.

   Une case Nouvel événement s'ouvre (Figure 21.19). Sa couleur correspond à celle du calendrier sélectionné.

2. Remplacez l'intitulé générique Nouvel événement sélectionné par défaut par l'intitulé de votre choix.

3. Validez par la touche Entrée.

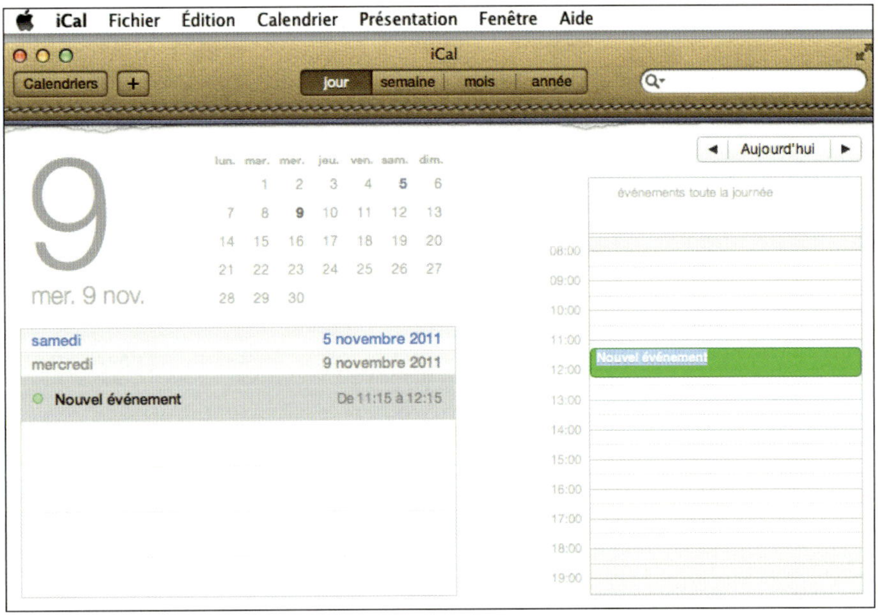

Figure 21.18 : iCal a bien compris.

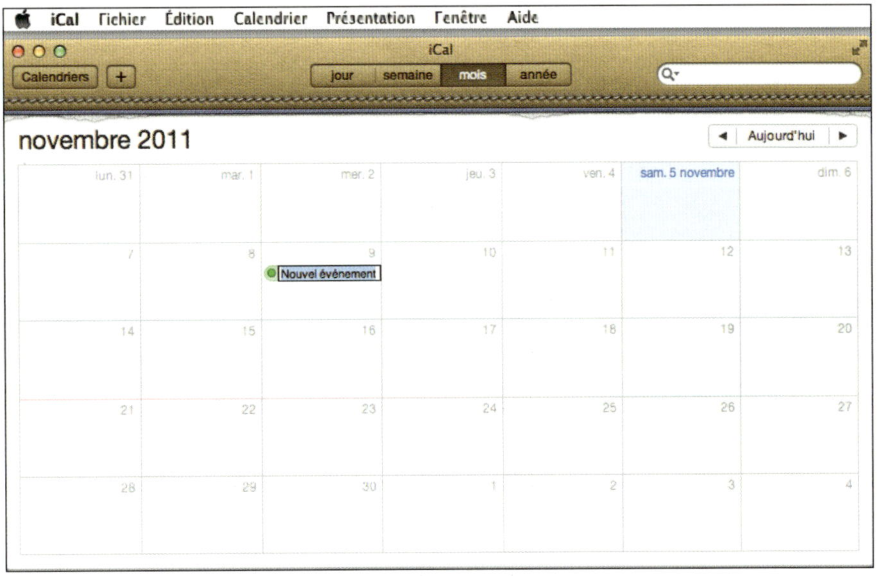

Figure 21.19 : Que prévoyez-vous pour ce 9 novembre ?

4. **Pour définir l'heure de début et de fin, cliquez deux fois sur l'événement.**

   Sa fenêtre s'ouvre (Figure 21.20).

Figure 21.20 : Vous allez pouvoir préciser.

5. **Désactivez l'option Toute la journée.**

6. **Remplacez l'heure de début et l'heure de fin proposées par défaut à droite de la date.**

7. **Cliquez sur Terminé.**

Le bouton + en haut à gauche vous permet de créer un événement rapide pour le jour courant.

Depuis la fenêtre principale du programme, vous pouvez, bien entendu, déplacer vos rendez-vous par cliquer-glisser, en modifier la durée selon la même technique, voire les supprimer en cliquant dans leur fenêtre, puis en activant la touche Suppression ou Retour arrière. (Dans le cas d'événements récurrents – voir la section suivante –, vous aurez le choix entre supprimer tous les événements futurs ou uniquement l'occurrence sélectionnée.)

Ajouter des précisions

iCal vous permet d'introduire d'autres infos relatives à vos rendez-vous. Accédez à la fenêtre correspondante en double-cliquant sur l'événement à traiter, puis en cliquant sur Modifier.

Les principaux réglages sont :

- **Intitulé** : Si nécessaire, modifiez l'intitulé dans la case du haut du volet.
- **Lieu** : Cliquez sur Aucune, puis précisez à quel endroit doit se tenir le rendez-vous.
- **Récurrence** : Si le rendez-vous est récurrent, spécifiez-en la périodicité *via* le menu Récurrence (Figure 21.21).

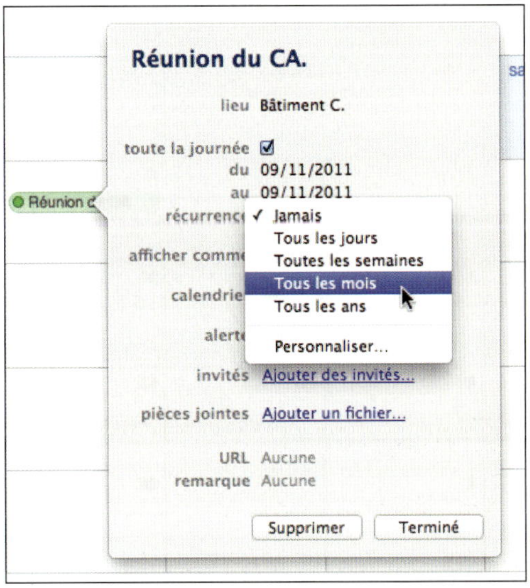

Figure 21.21 : Plusieurs périodicités prédéfinies ainsi qu'une possibilité de personnalisation.

Le menu local Fin vous permet de faire se répéter l'événement à l'infini (option Jamais) ou d'en fixer le terme, soit à une date fixe (option Le), soit après un nombre d'occurrences donné (option Après… fois).

- **Alerte** : Déroulez le menu local Alerte et demandez que le programme vous rappelle le rendez-vous à un moment précis selon une procédure à sélectionner dans le sous-menu (Figure 21.22) avec, disponible ensuite, une série de réglages qui varient selon l'option retenue.

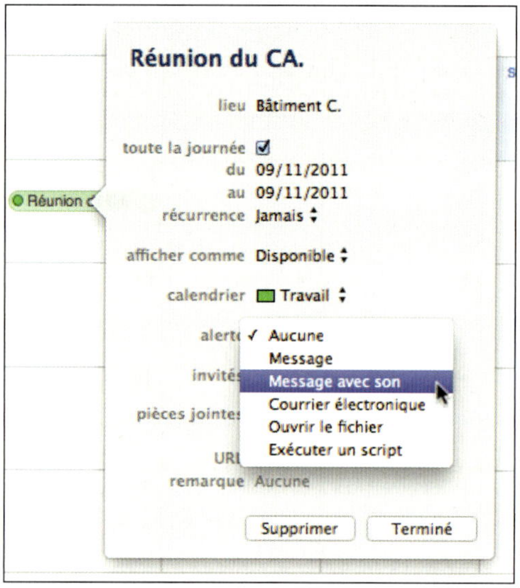

Figure 21.22 : Vous ne pourrez plus dire qu'on ne vous a pas prévenue !

Gérer les rappels

Vous aimez les listes ? Vous allez être servie. Le volet Rappels ne sert qu'à ça !

- **Pour créer un rappel** : Choisissez Nouveau rappel (Commande + K) dans le menu Fichier. Un volet Rappels fait son apparition à droite (Figure 21.23).

  Remplacez ensuite l'intitulé standard Nouveau rappel par l'intitulé du rappel à ajouter, puis validez *via* la touche Entrée.

- **Pour renommer un rappel** : Accédez à la fenêtre d'édition pour double-clic, puis corrigez l'intitulé. Cliquez sur Fermer.

- **Pour attribuer une priorité à un rappel** : Vous pouvez agir depuis la fenêtre d'édition, mais il y a plus court : déroulez le menu local Priorité en cliquant sur le symbole placé à droite de l'intitulé du rappel (Figure 21.20).

- **Pour ajouter une date butoir à un rappel** : Accédez à la fenêtre d'édition par double-clic, validez l'option Échéance et entrez la date dans la case voisine. Le cas échéant, demandez un rappel *via* la fonction Alerte. Validez grâce au bouton Fermer.

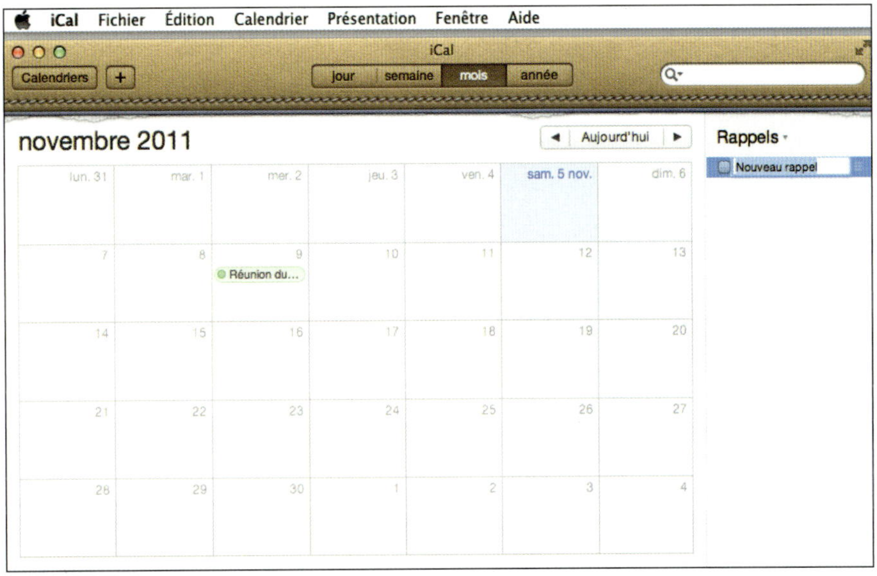

Figure 21.23 : On vous tient à l'œil !

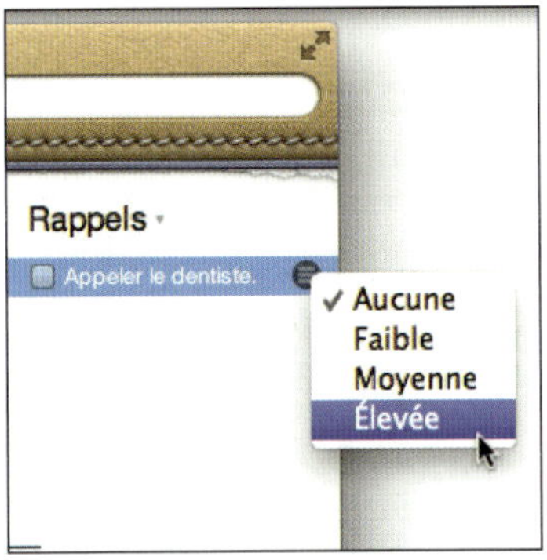

Figure 21.24 : Vite ! Cette molaire vous fait atrocement souffrir !

- **Pour noter que la tâche liée à un rappel est terminée** : Cochez sa case.
- **Pour trier les rappels** : Choisissez Trier les rappels par dans le menu Présentation, puis sélectionnez un critère de tri dans le sous-menu correspondant.
- **Pour supprimer un rappel** : Sélectionnez-le, puis enfoncez la touche Suppression ou Retour arrière.

iCal a d'autres cordes à son arc, comme la possibilité de convier des participants à un événement, d'imprimer vos calendriers, de transférer des informations d'un calendrier vers un autre, de publier vos calendriers sur le Net afin que d'autres utilisateurs puissent les visualiser et les partager… Une chose est sûre : vous n'allez pas chômer !

Comme tous les programmes, iCal propose une commande Imprimer qui vous permettra d'imprimer vos calendriers et vos rappels. Dans la fenêtre d'impression, vous choisirez une présentation, définirez la période, désignerez les calendriers et spécifierez d'autres options, comme Mini calendrier (pour imprimer, en petit, le mois d'avant et le mois d'après) ou Noir et blanc (pour économiser vos cartouches).

Logiciel bancaire : Faire vos virements

La quasi-majorité des établissements bancaires proposent un portail Internet : BNP Paribas, HSBC, AGF, Accord, Crédit agricole, CIC, Fortis, Axa, Société générale, ING, Crédit mutuel…

Même si les services proposés peuvent varier d'un logiciel à l'autre, les fonctions majeures se retrouvent partout :

- **Historique** : Vous pouvez à tout moment afficher l'historique de vos comptes, qu'il s'agisse des derniers mouvements en date ou de ceux d'une période plus ancienne (avec possibilité, dans certains cas, de remonter jusqu'à un an en arrière).
- **Soldes** : Vous aimez savoir où vous en êtes côté finances ? Consultez vos soldes, histoire de vous rassurer… ou de vous inquiéter… !
- **Cartes** : Accédez directement aux infos relatives à vos cartes de crédit, notamment le suivi des transactions effectuées *via* ces cartes ou l'encours des factures non encore débitées pour les cartes à débit en fin de mois.

En marge de ces opérations classiques, c'est, à notre sens, la possibilité d'effectuer vos virements depuis le siège confortable de votre bureau qui est la plus intéressante. Finis les virements papier ou les queues aux guichets électroniques.

La fonction de multivirement est souvent bien implémentée dans les logiciels bancaires. Elle vous autorise à mémoriser une liste de bénéficiaires habituels, à effectuer des virements ponctuels avec ou sans date mémo, à mettre en place des ordres permanents, *etc.* Les formulaires électroniques rappellent furieusement leurs équivalents papier pour ne pas vous dépayser.

L'expérience Banque en ligne vous tente ? Adressez-vous à votre institution ; elle vous fournira gracieusement son logiciel bancaire ainsi que les codes d'accès nécessaires à son exploitation.

Skype : Téléphoner pas cher

Leader incontesté de la *VoIP* (*Voice over Internet Protocol*) ou téléphonie Internet, Skype est un programme qui permet à toutes les internautes de passer des appels audio et vidéo d'une durée illimitée à d'autres internautes, où qu'elles soient dans le monde.

L'appel est gratuit si la communication se fait d'ordinateur à ordinateur et ne coûte qu'un prix modique si elle s'établit depuis un Mac vers un téléphone fixe ou portable.

Non content d'assurer des communications téléphoniques à des prix défiants toute concurrence, le programme développé par KaZaA et racheté depuis par eBay ne cesse de s'adjoindre de nouvelles fonctionnalités : boîte vocale, envoi de SMS, transfert d'appels, vidéoconférence ou encore messagerie instantanée permettant de chatter en groupe ou d'échanger des documents.

Le succès de ce programme de téléphonie Internet est tel qu'une foule de produits hardware s'y sont intégrés, principalement des combinés estampillés Skype. Certains fabricants (dont Sony) ont même sorti une souris-téléphone qui sert de combiné pour téléphoner *via* le Net (Figure 21.25).

Figure 21.25 : La souris-téléphone de Chinavision, pour les fans de Skype et de VoIP.

La concurrence fait rage

Comme le marché de la VoIP est extrêmement lucratif, d'autres softphones (logiciels spécialisés dans les appels téléphoniques sur Internet) cherchent à ravir à Skype sa place de leader et à l'envoyer *asap* dans les cordes.

Parmi ces challengers, citons le français Wengo, filiale de Cegetel, qui revendique des tarifs inférieurs. D'autres, comme le suédois Rebtel ou l'américain Gizmo, cherchent également à tailler des croupières au programme d'eBay. Enfin, le dernier venu, l'hexagonal Doop, se positionne lui aussi en rival potentiel.

Il sera sans doute intéressant de suivre cette lutte sans merci et de voir si le leader incontesté d'aujourd'hui pourra maintenir sa suprématie face à ces jeunes concurrents aux dents longues.

Installer

Le programme se télécharge gratuitement depuis Internet. (Pour des infos sur le téléchargement, voyez le Chapitre 20.)

Gagnez donc le site www.skype.com et demandez que le téléchargement commence. Première opération : vous créer un compte (Figure 21.16).

Fournissez, dans les cases correspondantes, votre prénom, nom, adresse email et confirmation d'adresse email. Ensuite, introduisez un pseudo qui vous identifiera sur Skype ainsi qu'un mot de passe qui protégera votre accès. Recopiez le captcha (test de défi-réponse permettant de différencier un utilisateur humain d'un ordinateur), puis cliquez sur J'accepte – Continuer.

Une image disque s'affiche alors dans votre dossier Téléchargements ; double-cliquez dessus. À ce stade, il ne vous reste qu'à faire glisser l'icône de Skype sur celle de votre dossier Applications dans la fenêtre ouverte par double-clic (Figure 21.27). Pour finir, fermez cette fenêtre et débarrassez-vous de l'image disque montée sur votre Bureau et qui ne vous est plus d'aucune utilité.

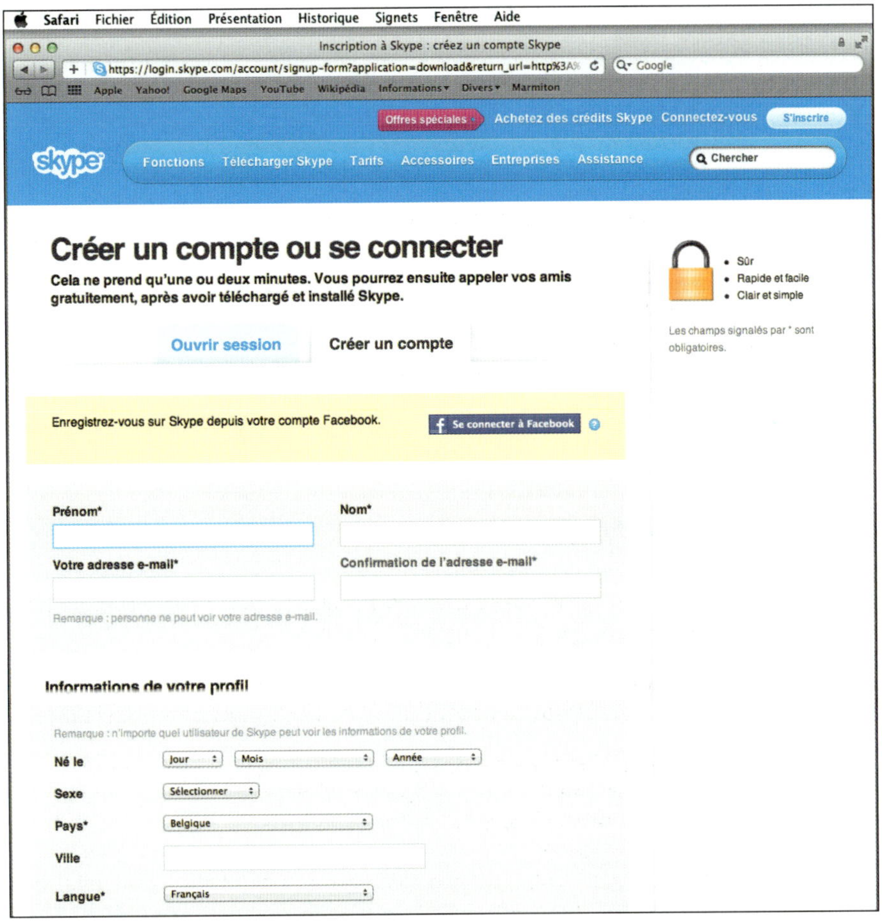

Figure 21.26 : Faisons les présentations.

Vous piaffez d'impatience ? Lancez le programme depuis le Launchpad ou depuis votre dossier Applications et confirmez votre intention de l'ouvrir dans le message d'alerte que le Mac vous adresse.

Dans sa fenêtre de bienvenue, entrez votre pseudo et votre mot de passe, puis cliquez sur Se connecter. Faites le tour du propriétaire si le cœur vous en dit ; sinon, déclinez l'invitation grâce au bouton Quitter le tour. Vous échouez dans l'interface du logiciel (Figure 21.28).

Figure 21.27 : Et voilà le travail.

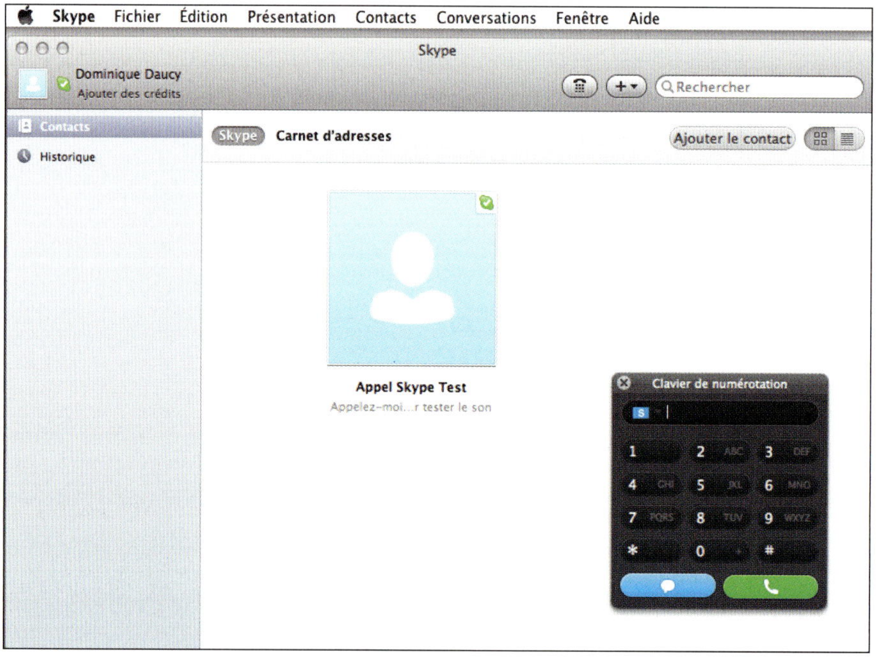

Figure 21.28 : Vous ne l'avez pas volé !

TRUC

Si vous n'avez pour l'instant aucun usage du clavier de numérotation, licenciez-le.

Appeler d'ordinateur à ordinateur

Commencez par ajouter vos contacts *via* la commande Ajouter un contact du menu Contacts.

Dans la case d'édition que la commande vous ouvre, entrez soit le nom de votre premier correspondant, soit son adresse mail, puis cliquez sur Rechercher. Dans la partie inférieure de la fenêtre où les correspondances s'affichent, double-cliquez sur le contact à ajouter.

Une fenêtre d'envoi de requête vous est alors proposée ; cliquez sur Envoyer. À l'autre bout de la ligne, le contact en question recevra une fenêtre du genre (Figure 21.29) :

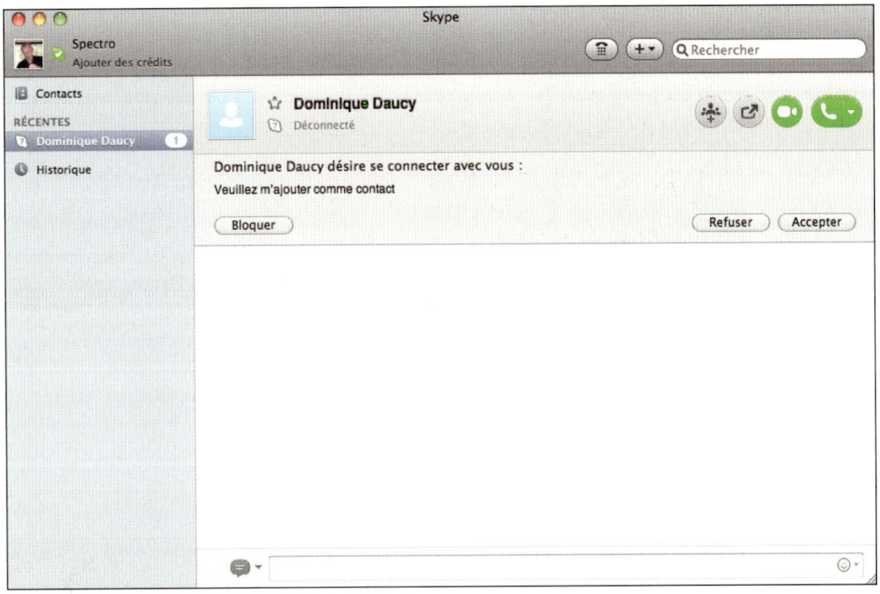

Figure 21.29 : Une invitation en bonne et due forme.

Dès qu'il aura cliqué sur Accepter, vous en serez avisée par signal sonore et ce contact s'ajoutera à votre liste.

Répétez l'opération pour vos contacts privilégiés. Après quoi vous serez enfin prête à papoter gratos !

L'appel d'ordi à ordi est, de fait, entièrement gratuit et s'opère très facilement : depuis la fenêtre du programme, choisissez Contacts à gauche, sélectionnez votre interlocuteur dans votre liste de contacts qui s'affiche à droite, puis cliquez sur son bouton Appeler pour lancer un appel audio (Figure 21.30).

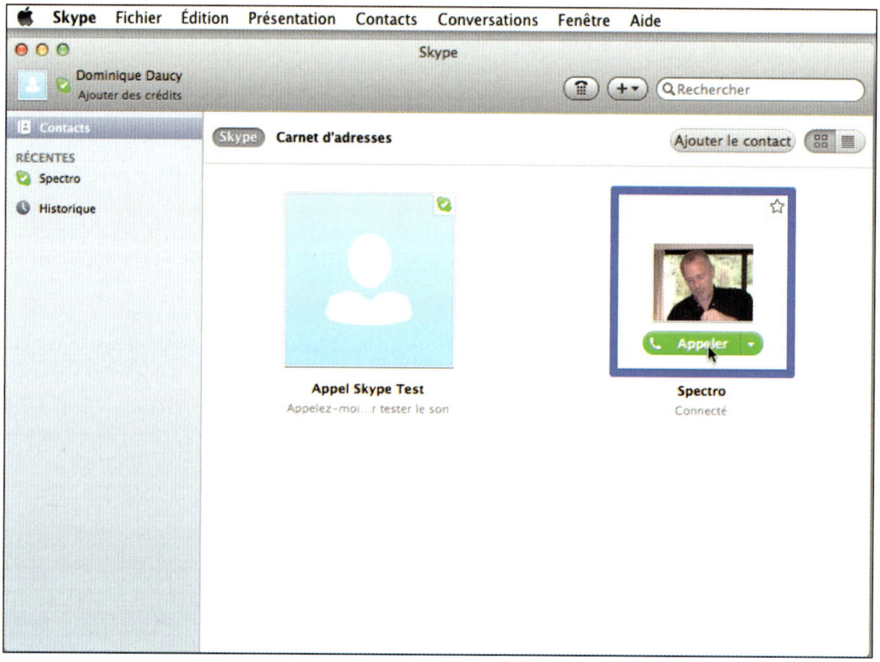

Figure 21.30 : Un appel pour 0 euro 0 centime.

En déroulant le menu local, vous pourrez sélectionner Appel vidéo (pour un appel en images) ou Envoyer un message (pour un appel texte uniquement).

Seule contrainte : les deux ordinateurs impliqués doivent faire partie du réseau Skype.

Appeler vers un téléphone fixe ou portable

Le principe : vous achetez un crédit temps par carte bancaire ou PayPal avant de passer votre premier coup de fil.

Cliquez, en haut à gauche sous votre nom, sur Ajouter des crédits. La fenêtre Skype – Compte s'affiche (Figure 21.31).

Cliquez, en haut à gauche, sur Ajouter des crédits Skype. (Notez qu'une formule par abonnement est également disponible.) Fournissez les infos demandées. Une fois le crédit obtenu, vous pouvez commencer à téléphoner.

La procédure est simple : cliquez sur l'icône Clavier de numérotation du haut de la fenêtre, puis, dès que ce clavier se manifeste (Figure 21.32), composez votre numéro et lancez l'appel en cliquant sur le téléphone vert.

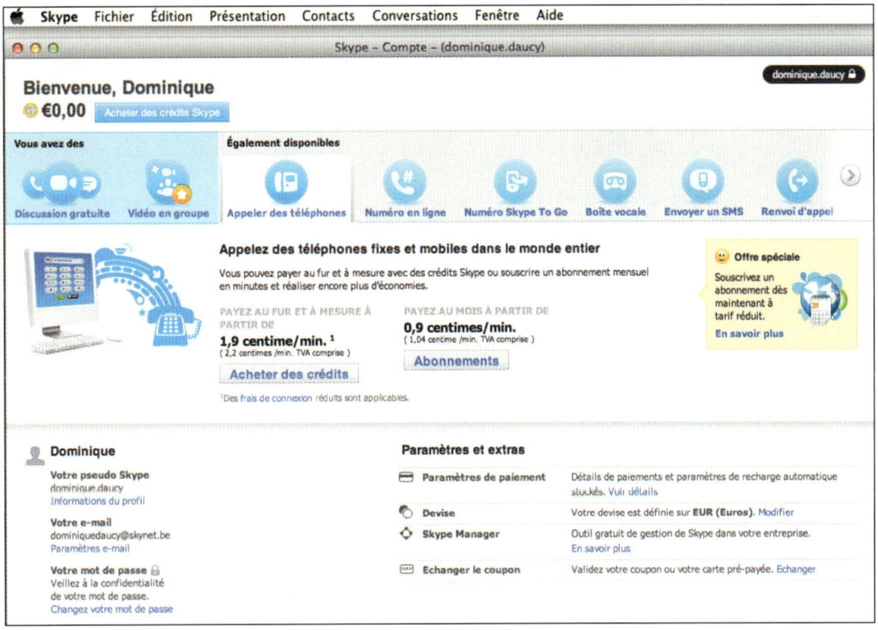

Figure 21.31 : Commencez par alimenter votre compte.

Figure 21.32 : Appelez aux quatre coins du monde pour quelques centimes d'euro à la minute !

Si vous avez ajouté les numéros de téléphone de vos contacts (*via* la commande du même nom du menu local qui se déroule suite à un clic secondaire sur un contact donné et vous permet d'encoder portable, domicile, bureau ou autre), vous pourrez les appeler directement : choisissez Contacts à gauche, sélectionnez un contact à droite, puis déroulez son menu local et choisissez-y le numéro à composer (Figure 21.33).

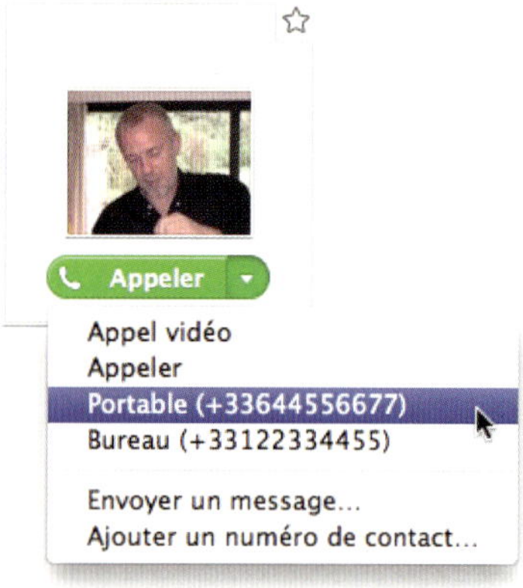

Figure 21.33 : Appel direct sur ligne téléphonique.

Les communications vous sont facturées à la minute. Pas de surprises désagréables : votre solde s'affiche dès que vous cliquez sur le bouton Ajouter des crédits. Facile pour gérer son budget !

Visualiseur de caractères : Introduire un caractère spécial

Vous avez besoin d'introduire dans l'un ou l'autre document un signe particulier qui ne figure pas sur votre clavier, genre caractère accentué, symbole mathématique, flèche, émoticône ou autre dingbat ? Appelez le Visualiseur de caractères à la rescousse.

Il s'agit là d'une fenêtre qui propose tous les caractères de toutes les polices installées sur votre ordinateur et Dieu sait s'il y en a !

Pour l'exploiter :

1. **Cliquez à l'endroit où vous voulez introduire un caractère spécial (dans un texte Pages, dans une cellule Numbers, dans un message Mail...).**

2. **Choisissez Édition/Caractères spéciaux.**

   La fenêtre Caractères s'ouvre (Figure 21.34).

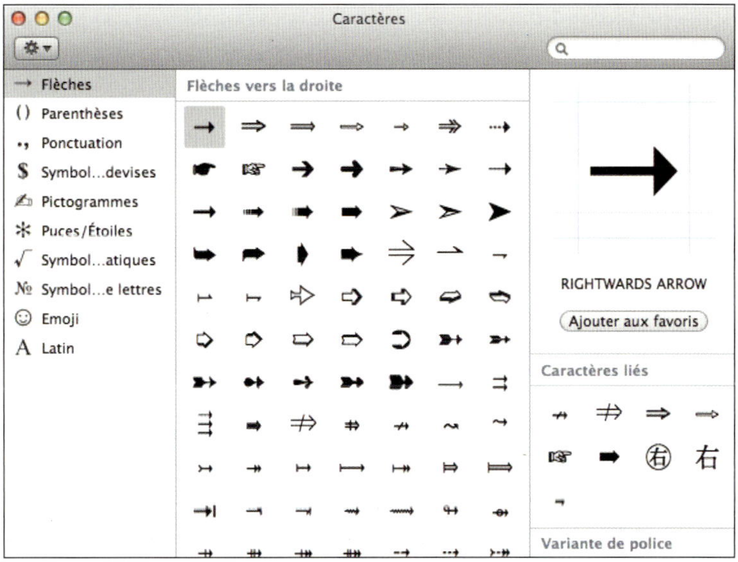

Figure 21.34 : Ah, la voici, la voici, la voilà…

TRUC

N'hésitez pas à agrandir cette fenêtre pour en visualiser tout le contenu.

3. **Sélectionnez une catégorie à gauche.**

4. **Cliquez deux fois sur le caractère de votre choix à droite.**

   Il est introduit au niveau du point d'insertion.

5. **Libérez la fenêtre en cliquant dans sa case de fermeture.**

Ce visualiseur peut aussi, si vous le souhaitez, être directement accessible depuis la partie droite de la barre des menus. Pour ce faire, accédez aux Préférences Système *via* le menu Pomme, ouvrez la préférence Langue et texte de la rubrique Personnel, activez son onglet Méthodes de saisie, puis cochez, tout en bas, l'option Afficher le menu Saisie dans la barre des menus. Dès activation de la commande, le Visualiseur se livre à vous (Figure 21.35).

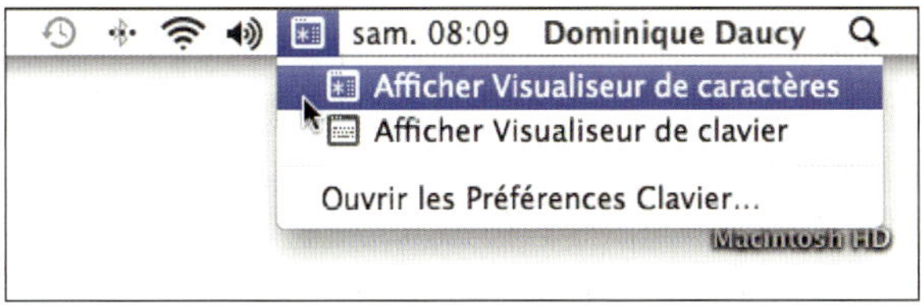

Figure 21.35 : Pour que le Visualiseur rejoigne *illico* la barre des menus.

Indépendamment de cette palette, une fonction bien pratique appelée *character picker* vous garantit un accès aux caractères accentués : dans tous les programmes qui exploitent cette possibilité (Mail ou TextEdit par exemple), tapez une lettre (minuscule ou majuscule, peu importe) et maintenez enfoncé. Aussitôt, une minipalette (qui ne déroutera pas les utilisateurs d'iPhone et d'iPad) s'affiche (Figure 21.36) ; elle recense les caractères accentués disponibles. Relâchez, puis sélectionnez le caractère de votre choix, soit en cliquant dessus, soit en tapant le nombre qui lui correspond.

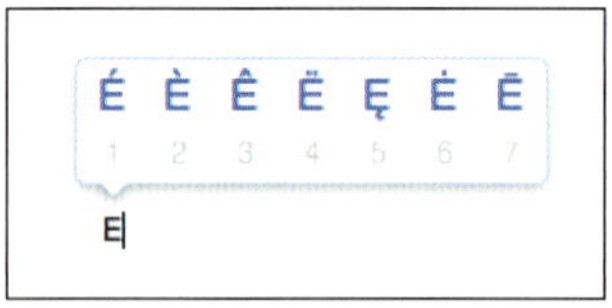

Figure 21.36 : Profitez de cette fonction si votre logiciel l'implémente.

Vous trouverez encore, dans votre dossier Applications, un programme baptisé Livre des polices qui, comme son nom l'indique, vous permet notamment de visualiser toutes les polices de caractères présentes sur votre Mac.

Chapitre 22

Dix bourdes à ne pas commettre

Dans ce chapitre :

- Égarer le Dock.
- Laver le clavier à grande eau.
- Nettoyer l'écran avec une éponge à récurer.
- Ouvrir un programme joint à un mail.
- Répondre aux spams.
- Laisser la porte ouverte aux intrus.
- Remettre les backups à plus tard.
- Renoncer aux mises à jour.
- Secouer le disque dur pendant qu'il tourne.
- Tirer la prise quand tout est bloqué.

Partant du principe qu'il vaut mieux prévenir que guérir, nous terminerons par une série de recommandations qui, pour être drôles, ne sont pas, pour autant, dénuées d'intérêt.

Ne nous est-il pas arrivé à toutes d'avoir des idées saugrenues ? Tant mieux si elles n'ont pas porté à conséquence. Mais nous préférons vous adresser quelques conseils de dernière minute pour que vous puissiez, toutes seules comme des grandes et en toute connaissance de cause, vivre un avenir informatique averti et serein. Bon vent à toutes !

Égarer le Dock

Au détour d'un programme, d'une fenêtre, d'un clic, vous constatez que le Dock s'est fait la malle.

Deux scénarios sont possibles :

- Vous avez déplacé cette barre vers un des autres bords de l'écran.
- Vous avez activé son masquage.

En matière de position d'abord, sachez que le Dock peut se loger le long du bord inférieur, gauche ou droit de l'écran. Il suffit, pour en décider, de recourir aux sous-commandes Positionner en bas, Positionner à gauche ou Positionner à droite de l'article Dock du menu Pomme. Si vous l'avez déplacé par mégarde, remettez-le à sa position initiale.

Notez au passage que sa taille est paramétrable : cliquez-glissez sur le trait blanc pointillé qui distribue l'espace du Dock en deux parties (le trait qui ressemble à un passage pour piétons) ou accédez à ses préférences *via* la commande Dock/Préférences du Dock du menu Pomme (Figure 22.1), puis faites glisser le curseur Taille jusqu'à obtention de la taille souhaitée.

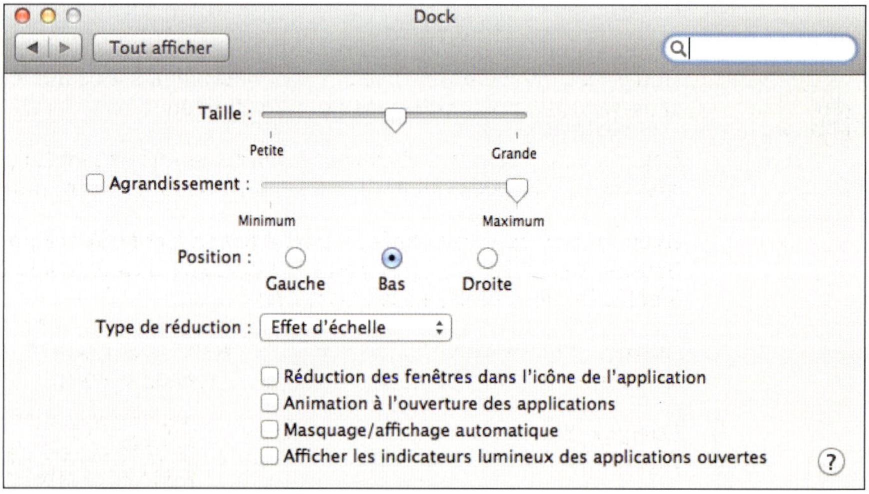

Figure 22.1 : Vous voilà dans le Saint des Saints.

En matière de masquage ensuite, vous pouvez demander que le Dock :

- **Ne s'affiche que quand vous le sollicitez** en allant, avec votre souris, titiller l'emplacement où il s'affiche habituellement. À cette fin, validez la commande Activer le masquage du sous-menu du menu Pomme, ou cochez l'option Masquage/affichage automatique de sa fenêtre de préférences.
- **Soit visible en permanence** et cesse donc de se tirer sans crier gare, non, mais ! C'est la commande inverse qu'il faut valider, soit Désactiver le masquage, à moins que vous ne préfériez décocher l'option correspondante de la fenêtre des préférences.

Laver le clavier à grande eau

Les claviers d'ordinateur sont de vrais nids à poussière. C'est fou ce qu'on y retrouve. À se demander comment tout ça a pu arriver là ! Miettes, poussières, cheveux, trombones…

Sans compter que les doigts finissent par encrasser les touches à cause des dépôts de sébum. Ça colle. Ça poisse. En un mot : c'est dégueu.

Ce clavier crapoteux vous dégoûte ? Vous avez raison : un nettoyage s'impose. Mais avis aux Madames Frotte-Frotte : les composants informatiques détestent les solutions aqueuses ! En effet, l'humidité risque d'endommager les contacts placés sous les touches.

Bon, quelques trucs rubrique ménage :

1. **Commencez par débrancher le clavier.**

   Votre clavier est un périphérique USB (voir Chapitre 1). Et les périphériques USB peuvent être branchés et débranchés à chaud, c'est-à-dire sans devoir, au préalable, éteindre l'ordinateur.

2. **Retournez le clavier et tapotez-le délicatement de manière à faire tomber le plus gros des impuretés emprisonnées entre les touches.**

3. **Avec un pinceau doux spécialement prévu à cet effet (Figure 22.2), brossez le clavier pour éliminer la poussière. Mieux encore : utilisez, à cette fin, une bombe à air comprimé.**

4. **Ensuite, trempez un chiffon non pelucheux dans une solution d'eau additionnée d'un peu d'ammoniaque et tordez-le bien.**

5. **Essuyez doucement toutes les touches du clavier.**

Figure 22.2 : Pour un nettoyage tout en douceur.

TRUC

Vous pouvez aussi acheter dans le commerce des lingettes nettoyantes (comme pour les lunettes) ou encore un aérosol de mousse antistatique : vaporisez un peu de mousse sur le chiffon (jamais directement sur le clavier), puis nettoyez les touches avec délicatesse.

Nettoyer l'écran avec une éponge à récurer

Ça ne vous serait pas venu à l'esprit ? OK, mais bon : on n'est jamais trop prudente.

Magnétique et chargé d'électricité statique, l'écran attire la poussière. Sans compter que les utilisatrices cracra n'hésitent pas à plaquer leurs doigts dessus, chose à ne jamais faire.

Donc, un entretien régulier s'impose.

La technique diffère légèrement selon qu'il s'agit d'un écran cathodique (il doit en rester quelques-uns !) ou à cristaux liquides – LCD (si vous êtes dans le sens de l'histoire).

Dans le cas des écrans cathodiques, c'est simple : munissez-vous d'un chiffon sec, doux et non pelucheux, vaporisez sur ce chiffon un produit à vitre quelconque ou une mousse en aérosol spécialement prévue à cet effet, puis frottez l'écran comme vous le feriez pour une surface vitrée classique.

Évitez le papier essuie-tout : trop rêche, il pourrait rayer le verre.

Ne projetez jamais directement de liquide sur l'écran : les risques d'infiltration sont réels, ce qui ne manquerait pas d'abîmer les circuits. Sans parler des milliers de volts que vous risqueriez de prendre dans les mimines !

Une bonne solution : les serviettes nettoyantes spéciales pour lunettes.

Les écrans LCD, en revanche, sont nettement plus délicats que les précédents ; ils doivent donc être traités avec une extrême douceur.

N'utilisez que des produits d'entretien spécialement prévus à cet effet, comme ces pochettes doubles à usage unique (Figure 22.3) : la première est imprégnée d'un produit qui nettoie l'écran ; la seconde est une lingette séchante.

Figure 22.3 : Les pochettes Chris'Set.

TRUC

Si votre moniteur est de grande taille, travaillez par quart de surface, sinon le produit nettoyant sera sec avant que vous n'ayez eu le temps de passer la lingette séchante.

Ne frottez pas comme une acharnée : l'écran est fragile ! Un peu de délicatesse, que diable !

Ouvrir un programme joint à un mail

C'est surtout par Internet que les virus arrivent (voyez à ce propos la section intitulée « ClamXav : Vous protéger des virus » du Chapitre 21). Et c'est surtout dans les programmes qu'ils se nichent.

Recevoir le programme n'est pas grave en soi. C'est l'ouvrir qu'il ne faut pas faire.

Ne vous fiez pas à l'expéditeur : un message porteur de virus peut parfaitement vous parvenir depuis l'ordinateur infecté d'un de vos amis ou clients à son insu.

De fait, même les programmes qui vous sont transmis par quelqu'un que vous connaissez peuvent fort bien contenir des parasites qui risquent, à terme, de contaminer votre ordinateur si vous les exécutez.

Donc… prudence ! Mais rassurez-vous : les virus sur Mac sont beaucoup plus rares que sur PC et les risques d'une infection virale sont quasi inexistants. Mais, comme on dit, mieux vaut prévenir que guérir.

Répondre aux spams

Le *spamming*, c'est le bombardement intempestif des boîtes aux lettres électroniques par des messages non sollicités de toutes sortes, publicitaires et autres.

Spam, courrier-rebut, courrier indésirable, pourriel sont autant de synonymes pour désigner ces communications promotionnelles qui envahissent votre boîte de réception.

Mais le spamming n'est pas une fatalité. Spammées, révoltez-vous ! Même s'il en va de la lutte contre le spam comme de celle contre le dopage (les réactions semblent toujours en retard d'une guerre), ce n'est pas une raison pour baisser les bras. Ne cautionnez en aucun cas ces démarches. Ignorez le contenu de ces messages et ne cliquez jamais sur les liens associés.

ATTENTION

À classer dans la même catégorie, l'hameçonnage (en anglais *phishing*). Qu'il s'opère par courrier électronique ou par l'entremise de sites Web falsifiés, le phiching est une technique qu'utilisent des fraudeurs et qui consiste à faire croire au destinataire qu'il traite avec une personne de confiance dans le but de lui soutirer des données confidentielles (comme le code de sa carte bleue). Attention danger !

Qui pratique le SPAM ?

À vrai dire, un peu tout le monde. Depuis le simple particulier qui veut faire de la pub pour son site perso jusqu'à la PME qui entend promouvoir ses produits à moindre coût, en passant par les services pornographiques, les entreprises qui commercialisent des médicaments particuliers (produits de dopage sexuel ou hormones contre le vieillissement) et les escrocs en tous genres (avec leurs formules miracles pour vous enrichir rapidement).

C'est tentant, il faut dire, de faire de la pub dans ces conditions : pas de frais de papier, d'enveloppes ni de timbres, puisqu'une simple connexion Internet suffit. Et, en plus, les fichiers d'adresses se vendent à des prix dérisoires. Difficile, dans ces conditions, de résister au chant des sirènes !

Notez que, en général, les grosses boîtes qui ont pignon sur rue évitent ce genre de pratiques, pour des questions d'image essentiellement.

Laisser la porte ouverte aux intrus

Vous l'avez compris : se connecter à Internet, c'est, inévitablement, se rendre vulnérable. À l'image du monde physique, le monde numérique n'est pas peuplé que d'enfants de chœur !

Parmi les mesures de sécurité de base, optez donc pour le coupe-feu (ou pare-feu ; en anglais *firewall*), un dispositif destiné à protéger votre machine des intrus, voleurs et autres pirates (hackers), bref de toutes les personnes mal intentionnées qui cherchent, *via* Internet ou *via* le réseau local, à s'infiltrer chez vous.

Le coupe-feu agit donc à la manière d'un filtre, qui analyse en permanence toute l'activité entrante ou sortante et vous avertit automatiquement en cas d'activité suspecte. Un ordinateur sans coupe-feu, c'est comme une maison dont vous laisseriez toutes les portes et toutes les fenêtres ouvertes à tout vent. Donc… équipez-vous !

Lion propose un coupe-feu d'origine, qu'il vous laisse le soin d'activer. Vous le trouverez dans l'onglet Coupe-feu de la préférence Système Sécurité et confidentialité (Figure 22.4).

Cliquez sur Démarrer pour activer ce coupe-feu avec ses réglages prédéfinis. Le bouton Avancé vous donne accès à ces paramètres et vous permet de les personnaliser ; consultez l'aide en ligne pour savoir comment vous y prendre.

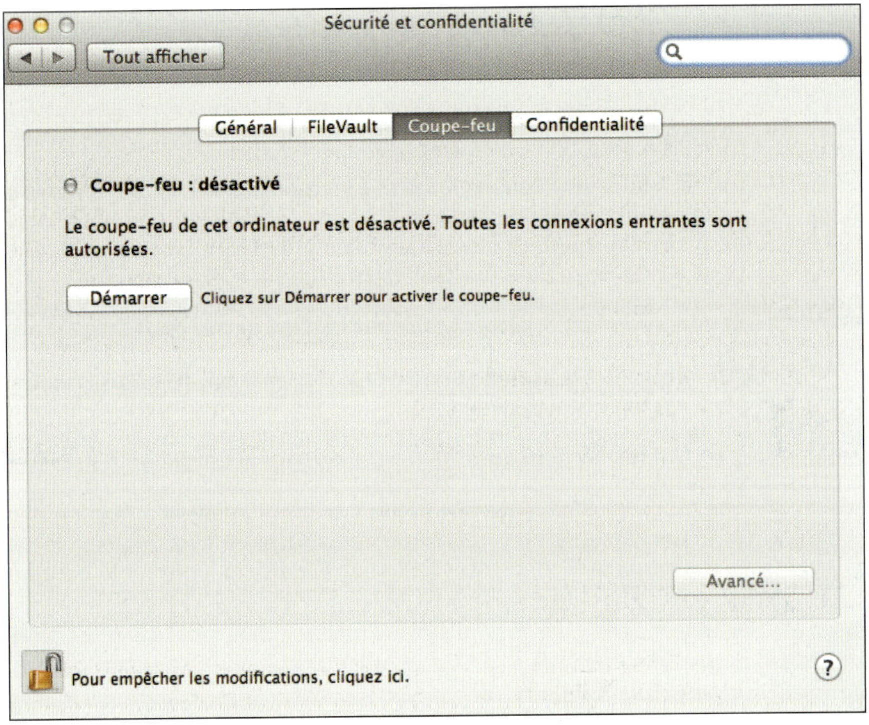

Figure 22.4 : Le coupe-feu de Lion, une protection rapprochée.

ATTENTION

Il faut savoir que, de nos jours, la plupart des internautes utilisent un routeur en plus de leur modem, ou un modem-routeur, ou encore une box (si c'est votre cas, vous savez de quoi il s'agit) et que tous ces dispositifs sont équipés d'un coupe-feu paramétrable, plus performant que celui dont est équipé Lion.

Seules les utilisatrices d'un simple modem auront intérêt à protéger leur Mac *via* ce coupe-feu intégré ainsi que celles équipées d'un portable qui, lors de leurs voyages et autres déplacements, ont pour habitude de se connecter à toutes sortes de réseaux.

TRUC

Notez qu'il est possible de préférer au pare-feu d'OS X des firewalls développés par des sociétés tierces, comme l'excellent NetBarrier X5 d'Intego.

Remettre les backups à plus tard

Vous avez toujours cru que ça n'arrivait qu'aux autres. Jusqu'au jour où... patatras ! Le disque est nase. Vos documents aussi !

Ah ! Si seulement vous aviez gravé tout ça sur CD ou DVD, comme nous vous avons encouragée à le faire au Chapitre 7 ! Mais, bon, il n'est jamais trop tard pour bien faire. Allez, un bon mouvement : téléphonez à votre esthéticienne pour reporter ce soin des îles et archivez vos fichiers.

Et si vous voulez vraiment faire les choses *by the book* :

- Tous les jours, faites une copie de sauvegarde de vos documents, par exemple sur une clé USB.
- Toutes les semaines, faites un backup général sur CD ou DVD.
- Si l'importance de vos fichiers le justifie, faites même un deuxième backup, que vous stockerez à un autre endroit (dans votre maison de campagne, chez votre belle-mère, dans un coffre à la banque...).
- Exploitez à donf toutes les possibilités de backup automatique que met à votre disposition le système d'exploitation de votre Mac, dont le fameux Time Machine.

Là, normalement, il ne devrait plus rien vous arriver. Ou alors c'est que vous avez vraiment la poisse !

Avant de passer à la section suivante, permettez-nous de revenir sur cette fonction de sauvegarde automatique que nous venons d'évoquer. Baptisée Time Machine, ce programme de Mac OS X vous permet, une fois configuré, de faire régulièrement des backups de manière tout à fait automatique sur n'importe quel disque dur autre que votre disque de démarrage (connexion USB, FireWire ou Thunderbolt).

TRUC

Il peut s'agit d'un disque externe quelconque ou de Time Capsule, un périphérique de sauvegarde sans fil prévu pour fonctionner en tandem avec Time Machine sous Lion (Figure 22.5).

Lors de sa première mise en service, ce vaillant petit soldat réalise un backup complet de toutes vos données (fichiers système, applications, comptes, préférences, documents, photos, vidéos...). Il pourra ainsi, par la suite, se contenter de sauvegarder les éléments qui auront changé. On parle alors de « sauvegarde incrémentaire ».

Ces copies de sauvegarde successives vous permettront de retrouver votre environnement dans l'état où il se trouvait à une date donnée. Une vraie machine à remonter le temps !

Figure 22.5 : Un gigantesque disque dur de 2 ou 3 To sous le capot.

N'hésitez pas à consulter l'aide en ligne pour savoir comment configurer cet utilitaire, le mettre en service, restaurer des éléments, *etc.*

Time Machine peut aussi faire des « instantanés locaux », c'est-à-dire opérer des sauvegardes sur le disque interne quand le disque externe qui lui est dédié n'est pas connecté. Dès que ce disque est rebranché, les sauvegardes faites en local y sont transférées. Le pied pour celles qui possèdent un portable ! Seule contrainte pour que ça marche : que Time Machine ait été activé et qu'une première sauvegarde complète ait été réalisée au préalable.

Renoncer aux mises à jour

Il est conseillé d'utiliser toujours les dernières versions en date de vos programmes, système principalement.

En effet, les concepteurs de logiciels ne cessent d'améliorer leurs produits, d'en éliminer les bogues, d'en renforcer la sécurité.

Les techniques de mise à jour diffèrent selon qu'il s'agit de programmes développés par Apple ou de programmes issus de sociétés tierces.

Ne faites pas la moue ! Allez, un petit effort ; après tout, ce n'est pas si compliqué que ça !

Dans tous les cas, il est évident que la mise à jour ne pourra se faire que si vous bénéficiez d'une connexion Internet. Mais, à ce stade, nous gageons que vous l'aviez compris !

Produits Apple

Pour les produits Apple, deux techniques cohabitent : la procédure automatique et la procédure manuelle.

Mise à jour automatique

Choisissez l'article Préférences Système du menu Pomme, puis cliquez sur Mise à jour de logiciels dans la rubrique Système. Dans la fenêtre correspondante, assurez-vous que l'option Rechercher les mises à jour est bien validée ; sinon, validez-la.

Fixez ensuite la fréquence de ses vérifications grâce au menu local correspondant (Figure 22.6). La recherche de mises à jour se fera ainsi automatiquement, selon la fréquence établie.

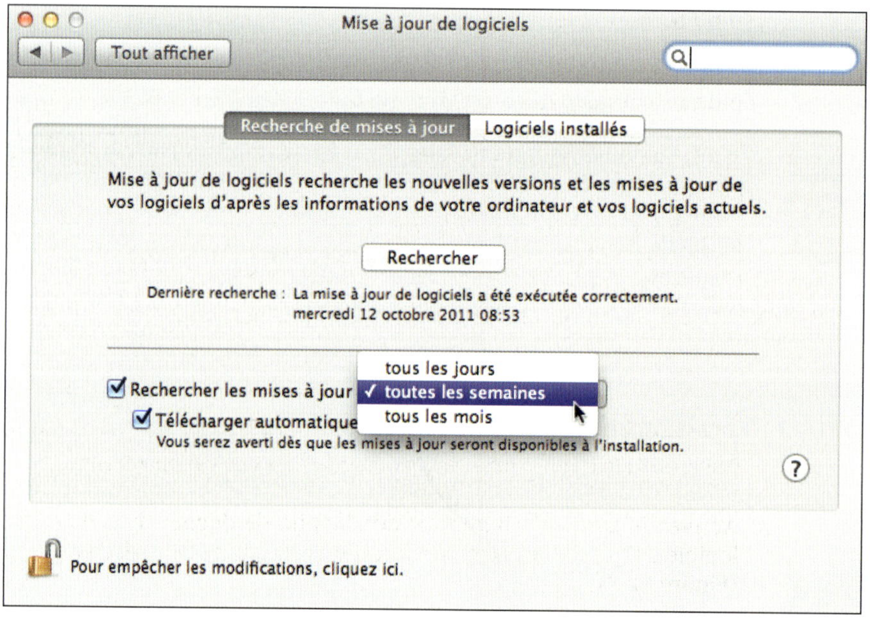

Figure 22.6 : C'est vous qui décidez.

Pour passer en mode « full automatique », cochez également l'option Télécharger automatiquement les mises à jour : les mises à jour seront alors téléchargées sans que vous ayez à intervenir.

Quand une mise à jour sera disponible, vous pourrez la télécharger et l'installer (si l'option Télécharger automatiquement les mises à jour n'est pas cochée) ou directement l'installer (si l'option est validée) (Figure 22.7).

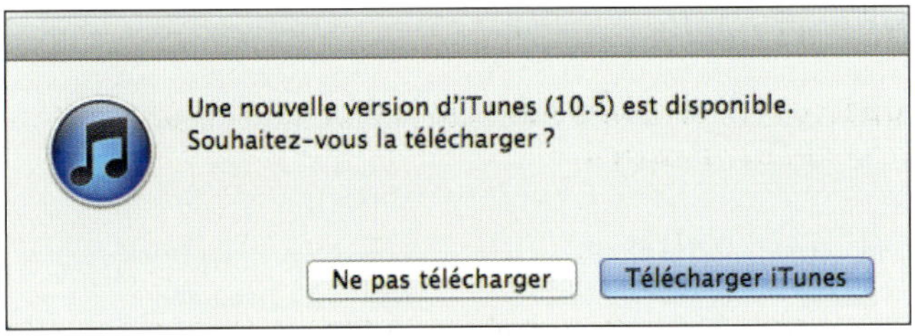

Figure 22.7 : Intéressée par la dernière version d'iTunes ?

Mise à jour manuelle

Vous préférez rester seul maître à bord ? Pas de soucis ! Dans la fenêtre représentée à la Figure 22.4, désactivez les options dont il est question ci-dessus et cliquez sur Rechercher. La fonction vérifie sur-le-champ la disponibilité de nouvelles versions.

Autre technique : invoquer la commande Mise à jour de logiciels depuis le menu Pomme (Figure 22.8).

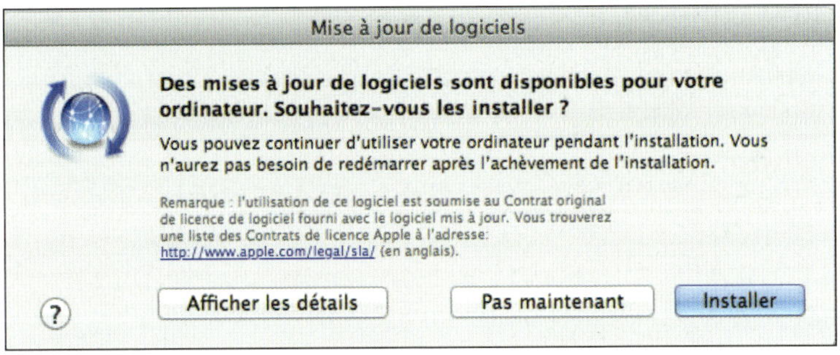

Figure 22.8 : Ici aussi, c'est vous qui prenez la direction des opérations.

Activez le bouton Afficher les détails afin de découvrir la liste de tous les logiciels Apple dont une version plus récente est installable sur votre ordi (Figure 22.9).

Le cas échéant, décochez les programmes que vous ne souhaitez pas actualiser, puis cliquez sur Installer x éléments. Et le tour est joué !

NOTE TECHNIQUE

Dans le même esprit, certains programmes vous proposent une commande Rechercher les mises à jour qui vous permet, elle aussi, de prendre votre sort en mains.

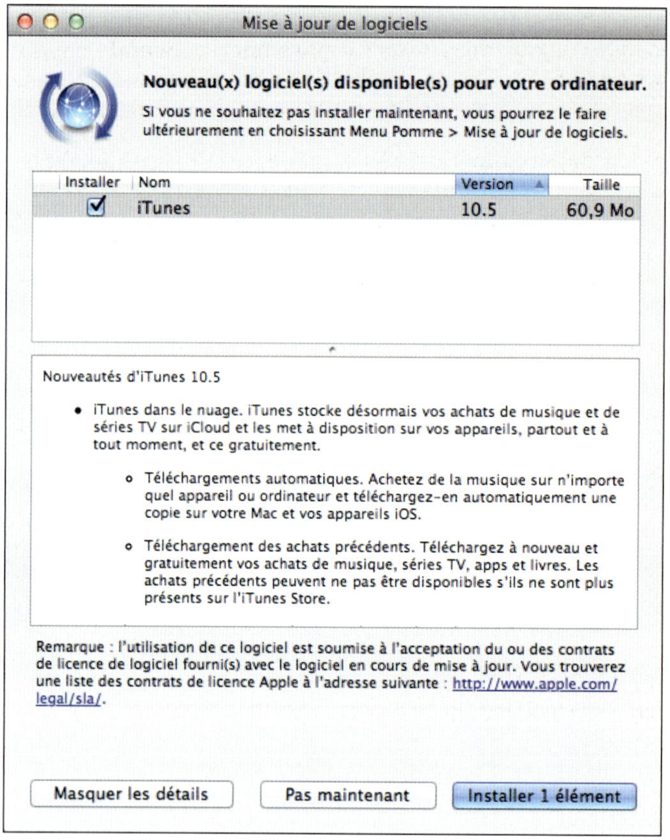

Figure 22.9 : Vous êtes pratiquement à la page !

Produits de sociétés tierces

Dans ce cas précis, les procédures de mises à jour dépendent de la façon dont l'installation a été faite :

- **App Store** : Si vous avez obtenu et installé le programme depuis l'App Store, exploitez de nouveau cet utilitaire pour vérifier s'il y a des mises à jour disponibles, les télécharger, puis les installer.

Dans les autres cas :

- **Soit le programme est capable de vérifier lui-même s'il y a des mises à jour** (une possibilité qui se valide le plus souvent au niveau des préférences du programme en question) : Un message vous avertit quand une mise à jour est disponible et vous propose de la télécharger et de l'installer.

- **Soit le programme n'est pas capable de vérifier lui-même s'il y a des mises à jour mais vous propose une commande capable de s'en charger** : Le plus souvent, elle s'intitule Rechercher les mises à jour et se loge dans le menu de l'application ou dans son menu Aide.
- **Soit le programme n'est pas capable de vérifier lui-même s'il y a des mises à jour et ne vous propose pas de commande capable de s'en charger** : Dans ce cas extrême, vous devrez mettre la main à la pâte et aller, toute seule comme une grande, vous renseigner sur le Net sur le site de l'éditeur, puis télécharger, si c'est possible, la mise à jour du produit.

Secouer le disque dur pendant qu'il tourne

Commençons par un peu de mécanique pour introduire notre propos.

Un disque dur est constitué non pas d'un seul disque, mais de plusieurs disques rigides, appelés *plateaux* et empilés à une très faible distance les uns des autres (Figure 22.10).

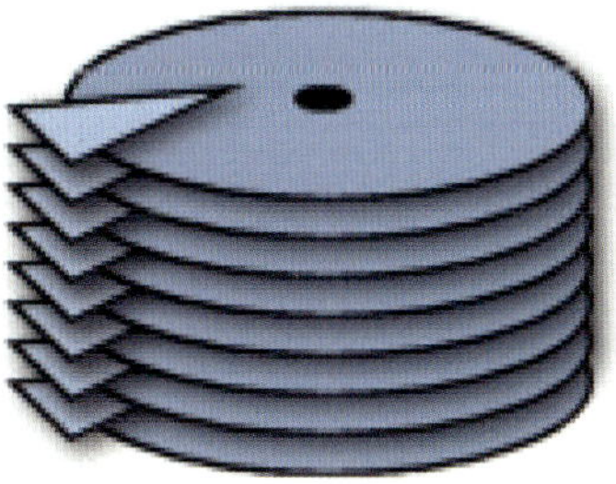

Figure 22.10 : Dans les entrailles d'un disque dur.

Ces plateaux tournent à toute vitesse autour d'un axe central (de 4 000 à 15 000 tours par minute), dans le sens inverse des aiguilles d'une montre.

Les données sont stockées sur une fine couche magnétique de quelques microns d'épaisseur, elle-même recouverte d'un film protecteur.

La lecture et l'écriture s'opèrent grâce à des *têtes de lecture/écriture*, situées de part et d'autre de chacun des plateaux et fixées sur un axe. Ces têtes sont des électroaimants qui s'abaissent et se soulèvent pour lire ou écrire les données. Ces mécanismes de haute précision se trouvent à quelques microns seulement de la surface, dont ils sont séparés par une couche d'air générée par la rotation des plateaux et qui crée un vent d'environ 250 km/h !

Ne secouez jamais un disque dur qui tourne car, en agissant de la sorte, vous enverriez les têtes heurter la surface magnétique et là, bonjour les dégâts !

Tirer la prise quand tout est bloqué

Il arrive que la machine ne réponde plus. Le pointeur se fige, la fenêtre se bloque, le programme s'immobilise. Votre Mac est planté !

Angoisse. Panique. Sueur froide. Dans la précipitation, l'idée vous effleure d'arracher le cordon d'alimentation. Ne cédez pas à cette pulsion. Ça n'arrangerait rien ! Évitez à tout prix de malmener le système d'exploitation par une extinction intempestive.

En effet, le fait de couper brutalement le courant empêcherait Lion de préparer le futur redémarrage, ce qui risquerait d'être source de graves dysfonctionnements.

Respirez bien à fond, puis commencez par essayer de quitter le programme dans lequel vous vous trouvez *via* un clic sur son icône du Dock et la validation de la commande Quitter du menu local.

Ça ne marche pas ? Essayez un Option + clic et la commande Forcer à quitter du même menu.

Toujours rien ? Choisissez alors l'article Redémarrer du menu Pomme.

Si tout se passe bien, Lion ferme tous les éventuels programmes ouverts puis, après avoir sécurisé tous les paramètres, ferme la session et fait redémarrer le Mac. C'est fou ce qu'un redémarrage peut résoudre comme problèmes !

Si ce n'est pas le cas, choisissez Éteindre dans le menu Pomme.

Pas plus de succès ? Passez alors à l'extinction forcée : activez le bouton de mise en route de la machine et maintenez-le enfoncé pendant environ 6 secondes. Normalement, le Mac s'éteint sans demander son reste.

Enfin, si cette extinction forcée de marche pas, optez pour le redémarrage forcé : enfoncez les touches Ctrl + Commande et maintenez-les dans cette position tandis que vous appuyez sur le bouton de mise en route.

En général, après remise en route, les choses s'arrangent : la procédure, de fait, remet tout à zéro et l'ordinateur se comporte de nouveau normalement. Tout rentre dans l'ordre.

Non ? Exploitez alors la partition de secours. Car il faut savoir que, lorsque vous installez Lion sur votre Mac, une partition de récupération invisible se crée, qui joue, en quelque sorte, le rôle d'un deuxième disque de démarrage en version allégée. À ce titre, elle peut s'avérer très utile en cas de problème, si toutes les solutions énoncées plus haut restent sans effet. Il vous suffira, pour « booter », c'est-à-dire pour démarrer depuis cette partition de secours, de faire redémarrer le Mac tout en maintenant la touche Option enfoncée jusqu'à ce que les icônes de disque se manifestent. À ce moment précis, vous sélectionnerez l'icône intitulée Recovery HD (par clavier si la souris refuse d'obtempérer) pour gagner votre environnement de secours. Vous y découvrirez divers utilitaires qui vous aideront notamment à réparer votre disque et à accéder à Time Machine. Vous y trouverez aussi Safari, qui vous permettra de tenter de gagner Internet.

Vous avez eu chaud ? C'est bon, hein, quand ça s'arrête ?

Ce n'est qu'en dernier recours que vous couperez l'alimentation de la machine, vraiment, vraiment si aucune autre mesure ne produit d'effet.

Et si ça ne marche toujours pas (décidément, vous avez la guigne !), vous serez alors contrainte, en toute dernière extrémité, de réinstaller Mac OS X Lion. Vous agirez, pour ce faire, *via* l'option Réinstaller Mac OS X que vous localiserez depuis la fenêtre Utilitaires Mac OS X de la partition de secours dont nous venons de parler.

Mais ce n'est que très rarement que vous devrez en arriver à de pareilles extrémités. La plupart du temps, l'environnement Mac est hyper stable ; vous pouvez donc franchement vous décontracter.

Parvenues au terme de notre exposé, nous tenons à vous remercier de nous avoir suivies jusqu'ici.

Nous espérons que cet ouvrage vous permettra de maîtriser votre Macintosh et, surtout, d'en retirer les satisfactions que vous êtes légitimement en droit d'en attendre. Et, quelles que soient les circonstances, ne laissez plus personne vous dire que vous êtes… nulle !

Index

D

E

F

L

M

N

O

P

Q

R

S

Notes

Notes

Notes

Notes

Notes

Notes

Notes

Notes